헤마와따숫따 법문

제6차 결집 질문자 최승대현자

마하시 사야도

번역 허가증

ဗုဒ္ဓသာသနာနုဂ္ဂဟအဖွဲ့ချုပ်

မဟာစည်သာသနာ့ရိပ်သာ

အမှတ်-၁၆၊သာသနာ့ရိပ်သာလမ်း၊ဗဟန်းမြို့နယ်၊ရန်ကုန်မြို့။

ဖုန်း ၀၁ ၅၄၅၄၆၉
၀၁ ၅၄၁၉၇၁
ဖက်စ် ၀၁ ၅၄၅၉၁၈

Buddha Sāsanā Nuggaha Organization
MAHĀSI SĀSANA YEIKTHA
16, Thathana Yeiktha Road, Bahan Tsp. Yangon.(Myammar)

Phone: +951545469
+951541971
Fax: +951545918

Website - www.mahasi.org.mm **Email - mahasi.meditationcenter@gmail.com**

Date .27-12-2018

အကြောင်းအရာ ။ ။ **ကိုရီးယားဘာသာဖြင့် ပြန်ဆို၍ စာအုပ်ရိုက်နှိပ်ထုတ်ဝေရန် ဗုဒ္ဓသာသနာနုဂ္ဂဟအဖွဲ့ချုပ်မှ ခွင့်ပြုခြင်း။**

ကိုရီးယားနိုင်ငံတွင် မြတ်ဗုဒ္ဓ ထေရဝါဒ သာသနာပြန့်ပွားရေးအတွက် ကျေးဇူးတော်ရှင် မဟာစည်ဆရာတော်ဘုရားကြီး၏ အောက်ဖော်ပြပါ တရားစာအုပ်(၃)အုပ်ကို တတိယအကြိမ်အဖြစ် မြန်မာဘာသာမှ ကိုရီးယားဘာသာသို့ ပြန်ဆို၍ ဓမ္မဒါနဖြန့်ချိရန် တောင်ကိုရီးယားနိုင်ငံ အန်ညန်းမြို့နယ်၊ ကိုရီးယားမဟာစည်ရိပ်သာမှ ဥက္ကဋ္ဌ ဆရာတော် ဦးသောဓန အား အောက်ပါစည်းကမ်းချက်များနှင့်အညီ ဆောင်ရွက်ရန် ခွင့်ပြုပါသည်။

ဘာသာပြန်ဆိုရမည့်ကျမ်းစာအုပ်များ –

(၁) ဓမ္မစကြာတရားတော်
(၂) ဟေမဝတသုတ်တရားတော်
(၃) အနတ္တလက္ခဏာသုတ် တရားတော်

စည်းကမ်းချက်များ–

၁။ ဤခွင့်ပြုချက်သည် မူပိုင်ခွင့်ပြုပေးခြင်းမဟုတ်ဘဲ ဗုဒ္ဓသာသနာနုဂ္ဂဟအဖွဲ့ချုပ်သာလျှင် **မူပိုင်ရှင်** ဖြစ်သည်။
၂။ ထုတ်ဝေမည့်စာအုပ်တွင် ဗုဒ္ဓသာသနာနုဂ္ဂဟအဖွဲ့ချုပ်သည် **မူပိုင်ရှင်** ဖြစ်ကြောင်းဖော်ပြရမည်။
၃။ သာသနာတော်ပြန့်ပွားရေးအတွက် **ဓမ္မဒါန** အဖြစ်ပုံနှိပ်ဖြန့်ဝေရန်။
၄။ ဤခွင့်ပြုချက်သည် **ကိုရီးယားဘာသာဖြင့်** ပြန်ဆိုထုတ်ဝေရန်အတွက်သာဖြစ်သည်။
၅။ ပုံနှိပ်ထုတ်ဝေသောစာအုပ်တွင် **ကျေးဇူးတော်ရှင်မဟာစည်ဆရာတော်ဘုရားကြီး၏(ဆေးရောင်စုံ)ဓာတ်ပုံ၊ ဘဝဖြစ်စဉ်နှင့် ထေရုပ္ပတ္တိအကျဉ်း** ဖော်ပြပါရှိရမည်။
၆။ ပုံနှိပ်ထုတ်ဝေသောစာအုပ်အရေအတွက်ဖော်ပြရမည်။
၇။ စည်းကမ်းချက်များနှင့် ညီညွတ်မှုမရှိပါက ခွင့်ပြုချက်ကို ပြန်လည်ရုပ်သိမ်းမည်။

ဖော်ပြပါစည်းကမ်းချက်များအတိုင်းလိုက်နာဆောင်ရွက်
ဖြစ်ပါကြောင်းဝန်ခံပါသည်။

ဘဒ္ဒန္တသောဓန
၅/မရန(သ)၀၀၀၀၉၄
(သာသနဓဇဓမ္မာစရိယ)
မဟာစည်ကမ္မဋ္ဌာနာစရိယ
ပဓာနနာယကဆရာတော်
ကိုရီးယားမဟာစည်ရိပ်သာ
အန်ညန်းမြို့၊ တောင်ကိုရီးယားနိုင်ငံ။

(ဒေါက်တာတင့်စိုးလင်း)
ဥက္ကဋ္ဌ
ဗုဒ္ဓသာသနာနုဂ္ဂဟအဖွဲ့ချုပ်
မဟာစည်သာသနာ့ရိပ်သာ
ဗဟန်း၊ရန်ကုန်မြို့။

Namo tassa bhagavato arahato sammāsambuddhassa.
Namo tassa bhagavato arahato sammāsambuddhassa.
Namo tassa bhagavato arahato sammāsambuddhassa.

아라한이며 정등각자이신 거룩한 세존께 예경 올립니다.
아라한이며 정등각자이신 거룩한 세존께 예경 올립니다.
아라한이며 정등각자이신 거룩한 세존께 예경 올립니다.

차 례

제2강

제3강

제4강

제5강

부 록

약어

A.	Aṅguttara Nikāya 앙굿따라 니까야 增支部
AA.	Aṅguttara Nikāya Aṭṭhakathā 앙굿따라 니까야 주석서
D.	Dīgha Nikāya 디가 니까야 長部
DA.	Dīgha Nikāya Aṭṭhakathā 디가 니까야 주석서
DAṬ.	Dīgha Nikāya Aṭṭhakathā Ṭīkā 디가 니까야 복주서
Dhp.	Dhammapada 담마빠다 法句經
DhpA.	Dhammapada Aṭṭhakathā 담마빠다 주석서
DhsMṬ.	Dhammasaṅgaṇi Mūḷaṭīkā 담마상가니 근본복주서
J.	Jātaka 자따까 本生譚
JA.	Jātaka Aṭṭhakathā 자따까 주석서
M.	Majjhima Nikāya 맛지마 니까야 中部
Pd.	Paramatthadīpanī 빠라맛타디빠니
Ps.	Paṭisambhidāmagga 빠띠삼비다막가 無碍解道
S.	Saṁyutta Nikāya 상윳따 니까야 相應部
Sn.	Suttanipāta 숫따니빠따 經集
SnA.	Suttanipāta Aṭṭhakathā 숫따니빠따 주석서
Thag.	Theragāthā 테라가타 長老偈
Ud.	Udāna 우다나 感興語
Vbh.	Vibhaṅga 위방가 分別論
Yam.	Yamaka 야마까 雙論

일러두기

1. 본문에 인용된 빠알리 문헌은 모두 제6차 결집본이다.

2. M.i.217은 제6차 결집본 『맛지마 니까야』 제1권 217쪽을 뜻하고, M26은 『맛지마 니까야』의 26번째 경을 뜻한다. Sn.153은 『숫따니빠따』 153번째 게송을, Dhp.240은 『담마빠다』 240번째 게송을, Thag.1057~1059는 『테라가타』 1057~1059 게송을 뜻한다.

3. 원저자인 마하시 사야도의 번역은 대역이나 해석으로 표시했고 역자의 번역은 역해로 표시하거나 괄호로 표시했다.

4. 대역할 때 한 단어의 여러 의미는 쌍반점 ';'으로 표시했다. 원저자의 보충 설명은 겹화살 괄호 '《 》', 역자의 보충 설명은 소괄호 '( )', 관찰할 때 명칭은 홑화살 괄호 '〈 〉'로 표시했다.

5. 원저자의 주석은 ㉯으로 표시했고, 표시가 없거나 ㉰으로 표시된 것은 역자의 주석이다. 본문의 내용을 주석으로 옮긴 내용은 ㉱으로 표시했다.

6. 빠알리어는 정체로 표기했고, 영문은 이탤릭체로 표기했다. 미얀마어는 영어로 표기한 후 이탤릭체로 표기했다.

7. 약어에 전체 빠알리어가 제시된 문헌은 본문에 따로 빠알리어를 표기하지 않았다.

8. 미얀마어로 된 참고문헌은 영어의 이탤릭체로 표기한 뒤 그 의미를 이어서 소괄호 안에 표기했다. 저자도 영어의 이탤릭체로만 표기했다.

9. 반복 인용된 문헌은 처음에만 저자를 표기하고 두 번째부터는 책의 제목만 표기했다.

10. 인용문과 게송은 들여쓰기 했다.

마하시 사야도 일대기

장차 '마하시 사야도*Mahāsi Sayadaw*'라 불릴 보배로운 아들이 1904년 7월 29일 금요일 새벽 3시, 사가인 주, 쉐보 시, 세익쿤 마을에서 아버지 우 깐도와 어머니 도 쉐오욱 사이의 둘째 아들로 태어났다. 어릴 때의 이름은 마웅 뜨윈이었다.

마웅 뜨윈은 1910년 6세 때 세익쿤 마을 인진또 정사의 삐마나 짜웅 사야도 밧단따 아딧짜Bhaddanta Ādicca 스님에게 기초학문을 배웠다. 1916년 12세 때는 부모님의 후원으로 어릴 적 스승이었던 밧단따 아딧짜 스님에게 사미계를 수지했다. 법명은 아신 소바나Ashin Sobhana였다. 그리고 1923년 11월 26일 월요일[1] 오전 8시, 인진또 정사의 밧다Baddha 계단戒壇에서 우 아웅보와 도 띳의 후원으로 탄신 마을에 있는 수메다 짜웅 사야도 밧단따 니말라Bhaddanta Nimmala 장로를 은사로 비구계를 수지하셨다.[2]

1924년[3] 9월 2일, 비구로서 한 번의 안거도 나기 전에 정부가 주관

1 저본에는 10월 26일로 되어 있으나 1923년 10월 26일은 금요일이다. 미얀마 본에는 미얀마 대왕력 1285년 음력 10월 하현의 4일로 나온다. 미얀마 만세력인 Mycal 어플에 따르면 이날은 양력으로 11월 26일, 월요일이다. 또한 *Ashin Sīlānandabhivaṁsa*, 『*Biography of The most venerable Mahāsi Sayādaw*』, part I, p.23에도 1923년 11월 26일로 되어 있다.

2 저본에 이 단락부터 경어체를 써서 그대로 따랐다.

3 저본에는 1925년으로 되어 있으나 저본에 병기한 미얀마력 1286년과 양력의 9월 1일이라는 표현, 그리고 비구로서 한 번의 안거도 지내지 않았다는 사실을 고려하면 1924년도가 돼야 한다. 미얀마 만세력인 Mycal 어플과도 일치한다.

하는 빠알리어 시험 중 초급에 합격했고, 1927년 중급에 이어 1928년 고급단계까지 합격하셨다. 1942년에는[4] 정부가 두 번째로 시행한 '정부 주관 담마짜리야' 시험에서 필수 세 과목과 함께 특별 다섯 과목에 합격함으로써 사사나다자 시리빠와라 담마짜리야Sāsanadhaja Sīripavara Dhammācariya 칭호를 받으셨다.

1929년에는 어릴 때의 여러 스승을 포함해서 만달레이 시 서쪽 외곽에 있는 킨마깐 짜웅다익의 브와도 짜웅에 주석하던 찬다지 다익 사야도 밧단따 락카나Bhaddanta Lakkhaṇa, 킨마깐 다익띠짜웅 사야도 밧단따 인다왐사비왐사Bhaddanta Indavaṁsābhivaṁsa 등 교학으로 유명했던 여러 사야도 밑에서 성전과 주석서 등의 문헌들을 배우고 익혀 교학에 능통하게 되셨다. 1930년 음력 6월, 이전에 스승이었던 밧단따 아딧짜 장로의 청으로 몰라먀인의 따운와인갈레이 강원으로 가서 비구와 사미 등 학인들에게 교학을 가르치셨다.

1932년 1월 29일, 사마타와 위빳사나 수행을 실천하기 위해 도반이었던 밧단따 떼자완따Bhaddanta Tejavanta와 함께 진짜익, 따토웅, 껠라사, 먀더베익 산, 짜익티요우 산, 쉐이야운빠 산, 우오웅칸 숲속 정사 등에서 여러 수행주제를 실천하면서 검증하고 익힌 뒤 마지막에는 따통 시의 밍군 쩨따완 사야도에게 가서 새김확립 관찰방법을 배우고 실천하셨다. 그러던 중 1932년 7월 9일, 고향이 같은[5] 아딧짜 장로의 건강이 좋지 않다는 소식을 듣고 따토웅에서 몰라먀인 따운와인갈레이 강원으로 다시 가셨다.

---

4 이전 책들에는 1941년으로 나오는데 미얀마 음력과 양력의 차이 때문에 생긴 오류다.
5 이전 본에는 '스승이었던'이라고 설명했다.

1938년 5월에는 친척들을 섭수하기 위해[6] 고향인 세익쿤 마을 마하시 짜웅다익으로 가셨다. 그곳에서 7개월 정도 머무시면서 당신의 친척이었던 우 툰에이, 우 포우초웅, 사야 짠 세 명에게 새김확립 위빳사나 수행을 처음 지도하셨다. 그리고 1941년에 다시 몰라먀인 따운와인갈레이 강원으로 돌아가셨다.

1941년 12월,[7] 제2차 세계대전으로 몰라먀인 따운와인갈레이 강원에서 고향인 세익쿤 마을로 다시 돌아오셨으며, 바로 그해부터 새김확립 위빳사나 수행법을 본격적으로 설하셨고 수행자들이 매년 늘어났다. 이때 주석하시던 곳이 마하시 짜웅*Mahāsi kyaung*이었다. 마하시 짜웅은 세익쿤 마을의 수행자들에게 수행시간을 알리면서 쳤던 큰*Mahā* 북*si*이 있는 정사*kyaung*라는 뜻이다. '마하시 사야도'라는 이름은 여기에서 유래됐다.

1944년에는 총 950쪽이나 되는 『*Vipassanā Shunyikyan*(위빳사나 수행방법론)』(전체 2권)을[8] 7개월 만에 저술하셨고, 이후로 여러 쇄가 출판됐다. 이 외에도 『*Visuddhimagga Mahāṭīkā Nissayakyan*(위숫디막가 마하띠까 대역)』(전체 4권)을 비롯해 설하신 법문집과 저술하신 책이 80권이 넘는다.

1947년 11월 13일, 거룩하신 부처님의 교학과 실천의 가르침을 진흥하고 선양하려는 목적으로 불교진흥회*Buddhasāsanānuggaha Organization*가 사우뜨윈을 회장으로 양곤에 설립됐다. 다음 해 1948년 9월 6일에

6 이전 본에는 '동생의 부고 소식을 전해듣고'라고 설명했다.

7 저본에 1941년 음력 11월로만 나와 있는데, 이는 양력으로 11월과 12월에 걸쳐 있다. 그중 12월을 택했다.

8 이전 본에는 '위빳사나 수행의 실제와 경전 근거에 관해 총망라한 위대한 책이다'라는 설명이 첨가돼 있다.

는 사우뜨윈이 양곤 시 바한 구의 대지 5에이커를 불교진흥회에 보시해 수행센터를[9] 개원하게 됐다. 이 수행센터는 현재 20에이커까지 확장됐고, 수행하는 법당이나 수행 지도자가 머무는 건물, 남녀 출가자와 재가자가 머무는 건물 등이 속속 들어서 있다.

1949년 11월 10일, 당시 수상이었던 우 누와 사우뜨윈 등의 요청으로 사야도께서는 그해 12월 4일부터 양곤 수행센터에서 집중수행자 25명에게 위빳사나 수행법을 지도하셨다. 그 후 몇 년 지나지 않아 미얀마 전역에서 마하시 수행센터가 개원됐고, 현재 그 수가 미얀마 국내, 국외를 합쳐 696곳에 이른다. 태국이나 스리랑카 등 여러 이웃 나라에도 수행센터가 개원돼 마하시 사야도의 위빳사나 수행법을 지도하고 있다. 2018년 12월 31일까지의 통계에 따르면 마하시 방법으로 위빳사나 수행을 경험한 미얀마 국내, 국외 수행자들의 수는 무려 518만 3천15명에 이른다.[10]

마하시 수행센터에 오신 지 2년 정도 지난 1952년에는[11] 사야도의 계의 덕목, 삼매의 덕목, 지혜의 덕목을 존중하고 기리면서 정부에서 수여하는 최승대현자Aggamahāpaṇḍita 칭호를 받으셨다.

1954년 5월 17일, 음력 4월의 보름날 수요일을 시작으로 2년간 제6차 결집Chaṭṭhasaṅgayanā이 열렸다. 마하시 사야도께서는 제6차 결집에서 매우 중요한 여러 모임에 합류해 의무를 다하셨다. 먼저 성전과 주석서, 복주서를 최종적으로 검증해 결정하는 최종결정회osānasodheyya의 위원으로서 여러 성전과 주석서를 독송하고 결정하셨다. 그 밖에도

9 저본에는 '마하시 수행센터'라고 표현했다.

10 2018년도 자료는 마하시 사사나 수행센터 불교진흥회 71번째 연례보고서를 참조했다.

11 이전 여러 본에서는 1957년, 1954년으로 되어 있다.

사야도께서는 제6차 결집 질문자pucchaka 역할도 맡으셨다. 마하시 사야도의 질문에 대답하는 송출자visajjaka 역할은 밍군 삼장법사께서 맡으셨다.

중요한 내용 한 가지를 덧붙이자면, 부처님께서 완전한 열반에 드신 뒤 열린 첫 번째 결집에서 마하깟사빠Mahākassapa 대장로가 질문자를 맡고 우빨리Upāli 장로와 아난다Ānanda 장로가 독송하고 송출하며 첫 번째 결집에 올리셨던 것과 마찬가지로 삼장 성전을 독송하며 결집한 뒤 주석서와 복주서는 마하시 사야도의 주도로 편집하고 교정, 검증해서 제6차 결집에 올리셨다.

마하시 사야도와 관련된 책은 100권이 넘는다. 그중『*Visuddhimagga Mahāṭīkā Nissayakyan*(위숫디막가 마하띠까 대역)』 초고는 직접 저술하신 지 6년여 만인 1967년 2월 23일에 완성됐다. 제1권이 1966년에 출간됐고 1967년에 제2권, 1968년에 제3권, 1969년에 제4권까지 모두 출간됐다. 또한『위숫디막가 마하띠까』의「사마얀따라Samayantara」부분을 발췌해『*Visuddhimagga Mahāṭīkā Samayantara Gaṇṭhi Nissaya*(위숫디막가 마하띠까 사마얀따라 간티 대역)』라는 제목으로 편집, 출간되기도 했다.

마하시 사야도께서는 태국, 라오스, 캄보디아, 스리랑카, 네팔, 인도, 인도네시아, 일본 등[12] 동양의 여러 국가와 미국, 영국, 프랑스, 이탈리아 등 서양의 여러 국가에 가서 새김확립 위빳사나 수행법을 지도하시면서 테라와다 불교 교법Theravāda Buddhasāsanā을 널리 보급하셨다.

12 이전 본에는 싱가포르, 말레이시아, 베트남도 언급됐다.

현재 세계 곳곳에서 마하시 새김확립 위빳사나 관찰방법을 받아들여 지도하고 있는 정사들, 수행센터들이 늘어나고 있다. 양곤과 만달레이에 있는 국립불교대학의 교과 과정에 수행이 포함돼 있는데, 교학 과정을 마친 뒤 양곤과 만달레이의[13] 마하시 수행센터에서 수행과정을 이수해야만 학위를 받을 수 있다.

1982년 8월 13일 저녁, 마하시 사야도께서는 평상시처럼 수행자들에게 수행방법에 관해 법문하신 뒤 밤중에 심각한 마비 증세가 왔고, 다음날인 8월 14일 토요일 오후 1시 36분, 마하시 싼자웅 건물에서 세랍 78세, 법랍 58하夏로 입적하셨다. 다비식은 1982년 8월 20일 열렸다.

드문 용모와 예리한 지혜, 특별한 위빳사나 지혜를 두루 갖춘 마하시 사야도께서는 교학과 실천을 통해 여러 법문을 설하고, 새김확립 위빳사나 법을 능숙하게 지도하셨다.

사야도께서 한평생 설하고 지도하고 저술하신 위빳사나 법은 동서양을 막론하고 온 세계에 퍼져 수많은 사람에게 많은 이익을 주었다. 이렇듯 직접 실천하고 닦으셨던 위빳사나 수행, 평생 짊어지셨던 법과 관련된 업적으로 마하시 사야도께서는 테라와다 교법에서 특별하고 거룩하고 뛰어난 한 분으로 추앙받고 있다.

2018년 8월에 새로 고쳐 실었다.[14]

13 저본에는 양곤으로만 되어 있으나 만달레이 국립불교대학 학인들은 만달레이의 마하시 센터에서 수행한다.

14 *Mahāsi Sayadaw*, 『*Cittānupassanā tayatogyi hnin Dhammānupassanā tayato*(마음 거듭관찰의 큰 가르침과 법 거듭관찰의 큰 가르침)』의 서문에서 인용했다.

마하시 사야도의 『헤마와따숫따 법문』 제7쇄 발간사

제6차 결집 질문자Chaṭṭhasaṅgītipucchaka 최승대현자Aggamahāpaṇḍita 마하시 사야도는 세랍 28세, 법랍 8하夏인 1932년 물라 밍군 제따완 사야도에게서 '불방일appamāda의 실천방법'을 전수받은 뒤 1938년 음력 4월 보름인 '붓다의 날'에 쉐보 시 세익쿤 마을 인진또 마하시 짜웅에서 진행된 '브웨우트웨 집중수행'을 시작으로 1982년 입적할 때까지 44년 내내 새김확립 위빳사나의 가르침을 세상에 널리 선양하고자 힘써 노력했습니다. 『헤마와따숫따 법문』도 그 가르침 중 하나입니다. 마하시 사야도는 이 법문을 1963년 4월 14일부터 (띤잔 기간과) 포살날마다 여섯 번에 걸쳐 자세하게 설했습니다.

이 『헤마와따숫따 법문』을 설하게 된 이유와 경의 의미 등을 마하시 사야도는 서문에서 다음과 같이 밝혔습니다.

> "이 경은 모든 사람에게 적당합니다. 이 경의 서문에는 헤마와따Hemavata 천신과 사따기리Sātāgiri 천신의 문답이 나옵니다. 그 문답에는 부처님께서 갖추신 여러 존경할 만한 덕목이 나옵니다. 불교에 입문한 이들이라면 꼭 실천해야 하고 실천할 만한 여러 실천행의 차례도 들어 있습니다. 그 문답에 나오는 부처님 덕목은 큰 존경심을 자아냅니다. 부처님께서 출현하신 사실을 모르고 있던 한

> 여인은 두 천신이 묻고 답하는 것을 듣고는 부처님의 덕목을 대상으로 수다원이 됐을 정도입니다. 지금 이 법문을 듣는 여러분도 그 여인처럼 특별한 법을 얻을 수 있습니다. 당시 두 천신의 대화는 매우 짧았습니다. 시간상으로도 아주 잠깐이었습니다. 하지만 오늘부터 본 승이 설할 내용은 서문만 해도 하루 두 시간 남짓 사나흘이 소요될 만큼 분량이 작지 않습니다. 그만큼 내용이 자세하고 풍부하며, 의미가 깊습니다. 그러니 본 승의 설법을 듣는 중에 그 여인처럼 수다원이 될 수도 있습니다. 수다원이 되지는 못한다고 하더라도 수다원이 되기 위한 바라밀은 확실히 얻을 것입니다."

마하시 사야도가 새김확립 위빳사나를 본격적으로 법문하기 시작한 것은 1949년 12월 4일(음력 11월 보름) 양곤 시 사사나 수행센터에서입니다. 그리고 이때부터 미얀마 국내는 물론 해외 곳곳에서도 위빳사나 수행자들이 급격히 늘어나게 됩니다.

마하시 사야도는 제6차 결집과 관련해서도 여러 가지 의무를 다했습니다. 그 업적에 대해 아신 실라난다비왐사*Ashin Sīlānandābhivaṃsa*가 쓴 저서『마하시 사야도 일대기』중 일부를 소개합니다.

> "마하시 사야도는 큰 지혜와 각고의 노력으로 제6차 결집 문헌들을 교정하셨다. 그렇게 교정한 문헌은 10권, 15권 정도가 아니다. 20권, 30권도 아니다. 성전과 주석서, 복주서 모두를 합하면 총 117권이나 된다. 각 권을 약

350쪽으로 헤아리면 4만 쪽이 넘는다. 이 정도로 많은 성전 문헌들을 정리하고 다듬는 기회를 얻은 마하시 사야도의 선업은 얼마나 특별한가! 후대의 여러 사람을 위해 얼마나 은혜가 크신가!"

제6차 결집이라는 대법회의 소임을 마친 후로 마하시 사야도께서는 부처님의 교법이 오랫동안 유지되는 데 큰 도움이 되는 법문을 설하거나 문헌을 저술하는 등으로 소임을 이어갔습니다. 사야도의 그러한 가르침은 부처님의 교법이 지속하는 내내 의지하고 곁에 두어야 할 가르침이기에 '다른 어느 것도 대신할 수 없을 정도로 가치가 크다'라고 많은 지혜로운 이들이 칭송과 헌사, 추천사를 통해 밝혔습니다.

마하시 사야도의 업적을 간략하게 소개합니다.

- 『마하사띠빳타나 법문』 중 『찟따누빳사나(마음 거듭관찰)』와 『담마누빳사나(법 거듭관찰)』(장애의 장, 무더기의 장, 감각장소의 장)를 1960년 7월 15일부터 포살날마다 19회에 걸쳐 설하다.
- 『담마누빳사나』(깨달음 구성요소의 장)를 1961년 7월 12일부터 포살날마다 12회에 걸쳐 설하다.
- 『담마따누빳사나』(진리의 장)를 1961년 10월 2일부터 포살날마다 16회에 걸쳐 설하다.
- 『빠띳짜사뭅빠다 법문(연기 법문)』을 1962년 6월 25일부터 포살날마다 11회에 걸쳐 설하다.

- 『담마짝까 법문(초전법륜경 법문)』을 1962년 9월 28일부터 포살날마다 14회에 걸쳐 설하다.
- 『헤마와따숫따 법문(헤마와따경 법문)』을 1963년 4월 14일부터 (띈잔 기간과) 포살날마다 6회에 걸쳐 설하다.
- 『아낫딸락카나숫따 법문(무아경 법문)』을 1963년 5월 7일부터 포살날마다 13회에 걸쳐 설하다.
- 『상수제자의 깨달음 법문』을 1964년 2월 12일부터 포살날마다 7회에 걸쳐 설하다.
- 『쭐라웨달라숫따 법문(교리문답 짧은 경 법문)』을 1964년 6월 17일부터 포살날마다 11회에 걸쳐 설하다.
- 『열반에 관한 법문』을 1964년 9월 14일부터 포살날마다 7회에 걸쳐 설하다.
- 『삭까빤하숫따 법문(제석왕문경 법문)』을 1965년 2월 1일부터 포살날마다 11회에 걸쳐 설하다.
- 『브라흐마위하라 법문(거룩한 머묾 법문)』을 1965년 7월 13일부터 포살날마다 16회에 걸쳐 설하다.
- 『아시위소빠마숫따 법문(뱀독비유경 법문)』을 1966년 5월 19일부터 포살날마다 13회에 걸쳐 설하다.
- 『실라완따숫따 법문(계 구족경 법문)』을 1967년 3월 10일부터 포살날마다 16번에 걸쳐 설하시다.
- 『라훌로와다숫따 법문(라훌라 교계경 법문)』을 1967년 4월 24일부터 포살날마다 26회에 걸쳐 설하다.
- 『살레카숫따 법문(지워없앰 경 법문)』을 1969년 3월 25일부터 포살날마다 21회에 걸쳐 설하다.

- 『삼빠사다니야숫따 법문(확신경 법문)』을 1971년 5월 9일부터 포살날마다 17회에 걸쳐 설하다.

마하시 사야도가 하나의 경에 대해 이처럼 여러 번에 걸쳐 설한 것은 성전과 주석서, 복주서에 나오는 다양한 설명과 함께 실제 수행 절차까지 내보였기 때문입니다. 이것은 사야도가 깊은 통찰지와 자애의 위력을 갖추었기에 가능한 일입니다.

마하시 사야도의 이 같은 법문들은 거룩한 부처님의 교법을 배우고 익히는 데 있어 매우 큰 도움이 될 것입니다. 마찬가지로 이 『헤마와따숫따 법문』도 현재 실제로 수행하고 실천하고 있는 출가자뿐만 아니라 재가자들에게 큰 도움이 될 것이라고 확신합니다.

끝으로 『헤마와따숫따 법문』의 제7쇄를 인쇄하고 배포한다는 사실을 기쁜 마음으로 널리 알리면서 발간사를 갈음합니다.

2019년 7월
띤소울린 박사
불교진흥회 회장
마하시 사사나 수행센터
양곤

서 문

진짜 부처님이란 어떤 분인가?

이 질문에 대해 정확하게 빠짐없이 알고자 한다면 「헤마와따숫따」를 읽어 보십시오. 「헤마와따숫따」에서는 진짜 부처님의 여러 덕목을 빠짐없이 알고자 했던 헤마와따 천왕이 진짜 부처님이 맞는지 아닌지 자세하게 따져 물었고, 진짜 부처님을 직접 친견했던 사따기리 천왕이 그 덕목들을 분명하고 정확하게 대답해 놓았습니다.

이 경은 부처님께서 음력 6월 보름날 최초의 설법인 「담마짝까숫따」를 설하시고 바로 그날 밤에 설하신 부처님의 두 번째 설법입니다.

하지만 일부 믿음이 약한 이들은 이 경을 훗날 여러 스승이 덧붙인 삽화에 불과하다고 불경하게 말합니다. 그렇지 않습니다. 결집 스승들이나 주석서 스승들이 설명한 그대로 부처님께서 성도하시고 바로 그해 음력 6월 보름날 밤에 직접 설하신 '부처님의 설법'이라는 충분한 근거들이 있습니다.

청신녀들 중에 '전해들은 것만으로 믿음을 일으키는 데 제일'이라는 칭호를 받은 꾸라라가라Kuraraghara 성의 깔리Kāḷī 여인은 이 경의 서문에서 두 천왕이 나누는 부처님의 여러 덕목에 대한 대화를 듣고서 존경하는 믿음이 강해져 수다원이 됐습니다. 깔리 여인은 인간세상에서 여성들 중 제일 먼저 수다원이 된 것입니다. 이 내용이 『앙굿따라 니까야』에 분명하게 설해져 있습니다.(A1:14:7-10) 만약 「헤마와따숫따」가 후대 스승들이 덧붙인 경이라면 "깔리 여인은 어떠한 법을 듣고서 '전해들은 것만으로 믿음을 일으키는 데 제일'이라는 칭호를 얻었는가?" 라는 질문에 대답하기가 매우 어려울 것입니다. 또 많은 사람이 수긍할 만한 대답을 할 수 없을 것입니다. 그래서 이 「헤마와따숫따」는 부처님께서 「담마짝까숫따」를 설하신 뒤 바로 그날 밤에 설하신 경으로 기억해야 합니다.

언젠가 마하시 사야도께서는 양곤 시, 사사나 수행센터, 페인 담마용 법당에서 「담마짝까숫따」를 시작으로 차례가 분명한 경들을 부처님께서 설하신 순서 그대로 한 경씩 자세하게 설하셨습니다. 제일 먼저 '담마짝까 법문'을 1962년 음력 8월 그믐날부터(9월 28일) 포살날마다 기회가 있을 때 자세하게 설하셨습니다. 붓다의 지위에 도달하시는 모습, 일주일씩 일곱 장소에서 머무시는 모습, 최초 설법을 위해 미가다와나 숲으로 가시는 모습 등 「담마짝까숫따」를 설하시기 전의 일화와 함께 자세하게 설하셨으며 다음 해 음력 3월 보름날(1963년 4월 8일) 모든 법문이 끝났습니다.

당시 자세하게 풀어서 설법하셨던 그 '담마짝까 법문'을 듣게 된, 필자를 비롯한 여러 출가자와 재가자들은 "sabbarasaṁ dhammaraso jināti(모든 맛을 법의 맛이 이긴다)"(Dhp.354)라는 가르침과 일치하게 모든 맛 중에서 제일 거룩한 법의 맛을 맛보게 되어 계속 들어도 만족할 수 없을 정도였습니다. '담마짝까 법문'이 끝났을 때도 그 가르침을 거듭거듭 떠올렸습니다. 그러던 중 다시 기뻐할 만한 소식이 들려왔습니다.

1963년 음력 3월 21일(4월 14일)인 띤잔[15] 첫째 날부터 차례에 따라

15 띤잔*Thingyan*은 미얀마 음력으로 해가 바뀌는 기간이다. 일반인들은 나쁜 것을 씻어내고 새로 좋은 것을 맞이한다는 의미로 물을 뿌리는 물축제를 벌인다. 불자들은 수행센터나 사찰에서 단기출가를 하거나 포살을 준수한다.

이『헤마와따숫따 법문』을 마하시 사야도께서 계속해서 여섯 번의 법회 동안 자세하게 설하셨습니다. 그때 서문을 쓰고 있는 필자와 함께 여러 청법 대중은 거룩하신 부처님의 덕목을 정확하고 빠짐없이 듣게 되어 부처님의 덕목을 새기고 숙고하는 부처님 거듭새김 수행buddhānussati bhāvana의 위력으로 기쁨과 희열이 계속 넘쳐나서 행복과 즐거움이라는 수행의 맛을 만끽했습니다. 그리고 판사를 역임한 우 떼인 한*U thein han*이 마하시 사야도께서 설하신 법문을 거듭 다시 들을 수 있도록 녹음도 해 두었습니다. 당시 필자는 양곤 시의 사사나 수행센터에서 보조 수행지도자로 있었는데 녹음된 법문을 다시 들을 때마다 법의 희열이라는 특별한 맛을 만끽했습니다. 그래서 책으로 볼 수 있도록 녹음된 법문을 녹취하게 했습니다.

그 녹취본을 보면서 필자는『헤마와따숫따 법문』을 퍄보웅 시, 에인메 시, 깐베 시, 지고웅 시, 민라 시, 따운지 시 등 여러 곳에서 녹취본 그대로, 스승이신 마하시 사야도의 설법 그대로 여러 번 설했습니다. 설할 때마다 법문을 들은 출가자와 재가자 참사람들은 만족감과 행복함, 희열과 기쁨이라는 법의 맛을 특별하게 만끽했습니다. 그래서 이『헤마와따숫따 법문』을 마하시 사야도께서 직접 교정해서 책으로 엮으면 많은 도움이 될 것이라고 숙고하고 기대했습니다.

그렇게 기대하던 중 필자가 양곤 사사나 수행센터에 지낼 때 마하시 사야도께서 직접 교정하신『헤마와따숫따 법문』교정본을 필자에게 건네며 서문을 쓰라고 맡기셨습니다. 당시 글 쓰는 것이 익숙하지 않았던 필자는 '적합하게 쓸 수 있을까' 하며 망설였지만, '나에게 적합하므로 의무를 주셨을 것이다'라고 마음 기울이게 됐습니다.

필자는 서문을 쓰기 위해 먼저 교정본을 다시 읽었습니다. 이전에 직접 듣고, 여러 번 읽었는데도 부처님의 여러 덕목에 대해 사야도께서 설명하시는 내용이 마치 처음 접한 듯 생소하게 느껴졌습니다. 부처님의 여러 덕목을 대상으로 한 행복함과 희열, 기쁨과 믿음이 새록새록 깊어지는 것도 여러 번 경험했습니다. 그러한 경험을 통해 '두 천왕의 대화를 듣는 것만으로 깔리라는 여인이 희열과 즐거움, 믿음이 생겨나 수다원이 됐다는 것은 그럴듯하다. 그럴 수 있겠구나'라고 숙고했습니다.

지금도 마하시 사야도의 이 『헤마와따숫따 법문』을 믿음이 강한 선남자와 선여인들이 읽는다면 깔리 여인처럼 희열과 즐거움, 믿음이 늘어나 수다원이 되거나, 수다원까지는 아니더라도 희열과 즐거움이 거듭거듭 늘어나 믿음 등의 다섯 기능이 성숙될 것이라고 필자는 확신합니다. 맞습니다. 뿝바라마Pubbārāma 정사를 보시한 위사카Visākhā 여인은 "'내가 보시한 필수품을 수다원, 사다함, 아나함, 아라한 존자들이 사용했을 것이다'라고 숙고하는 것을 통해 희열과 기쁨이 늘어나 '기능을 성숙하게 하는 수행indriyabhāvanā' 등이 될 것입니다"라고 부처님께 아뢴 적이 있습니다. 부처님께서는 그 말에 '사두'를 외치며 칭송하고 격려하셨습니다.(Vin.iii.407)

그와 마찬가지로 이 『헤마와따숫따 법문』을 읽으면서 부처님의 여러 덕목을 새기는 것은 바로 부처님 거듭새김 수행을 진중하게 닦는 일입니다. 그 부처님 거듭새김 수행의 위력으로 희열과 기쁨, 경안과 행복, 삼매가 늘어나 기능이 성숙될 것이라는 사실에 의심할 여지가 없습니다.

이 『헤마와따숫따 법문』에는 위빳사나와 도과와 관련된 문답도 포함돼 있습니다. 마하시 사야도께서는 그러한 내용도 많은 사람이 이해할 수 있도록 풀어서 설명해 주셨습니다. 그래서 이 책을 통해 위빳사나와 도과라는 특별한 법이 생겨나는 모습을 확실하게 알 수 있을 것이라는 사실도 의심할 여지가 없습니다.

길상 서원을 끝으로 서문을 마칩니다.

이 『헤마와따숫따 법문』을 읽으면서
깔리 여인처럼 성스러운 도과라는 특별한 법을 얻게 되기를.
특별한 법을 얻지 못하더라도
희열과 기쁨 등이 늘어나
믿음, 노력, 새김, 삼매, 통찰지라는 다섯 기능이 계발돼
특별한 법의 바탕과 원인이 되는 기능 바라밀이 성숙되기를.
위빳사나 관찰방법과 도과의 지혜가 생겨나는 모습을 읽으면서
강한 믿음과 열의가 생겨나
새김확립 위빳사나 수행을 구족하도록 노력해서
자신들이 원하는 열반을
도의 지혜와 과의 지혜로 빠르게 실현하기를.

1973년 8월 20일
음력 7월 22일
아신 완니따*Ashin Vaṇṇita*
수행지도 스승
마하시 사사나 수행센터
퍄보웅 시

제1강

1963년 음력 3월 21일
_띤잔의 첫째 날

(1963. 04. 14)

들어가며

오늘은 1963년 음력 3월 21일입니다. 띤잔의 첫째 날이기도 합니다. 오늘부터 띤잔 기간 동안 '헤마와따숫따 법문'을 설하고자 합니다.

작년 음력 8월 그믐부터 '담마짝까(초전법륜경) 법문'을[16] 설했고, 20주 정도 지난 올해 음력 3월 보름 포살날 법문이 끝났습니다. 부처님께서 설하신 가르침의 차례에 따르자면 「담마짝깝빠왓따나숫따」(이하 「담마짝까숫따」)의[17] 가르침 다음에 설하신 법문이 바로 이 「헤마와따숫따」입니다.[18] 이 경은 여러 게송으로 간략하게 설하신 경이라 그리 분명하지 않습니다. 많은 사람은 부처님께서 「담마짝까숫따」를 설하신 다음에 「아낫딸락카나숫따」를[19] 설하셨다고만 기억하고 있습니다. 하지만 이 「헤마와따숫따」는 부처님께서 「담마짝까숫따」를 설하신 뒤 바로 그날 밤에 설하신 경입니다. 경전의 차례에 따르자면 두 번째로 설하신 경입니다. 그렇게 부처님께서 설하신 차례와도 일치하고 이 경을 듣고자 하는 이들의 요청도 있어서 오늘부터 띤잔 기간 동안 이 '헤마와따숫따 법문'을 설하려고 합니다.

모든 사람에게 적당하다

이 경은 모든 사람에게 적당합니다. 이 경의 서문에는 헤마와따Hemavata천신과 사따기리Sātāgiri 천신의 문답이 나옵니다. 그 문답에

16 마하시 사야도 법문, 비구 일창 담마간다 옮김, 『담마짝까 법문』 참조.
17 S56:11; 「Dhammacakkappavattanasutta(초전법륜경)」.
18 Sn.302~305/153게송~182게송; 「Hemavatasutta(헤마와따경)」.
19 S22:59; 「Anattalakkhaṇasutta(무아특성경)」.

는 부처님께서 갖추신 여러 존경할 만한 덕목이 나옵니다. 불교에 입문한 이들이라면 꼭 실천해야 하고 실천할 만한 여러 실천행의 차례도 들어 있습니다. 그 문답에 나오는 부처님 덕목은 큰 존경심을 자아냅니다. 부처님께서 출현하신 사실을 모르고 있던 한 여인은 두 천신이 묻고 답하는 것을 듣고는 부처님의 덕목을 대상으로 수다원이 됐을 정도입니다. 지금 이 법문을 듣는 여러분도 그 여인처럼 특별한 법을 얻을 수 있습니다. 당시 두 천신의 대화는 매우 짧았습니다. 시간상으로도 아주 잠깐이었습니다. 하지만 오늘부터 본 승이 설할 내용은 서문만 해도 하루 두 시간 남짓 사나흘이 소요될 만큼 분량이 작지 않습니다. 그만큼 내용이 자세하고 풍부하며, 의미가 깊습니다. 그러니 본 승의 설법을 듣는 중에 그 여인처럼 수다원이 될 수도 있습니다. 수다원이 되지는 못한다고 하더라도 수다원이 되기 위한 바라밀은 확실히 얻을 수 있을 것입니다.

「헤마와따숫따」를 설한 시기

부처님께서 이 경을 설하신 지 얼마나 지났는지 살펴봅시다. 부처님께서는 「담마짝까숫따」를 설하신 뒤 45년 동안 사람과 천신, 범천 중생들에게 시원한 법의 물, 감로약을 주시고 완전열반에 드셨습니다. 완전열반에 드신 해를 기준으로 헤아리는 불기로 올해는 2506년이고, 「담마짝까숫따」는 부처님께서 완전열반에 드시기[20] 45년 전에 설하신 경입니다. 따라서 「담마짝까숫따」는 그 2506년에 45년을 더해 2551년 전

20 보통 '반열반般涅槃'으로 표현되는 'parinibbāna'를 '완전열반'이라고 번역했다. 그 생의 마지막 물질과 정신이 소멸한 뒤 다시는 어느 탄생지에서도 새로운 물질과 정신이 생겨나지 않은 채 완전히 소멸하는 것을 '완전열반에 든다'라고 표현한다.

에 설하셨다고 할 수 있습니다.[21] 이 「헤마와따숫따」도 「담마짝까숫따」를 설한 그날 밤에 설하신 경이기 때문에 2551년 전으로 기억해야 합니다. 또한 「담마짝까숫따」 다음으로 이 경이 제일 앞선다는 사실도 기억해야 합니다.

「담마짝까숫따」를 설한 시기

2551년 전 음력 4월 보름날 후야의 동이 트기 직전, 부처님께서는 정등각자 붓다의 지위에 오른 뒤 보리좌와 함께 일곱 장소에서 칠 일씩 모두 49일을 보내셨습니다.[22] 그 후 법을 설하시러 바라나시Bārāṇasī의 미가다와나Migadāvana 숲으로 가셨고, 오비구가 머물던 그 미가다와나에서 「담마짝까숫따」를 설하셨습니다. 때는 2551년 전 음력 6월 보름날 저녁, 해가 갓 질 무렵이었습니다. 서쪽에서는 둥근 해가 붉게 타오르며 사라지려 하고 있고, 동쪽에서는 둥근 보름달이 갓 솟아올라 노랗게 빛나고 있었습니다. 그때 「담마짝까숫따」를 "Dve me bhikkhave antā pabbajitena na sevitabbā(비구들이여, 이러한 두 가지 극단부분을 출가자들은 가까이해서는 안 된다)"라는 등으로 설하시기 시작했습니다.

최초법문을 들어서 특별한 법을 얻은 이들

그때 일만 우주의 범천과 천신들이 와서 법문을 들었습니다. 그 「담마짝까숫따」 법문을 들었을 때 사람 중에서는 꼰단냐Koṇḍañña 존자가 수다원이 됐습니다. 범천은 1억 8천 명이, 욕계 천신들은 헤아릴 수 없

21 2020년도는 5월 6일 이후부터 불기 2564년이다. 따라서 2020년 후반부를 기준으로는 2609년 전이다.

22 비구 일창 담마간다, 『부처님을 만나다』, pp.190~207 참조.

이 많은 수가 특별한 법을 얻었습니다. 이러한 모습을 『밀린다빤하』에서는 다음과 같이 설명해 놓았습니다.

Aṭṭhārasa brahmakotiyo aparimāṇā ca devatāyo, … abhisamimṁsu.[23] (Mil.331)

대 역

Aṭṭhārasa brahmakotiyo1억 8천 명의 범천과 aparimāṇā ca devatāyo한계를 지을 수 없이 많은 천신이 abhisamimṁsu특별한 법을 알았다.

그 「담마짝까숫따」 법회에 참석한 이들 중 사따Sāta에 살아서 사따기리Sātāgiri라고 부르던 한 야차왕 천신이[24] 있었습니다. 사따기리 천신은 「담마짝까숫따」 가르침을 들었을 때 너무 기쁘고 행복해서 '나의 친구인 헤마와따Hemavata 야차왕 천신도 나처럼 법을 듣고 있을까? 법회에 왔을까?'라고 살펴보았고, 헤마와따가 오지 않은 것을 알고서 친구인 헤마와따 천신에게 법을 들려주고 싶은 마음이 강렬하게 생겨났습니다. '깟사빠Kassapa 부처님의 가르침이 사라진 뒤 몇 십만, 몇 백만, 몇 천만 년이라는 오랜 세월이 지나서 이제야 이 법문을 들을 수 있게 되었다. 그런데 내 도반은 왜 법문을 들으러 오지 않았지?'라고 생각하는 등 마음이 들떴기 때문에 사따기리 천신은 특별한 법을 얻지 못했다고 합니다.[25]

23 저본에 대역만 있어 빠알리어 원문을 첨가했다.

24 저본에 사따기리 천신과 헤마와따 천신을 '야차왕', '천왕', '천신', '천신장군' 등의 여러 용어로 표현하고 있어서 그대로 따랐다.

25 깟사빠 부처님 당시 도반이었던 모습은 pp.361~364를 참조하라.

마음의 고요함이 매우 중요하다

법문을 들으면서 특별한 법을 얻으려면 마음이 고요해야 합니다. 법문에만 집중해야 마음의 고요함인 삼매가 생겨납니다. 삼매가 생겨나야 지혜가 생겨납니다. 법문을 들으면서 집안일, 직장, 세상사 등 이것저것 딴생각을 하면 삼매가 생겨나지 않습니다. 마음에 번민을 일으키게 하는 것들을 일부러 생각하는 것은 더욱 나쁩니다. 감각욕망원함 kāmacchanda이나 분노byāpāda나 들뜸uddhacca이나 후회kukkucca가 생겨나면 법의 맛이 드러날 수 없습니다. 삼매가 없으므로 지혜도 생겨나지 않습니다. 위빳사나 지혜가 생겨나지 않는데 도과라는 특별한 법이 생겨날 수 있겠습니까? 생겨날 수 없습니다. 다른 어떤 애씀이나 기대 없이, 설해지는 그 법 하나만 집중해서 듣고 있어야 삼매가 생겨나 지혜도 생겨날 수 있습니다. 「깟사빠 상윳따」에서는 법을 듣는 모습을 다음과 같이 설명해 놓았습니다.

아주 적합하게 법문을 듣는 모습

Sabbaṁ taṁ aṭṭhiṁ katvā manasi karitvā sabbacetasā samannāharitvā ohitasoto dhammaṁ suṇissāmīti. Evañhi te, kassapa, sikkhitabbaṁ.[26] (S.i.420/S16:11)

대 역

Sabbaṁ taṁ그 모든 것을; 선과 관련된 그 모든 법을 aṭṭhiṁ katvā 원하면서; 원함을 행하면서; 재산처럼 행하면서 manasi karitvā마음 기울이고서; 마음에 두고서 sabbacetasā samannāharitvā온 마

26 저본에 대역만 있어 빠알리어 원문을 첨가했다.

음으로 몰두하고 ohitasoto귀를 기울여 dhammaṁ suṇissāmītī법을 들으리라고 sikkhitabbaṁ실천해야 한다.

여기서 "aṭṭhiṁ katvā원하면서; 원함을 행하면서; 재산처럼 행하면서 manasi karitvā마음 기울이고서; 마음에 두고서"라는 것은 진실로 원하면서 마음 기울여 들어야 한다는 뜻입니다. 또 재산처럼 생각하고서 들어야 한다는 뜻입니다. 장사하는 이들을 보십시오. 물건을 파는 사람은 한 푼이라도 더 받으려 하고, 사는 사람은 물건의 가치보다 한 푼도 더 주지 않으려 합니다. 즉 서로 손해를 보지 않으려 합니다. 농부들도 곡식을 수확할 때 콩 한 알 벼 한 톨 버려지거나 상하지 않도록 조심스럽게 다룹니다. 금이나 루비처럼 매우 값비싼 보석들을 다루는 일은 더 말할 필요도 없습니다. 이렇게 단 한 푼의 재산도 줄어들지 않도록 잘 보호하는 것처럼, 법을 듣는 이들도 단 한마디의 법문도 놓치지 않도록 집중해서 들어야 합니다. 말 한마디마다 무엇을 말하는지, 무엇을 뜻하는지 끊임없이 숙고하며 들어야 한다는 뜻입니다. 그리고 "sabbacetasā samannāharitvā온 마음으로 몰두하고"라는 구절은 마음마다 계속해서 법에만 집중해야 한다는 뜻입니다.[27]

이 구절은 법을 아주 적합하고 올바르게 듣는 모습을 보여 줍니다. 이대로 법을 듣고 있으면 마음은 법에만 도달합니다. 마음이 고요히 집중됩니다. 장애들이 없습니다. 그래서 마음청정cittavisuddhi이 생겨납니다. 이렇게 되는 모습을 성전에서는 "vinīvaraṇacittaṁ 장애들이 없는 마음이 되어"(D.i.102 등)라고도 설하셨습니다. 그때 사성제의 법문

27 "aṭṭhiṁ katvā"에 대한 대역 중의 설명을 본문으로 옮겼다.

을 듣고서 특별한 법을 얻게 된 사실도 이어서 설하셨습니다. 부처님께서 「담마짝까숫따」를 설하실 때도 꼰단냐 존자를 비롯해 깨달음을 얻은 천신과 범천들은 집중해서 법문을 듣고서 특별한 법을 얻은 것입니다. 이 「헤마와따숫따」에 등장하는 사따기리 천신은 그의 도반인 헤마와따 천신과 관련된 생각을 하느라 일부 법을 놓쳤을 수도 있을 것이고 설령 놓치지 않았다 하더라도 법문의 의미를 아주 깊게, 계속 이어서 생각할 수는 없었을 것입니다. 부처님께서 설하신 법문을 이해하기는 했을 것입니다. 하지만 '법회에 나의 도반이 오지 않았다. 무엇 때문일까? 감각욕망 대상들이 그를 속여 유혹해서 감각욕망 대상들을 즐기며 지내고 있기 때문일 것이다'라는 등으로 숙고하고 있었기 때문에 특별한 법을 얻을 수 없었다고 합니다.

감각욕망 대상이 속이기도 한다

사따기리 천신이 숙고한 모습 중에 'vañcito 속여 유혹해서'라는 표현이 있습니다. 맞습니다. 감각욕망 대상들은 실체라 할 만한 것이 없는데도 실체가 있는 것처럼 생각하게 하면서 속입니다. 일부 사람들은 세간의 일과 감각욕망 대상에만 관심을 가질 뿐 법문을 들으러 오지 않습니다. 수행과는 더욱 거리가 멉니다. '법이라는 것은 나중에 노력하면 돼. 지금은 먹고 입는 것, 세간의 일들, 감각욕망 대상들이 더 중요해. 지금은 일하는 것이 더 중요해'라고 생각하면서 지냅니다. 이것은 감각욕망 대상들에 속는 것입니다. 사실 제일 중요한 것은 법을 실천하는 일입니다. 그리고 법을 실천하는 것은 교법의 안에서만, 교법이 있을 때만 구족하도록 실천할 수 있습니다. 감각욕망 대상은 언제든 있기 마련입니다. 따라서 생계를 위한 일이 적당히 갖추어졌다면 법을 중시하고 실천해야 합니다. 법을 실천해서 하나의 도나 하나의 과 정도라도 얻는다면 사악도에서 벗어날 것입니다. 비록 도과를 얻지 못한다고 하더라도 참사람법이[28] 마음에 깃들어 선법이 많이 늘어날 것입니다. 그 선법 덕분에 윤회하는 내내 사람의 생이나 천상의 생이라는 거룩한 생에만 태어나 행복하고 번영을 누릴 것입니다. 감각욕망 대상들과만 시간을 보내면 임종 시 의지할 만한 게 전혀 없을 것입니다. 중요하지 않은 감각욕망을 중요하다고 생각하게 하는 것이 바로 감각욕망이 속이는 성품입니다. 이렇게 사따기리 천신은 이해하고서 '감각욕망 대상들이 내 도반을 속이고 유혹해서 도반이 감각욕망 대상들을 즐기느라 이 법회에 올 수 없었을 것이다'라는 등으로 생각하느라 마음이 들떠서 특별한 법을 얻지 못했던 것입니다.

도반을 청하러 가다

「담마짝까숫따」 법회가 끝났을 때 사따기리 천신은 헤마와따 천신을 청하러 갔습니다. 사따기리 천신은 '야차장군yakkhasenāpati'이었기 때문에 혼자 가지 않았습니다. 자신의 부하인 500명의 천신야차와 함께 코끼리나 말, 금시조 등을 창조해서 타고 갔습니다. 때마침 헤마와따 야차장군도 히마완따 산에 매우 특별한 꽃들이 핀 것을 보고서 천상의 축제를 벌여 함께 즐기고자 도반인 사따기리 천신을 부르러 오고 있었습니다. 헤마와따 야차장군도 자신의 부하인 500명의 천신야차와 함께 여러 탈것을 타고 오고 있었습니다. 헤마와따 천신 일행은 북쪽 지역인 히마완따 산에서 남쪽으로 날아오는 중이었습니다. 반대로

28 믿음, 도덕적 부끄러움, 도덕적 두려움, 많이 배움, 정진, 새김, 통찰지라는 7가지 법이다. 본서 pp.233~235를 참조하라.

사따기리 천신은 히말라야 산 쪽을 향해 북쪽으로 날아가고 있었습니다. 도중에 두 천신 무리는 라자가하Rājagaha 성의 상공에서 만났습니다. 그들 중 선두에 선 양쪽의 부하 천신들이 서로 묻고 나서 동료들임을 알았습니다.

여기에서 북쪽을 향해 날아가던 사따기리 천신 무리가 라자가하 성에 이르렀을 때 헤마와따 천신 무리와 만났다고 했기 때문에 사따기리 천신이 지내는 사따 산은 라자가하 성의 남쪽에 있다는 사실, 또한 그곳은 주석서의 설명에 따라 중부지역majjhimadesa[29]에 위치한 산이라는 사실, 이 정도만 알 수 있습니다. 어느 산인지는 정확하게 알 수 없습니다.

천신야차 두 무리가 만났을 때 헤마와따 천신이 다음과 같이 물었습니다.

"도반 사따기리여, 히마완따 산에 한 번도 보지 못한 신기한 꽃이 피었다네. 너무 특별해서 도반과 함께 즐기고자 초청하러 가는 길이라네."

그러자 사띠기리 천신이 대답하며 다시 물었습니다.

"도반 헤마와따여, 그렇게 꽃들이 특별하게 핀 이유를 아는가?"

"모른다네, 도반이여."

"꽃들이 특별하게 핀 것은 히마완따 한 곳만이 아니네. 온 우주 전체에 마치 한 번도 핀 적이 없는 것처럼 피었다네. 그것은 다른 이유 때문이 아니라네. 도반이여, 정등각자 부처님께서 세상에 출현하신 지 두 달 정도 지났다네. 오늘 저녁에는 「담마짝까」라는 최초설법에 헌공이라

29 '중부지역'이란 부처님께서 탄생하고 활동하시던 인도 중북부 지역을 말한다. 동쪽으로는 가장갈라Gajaṅgala, 남동쪽으로는 살라와띠Sallavatī 강, 남서쪽으로는 사따깐니까Satakaṇṇīka 시, 서쪽으로는 투나Thūna 마을, 북쪽으로는 우시랏다자Usīraddhaja 산을 경계로 한다.(Vin.iii.287) 길이로는 300요자나, 너비로는 250요자나, 둘레로는 900요자나이다.(DA.i.172)

도 하듯이 꽃들이 특별하게 핀 것이라네. 부처님께서 「담마짝까」 법문을 설하실 때 그대가 보이지 않아서 많이 생각났다네. 그대가 부처님과 만나면 좋을 것 같아 이렇게 온 것이라네."

천신의 말을 엿듣게 된 여인

두 천신이 대화하고 있을 때 라자가하 성에 사는 한 부호의 딸인 깔리Kāḷī라는 여인이 자신의 방에서 창문을 열고 바람을 쐬고 있었습니다. 음력 6월이면 만달레이나 쉐보 등의 지역은 매우 덥습니다. 인도 중부지역인 라자가하도 비가 적게 오고 물이 귀한 더운 지역이었습니다. 임신으로 몸이 무거운 데다 날씨까지 더워 바람을 쐬고 있던 깔리 여인은 때마침 하늘에서 들리는 두 천신의 대화 소리에 귀를 기울였습니다. 깔리 여인은 '이 소리는 사람들의 소리가 아니라 천신들이 주고받는 대화 소리다'라고 분명하게 생각하며 듣고 있었다고 합니다. 그때 깔리 여인의 나이는 당시 인도 전통에 따라 첫 아이를 임신할 수 있는 16세나 17세 정도였을 것입니다. 태에 있던 아들도 평범한 이가 아니라 장차 독송 소리가 좋은 것으로 제일 칭호를 받은 소나꾸띠깐나Soṇakuṭikaṇṇa 장로가 될 이였습니다.(A1:14:2-9)[30]

30 소나꾸띠깐나Soṇakuṭikaṇṇa 장로는 아완띠Avanti의 꾸라라가라Kuraraghara 출신으로 어릴 때 천만 냥koṭi 값어치의 귀걸이kaṇṇa를 하고 다녔기 때문에 소나꾸띠깐나라고 불렸다. 나중에 마하깟짜야나 존자 문하로 출가했다. 언젠가 세존을 친견했을 때 『숫따니빠따』의 「앗타가왁가Aṭṭhakavagga(여덟의 품)」를 독송해서 부처님을 크게 기쁘게 했다. 그래서 '독송소리 제일kalyāṇavāraṇa' 칭호를 받았다.(AA.i.187) 대림스님 옮김, 『앙굿따라 니까야』 제1권, p.120 주97 참조.

사따기리 천신의 초청

1 Ajja pannaraso uposatho, dibbā ratti upaṭṭhitā;
Anomanāmaṁ satthāraṁ, handa passāma gotamaṁ.

(Sn.153)

해 석

오늘은 보름의 포살날
신성한 밤이 눈앞에 드러났소.
드높다는 이름 가진 고따마,
천인사를 이제 뵈러 가세나.[31]

대 역

Samma벗 헤마와따 천신이여, ajja오늘은 pannaraso보름의 uposatho포살날이오; 음력 6월 보름의 포살날이오. dibbā신성한; 천상에 생겨나는; 천상과 관련된; 천신의 광명과 모양과 관련된 ratti upaṭṭhitā밤이 드러났소; 즐겁고 깨끗한 저녁이오. anomanāmaṁ드높다는 이름을 가진; 저열하지 않은 여러 명성을 가진; 매우 높고 거룩한 명성을 가진 gotamaṁ고따마인; 고따마 족성인 satthāraṁ천인사를; 나의 특별한 스승님을 handa이제 passāma뵈러 가세나.

31 저본에는 성전의 대역만 있고 해석은 없다. 번역본에는 독자의 편의를 위해 「헤마와따숫따」 본문이거나 중요한 계송은 해석도 같이 본문에 실었다.

먼저 “ajja오늘은 pannaraso보름의 uposatho포살날이오”라고 했습니다. 이날은 아살히Āsaḷhī 별자리에 해당하는 음력 6월의 보름날이었습니다. 참사람들은 이날을 포살을 준수하는 재일이자 특별하고 거룩한 날로 매우 중시했습니다. 이 구절을 독송하기 좋게 8음절 게송으로 “보름달빛 깨끗빛나”라고 표현했습니다.

이어서 “dibbā신성한 ratti upaṭṭhitā밤이 드러났소”라고 했습니다. “오늘은 부처님께서 「담마짝까」 법문을 설하신 날이기 때문에 이전에는 한 번도 피지 않았던 특별한 꽃들도 피었소. 도반이 지내는 히마완따 산뿐만 아니라 우리 사따 산 곳곳에도 꽃들이 만발했소. 온 우주 전체에 다 피었소. 또한 그 「담마짝까」 법회에 온 천신과 범천, 천왕들, 범천왕들도 헤아릴 수 없이 매우 많고 다양했소. 그 천신과 범천들의 몸에서 나온 광채만으로도 매우 빛나고 찬란한 밤이오. 동쪽 세상에서 아살히 별자리와 결합하여 솟아오른 월왕인 달의 광채로도 온 전체가 빛나는 밤이오. 그렇게 꽃들도 만발하고, 천신과 범천들의 광채로도 찬란하고, 달빛으로도 빛나기 때문에 매우 깨끗하고 청정하여 특별한 밤이오. 신성한 밤이오”라는 뜻입니다. 앞 구절과 연결해서 이 내용을 “보름달빛 깨끗빛나 꽃들만발 신성한밤”이라고 표현했습니다.

온 우주의 꽃나무들이 모두 활짝 꽃을 피운 장관을 천신의 눈으로 바라본다면 매우 아름답고 눈부실 것입니다. 그렇게 꽃들이 찬란하게 피어 있는 광경은 사람의 눈으로 보아도 매우 아름답고 장엄합니다. 언젠가 짜익티요우에 성지순례를 간 적이 있습니다. 1932년 음력 1월 14일(2월 8일) 밤이었습니다. 마침 달이 거의 차서 매우 밝게 빛났습니다. 짜익티요우 산에는 계곡이나 협곡이 많은데 그 계곡이나 협곡에 달빛이 번쩍거리며 빛났고, 그 광경을 산 정상에서 내려다보자 매우 아름다웠습니다. 산 곳곳 나무들에 꽃이 만발한 광경도 보았습니다. 크고 작은 나무들이 줄지어 있는 모습도 매우 보기 좋았던 기억이 납니다. 하지만 그 광경이 아무리 아름다웠다 해도 부처님께서 「담마짝까숫따」 법문을 설하실 때 온 우주의 산과 계곡에 꽃들이 만발한 장관을 천신의 눈으로 바라보았을 때의 아름다움에는 감히 비교도 할 수 없을 것입니다. 그래서 이렇게 세상의 아름다움과 황홀함까지 설명한 뒤 부처님께 같이 가자고, 가서 부처님을 친견하자고 다음과 같이 청했습니다.

"Anomanāmaṁ드높다는 이름을 가진; 저열하지 않은 여러 명성을 가진; 매우 높고 거룩한 명성을 가진 gotamaṁ고따마인; 고따마 족성인 satthāraṁ천인사를; 나의 특별하신 스승님을 handa이제 passāma 뵈러 가세나."

"나의 스승이신 부처님을 이제 뵈러 가세나. 나의 스승이신 부처님께서는 가문으로는 거룩한 고따마 가문의 석가족 출신으로 싯닷타Siddhattha라는 왕자였다가 우루웰라Uruvela 숲에서 6년간 고행을 실천한 뒤 깨달음을 얻으신 분이라네. 명성으로도 아라항 등의 아홉 덕목을 포함해서 무한한 덕목과 관련된 거룩하고 드높은 존호를 구족하신 분이라네"라는 등으로 칭송하고 청했다는 의미입니다. 이 구절 중에 "거룩하고 드높은 명성"이라는 것 중 '아라항arahaṁ'이라는 존호 하나를 설명하면 '거룩하고 드높은 모습'이 더욱 분명해질 것입니다. 그래서 그 아라한이라는 덕목을 간략하게 설명하겠습니다.

아라한 덕목

'아라한arahanta' 덕목을 빠알리어 문장 중에서는 '아라항arahaṁ'이라고 표현합니다. '적합하다'라는 뜻입니다. 무엇에 적합한가 하면, 특별한 예경을 받기에 적합하다는 뜻입니다. 사람이나 천신, 범천들은 예경을 합니다. 자신들이 믿고 의지하는 가르침에 따라 예경합니다. 일부는 나무에 예경합니다. 일부는 숲에 예경합니다. 일부는 산에 예경합니다. 일부는 바다에 예경합니다. 일부는 하늘의 태양이나 달이나 행성이나 별 등에 예경합니다. 일부는 여러 천신을 추측해서 예경합니다. 일부는 천당의 창조주에 예경합니다. 일부는 범천에 예경합니다. 일부는 한 종파의 스승에게 예경합니다. 이렇듯 여러 대상에 예경하는 것은 위험과 장애가 사라지기를 바라서입니다. 번영과 행복을 얻기 위해서입니다. 사람이라면 누구나 위험과 장애가 없기를 바랍니다. 고통과 질병이 없기를 바랍니다. 장수하기를 바랍니다. 이익이 많기를 바랍니다. 재산이 많기를 바랍니다. 행복하기를 바랍니다. 사람뿐만 아니라 천신도 마찬가지입니다. 모두 행복과 번영을 바랍니다. 사람들은 자신의 힘만으로는 이룰 수 없는 것들을 이루도록, 가질 수 없는 것들을 가지도록 보지 못하는 천신들을 의지합니다. 목신이나 산신 등을 의지해서 나무나 산 등에 예경합니다. 일부는 세상이나 중생을 창조한 창조주가 있다고 생각하고서 그렇게 창조한 하느님이라는 존재를 유추해 그 하느님에게 예배하고 예경합니다. 하지만 "그렇게 창조한 하느님은 어떠한 모습인가? 어떠한 형체인가? 어디에 사는가? 어느 누가 만나 보았는가?"라고 질문하면 "내가 만나 보았소"라고 장담할 수 있는 이가 없습니다. "먼 과거에 누가 만나 보았다"라는 말을 그대로 믿고서 숭배하고 예경합니다.

하지만 '종교는 자유'라는 말처럼 특별히 숙고하거나 비교하지 않고 대대로 믿고 의지해 온 것일 수 있습니다. 지금처럼 과학기술이 발달한 시대라면 비교하고 검토해볼 만도 한데 대대로 믿어 온 것을 그대로 붙들고 있는 것입니다. 확실하게 숙고해 본다면 "의지하고 예경하는 이를 구원해 준다"라는 종교는 믿을 만한 근거가 전혀 없어 보입니다. 그러한 종교를 믿는 이들 중 가난한 이들이 많습니다. 만약 의지하는 이들을 천신이나 하느님이 구원해 준다면 매우 정성스럽게 믿는 이들 모두 부자가 되어야 합니다. 하지만 사실은 그렇지 않습니다. 또한 믿지 않는 이들 중에도 부자인 이들이 있습니다. 이것을 잘 살펴보면 "번영하게 하고 부유하게 하는 일을 하는 이들은 번영하고 부유하다. 사람마다 각자 적당한 일을 하면 그것에 적당한 만큼 부를 얻는다. 하지 않으면 얻지 못한다"라는 사실이 분명합니다. 이것은 자신이 행한 행위인 업이 과보를 주는 것입니다. 의지하는 천신 등이 구원해 주는 것이 아닙니다.

부처님께서는 "나를 의지하면 구원해 주겠다"라고 말씀하시지 않았습니다. "자신이 행한 업을 통해 자신이 좋은 과보와 나쁜 과보를 받는다"라고만 설하셨습니다. "계 등의 특별한 덕목을 구족한 이들에게 보시하고 예경을 올리면 그것은 특별한 선업이다. 그 선업이 조건이 형성되면 지금 현생에서도 과보를 주고 미래의 윤회에서도 확실히 좋은 과보를 준다"라고 설하셨습니다. 사람과 천신, 범천들은 번영을 누리고 행복해지기 위해 어떠한 대상에 의지하고 예경합니다. 그렇게 의지하고 예경할 때 계 등의 덕목을 갖추어 예경받기에 적당한 이들에게 예경하면 자신이 목적하고 기대하는 좋은 과보를 얻을 수 있습니다. 계 등의 덕목이 없어 예경받기에 적당하지 않은 이에게 예경하거나 의지하면 자신이 기대하는 과보를 얻을 수 없습니다. 비유하자면, 황금이나 옥이 아닌 돌멩이를 가치가 있는 것으로 여겨 소중히 보관해 두었다고 합시다. 나중에 그 돌멩이를 내다 팔면 진짜 황금이나 옥의 가치를 얻을 수 있겠습니까? 얻을 수 없습니다. 전혀 가치가 없기 때문입니다. 진짜 황금이나 옥을 보관해 두었다면 필요할 때 내다 팔면 진짜 황금이나 옥의 가치에 해당하는 이익을 얻을 수 있습니다. 그와 마찬가지로 계 등의 덕목이나 공덕을 갖춘 거룩한 이들에게 예경하면 그 예경 올린 선업이 기대할 만한 좋은 과보와 행복을 얻게 해 줄 수 있습니다. 부처님께서는 온 세상 사람보다 계와 삼매와 통찰지 등에서 제일 높고 거룩한 덕목을 갖추신 분입니다. 따라서 부처님께 예경하면 사람과 천신, 범천, 이러한 중생들은 자신이 기대하는 좋은 과보와 행복을 구족할 수 있습니다. 사람의 행복과 천상의 행복, 범천의 행복도 얻을 수 있습니다. 열반의 행복도 얻을 수 있습니다. 이런 여러 행복은 부처님께서 주셔서 얻는 것이 아닙니다. 부처님께 예경한 선업공덕이 주는 것입니다. 이렇기 때문에 부처님께서는 사람과 천신, 범천들의 특별한 공경을 받을 만하십니다. 그래서 '아라항arahaṁ'이라는 존호를 얻으셨다는 뜻입니다. 그 존호를 연유로 해서도 "anomanāmaṁ드높다는 이름을 가진; 저열하지 않은 여러 명성을 가진; 매우 높고 거룩한 명성을 가진 분"이라고 칭송한 것입니다. 그 덕목을 대상으로 게송을 독송하며 예경 올립시다.

아라항
여러덕목 갖추셔서 사람천신 범천이란
모든중생 특별공경 받을만한 부처님

'아라항arahaṁ'이란 단어는 또한 'ārakā'라는 단어에서 파생된 것으로 '멀리 떠났다'라는 의미가 있습니다. 무엇으로부터 멀리 떠났는가 하면, 부처님께서는 마음의 더러움인 번뇌로부터 멀리 떠나셨습니다. 중생들은 좋아할 만하고 즐길 만한 것과 만나면 좋아하고 애착하고 즐깁니다. 탐욕lobha이 생겨납니다. 싫어할 만하고 화날 만한 것과 만나면 싫어하고 화를 냅니다. 성냄dosa이 생겨납니다. 볼 때마다, 들을 때마다, 감각할 때마다[32], 알 때마다 잘못 알고 그릇되게 아는 성품인 어리석음moha이 생겨납니다. 거룩한 부처님에게는 아무리 좋은 대상과 만나더라도 좋아함이나 즐김이 생겨나지 않습니다. 탐욕이 없습니다. 아무리 나쁜 대상과 만나더라도 싫어함이나 화냄이나 혐오함이 생겨나지 않습니다. 성냄이 없습니다. 어리석음도 없습니다. 그래서 '아라항', 즉 '탐욕과 성냄과 어리석음 등의 성품법들도 바른 성품에 따라 알고 있고, 모든 번뇌라는 더러움으로부터 멀리 떠나 깨끗하시다'라는 존호도 얻으셨습니다. 그 존호를 연유로 해서도 "anomanāmaṁ드높다는 이름을 가진; 저열하지 않은 여러 명성을 가진; 매우 높고 거룩한 명성을 가진 분"이라고 칭송한 것입니다. 그 덕목을 대상으로 게송을 독송하며 예경 올립시다.

아라항
탐진치등 여러번뇌 오염원인 번뇌에서
멀리떠나 청정하신 거룩하신 부처님[33]

오늘은 마침 띤잔의 첫째 날이기 때문에 특별한 길상이 있는 부처님의 덕목을 독송하고 예경하는 것은 매우 특별한 선업과 길상이 됩니다.

---

32 냄새를 맡을 때마다, 맛을 볼 때마다, 감촉과 닿을 때마다.

33 같은 덕목에 대한 마하시 사야도의 다른 게송은 다음과 같다.
습관함께 천오백의 오염원인 번뇌에서
멀리떠나 청정하신 아라한이신 부처님

아라항 덕목의 의미는 이 두 가지를 설명하는 것으로 충분하리라고 생각합니다.[34]

정등각자 덕목

부처님의 또 다른 덕목으로 '정등각자'가 있습니다. 빠알리어로는 '삼마삼붓도sammāsambuddho'라고 표현합니다. 'sammā 바르게' + 'saṁ 스스로' + 'buddho 깨달으신 분'이라고 단어분석을 할 수 있고 합치면 'sammāsambuddho', 즉 '바르게 스스로 깨달으신 거룩하신 부처님'이라는 뜻입니다. 부처님이 되시기 전 보살은 알라라Āḷāra 선인과 우다까Udaka 선인에게서 사마타 수행방법을 전수받았습니다. 하지만 부처님이 되실 때는 그 방법으로 되신 것이 아닙니다. 스스로의 지혜로 들숨날숨 선정을 얻도록 노력하셨습니다. 연기도 스스로의 지혜로만 숙고하여 깨달으셨습니다. 물질·정신의 생멸도 스스로의 지혜로만 관찰하여 네 가지 진리와 함께 모든 법을 깨달으시고 붓다의 지위에 오르셨습니다. 이것은 스스로의 지혜로만 바르게 깨달아 붓다가 되신 모습에 대한 간략한 설명입니다. 그래서 'sammāsambuddho', 즉 '네 가지 진리와 모든 법을 스스로의 지혜로 바르게 깨달으신 분'이라는 특별한 존호도 얻으셨습니다. 그 존호를 연유로 해서도 "anomanāmaṁ드높다는 이름을 가진; 저열하지 않은 여러 명성을 가진; 매우 높고 거룩한 명성을 가진 분"이라고 칭송한 것입니다. 그 덕목을 대상으로 게송을 독송하며 예경 올립시다.

---

34 원래는 다섯 가지이다. 자세한 내용은 비구 일창 담마간다, 『가르침을 배우다』, pp.42~44 참조.

삼마삼붓도
사성제와 알아야할 모든법을 스스로
올바르게 깨달으신 정등각자 부처님

이 삼마삼붓다의 덕목을 통해 네 가지 진리를 스스로의 지혜로만 바르게 깨달아 붓다의 지위에 오르신 모습을 나타냈습니다. '붓다가 되었다'라는 것은 지혜의 빛이 생겨나 그 네 가지 진리를 스스로의 지혜로 바르게 깨달았다는 것입니다.

부처님 덕목

붓다가 되면 과거와 미래와 현재 모든 것을 남김없이 압니다. 그게 무엇이든 마음을 기울이면 즉시 압니다. 그래서 '부처님'이라는 특별한 존호도 갖추셨습니다. 빠알리어로는 '붓도buddho'라고 표현합니다. '알아야 할 모든 법을 다 알고 보시는 부처님'이라는 뜻입니다. 그 존호를 연유로 해서도 "anomanāmaṁ드높다는 이름을 가진; 저열하지 않은 여러 명성을 가진; 매우 높고 거룩한 명성을 가진 분"이라고 칭송한 것입니다. 그 덕목을 대상으로 게송을 독송하며 예경 올립시다.

붓도
알아야할 모든법을 완전하게 깨닫고서
다른이들 깨닫게해 붓다이신 부처님

부처님의 덕목과 관련한 존호는 이 밖에도 많습니다. 백여 개가 아닙니다. 천여 개가 아닙니다. 만, 십만, 천만여 개가 아닙니다. 한 분의 부처님이 다른 한 분 부처님의 덕목을 평생 설하더라도 다 설하지 못한다고 합니다.[35] 하지만 여기서는 지금 설명한 네 가지 덕목이면 충분하리라 생각합니다. "이러이러한 드높은 여러 덕목을 갖추신 우리 고따마 부처님을 바로 지금 뵈러 가세나"라고 사따기리 천신이 헤마와따 천신에게 청했습니다. 이것을 쉽게 기억할 수 있도록 "보름달빛 깨끗빛나 꽃들만발 신성한밤 고따마란 가문좋은 부처님 뵈러가세나"라고 8구절 게송으로 표현했습니다. 같이 독송합시다.

초청 게송

보름달빛 깨끗빛나 꽃들만발 신성한밤
고따마란 가문좋은 부처님 뵈러가세나

이것은 사따기리 천신이 청하는 모습입니다. 그러자 헤마와따 천신이 그분이 진짜 부처님, 바른 부처님이 맞는지 조사하며 물었습니다. 그것에 대해 다시 사따기리 천신이 대답했습니다. 그 문답은 대답만 게송으로 표현했습니다. 당시에는 뿌라나깟사빠Purāṇakassapa, 막칼리고살라Makkhaligosāla 등의 육사외도도 스스로 붓다라고 주장하며 설하고 다녀서 헤마와따 천신은 그분이 진짜 부처님이 맞는지 조사해볼 필요가 있었을 것입니다. 그래서 헤마와따 천신은 다음과 같이 질문했습니다.

35 DA.i.256; 자세한 내용은 『가르침을 배우다』, pp.42~57 참조.

헤마와따 천신의 확인 질문 1

2 Kacci mano supaṇihito, sabbabhūtesu tādino;
Kacci iṭṭhe aniṭṭhe ca, saṅkappassa vasīkatā.

(Sn.154)

해 석

어떤가, 여여한 덕목을 갖추고서
모든 존재에 마음을 잘 향하는가.
어떤가, 좋거나 싫은 대상에
그는 생각을 제어할 수 있는가.

대 역

Samma벗이여; 벗 사따기리 천신이여, kacci어떤가, tavasatthu그대의 스승은 mano마음을 supaṇihito잘 둘 수 있는가? 《어떻게 둘 수 있어야 하는가 하면》 sabbabhūtesu모든 존재에 대해; 모든 중생에 대해 tādino특별하게 가다듬어서 관조할 수 있는 여여한 덕목을 갖추어 supaṇihito잘 둘 수 있는가? kacci어떤가, assa그의; 그대의 스승은 iṭṭhe ca원하는 대상에 대해서나; 바랄 만한 좋은 대상에 대해서나 aniṭṭhe ca원하지 않는 대상에 대해서나; 바라지 않는 나쁜 대상에 대해서 saṅkappā생각을 vasīkatā제어할 수 있는가; 원하는 대로 지체하지 않고 잘 행할 수 있는가?

마음을 고르게 둘 수 있는가

앞부분의 내용은 "도반 사따기리여, 세상에 붓다라 자칭하는 이들이 많다네. 하나 묻겠네. 그대의 스승은 자신의 마음을 고르게 잘 둘 수 있는가? 내 편과 상대편, 내 제자와 남의 제자, 이렇게 분별하지 않고 모든 중생에 대해 고르게 둘 수 있는가? 행복하기를 바라는 자애의 마음을 고르게 둘 수 있는가? 가엾게 여기는 연민의 마음을 고르게 둘 수 있는가?"라는 질문입니다. 맞습니다. 물을 만한 질문입니다. 어떤 부류는 스스로 붓다라 주장하면서도 자애mettā의 마음과 연민karuṇā의 마음을 고르게 두지 못하기 때문입니다. '내게 예배하고 귀의한 이들은 구원할 것이다. 내게 예배하지 않고 귀의하지 않는 이들은 구원하지 않을 것이다. 벌을 내릴 것이다. 영원히 지옥에 떨어뜨릴 것이다'라고 한다면 이러한 붓다는 마음을 고르게 두지 못하는 것입니다. 마음을 고르게 두지 못한다면 그러한 이는 진실로 귀의할 만한 붓다가 아닙니다. 진짜 붓다라면 중생들에게 고르게 자애의 마음과 연민의 마음을 둘 수 있어야 합니다. 그래서 헤마와따 천신은 "그대의 부처님은 모든 중생에 대해 마음을 고르게 둘 수 있는가?"라고 질문한 것입니다.

생각을 제어할 수 있는가

이어서 "kacci어떤가, assa그의; 그대의 스승은 iṭṭhe ca원하는 대상에 대해서나; 바랄 만한 좋은 대상에 대해서나 aniṭṭhe ca원하지 않는 대상에 대해서나; 바라지 않는 나쁜 대상에 대해서 saṅkappā생각을 vasīkatā제어할 수 있는가; 원하는 대로 지체하지 않고 잘 행할 수 있는가?"라고 질문했습니다. 대부분의 사람은 좋은 대상과 만났을 때 기뻐하고 좋아하며 즐깁니다. 즐거워하지 않도록, 좋아하지 않도록 마음을 다스리지 못합니다. 나쁜 대상이나 싫은 대상과 만났을 때는 마음이 상해서 화를 내거나 실망합니다. 좋은 대상과 만났을 때와 마찬가지로 화를 내지 않도록 마음을 다스리지 못합니다. 대상의 뒤를 따라가는 습성이 있습니다. 하지만 진짜 부처님이라면 대상의 뒤를 따라가지 않고 마음과 생각을 잘 다스릴 수 있을 것입니다. 그래서 헤마와따 천신이 "어떤가 도반이여, 그대의 스승인 부처님은 마음과 생각을 자신이 바라는 대로 잘 다스릴 수 있는가? 바라고 좋아하고 즐길 만한 원하는 대상에 대해서든, 싫어하고 혐오하고 바라지 않고 원하지 않는 대상에 대해서든 마음과 생각을 자신이 바라는 대로 다스릴 수 있는가? 원하는 대로 생각할 수 있는가?"라고 질문했습니다. 이것도 중요한 질문입니다.

지금 사람들은 대상의 뒤를, 마음의 뒤를 따라갑니다. 미소 지을 만한 대상과 만나면 미소를 짓습니다. 찡그릴 만한 대상과 만나면 찡그립니다. 웃을 만한 대상과 만나면 웃고 기뻐하고 즐거워합니다. 슬퍼할 만한 대상과 만나면 울고 슬퍼합니다. 마음이 가고자 하면 그대로 갑니다. 적당하지 않은 장소의 경우, 처음에는 '가기에 적당하지 않다'라고 숙고하고서 참기도 합니다. 하지만 마음이 강력하게 밀어붙이면 결국 적당하지 않은 장소에도 갑니다. 마음이 '이 말을 하고 싶다. 이 행위를 하고 싶다'라고 하면 얼마간은 적당하지 않다고 생각하며 참아보지만 마음이 강력하게 밀어붙이면 곧 그러한 말도 하게 됩니다. 그러한 행위도 하게 됩니다. 이것이 대상의 뒤를, 마음의 뒤를 따라가는 것입니다.

수행자들조차 일부는 마음의 뒤를 따라갑니다. 어떻게 따라가는가 하면, 일부 수행자는 법이 향상되지 않아 실망합니다. 그러면 수행센터에서 떠나고 싶은 마음이 생겨납니다. 그럴 때는 지도스승이 법문을 설하면서 말려야 합니다. 스승의 설법을 잘 이해한 수행자는 집으로 돌아가지 않고 계속 수행하여 머지않아 법이 향상되는 기쁨을 얻게 됩니다. 하지만 일부 수행자는 스승이 아무리 법문을 설하고 말해 주어도 안 됩니다. 자신의 고집대로 수행센터에서 떠나버립니다. 이것도 마음의 뒤를 사람이 따라가는 것입니다. 일부는 싫증내는 단계인 염오의 지혜nibbidāñāṇa에 도달해 무미건조한 것을 경험하고는 실망해서 돌아가려고 합니다. 이 단계에서 계속 수행해 나간다면 머지않아 법을 구족할 일만 남았는데, 마음을 다스리지 못해 집으로 돌아가고 맙니다. 매우 안타까운 일입니다. 하지만 수행자 대부분은 지도스승이 말한 대로 마음을 잘 다스립니다.

일반인이라도 불교에 입문한 이들이라면 대부분 마음을 잘 다스릴 수 있습니다. 부처님의 가르침은 마음을 잘 다스리도록 설해 놓은 가르침입니다. 그러한 가르침을 듣고 잘 기억하고 있는 이들은 마음을 어느 정도 다스릴 수 있습니다. 하지만 그러한 가르침을 들어 본 적이 없는 이들은 부끄러워할 줄도 모르고 두려워할 줄도 모릅니다. 마음이 원하는 대로 행동하고 말하는 경우가 많습니다. 그래서 "그렇게 대상의 뒤를 마음이 원하는 대로 따라가는 세상에서, 중생들 가운데서 그대의 부처님은 마음과 생각을 자신이 원하는 대로 둘 수 있는가, 생각할 수 있는가?"라고 질문한 것입니다. 매우 적당한 질문입니다.

질문도 잘해야 한다

질문을 정확하게 하는 것도 매우 중요합니다. 만달레이 시의 한 가정에서 공양청을 받은 적이 있습니다. 공양을 마치고 이런저런 얘기를 나누던 중 한 큰스님이 "질문 받는 것이 두려울 정도로 집요하게 묻는 한 미국인이 있었습니다. 그는 마지막 질문으로 '스님, 이 법을 얼마나 오랫동안 수행하셨습니까? 수행하셨을 때 어떠한 대상이나 표상이 드러났습니까?'라고 물었습니다"라고 말했습니다. 그 큰스님은 그러한 질문이 매우 두려울 정도였다고 말했지만, 본 승의 시각으로는 그 미국인은 물을 만한 것을 물었다고 생각합니다. 세랍 80세에 교학에도 정통하고 널리 알려진 유명한 큰스님이므로 법과 관련해서 직접적인 경험을 알고자 하는 이라면 그렇게 질문할 수 있습니다. 지금 미얀마에는 부처님의 거룩한 가르침이 분명하게 있기 때문에 이러한 대장로를 만났을 때 외국인이라면 응당 그렇게 질문하리라 생각합니다. 중요한 것은 '다른 이들이 질문했을 때 직접 경험한 법을 당당하게 대답해 줄 수 있는가'입니다.

지금 설명하고 있는 헤마와따 천신은 보통 존재가 아닙니다. 깟사빠 Kassapa 부처님 당시에 500명의 제자에게 경전을 가르쳤던, 교학에 능통한 큰스님이었던 천신입니다. 그래서 부처님의 덕목에 대해 적당한 질문을 할 수 있었던 것입니다. 질문을 받은 사따기리 천신도 보통 존재가 아닙니다. 그도 깟사빠 부처님 당시에 500명의 제자에게 경전을 가르쳤던, 교학에 능통한 큰스님이었습니다. 두 사람은 함께 깟사빠 부처님 교단에 입문하여 출가한 뒤 같이 지내던 도반이었습니다.

그들에 관한 자세한 일화는 나중에 설명해 드리겠습니다.[36] 그렇게 교학에 밝은 대장로였던 천신이기 때문에 사따기리 천신도 정확하게 다음과 같이 대답했습니다.

---

36 본서 pp.361~377 참조.

사따기리 천신의 대답 1

3 Mano cassa supaṇihito, sabbabhūtesu tādino;

Atho iṭṭhe aniṭṭhe ca, saṅkappassa vasīkatā. (Sn.155)

해석

모든 존재에 여여함 갖추고서

그분은 마음도 잘 둔다네.

그리고 좋거나 싫은 대상에

그분은 생각을 잘 제어하네.

대역

Samma벗이여; 벗 헤마와따 천신이여, assa그분은; 나의 스승이신 부처님께서는 sabbabhūtesu모든 존재에 대해; 모든 중생에 대해 tādino특별하게 가다듬어서 관조할 수 있는 여여한 덕목을 갖추어 mano마음을 supaṇihito잘 두실 수 있다네. atho그리고 assa나의 스승이신 그 부처님께서는 iṭṭhe ca원하는 대상에 대해서나; 바랄 만한 좋은 대상에 대해서나 aniṭṭhe ca원하지 않는 대상에 대해서나; 바라지 않는 나쁜 대상에 대해서 saṅkappā생각을 vasīkatā제어하실 수 있다네, 벗이여.[37]

37 이 문답이 오갈 당시 헤마와따 천신은 부처님에 대한 믿음이 없는 상태였고 사따기리 천신은 믿음이 있는 상태였다. 그래서 대역에서는 헤마와따 천신의 질문은 평서체로, 사따기리 천신의 대답은 경어체로 번역했다. 하지만 해석에서는 시의 특성상 평서체로 번역했다. 미얀마 여러 번역본에서는 평서체와 경어체를 혼용했다. *Bhaddanta Sajjanābhivaṁsa*, 『*Suttanipātapāḷito nissaya thik*(숫따니빠따 성전 新 대역)』, p.113; *Mingun Sayadaw*, 『*Mahābuddhawin*(대불전)』, 제2권, p.452 참조.

마음을 고르게 둘 수 있다

이것이 사따기리 천신의 대답입니다. 사따리기 천신은 먼저 "도반 헤마와따 천신이여, 나의 스승이신 고따마 부처님께서는 모든 중생에 대해 마음을 고르게 잘 두실 수 있다네"라고 대답했습니다. 중생들 중에는 부처님을 존경하는 이들도 있고, 존경하지 않는 이들도 있습니다. 「담마짝까숫따」의 가르침을 듣고서 특별한 법을 얻은 제자들도 있었습니다. 삼귀의에만 머문, 삼귀의를 수지해 불교에 입문한 이들도 있었습니다. 삼귀의조차 수지하지 않고 불교를 믿지 않는 이들도 있었습니다. 마라 천신의 무리에 들어가 적대적인 이들도 있었습니다. "그러한 모든 중생에 대해 나의 스승이신 부처님께서는 고르게 마음을 기울이실 수 있다네. 고르게 행복하기를 바라는 자애의 마음이 있으시네. 고르게 불쌍히 여기는 연민의 마음이 있으시네"라는 뜻입니다. 이 내용은 부처님께서 갓 출현하신 상황을 바탕으로 설명한 것입니다. 그 이후 상황까지 포함해서 설명한다면 부처님께 네 가지 필수품을 보시하는 청신사와 청신녀들도 있습니다. 부처님께 대적하고 반대되는 행위를 하는 바라문과 외도들도 있습니다. 부처님께서는 그들에게도 고르게 자애와 연민을 두십니다. 재가에 머무실 때 아들이었던 라훌라Rāhula와 당신을 죽이려고 여러 시도를 했던 데와닷따Devadatta에게도 고르게 자애와 연민을 두십니다. 내 편과 상대편을 구별하지 않습니다. 모든 중생에 대해 고르게 행복하기를 바라는 마음이 있습니다. 고르게 연민하는 마음이 있습니다.

그래서 "assa그분은; 나의 스승이신 부처님께서는 sabbabhūtesu모든 존재에 대해; 모든 중생에 대해 tādino특별하게 가다듬어서 관조할 수 있는 여여한 덕목을 갖추어 mano마음을 supaṇihito잘 두실 수 있다네"라고 대답한 것입니다.

이것을 기억하기 쉽도록 "우리붓다 맘잘두니 모두여여 연민고루"라고[38] 게송으로 표현했습니다.

매우 존경할 만하다

이 내용만 숙고해 보더라도 부처님은 매우 존경할 만합니다. 세상 사람들은 대부분 내 편과 상대편을 구별합니다. 내 편에는 이익이 되도록 많은 도움을 줍니다. 도움은 못 주더라도 행복하기를 바라는 우호적인 마음이 있습니다. 그러나 반대편에 대해서는 도와주려는 마음이 없습니다. 반대편까지는 아니더라도 자신을 도와주지 않았던 이에 대해서는 도와주려는 마음이 별로 없습니다. 즉 자애와 연민을 고르게 두기가 매우 어렵습니다. 한집에 사는 가족에 대해서도 마음을 고르게 두기가 쉽지 않은 사람들도 있을 것입니다.

일반인들은 제쳐두고라도 여러 종교 신자들이 귀의처라고 여기면서 귀의하고 있는 절대자들을 보십시오. 모든 중생에 대해 고르게 마음을 두는 절대자는 드물 것입니다. "나에게 귀의한 이들은 구원해 주겠다. 하지만 귀의하지 않는 이들은 구원하지 않겠다. 영원히 지옥에 떨어뜨릴 것이다"라고 말하는 절대자만 보게 될 것입니다. 그러한 절대자들과 비교해 보면 내 편과 상대편을 구별하지 않고 모든 중생에게 고르게 마음을 두는 부처님은 매우 존경할 만합니다.

부처님께서는 아들인 라훌라가 행복하기를 바라는 것처럼 모든 중

38 나의 스승이신 부처님은 마음을 잘 둘 수 있으니, 모든 이에 대해 여여하게 두루 연민하신다.

생도 행복하기를 바라십니다. 행복하기를 바라는 자애의 마음이 고르게 있습니다. 아들인 라훌라가 도과와 열반을 얻기를 바라는 것처럼 모든 중생도 도과와 열반을 얻기를 바라십니다. 아들인 라훌라를 연민하는 것처럼 모든 중생을 연민하십니다. 세상 사람들은 고르게 좋아하고 연민하기가 매우 어렵습니다. 자기가 속한 작은 단체 내에서조차 한 사람 한 사람에 대해 자애와 연민이 고르지 않고 넘치거나 모자랍니다. 고르게 마음을 둔다는 것은 직접적인 경험을 통해서도 매우 어렵다는 사실을 알 수 있습니다. 이와 관련해 부처님께서 대연민 증득mahākaruṇā samāpatti에[39] 입정하셨을 때의 모습을 소개하겠습니다.

대연민이 생겨나는 모습

Bahukehi ākārehi passantānaṁ buddhānaṁ bhagavantānaṁ sattesu mahākaruṇā okkamati.[40] (Ps.121)

대역

Bahukehi ākārehi많은 양상으로; 백 가지도 아니고 천 가지도 아니고 많은 양상을 통해 passantānaṁ보시면서 (buddhānaṁ bhagavantānaṁ세존이신 부처님께)[41] sattesu중생들에 대해 mahākaruṇā 대연민이 okkamati발현한다; 들어가서 생겨난다.

이처럼 부처님께서는 많은 양상을 통해 중생들을 연민하십니다. 그렇게 많은 양상 중 일부를 설명하겠습니다.

39 증득samāpatti이란 원래는 '도달하는 것, 얻는 것, 들어가는 것' 등을 뜻한다. '대연민 증득'이란 '대연민 선정에 들어가는 것, 입정하는 것'을 말한다.

40 저본에 대역만 있어 빠알리어 원문을 첨가했다.

41 괄호 안의 내용은 역자가 첨가했다.

늙음과 병듦으로 끌려간다

Upanīyati loko addhuvoti – passantānaṁ buddhānaṁ bhagavantānaṁ sattesu mahākaruṇā okkamati. (Ps.121)

대역

Loko세상은; 중생 무리라는 세상은 upanīyati끌려간다; 늙음과 병듦과 죽음으로 단계단계 끌려간다. addhuvo견고하지 않다; 확고하지 않고 그대로 유지되지 않는다. iti이렇게 passantānaṁ보시면서; 불안佛眼을 통해 자세하게 관찰하고 보시면서; 관찰하고 보시는 buddhānaṁ bhagavantānaṁ세존이신 부처님께 sattesu중생들에 대해 mahākaruṇā대연민이 okkamati발현한다; 들어가서 생겨난다.

부처님께서는 지혜의 눈으로 온 세상을 널리 관찰하실 때 매우 불쌍한 중생들을 보시고 연민하십니다. 비유하자면, 연민심이 많은 이가 심한 고통을 당하고 있는 이들을 보고 연민하는 것과 같습니다. 하지만 보통 사람들이 연민하는 것은 보통의 정도일 뿐입니다. 그리 깊지 않습니다. 부처님의 연민은 매우 깊고 광범위합니다. 현재 고통당하고 있는 것을 보고서도 연민하십니다. 지금은 행복하지만 머지않아 지옥이나 축생, 아귀 탄생지에 태어나 고통당할 것을 보고서도 연민하십니다. 한 생 한 생 태어나서 머지않아 늙고 병들어 고통을 겪은 뒤 거듭거듭 죽는 것을 보고서도 연민하십니다. 지금 사람들을 보십시오. 새로운 생에 사람으로 태어나서 일정한 나이가 되면 생계를 유지하기 위해 학문이나 기술을 배우고, 30세쯤 되면 스스로 밥벌이를 해야 합니다. 그러는 사이 젊었던 용모는 차츰차츰 늙고 노쇠해져 갑니다. 늙을 뿐만 아니라 건강도 잃게 됩니다. 치료하지 못할 정도로 병이 깊어지면 결국 죽게 됩니다.

상황이 이런데도 사람들은 아무 생각 없이 지냅니다. 하지만 사람은 젊음에서 늙음으로 내몰리고 끌려갑니다.[42] 늙음에서 병듦으로 내몰리고 끌려갑니다. 병듦에서 죽음으로 내몰리고 끌려갑니다. 그렇게 죽음이 임박해서 심하게 아플 때가 돼서야 자신이 죽는다는 것을 눈치챕니다. 그때가 되면 가족이나 친척, 친지들이 곁에서 걱정스럽게 지켜봅니다. 일부는 눈물을 뚝뚝 흘리면서 매우 슬퍼하기도 합니다. 그렇게 주위 사람들이 지켜보는 가운데 죽습니다. 죽으면 시체를 묘지로 보냅니다. 묘지에서 가족들은 울고 통곡하며 시체를 화장합니다. 그 뒤에도 며칠, 혹은 몇 달, 이렇게 한동안은 죽은 이를 그리워하기도 합니다. 하지만 일정한 시간이 지나면 잊어버립니다. 이것이 한 생의 여정입니다.

다음 생도 마찬가지입니다. 태어나면 늙어야 합니다. 늙으면 병들어야 합니다. 병들면 죽어야 합니다. 이렇게 각각의 생마다 젊음에서 늙음의 단계로 내몰리고 끌려갑니다. 늙음에서 병듦의 단계로 내몰리고 끌려갑니다. 병듦에서 죽음의 단계로 내몰리고 끌려갑니다. 그렇게 중생들이 늙음의 단계와 병듦의 단계와 죽음의 단계로 차례대로 내몰리고 끌려가는 것을 부처님께서는 보셨습니다. 늙음의 단계에 이른 중생들도 '몇 백만'이나 보셨습니다. 병듦의 단계에 이르러 주위 친척들이 슬퍼하는 것도 몇 백만이나 보셨습니다. 죽음의 단계에 이르러 울고 통곡하면서 고통스러워하는 것도 몇 백만이나 보셨습니다. 여기서 '몇 백만'은 요즘 쓰는 말이기 때문에 언급한 것입니다. 그렇게 고통에 처한 중생들

42 저본에서는 '몸이 늙음으로 끌고 간다'라고 표현했지만 성전의 표현을 따랐다.

은 아승기로 무한합니다. 헤아릴 수 없을 정도로 많습니다. 중생 각각 한 존재에게 생겨나는 차례대로 늙는 모습과 병든 모습과 죽는 모습을 판자에 적어서 나열한다면 대지조차 감당하지 못할 것입니다. 그렇게 새로운 생에 태어나서 늙도록, 늙어서 병들도록, 병들어서 죽도록, 계속 끊임없이 내몰리고 끌려가는 모습을 부처님께서는 보셨습니다. 그렇게 보시는 부처님께 '매우 불쌍한 중생들이구나'라고 숙고하시고 연민하시는 대연민mahākaruṇā이 생겨났다는 뜻입니다. 이 내용으로 경각심을 북돋기 위해 독송하고 마음에 새기도록 게송으로 "노병사로 내몰려 중생실로 덧없네"라고 표현했습니다. 이 게송을 같이 독송합시다.

노병사로 내몰려 중생실로 덧없네[43]

'중생들은 늙고 병들고 죽고, 다시 늙고 병들고 죽고 이렇게 반복하면서 괴로움을 겪고 있다. 이 늙음과 병듦과 죽음이라는 윤전의 고통에서 벗어나도록 나 여래만 구해 줄 수 있다. 나 여래 외에 구해 줄 수 있는 다른 존재는 없다. 이 중생들이 나 여래의 가르침대로 따르고 실천해야만 그 괴로움에서 벗어날 수 있다. 실천하지 않으면 이전과 같이 늙고 병들고 죽으면서 괴로움을 겪어야 한다. 불선업이 과보를 줄 때는 지옥에 떨어져 한계를 알 수 없는 고통을 겪어야 한다. 아귀로 태어나서도 고통을 겪어야 한다. 축생으로 태어나서도 고통을 겪어야 한다'라고 이렇게 고통을 겪게 될 것을 보셨기 때문에 부처님에게 아들인 라훌라를 연민하시는 것처럼 모든 중생에게도 고르게 불쌍히 여기는 연민이 생겨난다는 뜻입니다. 그래서 "sabbabhūtesu모든 존재에 대해; 모든

43 늙음과 병듦과 죽음으로 내몰리고 끌려가기 때문에 사람들은 실로 영원하지 않구나.

중생에 대해 tādino특별하게 가다듬어서 관조할 수 있는 여여한 덕목을 갖추어 mano마음을 supaṇihito잘 둘 수 있다네"라고 사따기리 천신이 대답한 것입니다. 이것을 앞서 언급한 대로 "우리붓다 맘잘두니 모두여여 연민고루"라고 게송으로 표현했습니다. 이 게송을 다시 독송합시다.

우리붓다 맘잘두니 모두여여 연민고루

의지할 만한 것이 없다

Atāṇo loko anabhissaroti – passantānaṁ buddhānaṁ bhagavantānaṁ sattesu mahākaruṇā okkamati. (Ps.121)

대 역

Loko세상은; 중생 무리라는 세상은 atāṇo의지처가 없구나; 자신을 보호해 줄 이가 없구나. anabhissaro기댈 이가 없구나. iti이렇게 passantānaṁ보시면서; 불안佛眼을 통해 자세하게 관찰하고 보시면서; 관찰하고 보시는 buddhānaṁ bhagavantānaṁ세존이신 부처님께 sattesu중생들에 대해 mahākaruṇā대연민이 okkamati발현한다; 들어가서 생겨난다.

중생들에게 의지할 만한 보호자가 없다고 보기 때문에도 부처님께서는 연민하신다는 뜻입니다. 언뜻 보기에는 의지할 만한 보호자가 있는 것도 같습니다. 어린 자식은 부모가 보호합니다. 늙은 부모도 착한 자식들이 보호합니다. 제자를 스승이 보호합니다. 스승을 제자가 보호합니다. 형제와 자매도 서로 보호합니다. 하지만 누구도 늙지 않도록 보호하지는 못합니다. 부모의 늙음을 자식이 나누어 가질 수도 없습니다. 마찬가지로 누구도 병들지 않도록 보호하지는 못합니다. 의사나 약사가 어느 정도 병으로부터 보호해 줄 수는 있습니다. 하지만 고칠 수 없을 정도의 병은 의사나 약사도 어찌할 수 없습니다. 죽음에 대해서는 더욱 어찌할 수 없습니다. 임종의 순간 가까운 사람들이 곁에서 지켜봐 줄 수 있을 뿐입니다. 그래서 중생들에게는 늙지 않도록, 병들지 않도록, 죽지 않도록 보호해 줄 수 있는 의지처가 없다고 한 것입니다. 죽고 난 뒤에도 지옥에 떨어지지 않도록, 축생으로 태어나지 않도록, 아귀로 태어나지 않도록, 가난한 이로 태어나지 않도록 보호해 줄 수 있는 존재는 없습니다.

거룩한 부처님만 구해주고 보호해 주실 수 있습니다. 이것도 행복하게 하는 좋은 방법과 바른길을 설하고 제시해 주는 것 정도로만 구해주실 수 있습니다. 그렇게 설해 주신 방법과 길대로 따라서 실천하는 이들만 늙음의 위험과 병듦의 위험과 죽음의 위험과 악처의 위험과 윤회의 위험에서 벗어날 수 있습니다. 비유하자면, 의사가 환자를 보호하는 것과 마찬가지입니다. 의사는 병을 낫게 할 수 있는 약을 처방합니다. 적당하거나 적당하지 않은 음식과 생활 습관 등도 제시해 줍니다. 단지 이 정도만 할 수 있습니다. '병이 사라지기를'이라고 명령할 수는 없습니다. 환자는 그 의사가 처방해 준 약을 먹어야 합니다. 의사가 제시한 대로 따라야 합니다. 그래야 병이 낫습니다. 의사의 말을 따르지 않으면 병이 낫지 않습니다. 그와 마찬가지로 부처님이 구해주고 보호해 주실 수 있다고 했지만 행복하게 하는 좋은 방법과 바른길을 설하고 제시해 줄 수 있을 뿐입니다. 그 설해주신 대로 따라서 실천하는 이들만 악처의 위험에서 벗어날 수 있습니다. 늙음과 병듦과 죽음 등 윤회의 위험에서도 벗어날 수 있습니다.

꼬라뱌 왕과 랏타빨라 존자의 문답

과거에는 위력이 대단한 왕들이 많았습니다. 그 왕들에게는 군대나 경호원이 많았기 때문에 세간의 측면으로는 기댈 곳이 많았다고 할 수 있습니다. 하지만 어떠한 군대도 그 왕들을 늙음과 죽음으로부터 구해 줄 수 없었습니다. 보호해 줄 수 없었습니다.

부처님 당시에 랏타빨라Raṭṭhapāla라는 아라한 장로 한 분이 있었습니다. 장로는 재가자였을 때 꼬라뱌Korabya 왕의 친구였습니다. 어느 날, 꼬라뱌 왕이 장로에게 "무엇 때문에 출가했습니까?"라고 물었습니다. 랏타빨라 장로는 "중생들은 늙음과 병듦과 죽음으로 끌려가고 있다. 그러나 그것으로부터 보호해 줄 사람이나 의지할 곳이 없다"라는 등으로 부처님께서 설하신 '가르침의 요약Dhammuddesa' 네 가지 법을 듣고서 출가했다고 대답했습니다.[44]

꼬라뱌 왕은 그 말을 잘 이해하지 못하고 다시 질문했습니다.

"존자여, 저희 왕들에게는 코끼리 부대나 말 부대 등이 많습니다. 그렇게 의지할 만하고 보호해 주는 것이 있습니다. 무슨 의미로 보호해 줄 사람이나 의지할 곳이 없다고 말씀하신 것입니까?"

그러자 랏타빨라 장로가 대답했습니다.

"왕이여, 그대는 가끔 심한 병에 걸린 적이 있지 않습니까?"

"걸린 적이 있습니다, 존자여."

"그렇게 심한 병에 걸렸을 때 고통을 덜기 위해 그 괴로운 느낌을 친구들에게 나누어 줄 수 있습니까? 아니면 그대 혼자 그 고통을 겪어야

44 M82; 가르침의 요약 네 가지란 '세상은 견고하지 않고 달려간다', '세상은 보호자가 없고 의지처도 없다', '세상은 자기 것이 없고 모든 것을 버리고 가야 한다', '세상은 항상 불완전하고 만족할 줄 모르며 갈애의 노예이다'이다. 본서 p.76 참조. 대림 스님 옮김, 『맛지마 니까야』 제3권, pp.282~283 참조.

합니까?"

"그 고통은 다른 이에게 나누어 줄 수 없습니다, 존자여. 저 혼자서 고통을 겪어야 합니다."

왕이 대답하자 랏타빨라 장로는 다음과 같이 설명해 주었습니다.

"왕이여, 바로 그것을 두고 부처님께서 '중생들에게는 보호해 줄 사람이나 의지할 만한 것이 없다'라고 설하신 것입니다."

따라서 세간의 측면으로는 보호해 주고 지켜 주는 것이 많은 것 같아도 늙지 않도록, 병들지 않도록, 죽지 않도록, 사악처에 떨어지지 않도록, 고통을 겪지 않도록 진실로 보호해 줄 사람이나 의지처는 없습니다. 참으로 안타까운 일입니다. 이것을 "보호없어 의지처 없어실로 힘없네"라고 게송으로 표현했습니다. 이 게송을 같이 독송합시다.

보호없어 의지처 없어실로 힘없네[45]

잘못된 길을 가고 있다

부처님이란 존재는 수많은 대겁이 지난 뒤 아주 가끔만 출현합니다. 출현 후에는 수명까지만 머물고 완전열반에 듭니다. 그래서 부처님이 직접 설한 가르침을 듣기도 매우 어렵습니다. 하지만 부처님의 교법이 아직 무너지기 전이라면, 지혜가 있고 참사람인 출가자나 재가자들이 부처님의 가르침을 다시 설하기 때문에 원하는 이들은 이들을 따라서 실천하여 악도와 윤회의 고통에서 벗어날 수 있습니다. 하지만 그렇게 설해 주는 참사람인 스승들도 태어나는 생마다 늘 만날 수 있는 것이 아닙니다. 세상

45 보호해 줄 이도 없고 의지처도 없어 진실로 중생들은 힘이 없구나.

에는 여러 교리나 종교가 있습니다. 잘못된 것을 설하고 지도하는 이들도 만날 수 있습니다. 그러한 이들을 만나 잘못된 법이나 잘못된 길을 따른다면 더욱 두려운 일입니다. 잘못된 길을 실천하면 실천할수록 불선의 허물이 많이 생겨나 윤회의 고통 속으로 더욱더 깊게 떨어지기 때문입니다.

부처님께서는 자신에게 귀의한 불자들을 연민하시는 것처럼 다른 가르침이나 잘못된 길에 빠진 이들도 고르게 연민하십니다. 그래서 다음과 같이도 숙고하시고 연민하셨습니다.

Kummaggappaṭipanno lokasannivāsoti – passantānaṁ buddhānaṁ bhagavantānaṁ sattesu mahākaruṇā okkamati.[46] (Ps.121)

대 역

Loko세상은; 중생 무리라는 세상은 kummaggapaṭipanno잘못된 길을 가고 있구나. iti이렇게 passantānaṁ보시면서; 불안佛眼을 통해 자세하게 관찰하고 보시면서; 관찰하고 보시는 buddhānaṁ bhagavantānaṁ세존이신 부처님께 sattesu중생들에 대해 mahākaruṇā 대연민이 okkamati발현한다; 들어가서 생겨난다.

사실은 이렇게 잘못된 길을 가고 있는 이가 더욱더 불쌍합니다. 가엾게도 그들은 행복을 바라면서 바른길을 찾다가 잘못된 길인데도 바른길이라고 생각해서 따릅니다. 따라가면 따라갈수록 고통만 더해질 뿐인데도 말입니다. 불교에 입문한 이들도 '우리들은 올바른 길을 얻었다'라고 안심하면 안 됩니다. 최소한 하나의 도, 하나의 과라도 얻기 위

46 저본에 대역만 있어 빠알리어 원문을 첨가했다.

해 노력해야 합니다. 성스러운 도과에 도달하지 못했다면 아직 안심할 수 없습니다. 지금은 불자인 부모나 스승을 만나 불교에 입문하고 수행한다 해도 다음 생은 기약할 수 없습니다. 다른 종교를 가진 부모와 스승을 만날 수 있기 때문입니다. 그러면 거룩한 부처님의 길이 아닌 잘못된 길로 빠질 수 있습니다.

그래서 부처님께서는 늙음의 위험과 병듦의 위험과 죽음의 위험과 악도의 위험과 윤회의 위험과 사견의 위험으로부터 구하고 보호해 줄 사람이 없는, 귀의처가 없는 중생들을 자신의 제자나 다른 이의 제자를 가리지 않고 모두 고르게 연민하십니다.

자기 것이 없다

Assako loko, sabbaṁ pahāya gamanīyanti – passantānaṁ buddhānaṁ bhagavantānaṁ sattesu mahākaruṇā okkamati. (Ps.121)

대 역

Loko세상은; 중생 무리라는 세상은 assako자기 것이 없구나; 자신의 재산이 없구나. sabbaṁ pahāya모두를 버리고서 gamanīyaṁ가야 하는구나; 다른 생으로 가야 하는구나. iti이렇게 passantānaṁ보시면서; 불안佛眼을 통해 자세하게 관찰하고 보시면서; 관찰하고 보시는 buddhānaṁ bhagavantānaṁ세존이신 부처님께 sattesu중생들에 대해 mahākaruṇā대연민이 okkamati발현한다; 들어가서 생겨난다.

중생들에게는 자신의 진짜 재산이라는 것이 없습니다. 하지만 사람들은 스스로 구하고 모아 놓은 재산이 있다고 생각합니다. 금, 은, 쌀, 소, 물소, 코끼리, 말, 차, 집, 땅, 논, 밭, 공장, 사무실 등이 그것입니다. 하지만 마지막 날에는 이것들을 모두 버리고 가야 합니다. 몸에 걸친 장식도 가져갈 수 없습니다. 모두 다 버리고 떠나야 합니다. 자기 몸조차 버리고 가야 합니다. 마지막 날은 오늘이 될 수도 있고 내일이 될 수도 있습니다. 결코 '아직 멀었다'라고 단정 지을 수 없습니다. 죽기 전이라도 도둑이 훔쳐 가면 자기 것이 아니라 다른 이의 것이 돼버립니다. 힘이 센 이들에게 억지로 빼앗길 수도 있습니다. 그래서 세간의 재산이나 물건은 진짜 자기 것이라고 말할 수 없습니다.

진정한 자신의 재산이라고 할 수 있는 것은 보시 선업이나 계 선업이나 수행 선업 등의 선업입니다. 선업이야말로 자신의 진짜 재산입니다. 선업이라는 재산은 누구도 훔쳐갈 수 없고 빼앗을 수 없습니다. 여러 생에 걸쳐 연속해서 가져갈 수도 있습니다. 선업 재산이 많은 사람은 연속된 생에서 행복할 것입니다. 따라서 선업 재산이 가난하지 않도록 하는 것이 중요합니다. 선업 재산이 없거나 부족하다면 선업 재산을 쌓는 데 힘써야 합니다. 각자 할 수 있는 만큼 노력하면 됩니다. 보시 선업도 가난하지 않게 해야 합니다. 계 선업도 가난하지 않게 해야 합니다. 수행 선업도 가난하지 않게 해야 합니다. 위빳사나 선업은 더욱 중요합니다. 할 수 있는 만큼 노력해야 합니다. 하루나 이틀 정도만 노력할 수 있다면 하루나 이틀이라도 노력하고 관찰하십시오. 그렇게 하루나 이틀 정도 수행해서 방법을 배웠다면 집에서도 시간이 허락하는 만큼 관찰할 수 있습니다. 어떠한 비용도 들이지 않고 선업 재산을 늘리고 있는 것입니다. 매우 이로운 일입니다.

선업 재산이 있는 사람은 죽을 때 그 선업에 의지할 수 있습니다. 올바르게 관찰하고 수행했다면 자기가 관찰하던 법에 마음 기울이면서 편안하게 죽을 수 있습니다. 죽은 후에도 천상 등의 선처에 가는 것이 확실합니다. 그러므로 자신의 진짜 재산이라고 할 수 있는 보시와 계와 수행 선업을 특히 신경 써서 늘려나가야 합니다.

금이나 은 등의 세간적인 재산은 죽을 때 버리고 가야 할 것들일 뿐입니다. 그래서 자신의 진정한 재산이라고 할 수 없습니다. 많은 이와 관련된 재산일 뿐입니다. 그러한 재산에 애착하면서 죽는다면 아귀로 태어날 수 있다고까지 부처님께서는 말씀하셨습니다. 태어나는 생마다 계속해서 재산을 모은 뒤 죽을 때는 버리고 가는 것을 보시고서 부처님께서는 그런 중생들을 고르게 연민하셨다는 뜻입니다. 이것을 "자기재산 없다네 버리고서 가야해"라고 게송으로 표현했습니다. 이 게송을 같이 독송합시다.

자기재산 없다네 버리고서 가야해[47]

원하는 것이 갖춰지지 않는다

Ūno loko atīto taṇhādāsoti – passantānaṁ buddhānaṁ bhagavantānaṁ sattesu mahākaruṇā okkamati. (Ps.121)

대 역

Loko세상은; 중생 무리라는 세상은 ūno부족하여; 구족하지 못하고 모자라서 atīto만족하지 못하는구나. taṇhādāso갈애의 노예가 되어 있구나. iti이렇게 passantānaṁ보시면서; 불안佛眼을 통해 자세하게 관찰하고 보시면서; 관찰하고 보시는 buddhānaṁ bhagavantānaṁ 세존이신 부처님께 sattesu중생들에 대해 mahākaruṇā대연민이 okkamati발현한다; 들어가서 생겨난다.

47 자기 재산이 없이 버리고 가야 하는구나.

중생들의 상황을 부처님께서 지혜를 통해 관찰하셨을 때 갈망하고 갈구하는 갈애taṇhā라는 법에 뒤덮여 제압당하는 것을 보셨습니다. 갈애는 배고픔이나 목마름과 마찬가지입니다. 갈애는 좋은 대상을 바라고 좋아하며 갈구합니다. 좋은 형색 대상들을 보고도 만족하지 못합니다. 좋은 소리 대상들을 듣고도 만족하지 못합니다. 좋은 냄새 대상들을 맡고도 만족하지 못합니다. 좋은 맛 대상들을 먹고도 만족하지 못합니다. 좋은 감촉 대상들에 닿고도 만족하지 못합니다. 좋은 생에 태어나거나 오래 살아도 만족하지 못합니다. 칭송받을 만한 덕목을 아무리 많이 갖추더라도 만족하지 못합니다.

재산이나 필수품도 하나를 얻으면 두 개 세 개를 얻으려 합니다. 두 개 세 개를 얻으면 네 개 열 개를 얻으려 합니다. 주위 대중도 한 명이 생기면 두 명 세 명이 있었으면 합니다. 두 명 세 명이 생기면 네 명 열 명이 되길 바랍니다. 도무지 만족하는 법이 없습니다. 얻을 때마다 더욱 갈망하고 기대합니다. 어떤 나라에는 몇 조 이상의 엄청난 재산을 가진 부자들이 있습니다. 그 부자들조차 '충분하다'라고 끝내는 법이 없습니다. 끝없이 오르려고만 합니다. 왕들은 가능한 한 더 많은 영토를 확장하려 합니다. '충분하다'라고 멈추는 법이 없습니다.

천신들도 갈망하고 갈구하는 힘이 사람 못지않거나 때론 더 큽니다. 위력이 큰 어떤 천신은 천녀를 500명이나 천 명 등으로 아주 많이 거느립니다. 그런데도 그들은 만족하지 못합니다. 그럴 수만 있다면 더 갖기를 원한다는 사실을 여러 문헌에서 볼 수 있습니다. 그들은 여러 좋은 대상을 누리더라도 만족하지 못합니다. 거듭거듭 더 많은 대상을 누리고자 하며, 늘 새로운 대상들에 목말라 합니다. 제석천왕은 이를 두고 아귀와 같다고까지 말하기도 했습니다.(JA.vi.123) 그래서 "loko

세상은; 중생 무리라는 세상은 ūno부족하여; 구족하지 못하고 모자라서 atīto만족하지 못하는구나. taṇhādāso갈애의 노예가 되어 있구나" 라고 부처님께서 보신 것입니다.

맞습니다. 중생들은 갈애가 시키는 대로 따르고 행합니다. 갈애가 이것을 원한다고 하면 그것을 얻기 위해 노력합니다. 목숨을 버리면서까지 따릅니다. 어떤 이들은 갈애가 시키는 것을 힘써 구하다가 사형까지 당하기도 합니다. 갈애가 시키는 모든 것을 매일, 매달, 매년 행하고 있습니다. 마지막 죽을 때까지 행해야 합니다. 다음 생에서도 같은 방법으로 갈애가 시키는 것을 행해야 합니다. 잠시도 쉬지 못합니다.

세상의 노예들은 한계가 있습니다. 아무리 길어도 한 생입니다. 하지만 갈애의 노예는 한계가 없습니다. 아라한도과에 도달해 아라한이 돼야 벗어날 수 있습니다. 아라한이 되고 나면 온 세상에 대해 좋아할 만한 것이 아무것도 없게 됩니다. 아라한이 되기 전에는 무명이 좋아할 만한 것이라고 갈애가 시킵니다. 갈애가 충동질하는 대로 중생들은 그것들을 끝없이 구하고 즐깁니다. 원하는 것이 구족되거나 만족하는 법이란 없습니다. 항상 갈망하고 갈구하면서 괴로움에 처해야 합니다. 이러한 사실을 보시고서 부처님께서는 모든 중생에 대해 고르게 연민하신 것입니다. 이 내용과 관련해 "구족못해 불만족 갈망갈애 노예네"라고 게송으로 표현했습니다. 이 게송을 같이 독송합시다.

구족못해 불만족 갈망갈애 노예네[48]

48 원하는 것이 구족되지 못하고 항상 만족하지 못해 갈애의 노예들이구나.

"노병사로 내몰아 중생실로 덧없네"라는 게송이 하나,

"보호없어 의지처 없어실로 힘없네"라는 게송이 하나,

"자기재산 없다네 버리고서 가야해"라는 게송이 하나,

"구족못해 불만족 갈망갈애 노예네"라는 게송이 하나,

이것이 바로 랏타빨라 존자가 듣고서 경각심을 일으켰던 '가르침의 요약' 네 가지를 번역한 게송입니다. 이 내용에는 대연민이 생겨난 모습도 포함돼 있습니다. 그래서 중생들에 대해 부처님께서 고르게 연민하시는 모습에 포함시켜 설한 것입니다.

부처님께 대연민이 생겨나는 모습은 매우 많습니다. 중생들이 윤회라는 전쟁터에 나가야 하는 모습, 여러 위험과 장애와 만나야 하는 모습, 애착과 성냄과 어리석음 등의 열한 가지 불에 불타고 있는 모습[49] 등을 통해서도 부처님께서는 '나를 제외하고 구해줄 수 있는 다른 이가 없구나'라고 숙고하며 연민하십니다. 하지만 지금 언급한 모습 정도면 고르게 연민하시는 모습을 이해하기에 충분할 것입니다. 그래서 "우리 붓다 맘잘두니 모두여여 연민고루"라고 게송으로 표현한 것입니다. 이 게송을 다시 독송해 봅시다.

우리붓다 맘잘두니 모두여여 연민고루

이 게송 중 "연민고루"라는 표현을 통해 "고르게 연민한다"라고 하면 "행복하기를 바라는 자애도 고르게 있다"라는 것도 이해할 수 있습니다. 그래서 부처님께서는 모든 중생에 대해 고르게 행복하기를 바라시고 고르게 연민하신다는 사실을 염두에 두고 사따기리 천신이 "sab-

49 열한 가지 불이란 애착rāga, 성냄dosa, 어리석음moha, 태어남jāti, 늙음jarā, 죽음maraṇa, 슬픔soka, 비탄parideva, 고통dukkha, 근심domanassa, 절망upāyāsa을 말한다.(S35:28)

babhūtesu모든 존재에 대해; 모든 중생에 대해 tādino특별하게 가다듬어서 관조할 수 있는 여여한 덕목을 갖추어 mano마음을 supaṇihito잘 두실 수 있다네"라고 대답한 것입니다.

생각을 제어한다

이어서 "atho그리고 assa나의 스승이신 그 부처님께서는 iṭṭhe ca원하는 대상에 대해서나; 바랄 만한 좋은 대상에 대해서나 aniṭṭhe ca원하지 않는 대상에 대해서나; 바라지 않는 나쁜 대상에 대해서 saṅkappā생각을 vasīkatā제어하실 수 있다네"라고도 대답했습니다.

세상의 측면에서는 바라고 좋아할 만한 원하는 대상과 만나면 원함이나 좋아함이나 즐김이 생겨나기 마련입니다. 제어하지 못합니다. 혐오스러운 대상이나 싫은 대상이나 화를 나게 하는 등 원하지 않는 대상과 만나면 혐오하고 싫어하며 화를 내기 마련입니다. 제어하지 못합니다. "원하는 대상이나 원하지 않는 대상의 뒤를 따라가지 않고 마음과 생각을 자신이 바라는 대로 제어할 수 있는가, 마음 기울일 수 있는가"라고 헤마와따 천신이 질문했습니다. 이것에 대해 사따기리 천신이 "거룩한 부처님은 원하는 대상이든 원하지 않는 대상이든 그러한 대상의 뒤를 마음이 따라가게 하지 않고 당신이 바라는 대로 생각하실 수 있다네. 바라는 대로만 마음 기울이실 수 있다네"라고 대답했습니다.

질문하는 천신도 질문할 만한 것을 질문했고, 대답하는 천신도 정확하고 분명하게 대답했습니다. 매우 적당합니다.

까탈스러운 질문

어떤 이들은 주변 사람들에게 선업이 생겨나도록 "우리 스님께 오시오. 법문을 들으시오"라고 권유합니다. 불법과 멀리 지내는 이들이 조금이라도 선업을 짓기를 바라는 좋은 의도로 권유하는 것입니다. 하지만 권유받은 이들은 다음과 같이 까다롭게 반문하기도 합니다.

"그대의 스님은 무슨 능력이 있습니까? 사주를 잘 봅니까? 점을 잘 칩니까? 돈을 많이 벌게 해 줄 수 있습니까? 헤어진 부부를 다시 합치게 해 줄 수 있습니까? 잃어버린 물건을 찾아줄 수 있습니까? 승진이 되게 해 줄 수 있습니까? 지위가 그대로 유지되도록 해 줄 수 있습니까?"

이러한 질문은 믿음이 없고 지혜가 허약한 이들이 하는 질문입니다.

지혜로운 질문

하지만 헤마와따 천신은 진실로 물을 만한 것을 물었습니다. 지혜로운 이의 질문입니다. 왜냐하면, 거룩하신 부처님께서 출현하신 그 당시에는 모든 것을 아는 붓다라고 주장하고 설법하는 가짜 붓다들이 있었기 때문입니다.

즉 ① 뿌라나깟사빠Purāṇakassapa, ② 막칼리고살라Makkhaligosāla, ③ 아지따께사깜발라Ajitakesakambala, ④ 빠꾸다깟짜야나Pakudhakaccāyana, ⑤ 니간타나따뿟따Nigaṇṭhanāṭaputta, ⑥ 산자야Sañjaya 등 모두 여섯 명의 외도 스승이 있었습니다.

그리고 이들에게도 각각의 제자들과 신도들이 있었을 것입니다. 그들의 제자들은 자신들의 스승이 과거와 미래와 현재의 모든 것을 아는 부처님이라고 믿고서 귀의했을 것입니다.

하지만 헤마와따 천신처럼 지혜로운 이들은 그러한 육사외도에게는 좋고 나쁜, 원하고 원하지 않는 대상을 동일하게 두어 관조할 수 있는 여여의 덕목이 없다는 사실, 마음과 생각을 원하는 대로 다스릴 수 있는 능력이 없다는 사실을 알고 있었습니다. 그래서 육사외도처럼 가짜 붓다가 아니라 진짜 부처님이 맞는지 알기 위해 질문하며 조사하는 것입니다. 사따기리 천신도 좋고 나쁜 대상에 대해 마음과 생각을 원하는 대로 다스릴 수 있는 진짜 부처님이라는 사실을 장담하며 대답했습니다.

생각을 다스리는 모습

여기서 "부처님께서 마음과 생각을 다스리시는 모습은 어떠한가?" 라고 묻는다면 다음과 같이 대답할 수 있습니다. 부처님께서는 원하는 대상에 대해서도 원하지 않는 대상이 되도록 마음을 기울이실 수 있습니다. 원하지 않는 대상에 대해서도 원하는 대상이 되도록 마음을 기울이실 수 있습니다. 원하는 대상이든 원하지 않는 대상이든 원하고 원하지 않는 성품을 배제하고 평온하게 관조하실 수 있습니다. 관조하는 모습은 다음과 같습니다.

아무리 아름답고 깨끗하고 좋아할 만한 형색 대상이라 하더라도 혐오스럽고 더러운 대상으로 드러나도록 관찰하실 수 있습니다. 마간디Māgaṇḍī처럼 아름다운 여성이라 하더라도 머리카락과 몸털 등 32가지 혐오스러운 무더기일 뿐이라고 즉시 관찰하실 수 있습니다.[50] 마라 천왕의 딸인 딴하Taṇhā와 아라띠Aratī와 라가Rāga의 몸도 순간순간 끊임없이 무너지고 있는 물질 무더기일 뿐이라고, 혐오스러움이 드러나도

50 마간디야Māgandiyā라고도 한다. 『부처님을 만나다』, pp.341~342 참조.

록 관찰하실 수 있습니다.[51]

부처님뿐만이 아닙니다. 부처님의 아라한 제자들도 같은 방법으로 원하는 대상을 원하지 않는 대상이 되도록 관찰할 수 있습니다. 더러움 수행주제에 마음 기울이고 있던 이들도 더러움이 드러나도록 어느 정도는 마음 기울일 수 있습니다. 스리랑카의 쩨띠야Cetiya 산에서 탁발을 가던 마하띳사Mahātissa 장로는 길에서 웃고 있던 여인의 치아를 보고 더러움 표상이 드러나 선정을 얻었고, 그 선정에서 출정하여 위빳사나를 닦아 아라한이 됐습니다.[52] 위빳사나 관찰을 하는 이들도 무너짐의 지혜 단계가 강하게 생겨나는 때는 순간도 끊임없이 사라지는 것만을 보기 때문에 원하지 않는 대상으로 관찰할 수 있습니다.

하지만 보통 사람들은 아름답고 원하는 대상을 혐오스러운 것으로 드러나도록 관찰하기가 매우 어렵습니다. 머리카락이나 몸털 등으로 더러움이 드러나도록 마음 기울여도 얼굴이나 눈 등의 몸 신체부분을 '아름답다, 멋지다'라고 생각합니다.

언젠가 한 수행자는 뼈 무더기라는 혐오스러운 대상조차 자신에게는 깨끗한 대상으로 드러났다고 했습니다. 그 사람은 유리 장식장에 보관해 놓은 뼈 무더기 형상을 보았다고 합니다. 그렇게 보다가 밖에 있는 안내판에 '저는 18세 소녀입니다'라고 적힌 글을 읽었을 때 살까지 채워진 18세 소녀의 모습이 자신에게 드러났다고 합니다. 이것은 수행하지 않는 이들에게 으레 일어나는 일입니다. 아름답고 깨끗한 원하는 대상을 원하지 않는 대상이 되도록 관조하는 것은 일반 사람들로서는 매우 어려운 일입니다.

51 『부처님을 만나다』, p.203 참조.

52 대림스님 옮김, 『청정도론』 제1권, pp.155~156 참조.

좋아할 만한 것을 혐오스러운 것으로 관조하다

부처님께서는 마음과 생각을 잘 다스릴 수 있기 때문에 아무리 아름답고 깨끗하며 원하는 대상이라도 원하지 않는 대상이나 혐오스러운 대상으로 관조하실 수 있습니다. 아무리 즐길 만하고 달콤한 소리라도, 아무리 향기롭고 좋은 냄새라도, 아무리 맛있고 좋은 음식이라도 혐오스럽고 원하지 않는 대상으로 관조하실 수 있습니다. 순간도 끊임없이 생멸하고 있기 때문에 좋아할 만한 것이 없는 대상으로 관조하실 수 있습니다.

음식의 경우는 음식 혐오인식āhāre paṭikūlasaññā을 통해 잘 관조하고 숙고하면 혐오스러운 것으로 인식될 수 있습니다. 무너짐의 지혜 단계가 강하게 생겨나고 있는 수행자의 경우에도 관찰하고 새기면서 먹고 있으면 순간도 끊임없이 사라지고 있는 성품이 드러나 좋아할 만한 것이 없는 것으로 드러나기도 합니다. 일부 수행자는 "안 먹을 수 없으니 먹기는 먹지만 즐길 만한 것은 없습니다"라고까지 말합니다.

그러나 일반 사람들은 맛있는 음식을 매우 집착하고 즐깁니다. 그것을 혐오스러운 것으로 드러나도록 관조하기란 매우 어렵습니다. 일부는 "음식이란 일부로라도 아주 맛있게 먹어야 하는 것이다. 그것을 혐오스러운 것으로 관조하고 숙고하는 것은 적당하지 않다"라고 말하기도 합니다.

그리고 부드러운 옷감 등 좋은 감촉들이 순간순간 끊임없이 생멸하고 있는 모습을 보고서도 혐오스러운 것으로 드러나도록 부처님께서는 관조하실 수 있습니다.

혐오스러운 것을 좋아할 만한 것으로 관조하다

원하지 않는 대상을 원하는 대상으로 관조하시는 모습은 다음과 같습니다. 싫어하는 한 중생을 부처님께서는 자애를 닦아 좋아할 만한 대상이 되게 하실 수 있습니다. 연민을 닦아 가엾게 여길 대상도 되게 하실 수 있습니다. 아들인 라훌라처럼 좋아할 만하거나 가엾게 여길 만한 대상으로 생각하면 싫어하는 대상이 사라져버립니다. 그래서 부처님께서는 깃자꾸따Gijjhakuṭa 산 정상에서 바위를 굴려 당신을 죽이려고 시도한 데와닷따조차 친아들인 라훌라처럼 자애로 아끼셨습니다. 연민으로 가엾게 여기셨습니다.

혐오스러운 쓰레기 등의 원하지 않는 대상들도 요소 성품일 뿐이라고 관조하여 원하는 대상이 되게 하실 수 있습니다. 그래서 부처님께서는 뿐나Puṇṇā라는 하녀의 시체를 싼 천도 분소의로 만들어 혐오스러워하지 않고 두르실 수 있었습니다.(M77/MA.iii.166) 말리까Mallikā의 치마에서 꺼낸 빵도 혐오스러워하지 않고 공양하실 수 있었습니다.(JA.iii.384) 빤짝가다야까Pañcaggadāyaka 바라문이 먹다 남긴 음식도 공양하실 수 있었습니다.(Dhp.367 일화)

마하깟사빠 장로와 나병환자의 손가락

이와 관련해서 마하깟사빠Mahākassapa 장로에게 혐오스러워함이 없는 모습이 분명하게 드러난 일화가 있습니다. 한때 마하깟사빠 장로는 한 나병환자가 밥을 먹고 있는 곳에 가서 서 계셨습니다. 나병에 걸린 그를 연민하여 '다음 생에 행복하도록 선행을 행하기를'이라는 목적으로 탁발을 가신 것입니다. 그 나병환자는 자신이 먹고 있던 음식을 마하깟사빠 존자에게 믿음으로 올렸습니다. 그런데 공양을 발우에 넣어 드릴 때 그의 손가락 하나가 그대로 음식과 함께 발우에 들어가 버렸습니다. 하지만 마하깟사빠 장로는 그 손가락을 끄집어내지 않았습

니다. 살짝 옆으로 치운 뒤 음식을 혐오하지 않고 그대로 공양했습니다.(Thag.1057~1059)

이것은 원하지 않는 대상인 먹을 것을 요소 성품으로 숙고하고서 원하는 대상으로 공양한 것입니다. 아라한이라면 누구나 동일합니다. 원하지 않는 대상을 원하는 대상이 되도록 숙고할 수 있습니다. 부처님에 대해서는 특별히 말할 필요도 없습니다.

평온하게 관조할 수 있다

부처님께서는 원하는 대상이든 원하지 않는 대상이든 좋고 나쁜 것을 배제하고 평온하게 관조하실 수 있습니다. 여기서 중요한 사실은 몸에 드러나는 괴로운 느낌을 신음하지 않고 평온하게 관조하실 수 있다는 점입니다. 이것은 매우 놀라운 일입니다. 데와닷따가 부처님을 죽이려고 절벽 위에서 굴린 바위 파편에 다리를 다쳐 부처님께 매우 심한 고통이 생겨났습니다. 하지만 부처님께서는 신음하지 않고 평온하게 관조하실 수 있었습니다. 마지막 안거 중에는 질병으로 완전열반에 들어야 하실 정도로 매우 심한 고통이 생겨났습니다. 하지만 그 고통도 신음하지 않고 평온하게 관조하실 수 있었습니다.

부처님뿐만이 아닙니다. 아라한 존자들도 좋고 나쁜 대상에 대해 평온하게 관조할 수 있습니다. 이것을 여섯 구성요소 평온chaḷaṅgupekkhā이라고 합니다.

위빳사나 수행자도 형성평온의 지혜saṅkhārupekkhāñāṇa가[53] 생겨나고

53 위빳사나 지혜가 무르익어 대상이 저절로 드러나고 관찰도 특별히 애쓰지 않아도 저절로 되는 단계이다. 마하시 사야도 지음, 비구 일창 담마간다 옮김, 『위빳사나 수행방법론』 제2권, pp.349~376 참조. 지혜의 단계는 본서 부록 2 칠청정과 위빳사나 지혜들을 참조.

있을 때는 좋고 나쁜 대상에 대해 단지 계속해서 알 뿐으로 평온하게 관찰할 수 있습니다. 이것은 부처님이나 아라한의 덕목 중 일부를 잠깐 동안이라도 갖춘 것입니다. 그래서 그 지혜에 도달한 이에게 이러한 덕목은 매우 기뻐할 만합니다.

그리고 "생각을 제어하실 수 있다"라는 구절에서 생각saṅkappa에는 다음과 같은 것들이 있습니다. 먼저 불선 생각에 세 종류가 있습니다.

① 감각욕망 생각kāmasaṅkappa, 바라는 것을 좋아하며 생각하는 것

② 분노 생각byāpādasaṅkappa, 죽이고 파멸시키려고 생각하는 것

③ 해침 생각vihiṁsāsaṅkappa, 해치려고 생각하는 것

이러한 불선 생각들은 제거해야 할 생각들입니다.

또한 선한 생각에도 세 종류가 있습니다.

① 출리 생각nekkhammasaṅkappa, 좋아함과 원함의 반대인 생각

② 분노없음 생각abyāpādasaṅkappa, 행복하기를 바라는 생각

③ 해침없음 생각avihiṁsāsaṅkappa, 불쌍히 여기는 생각

이러한 선한 생각들은 갖추어야 할 생각들입니다.

사람들은 좋은 대상과 만났을 때 좋아하고 원하는 감각욕망 생각이 생겨납니다. 반면 나쁜 대상과 만났을 때는 무너뜨리고 해치려는 분노 생각이나 해침 생각이 생겨납니다.

부처님께는 그러한 불선 생각들이 전혀 없습니다. 출리 생각 등 좋고 거룩한 생각만 있습니다. 그래서 좋은 대상과 만났을 때도 좋아하고 바라는 것에서 벗어난 생각만 원하는 대로 생겨나게 하실 수 있습니다. 나쁜 대상과 만났을 때도 자애와 연민과 결합한 생각만 원하는 대로 생겨나게 하실 수 있습니다.

요약하자면, 좋은 대상과 나쁜 대상에 이치에 맞게 합리적으로 마음 기울이는 것, 생멸을 관찰하는 것 등을 통해 좋고 거룩한 세 가지 생각을 원하는 대로 생겨나게 하실 수 있다는 뜻입니다. 선정 증득jhāna samāpatti이나 과 증득phala samāpatti에[54] 입정하는 것을 통해서도 좋고 거룩한 생각을 한 찰나, 혹은 낮 내내, 혹은 밤 내내, 혹은 하루 내내, 혹은 7일 내내 원하는 대로 생겨나게 하실 수 있습니다.

그래서 사따기리 천신이 "assa나의 스승이신 그 부처님께서는 iṭṭhe ca원하는 대상에 대해서나; 바랄 만한 좋은 대상에 대해서나 aniṭṭhe ca원하지 않는 대상에 대해서나; 바라지 않는 나쁜 대상에 대해서 saṅkappā생각을 vasīkatā제어하실 수 있다네, 벗이여"라고도 대답한 것입니다.

이것을 "좋고나쁜 대상대해 생각을 제어하시네"라고[55] 게송으로 표현했습니다.

좋은 대상이든 나쁜 대상이든 만나게 된 대상에 대해서 좋아하고 바라는 것이 없는 출리 생각, 파괴하려는 것이 없는 분노없음 생각, 해치려는 것이 없는 해침없음 생각 등 세 가지 거룩한 생각을 지체하지 않고 원하는 대로 부처님께서는 생겨나게 하실 수 있다는 뜻입니다. 이것을 앞의 두 구절과 함께 독송합시다.

---

54 앞에서도 언급했듯이 증득samāpatti이란 원래는 '도달하는 것, 얻는 것, 들어가는 것' 등을 뜻한다. '선정 증득'이란 색계 선정이나 무색계 선정에 입정하는 것을 말한다. '과 증득'이란 수다원과 등에 입정하는 것을 말한다.

55 좋고 나쁜 대상에 대해 세 가지 생각을 원하는 대로 지체하지 않고 생겨나게 하실 수 있다. 즉 제어하실 수 있다.

사따기리 천신의 대답 게송 1

우리붓다 맘잘두니 모두여여 연민고루
좋고나쁜 대상대해 생각을 제어하시네

부처님의 덕목은 매우 존경할 만합니다. 부처님께는 자신과 관련됐든지 관련되지 않았든지, 자신에게 귀의했든지 귀의하지 않았든지, 자신을 공경하든지 공경하지 않든지 자기편과 상대편을 가리지 않고 모든 중생이 고르게 행복하기를 바라는 자애의 마음이 있습니다. 고르게 불쌍히 여기는 연민의 마음이 있습니다. 좋아서 원하는 대상이든지 나쁘고 혐오스러워서 원하지 않는 대상이든지 훌륭하고 거룩한 마음 세 가지를 원하는 대로 생겨나게 하실 수 있습니다. 제어하실 수 있다는 뜻입니다. 그래서 매우 존경할 만합니다.

사따기리 천신의 대답 게송 독송을 끝으로 사두를 외치고 법회를 마칩시다.

3 Mano cassa supaṇihito, Sabbabhūtesu tādino;
Atho iṭṭhe aniṭṭhe ca, saṅkappassa vasīkatā.

(Sn.155)

해 석

모든 존재에 여여함 갖추고서
그분은 마음도 잘 둔다네.
그리고 좋거나 싫은 대상에
그분은 생각을 잘 제어하네.

대역

Samma벗이여; 벗 헤마와따 천신이여, assa나의 스승이신 그 부처님께서는 sabbabhūtesu모든 존재에 대해; 모든 중생에 대해 tādino특별하게 가다듬어서 관조할 수 있는 여여한 덕목을 갖추어 mano마음을 supaṇihito잘 두실 수 있다네. atho그리고 assa나의 스승이신 그 부처님께서는 iṭṭhe ca원하는 대상에 대해서나; 바랄 만한 좋은 대상에 대해서나 aniṭṭhe ca원하지 않는 대상에 대해서나; 바라지 않는 나쁜 대상에 대해서 saṅkappā생각을 vasīkatā제어하실 수 있다네, 벗이여.

사두, 사두, 사두.

『헤마와따숫따 법문』 제1강이 끝났다.

제1강 역자 보충설명

부처님의 덕목

「헤마와따숫따」의 전반부는 부처님의 덕목에 대한 문답이 주를 이룹니다. 부처님의 덕목은 보통 아홉 가지로 설명합니다. 그중 제1강에는 아라한, 정등각자, 붓다라는 덕목, 제3강에는 선서라는 덕목, 제4강에는 명행족이라는 덕목이 언급됩니다. 이와 관련해 부처님의 덕목을 밝히는 빠알리 성전과 나머지 덕목에 대해서도 보충설명 하겠습니다.

먼저 부처님의 덕목 전체를 살펴보겠습니다.

> 이띠삐 소 바가와 아라항 삼마삼붓도 윗자짜라나삼빤노 수가또 로까위두 아눗따로 뿌리사담마사라티 삿타 데와마눗사낭 붓도 바가와.
>
> Itipi so bhagavā arahaṁ sammāsambuddho vijjācaraṇasampanno sugato lokavidū anuttaro purisadammasārathi satthā devamanussānaṁ buddho bhagavā.

소 바가와So bhagavā그 거룩하신 세존께서는 이띠삐 itipi또한 이와 같이 ① 아라항arahaṁ나쁜 습관과 함께 모든 번뇌로부터 떠나셔서 사람과 천신, 범천들의 특별한 공양을 받을 만한 응공應供이시며, ② 삼마삼붓도sammāsambuddho알아야 할 모든 법을 스스로 바르게 깨달은 정등각자正等覺者이시며, ③ 윗자짜라나삼빤노vijjācaraṇasampanno지혜와 실천을 모두 구족한 명행족明行足이시며, ④ 수가또sugato바르고 훌륭한 말씀만을 설하는 선서善逝이시며; 피안의 열반으로 잘 가신 선서善逝이시며, ⑤ 로까위두lokavidū모든 세상을 잘 아는 세간해世間解이시며, ⑥ 아눗따로 뿌리사담마사라티anuttaro purisadammasārathi제도할 만한 이들을 제도하는 데 가장 으뜸인 무상사 조어장부無上師 調御丈夫이시며, ⑦ 삿타 데와마눗사낭satthā devamanussānaṁ천신과 인간의 진정한 스승인 천인사天人師이시며, ⑧ 붓도buddho사성제의 바른 법을 깨달은 부처님佛이시며, ⑨ 바가와bhagavā여러 가지 공덕을 모두 구족한 세존世尊이십니다.

부처님의 첫 번째 덕목은 '아라한'입니다. 우선 부처님께서는 나쁜 습관과 함께 모든 번뇌로부터 멀리 떠났기 때문에ārakā 아라한arahanta이십니다. 이 내용은 본서 pp.49~50에 언급됐습니다. 두 번째로 부처님께서는 번뇌라는 여러 적을arīnaṁ 통찰지라는 칼로 죽였기 때문에hatattā 아라한arahanta이십니다. 세 번째로 부처님께서는 윤회바퀴의 바퀴살을arānaṁ 다 부수었기 때문에hatattā 아라한arahanta이십니다. 네 번째로 부처님께서는 비할 바 없는 계·삼매·지혜·해탈·해탈지견·설법의 덕목 등 특별한 덕목들을 갖추어서 여러 사람과 천신, 범천들의 특별한 공양을 받을 만하기 때문에arahatta 아라한arahanta·應供이십니다. 이 내용도 본서 pp.46~49에 언급됐습니다. 마지막 다섯 번째로 부처님에게는 몰래 악행을 행하기 위한 밀실이raho 없기 때문에abhavato, 숨어서도 악행을 하지 않기 때문에 아라한arahanta이십니다. 이 내용을 게송으로 표현했습니다.

멀리떠나 적을죽여 바퀴살을 파괴했고
특별공양 받을만해 몰래악을 안행하네
아라한의 다섯가지 덕목갖춘 부처님

부처님의 두 번째 덕목은 '정등각자'입니다. 부처님께서는 네 가지 성스러운 진리四聖諦와 함께 알아야 할 모든 법을[56] 스스로saṁ 올바르게sammā 깨달은 분이기 때문에buddha 정등각자sammāsambuddha이십니다. 이 내용은 본서 pp.51~52에 언급됐습니다.

---

56 '알아야 할 법ñeyyadhamma'에는 다섯 가지가 있다. ① 형성saṅkhara은 조건 때문에 생겨나는 구체적 물질 18, 마음 1, 마음부수 52이다. ② 변화vikāra는 구체적 물질의 특별한 모습으로 몸 암시, 말 암시, 가벼움, 부드러움, 적합함이라는 추상적 물질 다섯 가지다. ③특성lakkhaṇā은 물질·정신법의 무상, 고, 무아의 특성과 생성, 지속, 머묾, 소멸이라는 형성된 특성들이다. ④ 열반nibbāna은 모든 번뇌가 다한, 형성되지 않고 조건지워지지 않은 성품이다. ⑤ 개념paññatti은 여러 가지 명칭개념, 여러 가지 물질·정신 상속개념, 여러 가지 형체개념, 방향개념, 시간개념, 장소개념, 개인이나 중생개념 등으로 사람이나 천신이나 범천 중생들이 제정해 놓은 여러 가지 개념이다. 허공요소라는 추상적 물질도 그 개념에 포함해 취해야 한다. Nd2.339; *Mahāsi Sayadaw*, 『*Paṭiccasamuppāda tayatogyi*(연기에 대한 법문)』 제2권, p.382 참조.

사성제와 알아야할 모든법을 스스로
올바르게 깨달으신 정등각자 부처님

부처님의 세 번째 덕목은 '명행족'입니다. 부처님께서는 3가지, 혹은 8가지 명지vijjā와 15가지 실천행caraṇa을 모두 구족한sampanna 분이기 때문에 명행족vijjācaraṇasampanno이십니다. 이 내용은 본서 제4강에 자세하게 설명돼 있습니다.

삼명팔명 명지함께 열다섯의 실천까지
지혜실천 구족하여 명행족인 부처님

부처님의 네 번째 덕목은 '선서'입니다. 부처님께서는 훌륭하게 su=sobhana 가셨기 때문에gata=gamana 선서sugato이십니다. 여기서 '훌륭하게 가셨다'라는 말은 청정하고 나무랄 바 없는 성스러운 도를 통해 모든 위험이 사라져 안온한 곳인 열반으로 가셨다는 뜻입니다. 또한 부처님께서는 열반이라는 거룩한su=sundara 곳으로 가셨기 때문에도gata 선서이십니다. 그리고 바르게sammā 가셨기 때문에gata 선서sugato이십니다. '바르게 가셨다'라는 말은 '각각의 도를 통해 제거해버린 번뇌가 다시 생겨나지 않는다'라는 뜻입니다.[57] 혹은 부처님께서는 수기를 받은 이래로 훌륭하게su 실천해

57 각각의 도를 통해 각각 제거되는 번뇌들은『위빳사나 수행방법론』제2권, p.414;『가르침을 배우다』, p.49 주28 참조.

오셨기 때문에āgata 선서sugato이십니다.[58] 마지막으로 부처님께서는 사실이고 이익을 줄 때만 바른 시기에 따라 올바르게su=sammā 말씀하시기 때문에gata=gadati 선서sugato이십니다. 이 내용은 본서 pp.149~155에 자세하게 설명돼 있습니다.

열반으로 훌륭하고 바르게 가셨으며
올바르게 설하시는 선서이신 부처님

부처님의 다섯 번째 덕목은 '세간해'입니다. 부처님께서는 중생 세상, 공간 세상, 형성 세상 등 여러 가지 세상loka에 대해서 자세하게 아시는 분이기 때문에vidū 세간해lokavidū이십니다. 부처님께서는 여러 중생의 습성과 잠재성향 등 중생 세상에 대해서도 자세하게 아십니다. 또한 우주의 모습과 구조 등 공간 세상에 대해서도 잘 아십니다. 더욱 중요한 것은 물질과 정신 등 형성 세상의 고유한 특성과 생멸하는 특성에 대해서도 잘 아십니다.

중생세상 공간세상 형성세상 모든세상
모든방면 다아시는 세간해인 부처님

부처님의 여섯 번째 덕목은 '무상사 조어장부'입니다. 이 덕목은 두 가지로 나누어서 설명하기도 합니다. 즉 계·삼매·지혜·해탈·해탈지견·설법의 덕목 측면으로 세상에서 부처님보다 더 뛰어

58 『*Buddhabhāthā leswekyan* 불교 핸드북』, pp.81~83 참조.

난 존재가 없기 때문에anuttaro 부처님은 무상사anuttaro이시고, 또 한 길들여야 할damma 사람과 천신 등 여러 존재를purisa 잘 다스리는 분이기 때문에sārathi 조어장부purisadammasārathi이십니다. 이 두 덕목을 합하여 설명하면 부처님께서는 제도해야 할 존재들을 제도하는 데 있어 으뜸이시기 때문에 무상사 조어장부라는 뜻입니다.

여러덕목 으뜸이자 여러중생 제도하며
훈계으뜸 무상사- 조어장부 부처님

부처님의 일곱 번째 덕목은 '천인사'입니다. 부처님께서는 천신과 인간의devamanussānaṁ 진정한 스승이기 때문에satthā 천인사satthādevamanussānaṁ로도 불리십니다.

현생내생 열반이란 행복의길 가르쳐서
사람천신 높은스승 천인사인 부처님

부처님의 여덟 번째 덕목은 '붓다', 즉 '부처님'으로 가장 일반적으로 사용되는 명칭입니다. 부처님께서는 네 가지 거룩한 진리인 사성제와 알아야 할 모든 법을 스스로 깨달으시고bujjhitā, 다른 이들도 깨닫게 해 주시기 때문에bodhetā 붓다buddho, 즉 부처님이라고 합니다. 이 덕목도 본서 pp.52~53에 설명돼 있습니다.

사성제와 알아야할 모든법을 깨닫고서
다른이들 깨닫게해 붓다이신 부처님

부처님의 마지막 아홉 번째 덕목은 '세존'입니다. 부처님께서는 무한한 선업, 무한한 지혜, 무한한 위력, 특히 여섯 가지 복덕bhaga을 구족한vā 분이기 때문에 세존bhagavā이십니다. 여섯 가지 복덕이란 권위, 법, 명성, 영광, 소원, 매진을 말합니다. 이 중 권위는 몸과 마음을 마음대로 할 수 있는 것을 말합니다. 혐오스러운 것을 혐오스럽지 않다고 인식하며 지낼 수 있는 것 등이 마음을 마음대로 지배할 수 있는 권위이고(이 내용은 본서 p.81에 언급돼 있습니다), 몸을 매우 작게 만들거나 매우 가볍게 만들 수 있는 것 등이 몸을 마음대로 지배할 수 있는 권위입니다. 법이란 네 가지 도, 네 가지 과, 열반이라는 출세간법 아홉 가지를 말합니다. 또한 부처님께서는 범천 세상까지 널리 퍼진 명성을 갖추고 계십니다. 영광이란 아무리 보아도 만족하지 못할 만큼 장엄한 신체를 구족한 것을 말합니다. 소원이란 자기의 이익이든 남의 이익이든 원하는 것은 무엇이든 이루는 것을 말합니다. 매진이란 최상에 도달한 정진을 말합니다.

또한 세간의 행복과 출세간의 행복을 생기게 하는 보시와 계 등 정점에 이른 행운bhāgya을 갖추셨기 때문에, 다섯 마라[59] 등 여러

59 마라Māra에는 ① 번뇌kilesa로서의 마라, ② 무더기khandha로서의 마라, ③ 업 형성abhisaṅkhāra으로서의 마라, ④ 천신devaputta으로서의 마라, ⑤ 죽음maccu으로서의 마라 다

가지 위험을 부수셨기 때문에bhaggavā, 여러 가지 법을 자세하게 분석하셨기 때문에vibhattavā, 세간적인 법과 출세간적인 법들을 많이 수행하셨기 때문에bhattavā, 세 가지 존재에서bhavesu 갈애라는 여행을 버리셨기 때문에vantagamano 세존으로 불리시기도 합니다.

권위와법 명성영광 소원매진 여섯복덕
모두함께 구족하여 세존이신 부처님[60]

섯 가지가 있다. 대림스님 옮김, 『앙굿따라 니까야』 제2권, p.81 주62 참조.

60 『가르침을 배우다』, pp.41~54 일부 발췌.

제2강

1963년 음력 3월 22일
_띤잔 둘째 날

(1963. 04. 15)

들어가며

「헤마와따숫따」 두 번째 법문을 시작하겠습니다. 먼저 첫 번째 법문 내용을 간략히 소개하겠습니다. 사따기리 천신은 부처님을 친견했고 「담마짝까숫따」 법문도 들었습니다. 그래서 진짜 부처님이라는 것을 알고서 도반인 헤마와따 천신에게 부처님을 친견하러 가자고 다음과 같이 청했습니다.

1 Ajja pannaraso uposatho, dibbā ratti upaṭṭhitā;
Anomanāmaṁ satthāraṁ, handa passāma gotamaṁ.

(Sn.153)

해 석

오늘은 보름의 포살날
신성한 밤이 눈앞에 드러났소.
드높다 이름 가진 고따마,
천인사를 이제 뵈러 가세나.[61]

이 내용을 게송으로 표현했습니다.

보름달빛 깨끗빛나 꽃들만발 신성한밤
고따마란 가문좋은 부처님 뵈러가세나

61 저본에서는 대역을 소개했으나 앞에서 여러 번 소개돼 해석만 실었다.

이 게송의 의미는 앞서 설명했습니다. 그러자 헤마와따 천신이 진짜 부처님인지 아닌지 확실하게 알기 위해 "도반 사따기리 천신이여, 그대의 부처님은 마음을 모든 중생에 대해 고르게 둘 수 있는가? 원하는 대상과 원하지 않는 대상에 마음과 생각을 자재할 수 있는가?"라고 질문했습니다. 이 질문에 사따기리 천신은 다음과 같이 대답했습니다.

3 Mano cassa supaṇihito, Sabbabhūtesu tādino;
Atho iṭṭhe aniṭṭhe ca, saṅkappassa vasīkatā.

(Sn.155)

해 석

모든 존재에 여여함 갖추고서
그분은 마음도 잘 둔다네.
그리고 좋거나 싫은 대상에
그분은 생각을 잘 제어하네.[62]

이 내용도 게송으로 표현했습니다.

우리붓다 맘잘두니 모두여여 연민고루
좋고나쁜 대상대해 생각을 제어하시네

게송은 짧지만 그 의미는 매우 광범위하고 심오합니다. 기억할 만한 매우 좋은 내용입니다. 어린이 어른 할 것 없이 존경할 만하고 실천해야 할 내용이 많습니다.

62 마찬가지로 저본에서는 대역을 소개했으나 앞에서 여러 번 소개돼 해석만 실었다.

이렇게 두 천신이 서로 질문하고 대답하면서 논의하는 법담을 듣게 된 라자가하의 깔리Kāḷī라는 여성이 수다원이 된 것입니다.

지금 본 승이 설하는 법문을 들으면서도 수다원이 될 수 있습니다. 수다원이 되지 못하더라도 수다원이 되기 위한 바라밀은 강하게 생겨날 수 있습니다. 그러니 집중해서 법문을 들어야 합니다.

제1강에서 설명했던 문답만으로도 이미 진짜 부처님인지, 바른 부처님인지 판단하기에 충분합니다. 하지만 더욱 확실하도록 헤마와따 천신은 몸의 악행 등을 통해 자세하게 분석하고서 다시 질문했습니다.

헤마와따 천신의 확인 질문 2

4 Kacci adinnaṁ nādiyati, kacci pāṇesu saññato;
Kacci ārā pamādamhā, kacci jhānaṁ na riñcati.

(Sn.156)

해 석

어떤가, 주지않은 것 가지지 않는가.
어떤가, 생명에 대해 잘 단속하는가.
어떤가, 방일에서 멀리 떠났는가.
어떤가, 선정을 버리지 않았는가.

대 역

Samma벗이여; 벗 사따기리 천신이여, tava satthā그대의 스승은; 그대의 스승인 부처님은 kacci어떤가, adinnaṁ주지 않은 것을; 몸이나 말로 주지 않은 다른 이의 물건을 na ādiyati가지지 않는가; 약탈하거나 훔치지 않는가?[63] kacci어떤가, pāṇesu생명에 대해; 중생에 대해 saññato단속하는가; 해치거나 죽이지 않도록 잘 단속하는가? kacci어떤가, pamādamhā방일에서; 잊어버림에서 ārā멀리 떠났는가? kacci어떤가, jhānaṁ선정을; 대상에 몰입해 관조하는 선정을 na riñcati버리지 않았는가?

훔치지 않는가

다른 이가 주지 않은 물건을 가지면 '훔친다'라고 말합니다. '훔친다'라는 것에는 몰래 가져가는 것도 있습니다. 억지로 빼앗고 약탈하는 것도 있습니다. 이런 행위를 모두 '훔친다'라고 말합니다. 여기서 "그대의 스승은 훔치는 행위가 없는가?"라는 질문은 지금 불교에 입문한 이들의 시각에서 보자면 매우 무례하고 적당하지 않은 질문이라고 생각할 여지가 있습니다. 부처님은 제쳐두고서라도 스님에 대해서조차 "그대의 스님은 훔치는 행위가 없는가?"라고 질문하면 자신의 스승을 비난하는 것처럼 들릴 것입니다. 하지만 당시의 상황에서는 질문할 만한 것입니다. 왜냐하면 당시에는 부처님이 출현하기를 고대하고 있는 시기여서[64] '나는 붓다다'라고 자칭하는 가짜 붓다들이 있었기 때문입니다.

63 ㉯㉮게송이어서 장단음을 고려한 시형에 맞게 읊어야 하므로 도둑질을 시작으로 게송을 시작했다. 이것은 시형을 공부해 본 적이 있는 이들이라면 이해할 수 있을 것이다. 미얀마 작시법에서 운율을 고려해서 앞뒤 절을 바꾸는 것과 같은 종류이다.

64 부처님께서 출현하시기 천 년 전에 정거천 범천이 "부처님께서 출현하실 것이다"라고 전 세계에 알린다.(JA.i.56)

제1강에서 언급했던 뿌라나깟사빠 등의 육사외도가 바로 붓다라고 자칭하는 이들이었습니다. 육사외도의 제자들도 그들을 진짜 붓다로 믿고 귀의했습니다. 그들 육사외도는 대부분 선업과 불선업을 거부하면서 설했습니다. 그래서 육사외도는 도둑질을 삼가는 특징이 없었습니다. 그리고 이 헤마와따와 사따기리는 천신이 된 지 오래됐습니다. 깟사빠 부처님 교법의 뒷부분부터 고따마 부처님께서 출현하셨을 때까지 그들에게는 많은 경험이 있었을 것입니다. 장차 왕이 될 이를 고대하는 시기에 아무것도 아닌 이가 왕이 될 예비자 행세를 하면서 세상에 나타나는 것처럼, 부처님을 고대하는 시기에도 나중에 출현하실 붓다인 척 행세하는 가짜 붓다들이 많이 있었을 것입니다. 그 가짜 붓다들은 도둑질이란 악행도 삼가지 않습니다. 그래서 헤마와따 천신이 자신이 경험한 가짜 붓다인가 염려되어 악행과 관련해 질문하며 조사한 듯합니다.

요즘도 어려움이나 위험에서 구원해 준다는 명목으로 재산을 갈취하는 사이비 종교 지도자들이 있습니다. 따라서 "그대의 스승은 훔치는 행위가 없는가?"라는 질문은 할 만한 질문이라고 생각해야 합니다.

해침과 방일이 없는가

이렇게 도둑질에 대해 질문한 뒤 이어서 다음과 같이 "kacci어떤가, pāṇesu생명에 대해; 중생에 대해 saññato단속하는가; 해치거나 죽이지 않도록 잘 단속하는가? kacci어떤가, pamādamhā방일에서; 잊어버림에서 ārā멀리 떠났는가?"라고 질문했습니다.

"방일함이 없는가"라는 질문은 매우 미묘하고 심오한 질문입니다.

'방일pamāda'이란 감각욕망 대상들을 원하는 대로 즐기려고 마음을 내버려둔 상태를 말합니다. 이 질문에서는 삿된 음행kāmesumicchācāra과 비청정범행abrahmacariya[65] 계목에 따라 음행을 일삼는 것을 '방일'이라고 말합니다. 이것은 교법에서 쓰는 아주 교양 있는 용어입니다. 교법 내에서 현자들은 거칠고 저속한 단어 대신 품위 있는 용어를 사용합니다.[66] 음행 자체도 비청정범행非淸淨梵行, 즉 거룩하지 않은 행위라고 말합니다. 여법하지 않은 음행은 감각욕망에 있어서의 삿된 행위, 즉 삿된 음행邪淫이라고 말합니다. 이 용어들은 교법의 예절에 따른 표현입니다.

깟사빠 나형외도의 거친 말

부처님께서 완전열반에 드시고 40~50년 정도 지났을 때 깟사빠Kassapa라는 나형외도가 바꿀라Bākula 존자에게 왔습니다. 나형외도裸形外道란 옷을 입지 않는 유행자의 부류입니다. 부처님 당시의 니간타나따뿟따라는 육사외도로부터 이어진 제자이며, '자이나교'라고도 부릅니다.

본 승이 인도의 바라나시, 미가다와나 지역에 갔을 때 자이나교 정사를 둘러 본 적이 있습니다. 그곳에는 자이나교 출가자들의 벽화나 동상들이 있었는데, 그것은 자이나교도들이 아라한이라고 칭송하면서 제일 숭상하는 이의 모습이었습니다. 그곳에서 '무니muni'라고 써 놓은 것도 보았습니다. '무니'란 '출가자'라는 뜻이 있습니다. 본 승은 '불교에

65 비청정범행非淸淨梵行이란 '청정범행이 아닌 행위'라는 의미로 여기서는 음행하는 것을 말한다.
66 저본에서는 대변이나 소변에 대한 미얀마식 품위 있는 단어를 예로 들었다.

서 무니, 즉 출가자는 가사를 아주 잘 둘러야 하는데 그들의 무니는 옷을 완전히 걸치지 않는 출가자인가'라고 숙고해 보았습니다. 그렇게 옷을 입지 않는 나형외도 출가자들을 강가 강둑에서도 볼 수 있었습니다. 나형외도를 디감바라digambara라고도 부릅니다. 'disā 사방' + 'ambara 옷', 그래서 'digambara 사방을 옷으로 삼는 이'라는 뜻입니다. 옷을 입지 않는 것을 교양 있는 말로 설명해 놓은 것입니다. 그들은 출가하는 방법도 쉽습니다. 입은 옷을 버리고 맨몸으로 지내면 나형외도가 되는 것입니다.

그 깟사빠 나형외도가 재가자로 있을 때 친구였던 바꿀라 존자에게 다가가 "도반이여, 불교 교단에 출가한 지 얼마나 지났는가?"라고 물었습니다. 바꿀라 존자는 80년이 됐다고 대답했습니다. "출가한 80년 동안 음행은 몇 번이나 했는가?"라고 깟사빠 나형외도가 다시 질문했습니다. 이것은 점잖지 않은 종파의 나형외도로 출가했기 때문에 점잖지 않은 질문을 한 것입니다.

그러자 바꿀라 존자는 "보게 깟사빠여, 그렇게 거친 질문을 하면 안되네. '지난 80년 동안 감각욕망 대상을 인식하는 감각욕망인식kāmasaññā이 몇 번 일어났는가?'라고 점잖게 물어야 하네"라고 가르쳐 주었습니다. 그제야 깟사빠 나형외도는 바꿀라 존자가 가르쳐 준 대로 물었습니다. 그 질문에 바꿀라 존자는 "나는 출가한 지 8일째에 모든 번뇌가 다한 아라한이 됐다네. 아라한이 된 이후로 80년 동안 감각욕망인식이 단 한 번도 생겨나지 않았다네"라고 대답했습니다. 그러자 깟사빠 나형외도는 매우 놀라며 불교 교법을 존경하게 됐고, 불교 교단으로 출가해서 수행한 뒤 아라한이 됐습니다.(M124)

여기서 깟사빠 나형외도가 거칠게 질문한 것은 교법의 예절을 들어

본 적이 없었기 때문입니다. 지금 설명하고 있는 헤마와따 천신은 교법의 예절을 충분히 갖추었기 때문에 질문할 때 거칠고 저속한 '음행'이라는 용어를 '방일pamāda'이라고 표현했습니다. 그러므로 "방일pamāda에서 멀리 떠나 깨끗한가?"라는 질문은 "비청정범행abrahmacariya이라는 거룩하지 않은 실천행에서 벗어나 깨끗한가?"라는 질문입니다.

선정에 입정하는가

이어서 "kacci어떤가, jhānaṁ선정을; 대상에 몰입해 관조하는 선정을 na riñcati버리지 않았는가?"라고 질문했습니다.

선정에서는 최소한 초선정을 시작으로 장애들이 없어집니다. 그 장애nīvaraṇa 중에서 감각욕망원함이라는 것은 거의 기본으로 생겨납니다. 그래서 선정에 도달하는 모습을 보일 때 "vivicceva kāmehi 원할 만한 대상과 원함이라는 감각욕망으로부터 완전히 떠나서"라고 설해 놓으셨습니다. 원할 만한 감각욕망 대상 쪽으로 계속해서 달아나는 원함이라는 번뇌와 감각욕망이 없어야 초선정에 도달한다는 뜻입니다.

선정을 닦고 생겨나게 하는 행위가 결여되지 않고 존재한다면 앞서의 질문에 따라 방일에서 멀리 떠나 깨끗한 사실도 잘 밝힐 수 있습니다. 그래서 도둑질에 관련된 질문, 살생과 관련된 질문, 비청정범행과 관련된 질문이라는 몸의 악행과 관련된 질문 세 가지의 마지막에 이어서 선정에 관한 이 질문도 한 것입니다. 이러한 네 가지 질문에 대해 사따기리 천신은 다음과 같이 대답했습니다.

사따기리 천신의 대답 2

5 Na so adinnaṁ ādiyati, atho pāṇesu saññato;
Atho ārā pamādamhā, buddho jhānaṁ na riñcati.

(Sn.157)

해 석

그분은 주지않은 것 가지지 않네.
그리고 생명을 잘 단속하네.
그리고 방일에서 멀리 떠났네.
붓다는 선정을 버리지 않는다네.

대 역

Samma벗이여; 벗 헤마와따 천신이여, so나의 스승은; 나의 스승인 부처님은 adinnaṁ주지 않은 것을; 몸이나 말로 주지 않은 다른 이의 물건을 na ādiyati가지지 않으시네; 가지는 일이 없으시네. atho그 밖에도 so나의 스승은; 나의 스승인 부처님은 pāṇesu생명에 대해; 중생에 대해 saññato단속하시네; 해치거나 죽이지 않도록 잘 단속하신다네. atho그 밖에도 so나의 스승은; 나의 스승인 부처님은 pamādamhā방일에서; 잊어버림에서 ārā멀리 떠나셨네. buddho부처님께서는; 모든 법을 완전히 알고 보시는 부처님께서는 jhānaṁ선정을; 대상에 몰입하여 관조하는 선정을 na riñcati버리지 않으신다네; 항상 닦고 계신다네.

훔치지 않는다

먼저 “samma벗이여; 벗 헤마와따 천신이여, so나의 스승은; 나의 스승인 부처님은 adinnaṁ주지 않은 것을; 몸이나 말로 주지 않은 다른 이의 물건을 na ādiyati가지지 않으시네; 가지는 일이 없으시네”라고 대답했습니다.

“벗 헤마와따 천신이여, 우리의 스승이신 거룩하신 부처님께서는 가짜 붓다들처럼 다른 이의 물건을 빼앗고 훔치는 행위가 없으시다네. 도둑질로부터 완전히 떠나 깨끗하시다네”라는 뜻입니다. 이렇듯 당당하게 장담하며 대답할 수 있는 것은 부처님께서는「담마짝까숫따」법문에서 중도실천majjhimapaṭipadā을 당신 스스로 실천해 왔다고 장담하며 설하셨기 때문입니다.[67] 또한 “도의 진리를 완전히 닦았다. 즉 생겨 늘어나게 했다”라고 장담하면서 설하셨습니다.[68] 그 중도실천과 도의 진리는 다름 아닌 팔정도, 여덟 가지 도 구성요소입니다. 여덟 가지 도 구성요소 중 바른 행위sammākammanta 도 구성요소는 살생pāṇātipātā을 삼가는 것, 도둑질adinnādāna을 삼가는 것, 삿된 음행kāmesumicchācāra을 삼가는 것, 비청정범행abrahmacariya을 삼가는 것 등의 절제viratī법들입니다.

절제 중에서도 계목을 수지하지 않고 상황에 당면한 그때 삼가는 것을 당면절제sampattaviratī라고 합니다. 계목을 수지하고서 그대로 계목이 무너지지 않도록 삼가는 것은 수지절제samādānaviratī라고 합니다.

67 『담마짝까 법문』, pp.140~141 참조.
68 『담마짝까 법문』, pp.423~424 참조.

성스러운 도를 통해 뿌리까지 완전히 단절하여 삼가는 일이 성취되는 것은 근절절제samucchedaviratī라고 합니다.

「담마짝까숫따」 법문에서 성스러운 도의 진리를 완벽하게 이미 수행했다고 장담하며 설하셨기 때문에 부처님께서는 악행을 삼가는 절제 작용을 완전히 갖추었다는 사실을[69] 사따기리 천신은 알고 있었습니다. 그래서 "나의 스승이신 부처님께서는 다른 이의 재산을 약탈하고 훔치는 행위인 도둑질로부터 떠나 깨끗하시다"라고 당당하게 장담하며 대답했던 것입니다. 이것을 "안준물건 갖지않고"라고 게송으로 표현했습니다. 다른 이가 주지 않은 물건을 약탈하거나 훔치는 일이 없다는 뜻입니다.

가짜 붓다인 육사외도

여기서 붓다에게 훔치는 행위가 사라졌는지 아닌지 질문한 것과 관련해 다시 설명할 내용이 있습니다. 부처님 당시에는 부처님께서 출현하시기 전부터 육사외도chasatthāra라고 불리는 여섯 명의 외도 스승이 각자 붓다라고 주장하며 먼저 등장했습니다. 그들 중 뿌라나깟사빠Purāṇakassapa라는 외도 스승은 죽이거나 약탈하고 훔치는 행위 등의 악행을 행하더라도 불선이 아니며 나쁜 과보를 줄 수 없다고 설했습니다. 보시 등의 선행을 행하더라도 선이 아니며 좋은 과보를 줄 수 없다고도 설했습니다.(D2/D.i.48)

막칼리고살라Makkhaligosāla라는 외도 스승은 중생들의 고통에는 원인이 없고 행복에도 원인이 없으며 미리 정해진 대로만 고통을 겪고 행복을 누리며, 아무리 나쁘더라도 윤회가 더 길어지는 일이 없고 아무리

69 『담마짝까 법문』, pp.366~370 참조.

잘 실천하더라도 더 빨리 고통에서 벗어나는 일이 없으며 정해진 대로 그 시간이 되면 윤회에서 벗어난다고 설했습니다.(D2/D.i.50)

빠꾸다깟짜야나Pakudhakaccāyana라는 외도 스승은 중생이라는 것은 땅과 물과 불과 바람이라는 네 가지 요소, 그리고 행복과 고통과 영혼jīva이라는 일곱 가지 법의 모임일 뿐이며 칼로 자르더라도 그 일곱 가지 요소에 들어갈 뿐이어서 중생들을 죽일 수도 없고 자를 수도 없다고 설했습니다.(D2/D.i.52)

아지따께사깜발라Ajitakesakambala라는 외도 스승은 선업과 불선업의 결과는 없으며 다음 생이란 것도 없다고 설했습니다.(D2/D.i.51)

이러한 외도 스승들의 설법은 살인이나 도둑질 등의 악행을 부추기고 선동하는 것입니다.

죽임과 도난당하는 것을 사람들은 원치 않는다

중생들은 누구나 오래 살고 싶어합니다. 죽임을 당하는 것을 두려워하고, 힘들게 모은 재산을 다른 이가 빼앗아가는 것도 원치 않습니다. 그러니 누구라도 다른 이를 죽여서는 안 됩니다. '선행하기 위해서'라거나 '헌공하기 위해서' 등 어떠한 이유에서든 안 됩니다. 다른 이의 재산을 훔치거나 약탈하는 것도 적당하지 않습니다. 자신을 위해서든 타인을 위해서든 누구를 위해서라도 약탈하거나 훔쳐서는 안 됩니다.

하지만 부처님 당시 육사외도 스승들은 "불선이 아니다. 나쁜 결과도 주지 않는다"라고 설하고 있었기 때문에 스스로도 살생이나 도둑질을 삼갔을 것으로 생각할 여지가 없습니다. 진짜 붓다라면 스스로 살생이나 도둑질 등의 악행을 행하지 말아야 하며 다른 이에게도 삼가라고 설해야 합니다. 그래서 당시 외도 스승들과 비교해서 "그대의 스승인 붓다는 훔치는 행위가 없는가?"라고 헤마와따 천신이 질문한 것입니다. 그 질문에 따라 사따기리 천신이 "나의 스승이신 고따마 부처님께서는 약탈하고 훔치는 행위로부터 삼가는 행위와 삼가는 작용을 완전히 성취하셨다. 바른 행위 성스러운 도 구성요소를 갖추었기 때문에 훔치는 행위가 일절 없으시다"라고 대답했던 것입니다.

근절절제를 통해 악행에서 완전히 떠났다

바른 행위sammākammanta 성스러운 도 구성요소를 아직 구족하지 못했다면 "adinnādānā veramaṇi sikkhāpadaṁ samādiyāmi 주지 않은 다른 이의 물건을 훔치는 행위를 삼가는 수련항목을 수지합니다"라고 수지했다 하더라도 안심할 수 없습니다. 기회가 생기면 어떤 사람들은 남의 것을 훔치기도 합니다. 관련된 일화 하나를 말씀드리겠습니다.

영국 점령군이 후퇴하고 일본 군대가 점령을 시작한 며칠 사이에 일부 도시 사람들이 피난을 떠났습니다. 그러자 숲속 마을에 사는 사람들이 피난민들이 미처 가져가지 못한 필수품들을 훔쳐갔습니다. 일부는 자신들의 집에 전혀 어울리지 않고 불필요한 것들까지 가져갔다고 합니다.

그 숲속 사람들은 처음에는 오계를 수지한 이가 많았을 것입니다. 하지만 처벌할 정부가 없게 되자 계를 어기게 된 것입니다. 이것은 근절절제samucchedaviratī라는 성스러운 도 구성요소를 아직 구족하지 못했기 때문입니다. 수다원도에 이르러 근절절제를 구족하면 도둑질 등의 악행이 완전히 없어집니다. 부처님의 경우는 성스러운 도 네 가지에 포함된 바른 행위를 남김없이 구족하셨기 때문에 도둑질이나 살생 등 몸의 악행이 완전히 없어져 그 악행으로부터 멀리 떠나셨습니다. 그래서 그 사실을 "안준물건 갖지않고"라고 게송으로 표현한 것입니다. 이 게송을 같이 독송합시다.

안준물건 갖지않고

처지를 바꿔보면 훔치지 못한다

다른 이의 재산을 훔친다는 것은 '처지 바꾸기'라는 참사람법이 없는 저열한 이들의 행위입니다. "나의 재산을 다른 이들이 몰래 훔쳐가거나 강압적으로 빼앗아가는 것을 나는 좋아하지 않는다. 마찬가지로 내가 다른 이의 물건을 약탈하거나 훔치는 것을 그 사람들은 좋아하지 않을 것이다"라고 이렇게 처지 바꾸기라는 참사람법이 있는 참사람이라면 계를 수지하지 않았더라도 다른 이의 물건을 감히 훔치지 못할 것입니다. 이렇게 계를 수지하지 않고서 삼가는 것이 당면절제sampattaviratī입니다. 계를 수지하고서 마치 목숨처럼 정성을 다해 지키는 참사람들도 훔치지 않습니다. 계가 무너지지 않도록 삼갑니다. 이것이 수지절제samādānaviratī입니다.

다른 이의 재산을 훔쳐서는 안 된다는 사실과 관련해 자이나교의 한 스승은 "물건이란 사람의 외부 목숨이다. 물건을 약탈하거나 훔치면 물건 주인의 목숨을 약탈하거나 죽이는 것에 해당한다. 그러니 다른 이의 물건을 약탈하거나 훔쳐서는 안 된다"라고까지 말하기도 합니다. 그의 말을 잘 숙고해 보면 사실은 아닐지라도 어느 정도는 일리가 있습니다. 이 말의 의미는 자기 내부의 물질적·정신적 목숨이 끊기도록 하는 것도 살생 업에 해당하듯이 다른 이의 물건을 훔치는 일도 외부 목숨을 죽이는 것에 해당한다는 것입니다. 먹지도 쓰지도 않고 악착같이 모아 둔 재산을 누군가 약탈하거나 훔쳐가면 일부 사람들은 죽을 만큼 심한 고통을 겪습니다. 어떤 이는 실제로 죽어버리기도 합니다. 이런 이유로 재산을 사람의 외부 목숨에 비유한 듯합니다.

위빳사나를 통해 도둑질이 사라지는 모습

탐욕이 아직 없어지지 않아 원하는 성품이 있다 하더라도 다른 이의 재산을 처지 바꾸기라는 법을 숙고해서든 수지한 계를 고려해서든 도둑질을 삼가야 합니다. 생겨나는 모든 물질·정신을 끊임없이 관찰하고 있는 수행자의 경우는 계속해서 관찰하고 새길 때마다 도둑질 등의 악행과 불선업을 삼가는 작용이 저절로 성취됩니다. 어떻게 성취되는가 하면 볼 때마다, 들을 때마다, 닿을 때마다, 알 때마다 대상을 관찰하여 '순간도 끊임없이 사라져버리기 때문에 항상하지 않는 성품이구나. 생겨나기만 하고 사라지기만 하므로 괴로움이구나. 자신의 성품대로 생멸하고 있는 무아의 성품이구나'라고 알게 되면 그렇게 알게 된 대상과 관련해 훔치려는 마음이나 죽이려는 마음조차 생겨나지 않습니다. 도둑질 등이 실제로 생겨나는 것은 더욱 거리가 멉니다. 따라서 끊임없이 관찰하고 있는 수행자에게는 관찰할 때마다 계속해서 악행과 불선업을 삼가는 절제작용이 저절로 성취됩니다.

성스러운 도를 통해 도둑질이 사라지는 모습

위빳사나 지혜가 무르익었을 때 그렇게 관찰하는 중에 물질·정신 형성들이 완전히 소멸한 성품을 성스러운 도를 통해 실현하고 경험합니다. 그때는 도둑질 등의 불선업과 악행을 행하려는 마음조차 생겨나지 않으며 완전히 사라집니다. 그것은 성스러운 도 절제가 근절제거로 악행과 불선업을 뿌리까지 제거해 완전히 없어지게 한 것입니다. 부처님께서는 성스러운 도 네 가지에 포함된 절제를 통해 모든 악행과 불선업을 남김없이 제거하셨습니다. 그렇게 제거한 것은 위의 여러 도에 이르러서야 된 것이 아닙니다. 제일 낮은 단계인 수다원도에 도달해서 오계와 관련된 악행을 뿌리까지 제거해서 된 것입니다.

그래서 '법 거울Dhammādāsa'의 가르침에서 수다원이 되면 "buddhe 부처님에 대해 aveccappasādena부동의 신심을; 지혜로 관찰하여 아는 것을 통해서 생겨나는 믿음을 samannāgato hoti지닌다"(D.ii.80) 등으로 설하신 내용에 따라 법을 봤기 때문에 부처님의 덕목과 위력도 지혜로 알기에 적당한 만큼 알게 돼 확고한 믿음이 생겨납니다. 마찬가지로 가르침과 승가의 덕목과 위력도 알기에 적당한 만큼 알게 돼 확고한 믿음이 생겨납니다. '성자애호ariyakanta'라고 부르는, 성자들이 소중하게 여기는 오계도 언제나 구족하게 됩니다. 이것을 게송으로 표현했습니다.

붓다덕목 알고봐 굳건히믿어
담마덕목 알고봐 굳건히믿어
승가덕목 알고봐 굳건히믿어
성자칭송 오계를 완전히구족

이렇게 게송으로 표현해서 지혜단계 법문에[70] 넣어 설하고 있습니다. 일부 수행자들 중에는 그 법 거울dhammādāsa의 가르침 게송을 외운 분들도 있을 것입니다.

70 양곤 마하시 센터에서는 45일이나 3개월 등 장기간 열심히 수행한 현지인들에게 자신의 지혜단계를 스스로 결정할 수 있도록 '지혜단계 법문'이라는 것을 들려준다.

이 게송 중에 "성자칭송 오계를 완전히구족"이라는 내용에 따라 성자들은 오계를 매우 소중하게 여깁니다. 그들의 성품 자체로 오계를 어기지 않으려 합니다. 계가 무너질까 염려합니다. 다른 이들이 비난할까 두려워 보호하는 것이 아닙니다. 저절로 마음이 깨끗해서 오계가 무너지지 않는 것입니다. 이생뿐만이 아닙니다. 다음의 여러 생에서도 절대로 그 계가 무너지지 않습니다. 이전 생에 수행해서 수다원이 됐다는 사실은 알 수도 있고 모를 수도 있습니다. 하지만 그들에게서 오계는 절대로 무너지지 않습니다. 계가 청정합니다.

최근 특별한 한 사람을 만났습니다. 그 사람은 어릴 때부터 살생이나 도둑질 등의 악행을 하지 않았다고 합니다. 부모가 가르쳐 주어서 그런 것도 아니었다고 합니다. 본성이 오계가 구족된 청정한 사람이라고 합니다. 아마 이전 생에 특별한 법을 얻지 않았을까 생각할 여지가 있습니다. 또 어떤 사람은 다른 종교를 가진 사람이지만 불교를 좋아합니다. 먼 곳에서 와서 수행합니다. 이 사람도 이전 생에서 부처님의 가르침을 실천해 본 적이 있었을 것이라고 생각할 여지가 있습니다.

진짜 수다원이라면 "성자칭송 오계를 완전히구족"이라는 게송대로 오계의 정반대인 악행과 불선업이 근절절제로 남김없이 제거된 상태입니다. 탐욕이나 성냄 등이 아직 다 없어지지는 않았지만 살생이나 도둑질 등을 행할 정도로 거친 탐욕이나 성냄은 생겨나지 못합니다. 그래서 모기나 파리, 이 등에 물렸을 때 화는 낼지라도 죽이려는 마음은 생겨나지 않습니다. 어떤 필수품을 원하긴 하더라도 약탈하거나 훔치거나 여법하지 않은 방법으로 가지려고 하지는 않습니다. 사거나 청하거나 보시를 받는 등 여법한 방법으로만 원합니다. 이것이 수다원도 구성요소를 통해 도둑질 등이 완전히 없어진 모습입니다.

부처님께서는 성스러운 도 네 가지에 포함된 절제를 통해 모든 악행과 불선업들을 남김없이 제거하셨기 때문에 도둑질을 하지 않으십니다. 이것에 대해 특별히 말할 필요가 없습니다. 모든 악행과 불선업을 남김없이 제거하셨다는 사실도 「담마짝까숫따」 법문에서 성스러운 도의 진리를 이미 다 수행해서 마쳤다는 말씀을 통해 부처님께서 선언하셨습니다. 그래서 사따기리 천신이 "so나의 스승은; 나의 스승인 부처님은 adinnaṁ주지 않은 것을; 몸이나 말로 주지 않은 다른 이의 물건을 na ādiyati가지지 않으시네; 가지는 일이 없으시네"라고 당당하게 자신하면서 대답한 것입니다. 여기서 질문한 천신도 보통으로 계를 수지해서 도둑질이 부분적이거나 일시적으로 없어진 것을 질문한 것이 아닙니다. 성스러운 도를 통해 남김없이 제거하여 근절과 재경안samucchedapaṭippassaddhi을[71] 통해 없어졌는지를 질문한 것입니다. 대답한 천신도 부처님께서 근절과 재경안을 통해 도둑질과 관련된 번뇌가 없어졌다고 자신 있게 대답한 것입니다. 질문도 대답도 매우 심오합니다.

해치지 않는다

두 번째로는 "atho그 밖에도 so나의 스승은; 나의 스승인 부처님은 pāṇesu생명에 대해; 중생에 대해 saññato단속하시네; 해치거나 죽이지 않도록 잘 단속하신다네"라고 대답했습니다.

이 질문과 대답도 부처님과 걸맞지 않습니다. 무례한 질문이라고 생

71 선정으로 번뇌가 단지 억압된 정도로 벗어나는 것을 '억압해탈vikkhambhana vimutti'이라고 한다. 아라한도로 번뇌를 뿌리까지 제거하여 벗어나는 것을 '근절해탈samuccheda vimutti'이라고 한다. 아라한과로 번뇌의 여세를 다시 잠재워 벗어나는 것을 '재경안해탈paṭippassaddhi vumutti'이라고 한다. 『담마짝까 법문』, pp.437~438 참조.

각할 여지가 있습니다. 하지만 당시 가짜 붓다들과 비교해서 질문하고 대답한 것이기 때문에 매우 합당합니다.

조물주의 존재를 믿고 숭배하는 이들이 많은데, 사실 그 조물주는 자신을 믿지 않는 이들에게는 벌을 내린다고 그들의 성전에 분명히 적시돼 있습니다. '벌을 내린다'라는 것은 태풍이나 홍수, 큰 지진 등을 일으키거나 역병이나 기근 등을 들게 해서 사람들을 죽게 하고 삶의 터전을 파괴하는 행위입니다. 다른 종교의 이러한 견해와도 비교해서 질문했기 때문에 매우 합당한 문답입니다.

자신을 다른 이가 해치고 죽이려고 한다면 자신은 좋아하지 않을 것입니다. 마찬가지로 다른 이를 자신이 해치거나 죽이려고 한다면 그는 좋아하지 않을 것입니다. 이처럼 처지 바꾸기라는 법을 통해 숙고해 보아도 해치고 죽이는 일은 누구도 절대 해서는 안 되는 행위입니다. 그래서 "pāṇātipātā veramaṇi sikkhāpadaṁ samādiyāmi 생명을 죽이는 것을 삼가는 수련항목을 수지합니다"라고 계를 수지하고서 삼가야 합니다. 또한 계를 수지하지 않았더라도 죽일 만한 상황과 만났을 때 삼가야 합니다. 계를 수지하지는 않았지만 그럴 만한 상황에 직면했을 때 삼가는 것이 당면절제입니다. 계를 수지하고서 삼가는 것은 수지절제입니다.

위빳사나 수행자는 여섯 문에서 드러나는 모든 것을 관찰하고 새길 때마다 계속해서 살생을 삼가는 작용이 성취됩니다. 그렇게 관찰하다가 위빳사나 지혜가 무르익고 완전히 구족됐을 때 성스러운 도를 통해 열반을 경험합니다. 바로 그때 살생 등의 악행과 불선업을 남김없이 제거해버립니다. 이것은 뿌리까지 끊어내어 삼가는 근절절제입니다. 그래서 수다원이 되면 중생들을 죽이는 행위는 절대로 하지 않습니다.

죽일 수 있으면 수다원이 아니다

언젠가 한 작가가 "수다원은 다른 이를 죽이지 않는다고 말은 하지만 자신을 죽이려고 다가오는 이가 있다면 그대로 당하지는 않는다. 죽일 수도 있다"라고 쓴 글을 본 적이 있습니다. 그 작가는 "나는 사람의 마음 요소를 오래 연구했다. 그래서 이렇게 확신한다"라고 그 이유도 밝혀 놓았습니다.

매우 우스꽝스러운 내용입니다. 그는 대체 누구의 마음을 연구한 걸까, 하고 본 승이 숙고해 보았습니다. '잘 알지도 못하면서 어떻게 다른 이의 마음을 연구한단 말인가? 대체 어느 수다원의 마음을 연구했을까?'하고 숙고했을 때 '자신의 마음을 스스로 연구한 것이 아닐까'라는 생각이 떠올랐습니다. 그는 스스로를 수다원이라고 생각한 것 같습니다. 즉 그는 '다른 이가 나를 죽이려고 할 때, 그리고 그 순간 내 손에 적당한 무기도 있다면 그냥 죽임을 당할까, 아니면 내가 먼저 그 적을 죽일까'라고 숙고했을 것입니다. 그렇게 숙고했을 때 자기가 먼저 그 적을 죽여야겠다는 마음이 생겼을 것입니다. 이러한 이유를 근거로 "수다원도 사람을 죽일 수 있다"라고 결정한 듯합니다. 하지만 그렇게 생각하는 것은 수다원이 아니기 때문입니다. 어떤 긴박한 상황에서든, 또 그가 누구든, 중생을 죽일 수 있다면 수다원이 아니라고 확실히 기억해야 합니다. 진짜 수다원이라면 사람은 말할 것도 없고 모기나 파리, 빈대 등 그 어떤 중생도 죽일 수 없습니다. 또한 죽이고 싶을 정도의 거친 마음이 더 이상 일어나지 않는다는 것도 확실히 기억해야 합니다.

거룩한 부처님의 경우 성스러운 도 네 가지 중에 포함된 절제를 통해 모든 악행과 불선업을 잠재anusaya 단계조차 남김없이 제거하셨습니다. 그러한 사실을 「담마짝까숫따」 법문에서 드러내어 설하시기도 하셨습니다. 그래서 사따기리 천신이 "나의 스승이신 부처님께서는 중생들을 해치고 죽이는 행위가 없고 단속도 잘 구족하셨다"라고 당당하게 장담하며 말한 것입니다. 그것을 "살해없이 단속하고"라고[72] 게송으로 표현했습니다. 그 게송을 처음의 게송과 함께 독송합시다.

안준물건 갖지않고 살해없이 단속하고

'ādinna 주지 않은 물건을' + 'ādāna 가지는 것', 즉 주지 않은 것을 가지면 약탈하고 훔치는 것입니다. 그래서 '주지 않은 것을 가지는 행위가 없다'라는 구절을 통해 약탈하거나 훔치는 행위도 없이 깨끗하고 훔치려는 마음조차 없다는 의미도 나타냅니다. "pāṇesu saññato 중생들에 대해 단속한다"라는 구절은 해침과 살생을 하지 않는다는 말과 의미로는 같습니다. 해침과 살생을 하지 않도록 단속하는 것입니다. 해치려는 마음이나 죽이려는 마음 없이 완전히 깨끗하다는 뜻입니다.

방일에서 멀리 떠났다

이어서 세 번째로 "atho그 밖에도 so나의 스승은; 나의 스승인 부처님은 pamādamhā방일에서; 잊어버림에서 ārā멀리 떠나셨네"라고 대답했습니다.

'잊어버리다'라는 단어는 일반적으로 누군가의 이름이나 어떤 물건을 어디에 두었는지 등을 기억하지 못하거나 추락, 기절, 깊은 병 등의

72 살생하지도 않고 해치지도 않으면서 단속하시고.

이유로 무언가를 기억하지 못하는 상태를 말합니다. 여기서 'pamāda', '방일한 것, 잊어버리는 것'이란 그런 의미가 아닙니다. "pañcasu kāmaguṇesu다섯 감각욕망 대상에 대해 cittassa vossaggo마음을 내버려두는 것이 pamādo잊는 것이다"(Vbh.363)라는 설명처럼 감각욕망 대상에 마음을 내버려두는 것, 감각욕망 대상 쪽으로 마음이 도달하는 것을 '방일, 잊어버림'이라고 합니다.

소들을 묶어 놓았던 줄을 끊어버리고 "가고 싶은 데로 가라. 먹고 싶은 대로 먹어라"라고 공터에 내버려두는 것처럼 마음을 단속하지 않고 감각욕망 대상에 내버려두는 것, 감각욕망 대상을 원하는 대로 생각하는 것이 'pamāda'라고 부르는 잊어버림, 방일입니다. 방일은 아주 잘 잊어버리는 놈입니다. 가고 오면서, 먹고 마시면서, 말하면서, 웃으면서, 즐기면서 매우 잘 잊어버립니다. 하지만 사람들은 이 잊어버리는 놈을 아주 좋아합니다. 사람들은 아름다운 여성이나 멋진 남성 등 좋은 형색 대상을 보면서 즐깁니다. 좋은 소리를 들으면서[73] 즐깁니다. 좋은 냄새를 맡으면서 즐깁니다. 좋은 음식을 먹고 마시면서 즐깁니다. 좋은 감촉과 접촉하면서 즐깁니다. 여러 필수품이나 물건들을 생각하면서도 즐깁니다. 지금은 없더라도 그러한 감각욕망 대상들을 생각해야 행복합니다. 잠잘 때만 빼고 항상 이 감각욕망 대상을 생각합니다. 온종일도 생각합니다. 평생을 생각하기도 합니다. "이 감각욕망 대상들을 생각하면 안 된다. 궁리하면 안 된다"라고 하면 사람들은 지겨워할 것입니다. '생각하고 궁리할 이 감각욕망 대상들이 더 이상 없다. 생각해도 이러한 대상들을 얻을 수 없다'라고 한다면 사람들은 세상을 살아가지

73 저본에는 '보고 생각하면서도, 듣고 생각하면서도'라고 표현됐다.

도 못할 것입니다.

이처럼 감각욕망 대상들을 즐기는 것이 바로 '방일, 잊어버림'입니다. 특히 여기서는 기본적으로 '비청정범행abrahmacariya', 즉 거룩하지 않은 행위인 음행이라는 감각욕망 대상을 즐기는 것을 말합니다. 세상의 표현대로 말하자면 "그대의 스승은 음행하지 않는가?"라고 질문한 것입니다. 이것을 헤마와따 천신이 교법에서 쓰는 교양 있는 표현으로 "방일함이라는 잊어버림에서 멀리 떠나 깨끗하신가?"라고 질문한 것입니다.

사따기리 천신도 "방일에서 멀리 떠나 깨끗하시다"라고 대답했습니다. 이 대답도 방일에 해당하는 모든 것을 취해서 말했다고 할 수 있습니다. 무엇 때문인가 하면 부처님께는 세 가지 악행에 마음을 내버려두는 방일도 없고, 다섯 감각욕망 대상 쪽으로 마음을 내버려두는 방일도 없습니다. 음행이라는 몸의 감촉 감각욕망 대상 하나에서만 떠나신 것이 아닙니다. 모든 감각욕망 접촉에서도 멀리 떠나셨습니다. 형색과 소리와 냄새와 맛이라는 모든 감각욕망 대상에서 멀리 떠나셨습니다. 그리고 새김확립 등의 법들을 닦지 않음이라는 방일에서도 멀리 떠나셨습니다. 그래서 "pamādamhā방일에서; 잊어버림에서 ārā멀리 떠나셨네"라고 사따기리 천신이 대답한 것입니다. 이것을 "방일에서 멀리떠나"라고 게송으로 표현했습니다. 앞의 두 표현, 그리고 남아 있는 구절과 함께 독송합시다.

사따기리 천신의 대답 게송 2

안준물건 갖지않고 살해없이 단속하고
방일에서 멀리떠나 선정을 방치안하네

선정을 버리지 않는다

이 게송에서 제일 마지막 구절은 "buddho jhānaṁ na riñcati"라는 성전의 번역입니다. "buddho부처님께서는; 모든 법을 완전히 알고 보시는 부처님께서는 jhānaṁ선정을; 대상에 몰입하여 관조하는 선정을 na riñcati버리지 않으신다네; 항상 닦고 계신다네"라고 대역할 수 있습니다.

선정jhāna이란 관조하는 것입니다. 그 관조하는 선정에는 두 종류가 있습니다. 두루채움kasiṇa 등 삼매표상 대상에 밀착해서 집요하게 관조하는 사마타 선정samatha jhāna이 한 종류, 물질·정신 법들의 무상한 특성 등에 밀착해서 관찰하여 아는 위빳사나 선정vipassanā jhāna이 한 종류, 이렇게 두 종류가 있습니다. 그래서 본 승이 "위빳사나 사마타 두 종류선정 고요할뿐 관조해 사마타선정 삼특상을 관찰해 위빳사나정"이라고 오래전에 게송으로 표현한 적이 있습니다. 「우뎃사위방가숫따Udessavibhaṅghasutta」를 처음 설할 즈음이었습니다. 1943년 무렵이었을 것입니다. 잘 기억하도록 게송을 함께 독송합시다.

위빳사나 사마타 두종류선정
고요할뿐 관조해 사마타선정
삼특상을 관찰해 위빳사나정

사마타 선정

먼저 "고요할뿐 관조해 사마타선정"이라고 표현한 사마타 선정을 살펴봅시다. 땅 두루채움kasiṇa 등의 표상을 〈빠타위pathavī, 빠타위; 땅, 땅〉 등으로 관조하는 것은 마음을 단지 고요하게만 할 뿐입니다. 이렇게 관조하는 것으로는 물질과 정신일 뿐이라는 사실 등을 알지 못합니다. 마음이 오직 하나의 대상에 집중되어 머물고 있어서 감각욕망 대상을 원하고 좋아해서 생각하는 감각욕망원함kāmacchanda 등의 장애nīvaraṇa 번뇌가 생겨날 기회를 얻지 못한 채 사라집니다. 그렇게 장애를 없앤 뒤 초선정, 제2선정, 제3선정, 제4선정이라는 네 가지 선정을 얻습니다. 그 선정의 두루채움 대상을 떠나 한 단계 다시 올라가 관조하면 무색계 선정 네 가지도 얻을 수 있습니다.

그 색계 선정과 무색계 선정은 단지 마음이 고요한 것일 뿐입니다. 그 선정을 얻었다고 해서 물질·정신을 아는 것이 아닙니다. 생성과 소멸, 무상의 특성 등을 아는 것도 아닙니다. 그래서 "고요할뿐 관조해 사마타선정"이라고 게송으로 표현한 것입니다. 그 선정을 바탕으로 계발하면 천안통dibbacakkhu이라는 특별한 봄, 천이통dibbasota이라는 특별한 들음, 숙명통pubbenivāsa이라는 이전 생들을 돌이켜 기억할 수 있는 특별한 앎, 타심통cetopariya이라는 다른 이의 마음을 아는 특별한 지혜, 이러한 특별한 앎과 지혜들도 얻을 수 있습니다.

그리고 그 선정을 기본 선정으로 입정한 뒤 (출정하여) 위빳사나 관찰을 하면 위빳사나 지혜와 도의 지혜, 과의 지혜도 얻을 수 있습니다. 그래서 "사마타일 뿐이다"라고 경시하면 안 됩니다. 들숨날숨 수행주제, 32가지 신체부분 수행주제를 관조해서도 마음이 고요해져서 선정을 얻을 수 있습니다. 그 선정을 기본 선정으로 입정한 뒤 (출정하여)

위빳사나 관찰을 하면 위빳사나 지혜와 도의 지혜, 과의 지혜를 얻을 수 있습니다. 하지만 생겨날 때와 드러날 때의 물질·정신을 관찰하지 않고 사마타 대상만 관조하면 마음이 고요하게 될 뿐입니다. 삼매만 생겨날 뿐입니다.

위빳사나 선정

다음으로 "삼특상을 관찰해 위빳사나정"이라고 표현한 위빳사나 선정을 살펴봅시다. 삼특상이란 무상의 특성aniccalakkhaṇā, 괴로움의 특성dukkhalakkhaṇā, 무아의 특성anattalakkhaṇā 세 가지입니다. 이 세 가지 특성을 관찰하고 새겨 아는 것이 위빳사나 선정이라는 말입니다. 하지만 삼특상을 처음부터 관찰할 수는 없습니다. 여섯 문에서 드러나는 물질·정신 대상의 고유성품을 먼저 관찰하고 새겨야 합니다. 관찰하는 모습은 「마하사띠빳타나숫따Mahāsatipaṭṭhānasutta」에서 "gacchanto vā gacchāmīti pajānāti 갈 때도 간다고 안다"(D.ii.232) 등으로 보여 놓은 그대로입니다. 그래서 이 수행센터에서 수행자들이 〈간다; 든다, 간다, 놓는다; 선다; 앉는다; 눕는다; 굽힌다, 편다; 부푼다, 꺼진다; 본다; 들린다〉 등으로 관찰하고 있는 것입니다.

그렇게 관찰하여 생겨나고 있는, 드러나고 있는 물질법과 정신법의 고유성품을 알게 되면 거듭 새로 생겨나는 것도 알게 됩니다. 거듭 사라져버리고 없어져버리는 것도 알게 됩니다. 그렇게 생겨나서는 사라져버리기 때문에 항상하지 않다는 것도 알고 보고 이해합니다. 이것은 무상의 특성을 관찰하여 무상한 성품을 아는 것입니다. 생겨났다가 사라졌다가 하면서 생멸이 끊임없이 괴롭히기 때문에 괴로움일 뿐이라고도 알고 보고 이해합니다. 이것은 괴로움의 특성을 관찰하여 괴로운 성품을 아는 것입니다. 자기가 원하는 대로 되지 않고 각각의 성품에 따라서 저절로 생멸하고 있기 때문에 주재할 수 없는 무아의 성품일 뿐이라고도 알고 보고 이해합니다. 이것은 무아의 특성을 관찰하여 무아인 성품을 아는 것입니다.

이렇게 아는 것은 지혜의 단계로 말하자면 명상의 지혜sammasanañāṇa 단계를 시작으로 생겨납니다. 명상의 지혜가 생겨날 때는 새겨야 할 대상을 찾게 됩니다. 가끔은 숙고하기도 합니다. 희열이나 행복도 어느 정도 분명합니다. 새기는 대상 쪽으로 달려가서 밀착되어 집중된, 하나됨ekaggatā이라는 삼매samādhi도 분명합니다. 그래서 다섯 구성요소가 있는 초선정과 비슷합니다. 생멸의 지혜udayabbayañāṇa에 도달하게 되면 새겨지는 대상을 찾지 않아도 됩니다. 대상이 하나씩 하나씩 저절로 드러나듯이 생겨나기 때문입니다. 드러나는 것들을 계속 알아차리기만 하면 됩니다. 거듭 숙고할 필요도 없습니다. 이때는 사유와 고찰이 분명하지 않습니다. 희열과 행복은 매우 강하게 생겨납니다. 삼매도 분명합니다. 그래서 생멸의 지혜 초기 단계는 세 가지 구성요소가 있는 제2선정과 비슷합니다.

생멸의 지혜가 성숙된 단계에서는 빛이나 희열 등 위빳사나를 오염시키는 부수번뇌가[74] 사라집니다. 행복과 삼매, 두 가지만 분명합니다. 그래서 그 단계는 행복과 하나됨이라는 두 가지 구성요소가 있는 제3선정과 비슷합니다. 무너짐의 지혜bhaṅgañāṇa 등의 단계에서는 행복조차 분명하지 않고 계속 사라져버리는 것만 알고 있습니다. 그 단계는 평온과 하나됨이라는 두 가지 구성요소가 있는 제4선정과 비슷합니다.

74 『위빳사나 수행방법론』 제2권, pp.279~302 참조.

특히 이 평온과 하나됨은 형성평온의 지혜saṅkhārupekkhāñāṇa 단계에 이르러 분명해집니다. 위 내용은 위빳사나 지혜를 직접 경험해 본 수행자들이라면 스스로 알 수 있습니다.[75]

그리고 도과도 열반의 여실한 특성tathalakkhaṇa을 밀착하여 관조할 수 있기 때문에 선정이라고 부를 수 있다고 여러 주석서에 설명돼 있습니다. 부처님은 선정을 등한시하지 않는다는 사따기리 천신의 대답은 위에서 언급한 선정 모두와 관련됩니다.

사두를 외칠 때조차 선정에 입정한다

부처님께서 선정을 등한시하지 않으시는 모습은 매우 존경할 만합니다. 어느 정도인가 하면 부처님께서 법을 설하실 때 법문을 듣는 대중이 법을 이해하여 "사두sādhu"라고 외치는 그 짧은 순간조차 과 증득이라는 과 선정에 입정해 계십니다. 사두를 외치는 소리가 끝나면 과 선정에서 출정하여 법을 이어서 설하신다고 합니다. 매우 경이롭습니다.

미얀마의 사두와 스리랑카의 사두

본 승이 법문하고 있는 지금 이 순간에도 가끔씩 대중들이 사두를 외칩니다. 미얀마에서는 게송이나 산문으로 된 빠알리 한 구절과 그 의미를 독송한 후 법사가 "~라고 설하셨습니다" 등으로 마지막 소리를 길게 끌면서 마치면 사두라고 외치는 전통이 있습니다. 법의 맛이나 그 의미가 좋은지 좋지 않은지는 크게 숙고하지 않습니다. 말하는 소리만 기억하여 사두를 외칩니다.

75 위빳사나 지혜의 단계는 본서 부록 2를 참조하라.

예를 들어 웻산따라Vessantarā 본생담에서 4,5세 정도 된 깐하지나Kaṇhājina와 잘리Jālī를 웻산따라 왕자가 주자까Jūjakā 바라문에게 보시하는 장면에서 바라문이 왕자와 공주를 "akoṭayanto잔인하고 심하게 매질하면서 te그들을; 눈물을 흘리는 그 아이들을 neti가차 없이 잡아끌면서 잔인하게, 불쌍하게 여기지 않고 데려갔습니다"라고 소리를 길게 끌며 마치면 법문을 듣는 대중은 "사두, 사두, 사두"를 외칩니다. 이것은 기뻐하거나 칭송해야 할 내용이 아닙니다. 슬퍼하거나 연민해야 할 내용입니다. 하지만 미얀마에서는 그러한 장면에서도 사두를 외칩니다.

스리랑카에서는 그렇지 않습니다. 법문을 듣다가 존경할 만한 부분에서만 사두를 외칩니다. "아라한이 됐습니다. 열반에 도달했습니다" 같은 구절을 들으면 사두를 외칩니다. 이렇게 외치는 사두가 더욱 여법합니다.

부처님 당시에도 존경할 만한 내용을 들었을 때 또는 의미를 잘 이해했을 때 사두를 외쳤을 것입니다. "사두, 사두, 사두"라고 외치는 동안에는 잘 듣지 못할 수 있기 때문에 부처님께서는 잠시 법문을 멈추셨습니다. 하지만 부처님께서는 그 짧은 시간도 헛되이 보내지 않으셨습니다. 즉시 과 증득에 입정하셨다가 사두를 외치는 소리가 끝나자마자 증득에서 출정하셔서 법문을 이어서 계속 설하셨습니다. 매우 경이롭고 존경할 만합니다.

지금 법사들 중에 과 증득에 입정할 수 있는 이들은 매우 적을 것입니다. 입정한다고 하더라도 부처님처럼 사두를 세 번 외치는 순간 증득에 도달하도록 관찰할 수 있는 이는 거의 없을 것입니다. 대부분 사두를 외치는 소리를 단지 듣고만 있거나, 이어서 설할 내용을 생각하고 있을 것입니다.

부처님은 설할 법문을 미리 기억해 둘 필요가 없습니다. 숙고하면 설하기에 적당한 의미가 드러납니다. 그래서 부처님의 지혜를 "āvajjanapaṭibaddhaṁ 전향과 연결된다"라고 주석서에서 설명했습니다.(DA.ii.190) '숙고하면 숙고한 대로 원하는 내용을 알게 된다. 알지 못하는 것은 없다'라는 뜻입니다. 그래서 부처님의 경우는 설할 법문을 미리 숙고할 필요가 없습니다. 증득에서 출정하자마자 원하는 내용을 이어서 설할 수 있습니다. 그렇게 사두를 외치는 짧은 시간조차 무의미하게 보내지 않고 과 증득에 입정하는 것도 선정을 내버려두지 않고 항상 입정해 있는 모습을 보여주는 한 예입니다.

24조 증득

부처님께서는 또 매일 중생들을 관조하며 연민과 결합한 대연민 증득 12조, 아라한과 증득 12조, 두 증득을 합한 24조 선정증득에 입정하십니다.(DAṬ.iii.55) 이것도 부처님께서 선정을 내버려두지 않고 항상 입정하시는 모습을 보여주는 한 예입니다. 그래서 사따기리 천신이 "buddho부처님께서는; 모든 법을 완전히 알고 보시는 부처님께서는 jhānaṁ선정을; 대상에 몰입하여 관조하는 선정을 na riñcati버리지 않으신다네; 항상 닦고 계신다네"라고 대답한 것입니다. 이것을 "선정을 방치안하네"라고 게송으로 표현했습니다. 이 내용을 앞 구절들과 함께 독송합시다.

안준물건 갖지않고 살해없이 단속하고
방일에서 멀리떠나 선정을 방치안하네

앞서도 말했듯이 부처님께서는 모든 법을 완전하게 아셨기 때문에 설할 내용을 미리 준비하고 숙고할 필요가 없으십니다. 법문을 듣는 이의 성향이나 근기에 맞게 적당한 법문을 설하시기만 하면 됩니다. 그렇게 설하거나 훈계한 후 어느 한 가지 선정증득에 입정하실 뿐입니다. 부처님께서는 사두를 외치는 짧은 시간조차 아라한과 증득에 입정하시는 것처럼 기회가 될 때마다 어느 한 가지 증득에 입정하실 것이라는 사실은 충분히 유추할 수 있습니다.

이처럼 부처님께서 선정증득에 끊임없이 입정하고 닦고 계시는 모습을 숙고해 보면 매우 존경할 만합니다. 그렇게 숙고하다가 희열이 생겨나면 그것도 관찰해야 합니다. 계속해서 관찰하여 행복과 희열이 사라지는 것, 없어지는 것을 알아야 위빳사나 지혜가 생겨날 수 있습니다. 그 위빳사나가 무르익으면 성스러운 도과에도 이를 수 있습니다.

불방일을 통해 위빳사나 선정을 닦는 모습

지금 이 수행센터에서 볼 때마다, 들을 때마다, 닿을 때마다, 알 때마다 잊어버리지 않고 관찰하고 있는 것은 불방일법입니다. 여섯 문에서 대상이 생겨날 때마다, 드러날 때마다 그 법들을 자세하게 관찰하지 못하는 초기에는 기본이 되는 배의 팽팽함이나 움직임이라는 바람 요소를 관찰해야 합니다. 〈부푼다, 꺼진다; 부푼다, 꺼진다〉 등을 시작으로 관찰해야 합니다. 그렇게 새기다가 어떤 한 가지 생각이나 망상이 생겨나면 그것도 〈생각함, 생각함; 망상함, 망상함〉 등으로 관찰해야 합니다. 그렇게 관찰하면 생겨난 그 마음을 바른 성품대로 알 수 있습니다. 이것은 마음 거듭관찰cittānupassanā입니다.

몸에서 뻐근함, 뜨거움, 아픔, 쑤심 등의 괴로운 느낌이 생겨나면 〈뻐근함; 뜨거움; 아픔; 쑤심〉 등으로 관찰해야 합니다. 그렇게 관찰하면 생겨난 느낌을 바른 성품대로 알 수 있습니다. 이것은 느낌 거듭관찰vedanānupassanā입니다.

보는 것이나 듣는 것 등이 분명하게 드러나면 〈본다; 들린다〉 등으로 관찰해야 합니다. 그렇게 관찰하면 볼 때나 들을 때 등에 분명한 성품법들을 사실대로 알 수 있습니다. 이것은 법 거듭관찰dhammānupassanā입니다. 좋아하고 원하면 〈좋아함; 원함〉이라고 관찰해야 합니다. 화나거나 실망하면 〈화남; 실망함〉이라고 관찰해야 합니다. 이렇게 관찰하면 감각욕망원함kāmacchanda, 분노byāpāda라는 법들을 사실대로 알 수 있습니다. 이것도 법 거듭관찰dhammānupassanā입니다.

손이나 발을 굽히거나 펴면 〈굽힌다, 편다; 굽힌다, 편다〉라고 관찰해야 합니다. 몸으로 어떤 한 가지 동작을 행하면 그것도 관찰해야 합니다. 배의 부풂과 꺼짐을 시작으로 몸의 모든 행위는 위빳사나로 관찰해야 합니다. 관찰하지 말아야 할 몸의 행위라는 것은 없습니다. 그렇게 몸의 행위를 관찰할 때마다 몸 거듭관찰 새김확립kāyānupassanā satipaṭṭhāna이 생겨납니다.

이 수행센터에서 관찰하며 노력하고 있는 수행자들은 몸 거듭관찰과 느낌 거듭관찰과 마음 거듭관찰과 법 거듭관찰이라는 네 가지 새김확립 모두를 적절하게 닦고 있습니다. 이 모든 것이 잊어버리지 않음이라는 불방일법appamādadhamma입니다. 관찰하는 위빳사나 선정입니다. 그 네 가지 새김확립 중 자신에게 적절한 새김확립을 통해 위빳사나 지혜를 성숙시키면 머지않아 성스러운 도의 지혜에 도달할 것입니다.

그 네 가지 도의 지혜 중에서 수다원도의 지혜에 도달하면 잊지 않는 새김sati이 더욱 좋아집니다. 수다원에서 한 단계 더 올라가 관찰하면 사다함도의 지혜에 도달합니다. 그 단계가 되면 새김이 더욱더 좋아집니다. 사다함에서 관찰하고 노력하면 아나함도의 지혜에 도달합니다. 이 단계에서는 산란한 마음이 거의 없을 정도로 새김이 한층 더 좋아집니다. 아나함에서 다시 관찰하고 노력하면 아라한도와 아라한과의 지혜에 도달하여 아라한이 됩니다. 아라한의 단계에서는 새김이라는 불방일법appāmadadhamma이 완전히 구족됩니다. 새기지 못하고 잊어버리는 방일pamāda이 더 이상 없습니다. 여섯 문에서 드러나는 모든 것을 새겨 알고 있습니다. 그래서 아라한의 새김과 지혜를 칭송하는 다음과 같은 구절이 있습니다.

> Carato ca me tiṭṭhato ca suttassa ca jāgarassa ca satataṁ samitaṁ ñāṇadassanaṁ paccupaṭṭhitaṁ.[76] (M.i.130)
>
> **대 역**
>
> Carato ca가고 있을 때도, tiṭṭhato ca서 있을 때도, suttasssa ca잠들어 있을 때도, jāgarassa ca깨어 있을 때도 tassa그 아라한에게 satataṁ samitaṁ언제나 끊임없이 ñāṇadassanaṁ지견이 paccupaṭṭhitaṁ현전한다; 분명하게 앞에 드러난다.

이 구절에서 칭송하고 있는 내용은 가고 있을 때, 서 있을 때, 자고 있을 때, 깨어 있을 때의 네 순간에 몸의 현상이나 마음의 현상을 모두 모아서 보여 놓았습니다. 어떠한 몸의 현상이나 마음의 현상이나 항상 끊임없이 새김과 지혜가 현전하고, 생멸하는 모든 물질·정신을 모두 알고 있다는 뜻입니다.

76 저본에 대역만 있어 빠알리어 원문을 첨가했다.

여기서 '자고 있을 때'란 잠들기 직전까지 알고, 잠에서 깨어나자마자 아는 것만을 뜻합니다. 잠들어 있는 동안에는 알 수 없습니다. '그 때도 안다'라는 의미도 아닙니다. 이것은 "appamādena sampādetha 잊어버림 없는 불방일의 새김을 통해 일이 완전히 성취되도록 노력하라"(D.ii.100)라고 설하신 부처님의 마지막 훈계에 일치하도록 불방일법을 통해 수행이 끝날 때까지 노력하는 모습입니다. 위빳사나 선정이나 도과의 선정을 저버리지 않도록 노력하는 모습이라고도 말할 수 있습니다.

지금 설명한 대로 여섯 문에서 드러나는 모든 것을 관찰하고 있는 수행자는 부처님처럼 잊어버림이라는 방일이 없도록, 방일에서 멀어지도록, 잊어버림 없는 불방일의 행위를 하고 있어야 합니다. 위빳사나 선정을 저버리지 않도록 끊임없이 관찰하고 있어야 합니다. 이것은 매우 기뻐할 만한 일입니다. 그렇게 기뻐하면서 수행이 향상되도록 노력해야 합니다. 최소한 수다원도과의 지혜에 도달하도록 노력해야 합니다. 수다원도과의 지혜에 도달하면 사악도에서 완전히 벗어납니다. 사악도의 위험으로부터 안심할 수 있습니다. 여기서 더 가능하다면 그 위의 여러 도과에도 도달하도록 노력해 나가면 됩니다. 앞의 게송들을 독송하고 법문을 마무리하겠습니다.

보름달빛 깨끗빛나 꽃들만발 신성한밤
고따마란 가문좋은 부처님 뵈러가세나

우리붓다 맘잘두니 모두여여 연민고루
좋고나쁜 대상대해 생각을 제어하시네

안준물건 갖지않고 살해없이 단속하고
방일에서 멀리떠나 선정을 방치안하네

이 「헤마와따숫따」 법문의 서문을
정성스럽게 들은 청법선업 의도의 공덕으로
부처님의 덕목을 존경하는 믿음을 증장시키고
본받아 실천할 만한 법을 실천하여
위빳사나 지혜와 성스러운 지혜를 통해
모든 고통이 사라진 열반의 행복을
빠르게 증득하기를.

사두, 사두, 사두.

『헤마와따숫따 법문』 제2강이 끝났다.

제2강 역자 보충설명

절제 세 가지

본서 pp.107~108에 부처님께서 도둑질 등의 악행을 세 가지 절제로 제거하셨다는 내용이 나옵니다. 이 세 가지 절제에 대해 자세하게 설명하겠습니다.

절제viratī에는 ① 당면절제sampattaviratī·當面節制, ② 수지절제samādānaviratī·受持節制, ③ 근절절제samuchedaviratī·根絕節制 세 종류가 있습니다. 먼저 ① 당면절제란 이전에 계를 수지하지 않은 상태에서 죽이거나 훔치거나 거짓말 등의 악행을 행할 조건에 당면했을 때 그 악행을 하지 않고 절제하는 것을 말합니다. 이것에 대해 주석서에서는 짝까나Cakkana라는 이가 절제하는 모습을 예로 들었습니다.

과거 스리랑카에 짝까나라는 사람이 살았습니다. 그의 어머니가 병이 나자 약사는 토끼고기를 고아서 먹도록 처방했습니다. 짝까나는 토끼를 잡으러 숲으로 갔습니다. 그때 토끼 한 마리가 어린 나무의 싹을 먹기 위해 그곳으로 다가왔습니다. 토끼는 짝까나를 보고 놀라서 도망치다가 덩굴에 걸리고 말았습니다. 짝까나는 그 토끼를 잡아서 어머니를 위해 약을 지어야겠다고 생각했습니다. 하지만 다시 '내 어머니 목숨을 살리자고 다른 생명을 죽이는 것은 적당하지 않다'라고 생각하고는 토끼를 풀어주었습니다. 그리고 집으로 돌아온 짝까나는 어머니 앞에서 "저는 태어나서 생명을 죽인 적이 없습니다(죽였던 사실을 기억하지 못합니다). 이 진실의 서원으로 어머니의 병이 사라지기를"이라고 서원을 말했습니다. 그러자 어머니의 병이 씻은 듯 사라졌습니다.

이 일화에서 짝까나는 이전에 계를 수지한 적이 없었습니다. 토끼를 잡으러 숲에 갔고, 토끼를 잡아서 죽이려고 했습니다. 하지만 그 순간 잘 숙고하고서 토끼를 살려준 것입니다. 이렇게 죽일 기회가 생겼지만 죽이지 않고 삼가고 절제하는 것이 당면절제입니다. 이와 마찬가지로 도둑질 등의 기회가 생겼을 때 훔치고자 하는 악행을 행하지 않고 삼가고 절제하는 것을 당면절제라고 합니다.

② 수지절제란 수지해 놓았던 계가 무너지지 않도록 절제하는 것을 말합니다. 이것에 대해서도 웃따라왓다마나 빱바따와시Uttaravaḍḍhamāna pabbatavāsī라는 한 청신사를 예로 들어 설명했습니다. 웃따라왓다마나는 붓다락키따Buddharakkhita 장로에게 계를 받고서 밭을 갈러 갔습니다. 그는 밭을 다 간 뒤 소를 잠시 풀어 놓았습니다. 그런데 그 소가 돌아오지 않았습니다. 소가 돌아오지 않자 그는 소를 찾아다니다가 웃따라왓다마나 산에 오르게 됐습니다. 그 산에서 매우 큰 구렁이가 그의 몸을 휘감았습니다. 그는 손에 들고 있던 칼로 구렁이의 머리를 내리치려고 생각했습니다. 하지만 이내 다시 이렇게 숙고했습니다. '오, 나는 매우 존경하는 붓다락키따 장로에게서 계를 수지했다. 계를 어기는 것은 적당하지 않다. 차라리 목숨을 버리리라. 계를 버리지는 않으리라.' 그는 칼을 숲

속에 던져버렸습니다. 그러자 구렁이가 그를 놓아주고 가버렸습니다. 이 일화에서처럼 수지한 계가 무너지지 않도록 지키고 절제하는 것을 수지절제라고 부릅니다.

③ 근절절제란 성스러운 도에 포함된 바른 말sammāvācā, 바른 행위sammākammanta, 바른 생계sammāājīva라는 절제 세 가지 법입니다. 이 성스러운 도 절제가 생겨난 이후로는 죽이려는 마음, 훔치려는 마음, 거짓말하려는 마음이 더 이상 생겨나지 않습니다. 악행이나 나쁜 생계라는 불선업들을 행하려는 마음, 행하게 할 정도로 강렬한 마음이 더 이상 생겨나지 않습니다. 뿌리까지 제거돼 버립니다. 그렇게 뿌리까지 제거되어 사라지게 할 수 있는 도 절제를 근절절제라고 부릅니다. 부처님 당시 쿳줏따라Khujjuttarā라는 하녀는 왕비의 꽃을 사기 위한 8냥 중 4냥을 매일 가로챘습니다. 그러던 어느 날, 쿳줏따라는 부처님의 법문을 들으면서 수다원도과에 도달하여 수다원이 됐습니다. 그리고 그날부터는 훔치거나 가로채지 않고 8냥 모두 꽃을 사서 자신의 주인인 사마와띠Sāmāvatī 왕비에게 올렸습니다. 사마와띠 왕비가 연유를 물었을 때도 거짓말을 하지 않고 사실대로 시인했습니다.(Dhp.21~23 일화) 이것은 근절절제를 통해 악행을 뿌리까지 제거하여 절제하는 모습입니다.[77]

77 SA.ii.138; *Mahāsi Sayadaw*, 『*Sallekha thouk tayatogyi*(지워없앰 경에 대한 법문)』 제1권, pp.185~188 인용.

제3강

1963년 음력 3월 23일
_띤잔 셋째 날

(1963. 04. 16)

들어가며

제1강과 제2강을 통해 「헤마와따숫따」 법문 서문의 다섯 게송을 설했습니다. 서문의 경우 이제 열한 게송이 남았습니다. 서문 내용도 기억할 만하고 받들 만하고 본받을 만하고 실천할 만한 가르침입니다. 그렇기에 깔리Kāḷī라는 여인은 서문의 가르침만 듣고서 수다원이 된 것입니다.

사따기리 천신이 헤마와따 천신에게 부처님을 친견하러 가자고 청했을 때 헤마와따 천신은 진짜 부처님인지 아닌지 알기 위해 질문하며 살폈습니다. 사따기리 천신이 대답한 내용에 관해 앞서 제1강과 제2강에서 설했습니다.

우리붓다 맘잘두니 모두여여 연민고루
좋고나쁜 대상대해 생각을 제어하시네

안준물건 갖지않고 살해없이 단속하고
방일에서 멀리떠나 선정을 방치안하네

이 두 게송이 끝났습니다. 그렇게 몸의 악행이 완전히 없다는 사실, 선정을 닦는 것도 내버려두지 않는다는 사실을 대답하자 헤마와따 천신은 말의 악행에 대해서도 다시 질문했습니다.

헤마와따 천신의 확인 질문 3

6 Kacci musā na bhaṇati, kacci na khīṇabyappatho;
Kacci vebhūtiyaṁ nāha, kacci samphaṁ na bhāsati.

(Sn.158)

해 석

어떤가, 거짓말을 하지 않는가.
어떤가, 거친 욕설을 하지 않는가.
어떤가, 이간하는 말을 하지 않는가.
어떤가, 쓸데없는 말을 하지 않는가.

대 역

Samma벗이여; 벗 사따기리 천신이여, tava satthā그대의 스승은; 그대의 스승인 부처님은 kacci어떤가, musā거짓을; 그릇되고 틀리고 바르지 않은 말을 na bhaṇati말하지 않는가; 항상 삼가는가? kacci어떤가, na khīṇabyappatho비방하거나 무례하거나 거친 말을 하지 않는가? kacci어떤가, vebhūtiyaṁ서로 좋아하고 화합하는 것을 무너뜨리게 하는 이간하는 말을 nāha말하지 않는가? kacci어떤가, so그대의 스승인 부처님은 samphaṁ쓸데없는 말을; 핵심이 없는 쓸데없는 말을 na bhāsati말하지 않는가?

첫 번째 질문인 "kacci어떤가, musā거짓을; 그릇되고 틀리고 바르지 않은 말을 na bhaṇati말하지 않는가; 항상 삼가는가?"라는 것은 그릇되고 틀리고 바르지 않은 것을 바른 것으로 꾸며 말하는 거짓말을 하지 않는지 질문한 것입니다.

두 번째 질문인 "kacci어떤가, na khīṇabyappatho비방하거나 무례하거나 거친 말을 하지 않는가?"라는 것은 다른 이를 비방하거나 욕하거나 저주하는 거친 말을 하는 일이 없는지 질문한 것입니다.

세 번째 질문인 "kacci어떤가, vebhūtiyaṁ서로 좋아하고 화합하는 것을 무너뜨리게 하는 이간하는 말을 nāha=na āha말하지 않는가?"라는 구절에서 'bhūti'라는 단어는 '생겨남'이라는 뜻이 있습니다. 그래서 'vibhūti'라고 하면 '무너뜨림'이라는 뜻을 가집니다. 'vibhūti 무너뜨림' + 'ka 행함', 즉 'vebhūtika 무너지게 하는 것'입니다. '이익을 무너지게 하는 말'이라고도 해석할 수 있습니다. 하지만 여기서는 그 의미가 분명하도록 '좋아하고 화합하는 것을 무너뜨리게 하는 말'이라고 번역했습니다. 이간하는 말은 한 사람과 한 사람의 애정이나 화합을 무너뜨리게 하는 말입니다. 원래 서로 좋아하고 존중하며 지내는 사이를 그 애정이나 존중이 무너지도록, 화합하며 지내는 사이를 화합하지 않도록, 갈라지도록, 서로 오해하도록 말하는 것을 '이간한다'라고 말합니다. 그렇게 이간하는 말을 하지 않고 삼가는지 질문한 것입니다. 장황하게 말하지 않아도 은밀한 말 한두 마디 정도로도 서로 좋아하고 존중하며 지내는 사이를 갈라서게 할 수 있습니다.

왓사까라가 이간하는 모습

부처님 당시 아자따삿뚜Ajātasattu 왕은 왓지Vajjī국의 릿차위Licchavī

들을 공격해서 그 나라를 점령하고자 했습니다. 하지만 릿차위 왕족들은 서로 화합하고 단결하여 힘이 강했습니다. 그래서 아자따삿뚜 왕은 왕족들끼리 분열되도록 반간계bhedapariyāya를 사용하기로 계략을 짰습니다. 먼저 왓사까라Vassakāra라는 대신을 추방죄로 일부러 쫓아냈습니다. 왓사까라 바라문은 릿차위 왕족들에게 도망갔습니다. 그러자 일부 릿차위 왕족은 "왓사까라 바라문은 매우 교활합니다. 오게 하지 맙시다. 받아들이지 맙시다"라고 말했습니다. 하지만 다른 왕족들은 "이 바라문은 우리를 지지하느라 아자따삿뚜 왕의 말을 거역해서 추방당한 것이니 받아주어야 합니다"라고 말했습니다. 결국 두 번째 무리의 의견에 따라 릿차위 왕족들은 왓사까라 바라문을 받아들였습니다. 그리고 젊은 릿차위 왕자들의 스승으로 삼아 학문을 가르치도록 했습니다.

왓사까라는 왕자들에게 학문을 잘 가르쳐 일단 그들의 신임을 얻었습니다. 하지만 왕자들이 자신을 믿고 의지하게 되자 계획대로 왕자들 사이를 갈라놓기 시작했습니다. 그 일은 은밀하게 진행됐습니다. 우선 왓사까라는 한 왕자를 불러서 귓속말로 "밥은 먹었는가? 무슨 반찬으로 먹었는가?"라고 물었습니다. 그러면 다른 왕자들이 그 왕자에게 "스승님이 무슨 말을 했는가?"라고 의심하며 물었습니다. 그 왕자는 "전혀 특별한 것 아니네. 밥은 먹었는지, 무슨 반찬으로 먹었는지 물었다네"라고 사실대로 말했습니다. 하지만 다른 왕자들은 그 말을 믿지 않았습니다. 믿지 않은 이유는 '밥을 먹었는지는 귓속말로 물을 내용이 아니다. 우리들에게 알리고 싶지 않은 중요한 내용이 있을 것이다'라고 생각했기 때문입니다.

왓사까라는 또 다른 왕자를 불러서는 "그대의 부친은 논에 쟁기질을 하는가? 쟁기질을 할 때 소 두 마리를 붙여서 끄는가?"라고 물었습니다. 역시 다른 왕자들이 스승이 뭐라고 질문했느냐고 물었고, 그 왕자는 사실대로 대답했으나 다른 왕자들은 믿지 않았습니다. 왓사까라는 또 다른 왕자를 불러서는 "그대는 겁쟁이라는데 사실인가?"라고 물었습니다. 그 왕자가 "누가 그렇게 말했습니까, 스승님"이라고 묻자 "그대의 친구인 저 왕자가 말했다네"라고 거짓말을 했습니다. 그로 인해 두 왕자 사이도 갈라졌습니다.

이렇게 왓사까라의 이간질로 3년 만에 릿차위 왕자들은 서로 얼굴조차 맞대고 싶어하지 않을 정도로 완전히 갈라섰습니다. 그때를 노려 왓사까라 바라문은 아자따삿뚜 왕에게 왓지국을 침략하라고 밀정을 보냈습니다. 아자따삿뚜 왕이 침략했을 때 릿차위 왕자들은 '용감한 이들이 나설 것이다'라고 생각하고는 누구도 나서서 저항하지 않았습니다. 그래서 아자따삿뚜 왕은 쉽게 왓지국을 점령했습니다. 이 일화는 경각심을 불러일으키기에도 좋습니다. 그렇게 사이가 벌어지도록 하는 이간하는 말이 그대의 스승인 부처님에게는 없는지 질문한 것입니다.

네 번째 질문인 "kacci어떤가, so그대의 스승인 부처님은 samphaṁ쓸데없는 말을; 핵심이 없는 쓸데없는 말을 na bhāsati말하지 않는가?"라는 구절에서 핵심이나 알갱이가 없는 쓸데없는 말이란 실제로 일어난 내용이나 사건이 아니라 꾸며낸 말입니다. 요즘 말로 하자면 소설이나 픽션들입니다. 따르고 실천할 만한 내용이 포함되지 않은, 단지 듣기에 좋은 세간의 말들도 쓸데없는 말samphappalāpa에 포함됩니다. 그렇게 세간의 이익이나 윤회의 이익과 관련되지 않은 쓸데없는 말을 하지는 않는지 질문한 것입니다. 그러자 사따기리 천신이 다음과 같이 대답했습니다.

사따기리 천신의 대답 3

7 Musā ca so na bhaṇati, atho na khīṇabyappatho;
Atho vebhūtiyaṁ nāha, mantā atthaṁ ca bhāsati.

(Sn.159)

해 석

그분은 거짓말을 하지 않네.
그분은 거친 욕설을 하지 않네.
또한 이간하는 말을 하지 않네.
숙고하여 의미 있는 말을 하네.

대 역

Samma벗이여; 벗 헤마와따 천신이여, so나의 스승은; 나의 스승인 부처님은 musā거짓을; 그릇되고 틀리고 바르지 않은 말을 na bhaṇati말하지 않으시네; 항상 삼가신다네. atho그리고 na khīṇabyappatho비방하거나 무례하거나 거친 말을 하지 않으시네. atho그리고 vebhūtiyaṁ 서로 좋아하고 화합하는 것을 무너뜨리게 하는 이간하는 말을 na āha말하지 않으시네. ca그리고 so나의 스승은; 나의 스승인 부처님은 atthaṁ이익을; 세간과 출세간, 두 가지 이익과 번영을 mantā내다보시고; 지혜로 숙고하여 알고 보신 뒤에 bhāsati말하시네; 말하기에 적당한 말만 적당한 때에 말하신다네.

먼저 첫 번째 구절인 "samma벗이여; 벗 헤마와따 천신이여, so나의 스승은; 나의 스승인 부처님은 musā거짓을; 그릇되고 틀리고 바르지 않은 말을 na bhaṇati말하지 않으시네; 항상 삼가신다네"라는 내용은 "도반 헤마와따 천신이여, 나의 스승이신 거룩하신 고따마 부처님께서는 사실이 아니고 바르지 않은 말을 하지 않으신다네. 거짓말을 항상 삼가신다네"라고 대답한 것입니다. 그렇게 거짓말을 삼간 것은 붓다가 되신 이후만이 아닙니다. 결정수기를[78] 받은 뒤 보살의 생에서부터 이미 거짓말을 삼가셨습니다. 다른 불선업의 경우는 보살의 생에서 행한 경우도 있었습니다. 하지만 거짓말은 항상 삼가셨습니다. 진실의 말을 항상 보호하셨습니다.(JA.iii.475) 왜냐하면 진실의 말을 보호하지 않고 거짓말을 하는 이에게 하지 못할 불선업이란 없기 때문입니다. 어떠한 행위든 가리지 않고 행한 뒤에 추궁을 당하면 '하지 않았다'라고 거짓말을 할 수 있기 때문입니다. 그래서 거짓말을 하는 이라면 어떠한 악행 불선업이든 함부로 행할 수 있습니다. 그 사실을 「담마빠다」에서 다음과 같이 설법하셨습니다.

Ekaṁ dhammaṁ atītassa, musāvādissa jantuno;
Vitiṇṇaparalokassa, natthi pāpaṁ akāriyaṁ.

(Dhp.176)

해 석

한 진실법을 어기고서
거짓말을 일삼으며

78 결정수기byākaraṇa란 현존하는 부처님께서 "이 사람은 어느 시기에 어떤 이름의 정등각자 부처님이 될 것이다"라고 확실하게 예언하시는 것을 말한다.

다음 세상 포기한 자,
짓지 못할 악행 없네.

대 역

Ekaṁ한 가지 dhammaṁ법; 진실법을 atītassa지나치는; 버리는 musāvādissa jantuno사실이 아닌 거짓을 말하는 자에게는 vitiṇṇaparalokassa다음 세상을 포기하여; 다음 세상의 행복을 지나치는 것이 없어 akāriyaṁ하지 못할 pāpaṁ악행이란 natthi없다.

"진실한 말을 어긴다"라는 것은 진실한 말을 공경하지 않고, 지키지 않고, 하지 않는 것을 말합니다. 진실하지 않고 거짓말을 하는 이가 하지 않을 불선업, 하지 못할 불선업이란 없습니다. 자신의 이익을 위해서라면 무엇이든 할 것입니다. 이렇게 악행을 함부로 행하는 사람들은 다음 세상에서 행복할 수 없습니다. 이것은 "다음 세상을 건너뛴 것이다"라고도 말합니다. 즉 '다음 생에 어떻게 되든지 지금 현재 행복하면 된다'라고 생각하며 행동하는 것입니다. 이러한 이들이 하지 않을 악행, 하지 못할 악행이 어찌 있겠습니까? 따라서 거짓말은 모든 불선업의 우두머리라고 해도 틀리지 않습니다.

그렇게 허물이 크기 때문에 보살은 여러 생에서 바라밀을 행할 때부터 거짓말을 절제했습니다. 하지만 보살의 생에서 거짓말을 절제한 것은 당면절제와 수지절제만을 통해서였습니다. 근절절제를 통해서 절제한 것은 아닙니다. 부처님이 되고 난 뒤에는 근절절제를 통해서 뿌리까지 끊어내어 완전히 절제하는 작용이 성취됐습니다.

보살의 경우 계를 수지하지 않았어도 거짓말을 할 상황이 생겼을 때 거짓말을 하지 않고 진실만 말했습니다. 이것은 당면절제입니다. "musāvādā veramaṇi sikkhāpadaṁ samādiyāmi 거짓말하는 것을 삼가는 수련항목을 수지합니다"라고 수지한 이였을 때라면 그렇게 수지한 계가 무너지지 않도록 거짓말을 삼갈 때는 수지절제가 생겨납니다.

지금 불교에 입문한 이들은 대부분 오계를 수지합니다. 거짓말을 할 상황이 닥쳤을 때 그 수지한 계를 고려해서 거짓말을 하지 않고 삼간다면 수지절제가 생겨납니다. 수지하지 않고 삼가는 이에게는 당면절제가 생겨납니다. 그 수지절제와 당면절제는 그 사람의 본래성품에 따라서 생겨나는 것이 아닙니다. 고려해야 할 어떤 한 가지를 고려해서 생겨납니다. '나는 성년이다'라고 나이를 고려해서 삼가기도 합니다. '나는 공인이다'라고 숙고하면서 덕목을 고려해서 삼가기도 합니다. '내가 속한 가족이나 단체에는 거짓말을 하는 이가 없다. 나도 거짓말을 하면 안 된다'라고 숙고해서 삼가기도 합니다. '거짓말을 하면 다른 이들이 비난할 것이다. 불선업이 생겨날 것이다' 등으로 허물을 숙고해서 삼가기도 합니다. 어떠한 이유로 삼가든지 모두 좋습니다.

위빳사나 관찰을 하여 수다원도에 도달하면 거짓말을 삼가는 작용이 완전히 성취됩니다. 이것은 근절절제라고 부릅니다. 그때에는 그 본래성품에 따라 거짓말을 하지 않고 항상 깨끗하게 됩니다. 부처님께서도 수다원도에 도달했을 때부터 거짓말을 삼가는 이 근절절제를 완전히 갖추고 구족하셨습니다. 아라한도과에 도달하여 정등각자 부처님이 되셨을 때야 말할 필요도 없습니다. 이것은 「담마짝까숫따」 법문에 "성스러운 도의 진리를 다 닦았다"라는 구절을 통해 부처님께서 직접 선언하시기도 했습니다. 그래서 사따기리 천신이 "musā ca거짓을; 그릇되고 틀리고 바르지 않은 말을 na bhaṇati말하지 않으시네; 항상 삼가신다네"라고 자신있게 장담하면서 대답한 것입니다.

그리고 두 번째, 세 번째 질문에 대해서도 "atho그리고 na khīṇabyappatho비방하거나 무례하거나 거친 말을 하지 않으시네. atho그리고 vebhūtiyaṁ서로 좋아하고 화합하는 것을 무너뜨리게 하는 이간하는 말을 nāha말하지 않으시네"라고 대답했습니다.

이 대답 두 가지 중 세 번째 대답을 첫 번째 대답과 결합시켜 "망어 않고 양설않고"라고 게송으로 표현해 보았습니다. 미얀마 작시법에 따른 운율에도 적당하고 다른 산문cuṇṇiya 성전들에서도 거짓말 뒤에 이간하는 말을 설해 놓았기 때문에 첫 번째와 세 번째를 결합시켜 게송으로 표현해 보았습니다. 두 번째 대답은 "거친말을 하지않고"라고 표현해 보았습니다. 부처님께는 거짓말musāvāda만 완전히 없는 것이 아닙니다. 원래 서로 좋아하고 사이가 좋은 이들의 애정과 화합을 무너뜨리게 하는 이간하는 말pisuṇavācā도 일절 없습니다. 또한 거칠고 저열한 비방하는 말, 저주하는 말 등 듣기에 좋지 않은 거친 말pharusavācā도 일절 없습니다. 이것은 자신의 가문이나 연령 등을 고려해서 삼가는 것이 아닙니다. 성스러운 도를 통해 남김없이 제거했기 때문에 그 본래성품에 따라서만 그렇게 저열한 말을 하려고 하는 의도까지도 완전히 없어져 깨끗하십니다. 그러한 이간하는 말과 거칠고 잔인한 비방의 말 등을 곧잘 하는 습관까지 없어져 깨끗하십니다.

아라한의 경우는 번뇌는 다 없어졌지만 번뇌가 있는 동안에 말하고 행위하곤 했던 습관을 제거하지 못했기 때문에 의도가 포함되지 않고 습관에 따라 말하거나 행동하기도 합니다. 삘린다왓차Pilindavaccha 장로가 과거 바라문의 생에서 가졌던 습관에 따라 만나는 사람들마다 "천민vasala"이라고 자주 말했던 것과 같은 종류입니다.(Dhp.408 일화)[79] 부처님의 경우는 여러 생의 습관까지 제거하셨기 때문에 의도 없이 습관에 따라 말하는 거친 말도 완전히 없어져 깨끗하십니다.

지금까지의 내용을 "망어않고 양설않고 거친말을 하지않고"라고 게송으로 표현했습니다. 이 게송을 독송합시다.

망어않고 양설않고 거친말을 하지않고

마지막으로 "ca그리고 so나의 스승은; 나의 스승인 부처님은 atthaṁ이익을; 세간과 출세간의 두 가지 이익과 번영을 mantā내다보시고; 지혜로 숙고하여 알고 보신 뒤에 bhāsati말하시네; 말하기에 적당한 말만 적당한 때에 말하신다네"라고 네 번째 질문에 대답했습니다.

이 구절에서 "mantā atthaṁ ca bhāsati"라고 제6차 결집 성전 원문에 표현돼 있습니다. 이 표현에 따라 'ca'라는 단어는 또 다른 의미를 나타내는 용어pakkhantara로 번역해 놓았습니다. 다른 본에서는[80] 'so'라고 표현된 곳도 있습니다. 이것이 의미적인 측면으로는 적당합니다. 하지만 작시법의 운율에 따르자면 이곳에는 단음이 와야 합니다.[81] 그래서 운율에 따르자면 이곳에 'sa'라고 표현하는 것이 적당합니다. 말하고자 하는 바는 부처님께서는 지혜로 숙고하여 사실대로 바르게 보신 뒤에 세간의 이익과 번영, 출세간의 이익과 번영만을 설하고 가르치고 말씀하시지 이익이 없는 쓸데없는 말은 절대로 하지 않으신다는 뜻입니다. 이것을 "이익있다 알고말해 부처님 말씀청정해"라고 게송으로 표현해 보았습니다. 앞의 두 구절과 함께 독송합시다.

79 『가르침을 배우다』, pp.42~43 참조.
80 스리랑카 본, PTS 본, 미얀마 이본異本.
81 'o'는 장음이다.

사따기리 천신의 대답 게송 3

망어않고 양설없고 거친말을 하지않고
이익있다 알고말해 부처님 말씀청정해

'말할 때는 네 요소를'이라는 표현이 있습니다. ① 사실이 아닌 것을 속여 말해서는 안 됩니다. 사실이고 바른 내용만 사실 대로 말해야 합니다. ② 사이를 갈라놓는 이간하는 말을 해서는 안 됩니다. 화합하게 하는 말만 해야 합니다. ③ 듣기에 거북한 비방하는 말이나 거친 말을 해서는 안 됩니다. 듣기에 좋고 부드러운 말만 해야 합니다. ④ 이익이 없는 잡담을 해서는 안 됩니다. 세간과 출세간의 이익과 관련된 말만 해야 합니다. 이것이 좋은 말의 네 가지 구성요소입니다. 그러한 네 가지 구성요소와 일치하는 말은 깨끗한 말입니다. 네 가지 구성요소 중 어느 한 가지라도 반대되면 깨끗하지 못한 말입니다. 부처님께서는 그 네 가지 구성요소와 일치하는 말만 말씀하십니다. 그래서 마지막 결어한 구절로 "부처님 말씀청정해"라고 표현한 것입니다.

부처님이 하지 않는 말 네 종류

세상의 말은 요약하면 다음의 여섯 종류일 뿐입니다. ① 사실이 아니고 이익도 없고 다른 이도 좋아하지 않는 말입니다. 예를 들면 계가 청정한 이를 두고 '계가 없는 사람이다. 파계자다'라고 말하는 것입니다. 이런 말은 사실도 아니고 어떠한 이익도 없습니다. 말하는 이에게도 불선이 생겨나고 그 말을 듣는 다른 이들도 그 말을 믿고 그 계가 청정한 이에게 허물을 범하면 불선이 생겨납니다. 계가 청정한 당사자도 그 말을 듣게 되면 마음에 불편함이 생겨납니다. 그렇게 모두에게 불이익만 줍니다. 그리고 그 말을 듣는 이도 좋아하지 않고 지혜로운 참사람들도 좋아하지 않습니다. 그래서 계가 청정한 이에게 파계자라고 하는 것은 '사실이 아니고, 이익도 없고, 다른 이들도 좋아하지 않는다'라는 세 가지 구성요소를 갖춘 말입니다. 이러한 말은 해서는 안 되는 말, 적당하지 않은 말, 좋지 않은 말입니다. 그래서 그러한 말을 부처님께서는 하지 않으십니다.

② 사실이 아니고 이익도 없지만 다른 이들이 좋아하는 말입니다. 꾸며낸 이야기, 이간하는 말, 그릇된 교리의 말 등이 여기에 해당합니다. 꾸며낸 이야기란 실재하지 않는 일을 꾸며내어 서술하거나 말하는 것입니다. 이 이야기를 듣거나 읽으면 감각욕망과 관련된 번뇌 마음이 늘어나 이익이 줄어듭니다. 화나거나 슬픈 내용과 관련된 장면을 듣거나 읽으면 성냄이 생겨납니다. 슬프고 마음이 괴롭기도 합니다. 하지만 이러한 이야기들을 사람들은 좋아합니다. 이간하는 말의 경우, 다른 사람의 허물을 사실이 아닌데도 말하는 경우가 많습니다. 이간하는 말을 들은 이는 그 말을 듣는 순간부터 이전에는 좋아하던 사람을 싫어하게 되고 그로 인해 마음에 괴로움이 생겨납니다. 하지만 '나의 이익을 위해 말한다'라고 생각하면서 이간하는 말도 좋아합니다.

교리와 관련된 말의 경우, 다른 종교들을 언급하면 관련된 교도들이 받아들이려 하지 않을 것입니다. 부처님 당시 삼장 문헌에 언급된 교리와 관련된 말을 조금 소개하겠습니다. 부처님께서 출현하시기 전부터 "중생들을 죽여 헌공하면 악행들이 사라진다. 선행이 생겨난다. 행복과 번영의 원인이 된다"라는 교리와 가르침이 있었습니다. 빠세나디 Pasenadī 꼬살라 대왕도 그러한 헌공을 준비한 적이 있습니다.

어느 날 밤 기괴한 비명소리를 들은 왕은 궁중제관들의 부추김에 황소 500마리, 암소 500마리, 송아지 500마리, 염소 500마리, 양 500마리 등 각각 500마리의 중생들을 죽여 헌공하려고 준비했습니다. 하지만 말리까Mallikā 왕비의 권유로 빠세나디 꼬살라 대왕은 먼저 부처님께 가서 그 사실에 대해 여쭈었습니다. 그러자 부처님께서는 대왕이 들은 소리 징조는 대왕과 아무런 관련이 없다는 사실, 중생들을 죽여 헌공하면 이익이 없거나 줄어든다는 사실, 살생 없이 보시하고 헌공해야 이익이 많다는 사실 등을 설하셨습니다. 부처님의 법문을 들은 빠세나디 꼬살라 대왕은 헌공하려고 묶어 놓았던 중생들을 위험 없이 풀어 주었습니다.(S3:9; Dhp.60 일화) 여기서 "다른 중생들을 죽여 헌공하는 것으로 선업이 생겨난다. 악행이 사라진다. 좋은 이익을 얻는다"라는 것은 전혀 근거가 없습니다. 하지만 그러한 가르침을 좋아하는 이들도 있습니다.

부처님 당시에 아지따Ajita라는 외도 스승은 "선업과 불선업이란 없다. 선업과 불선업의 결과도 없다. 다음 생이란 없다"라고 설했습니다. 이것도 좋은 행위가 좋은 결과를 주고 나쁜 행위가 나쁜 결과를 주는 모습과 직접 비교해 보면 사실이 아닌 가르침이라고 알아야 합니다. 부처님의 가르침에 따르자면 이러한 견해를 단견ucchedadiṭṭhi이라고 부릅니다. 이 단견을 좋아하는 이는 선한 행위를 하지 않습니다. 악행을 삼가지도 않습니다. 그래서 그에게는 칭송할 만한 덕목도 없을 것입니다. 죽은 뒤에 자신이 가진 견해대로 되지 않고 다음 생이 존재하여 저열한 생에만 태어나 괴로움을 겪어야 할 것입니다. 부처님께서는 이에 대해 "그러한 견해를 가진 자는 그 견해대로 괴로움에 처할 것이다"라고 분명하게 설하셨습니다.

그러한 견해나 가르침의 말은 이익도 없습니다. 하지만 그러한 가르침을 좋아하는 이들도 많이 있습니다. 그래서 "업과 업의 결과란 없다. 다른 생이란 없다"라는 가르침의 말은 '사실도 아니다. 이익도 없다. 하지만 일부가 좋아한다'라는 세 가지 구성요소를 갖춘 말입니다. 그러한 말들을 많은 사람이 좋아하기는 하지만 부처님께서는 '사실이 아닐 뿐만 아니라 이익도 없기 때문에' 그러한 말을 하지 않고 삼가십니다.

③ 사실이지만 이익이 없고 다른 이들도 좋아하지 않는 말입니다. 도둑에게 도둑이라고 하는 말, 거짓말쟁이에게 거짓말쟁이라고 하는 말, 바보에게 바보라고 하는 말, 장님에게 장님이라고 하는 말 등이 여기에 해당합니다. 이러한 말은 사실이기는 하지만 아무런 이익이 없습니다. 그 말을 듣는 이의 마음에 괴로움만 생겨나게 할 뿐입니다. 또한 좋아하지도 않습니다. 그래서 부처님께서는 그러한 말을 하시지 않습니다.

④ 사실이고 이익이 없지만 다른 이들이 좋아하는 말입니다. 어떤 사람이 실제로 한 말을 다른 쪽 사람에게 이간하려는 목적으로 하는 말로서 왕에 대한 내용, 도둑이나 강도에 대한 내용, 도시나 마을에 대한 내용 등의 말입니다. 비록 전달한 내용이 사실이긴 하지만 그러한 말을 듣는 관계자는 마음에 괴로움이 생겨나 다른 이와 사이가 갈라지게 되기 때문에 이익이 없습니다. 비록 이익은 없지만 자신의 이익을 위해 말해 준다고 생각해 그러한 말을 좋아합니다. 이간하는 말을 해 준 이에게 고마워하기까지 합니다. 이러한 말은 '사실이나 이익이 없고 다른 이들이 좋아한다'라는 세 가지 구성요소를 갖춘 것입니다.

마찬가지로 왕에 대한 내용 등 세간에 관련된 말도 사실을 듣고서 말하면 '사실일 것'이라는 요소는 갖춘 것입니다. 그러한 말을 많은 이가 듣고 싶어합니다. 그래서 '다른 이들이 좋아할 것'이라는 요소도 갖추었습니다. 하지만 법을 실천하는 출가자나 재가자에게는 이익이 없습니다. 삼매와 통찰지를 줄어들게 하는 원인만 됩니다. 일부는 계가 무너지게 하는 원인까지 될 수 있습니다. 그래서 '이익이 없을 것'이라는 구성요소에 일치합니다. 부처님께서는 네 번째 종류의 말도 사실이기는 하지만 이익이 없기 때문에 하지 않으십니다.

부처님이 하는 말 두 종류

① 사실이고 이익도 있는데 다른 이들이 좋아하지 않는 말입니다. 이것은 "그대는 과거 여러 생에서 선행을 행하지 않고 악행을 행했기 때문에 괴로움을 겪었다. 현재 생에도 선행을 행하지 않고 악행을 행하면 악도의 고통에서 벗어나기 어렵다. 사악도에 떨어질 것이다"라는 등으로 이익을 내다보시고 훈계하면서 설하시는 말입니다. 사실이고 이익도 있는 말이지만 좋아하지 않는 사람들도 있습니다. 그래서 그러한 가르침의 말은 '사실일 것, 이익이 있을 것, 다른 이가 좋아하지 않을 것'이라는 세 가지 구성요소를 갖춘 말입니다. 일부 사람이 좋아하지 않더라도 사실이고 이익도 있기 때문에 적당한 때 부처님께서는 지혜로 숙고하고 말씀하십니다.

그래서 승단분열saṅghabheda업을 행하려는 데와닷따에게 "지옥에 떨어질 것이다. 한 겁 내내 지옥의 고통을 당할 것이다"라고 설하신 것입니다. 데와닷따 추종자들은 그 말을 좋아하지 않겠지만 다른 이들에게는 승단분열업의 허물이 얼마나 큰지 알게 함으로써 그러한 업을 삼가게 하는 등의 이익을 얻게 할 수 있습니다. 즉 데와닷따 추종자들은 좋아하지 않았지만 사실이고 이익이 있기 때문에 부처님께서 적당한 때 설하신 것입니다. 그러한 말은 '사실일 것, 이익이 있을 것, 다른 이가 좋아하지 않을 것'이라는 세 가지 구성요소를 갖추었고, 적당할 때 말해도 좋은 말입니다.

② 사실이고 이익도 있고 다른 이도 좋아하는 말입니다. 이것은 보시와 관련된 말dānakathā, 계와 관련된 말sīlakathā, 수행과 관련된 말bhāvanākathā 등 사실인 가르침의 말입니다. 이러한 말은 사실이고 이익도 있습니다. 지혜를 갖춘 참사람들이 들으면 주체할 수 없을 정도로 좋아하기도 합니다. 그래서 '사실일 것, 이익이 있을 것, 다른 이들이 좋아할 것'이라는 세 가지 구성요소를 갖춘 이러한 말을 적당한 때 부처님께서는 설하십니다. 부처님은 이러한 훌륭한 말씀을 설하고자 출현한 것입니다.

위에서 설명한 여섯 종류의 말 중에 사실이 아니고 이익도 없는 말이라면 다른 이들이 좋아하든지 좋아하지 않든지 부처님께서는 설하시지 않습니다. 사실이지만 이익이 없는 경우도 다른 이들이 좋아하든지 좋아하지 않든지 부처님께서는 말씀하시지 않습니다. 이것은 부처님께서 말씀하지 않으시는 네 종류의 말입니다. 사실이고 이익이 있다면 다른 이가 좋아하든지 좋아하지 않든지 부처님께서는 말씀하십니다. 하지만 적당한 때만 말씀하십니다. 적당하지 않을 때는 말씀하시지 않습니다.

그렇게 말하기에 적당한 때와 적당하지 않을 때를 숙고한다는 사실도 매우 중요합니다. 예를 들어 이익이 있는 가르침의 말이지만 축제나 연회를 즐기고 있는 곳에 가서 설하면 적당하지 않은 말이 있습니다. 결혼식이나 단기출가 행사 등 길상스러운 자리에서 죽음 거듭새김maraṇānussati 수행주제나 경각심saṁvega과 염오nibbida의 가르침을 설하는 것도 적절치 않습니다. 장례식 등의 상조 자리에서 길상과 관련된 가르침을 설하는 것도 적절치 않습니다. 따라서 설하기에 적당한 때를 숙고하여 설하는 것도 매우 중요합니다.

요약하자면 부처님께서는 사실이고 이익이 있는 말을 다른 이들이 좋아하든지 좋아하지 않든지 지혜를 통해 잘 가늠하여 적당한 때에 말씀하십니다. 그래서 "atthaṁ이익을; 세간과 출세간, 두 가지 이익과 번영을 mantā내다보시고; 지혜로 숙고하여 알고 보신 뒤에 bhāsati말하시네; 말하기에 적당한 말만 적당한 때에 말하신다네"라고 사따기리 천신이 대답한 것입니다.

수가따 덕목

그렇게 말하기에 적당한 좋은 말만 말씀하시기 때문에 부처님께서는 그 덕목을 표현하는 선서sugata라는 특별한 존호도 얻으셨습니다. 'sugata'라는 단어에서 'su'는 '훌륭한'이란 뜻이고 'gada'에서 유래된 'gata'는 '말하다'라는 뜻입니다. 이 둘을 합친 'sugata'는 '훌륭한 말만 하는 이'라는 뜻입니다. 이것은 방금 언급한 사실이고 이익이 있는 훌륭한 말만 하는 것을 뜻합니다. 사실이고 이익이 있는 말에도 다른 이들이 좋아하는 말과 좋아하지 않는 말 두 가지가 있습니다. 두 가지 모두 훌륭한 말입니다. 그래서 "선서sugato, 사실이고 이익있는 호불호 두 종류의 좋은말만 설하시는 거룩하신 부처님"이라고 게송으로 표현해 보았습니다. 이 덕목 게송을 독송하면서 부처님께 예경 올립시다.

> 수가또
> 사실이고 이익있는 호불호 두종류의
> 좋은말만 설하시는 거룩하신 부처님

사실이 아니고 이익이 없는 말은 다른 이들이 좋아하거나 좋아하지 않거나 부처님께서는 하시지 않습니다. 사실이지만 이익이 없는 말도 다른 이들이 좋아하거나 좋아하지 않거나 부처님께서는 하시지 않습니다. 사실이고 이익이 있는 말은 다른 이들이 좋아하거나 좋아하지 않거나 부처님께서는 하십니다. 매우 존경스럽고 본받아야 할 점입니다. 우리는 부처님을 본받아 사실이고 이익이 있는 말만 하도록 주의해서 실천해 나가야 합니다.[82] 조금 전의 대답 게송을 같이 독송합시다.

망어않고 양설없고 거친말을 하지않고
이익있다 알고말해 부처님 말씀청정해

헤마와따 천신의 확인 질문 4

이렇게 사따기리 천신이 부처님에게는 말의 악행 네 가지 모두가 없어 말의 행위가 깨끗하다는 사실을 대답했을 때 헤마와따 천신이 마음의 악행과 관련하여 다음과 같이 질문했습니다.

8 Kacci na rājjati kāmesu, kacci cittaṁ anāvilaṁ;
Kacci mohaṁ atikkanto, kacci dhammesu cakkhumā.

(Sn.160)

82 『가르침을 배우다』, pp.49~50 참조.

해 석

어떤가, 그는 욕망에 애착하지 않는가.

어떤가, 그의 마음은 혼탁하지 않은가.

어떤가, 그는 어리석음을 넘어섰는가.

어떤가, 그는 법의 눈을 갖추었는가.

대 역

Samma벗이여; 벗 사따기리 천신이여, so=tava satthā 그대의 스승은; 그대의 스승인 부처님은 kacci어떤가, kāmesu감각욕망에; 원하고 좋아할 만한 감각욕망 대상에 na rajjati집착하지 않는가? kacci어떤가, cittaṁ마음이; 그대 스승의 마음은 anāvilaṁ혼탁하지 않은가; 죽이고 파괴하려는 분노라는 혼탁함이 없이 깨끗한가? kacci 어떤가, mohaṁ어리석음을; 헤매고 잘못 아는 어리석음을 atikkanto넘어섰는가? kacci어떤가, so그대의 스승인 부처님은 dhammesu법에 대해; 모든 법에 대해 cakkhumā눈을 갖추었는가; 지혜의 눈을 갖추었는가?

먼저 "samma벗이여; 벗 사따기리 천신이여, so=tava satthā그대의 스승은; 그대의 스승인 부처님은 kacci어떤가, kāmesu감각욕망에; 원하고 좋아할 만한 감각욕망 대상에 na rajjati집착하지 않는가?"라고 질문했습니다. 이 질문을 통해 "감각욕망 대상에 대해 원하고 좋아하는 것, 집착하는 것이 없는가?"라고 물었습니다. 마음의 악행 세 가지 중에 탐애abhijjhā, 즉 다른 이의 재산을 가지려고 꾸미고 도모하는 것 등이 없는지 물은 것입니다. 세상 사람들은 원하고 좋아할 만한 것과 접하면 갖고 싶어합니다. 생명 있는 것이든 생명 없는 것이든 다른 이의 재산을 탐합니다. 자신의 소유가 되게 하려 합니다. 보통 사람들뿐만 아닙니다. 붓다라고 자칭하던 가짜 스승들도 다른 이의 재산을 원하고 탐하는 탐애가 사라지지 않았습니다. 그래서 이렇게 질문한 것입니다.

두 번째로는 "kacci어떤가, cittaṁ마음이; 그대 스승의 마음은 anāvilaṁ혼탁하지 않은가; 죽이고 파괴하려는 분노라는 혼탁함이 없이 깨끗한가?"라고 물었습니다. 이 질문을 통해 "마음의 악행 세 가지 중에 분노byāpāda가 없는가"라고 물은 것입니다. 분노란 싫어하는 사람이 죽기를 바라거나 파멸하기를 바라고 도모하는 성품입니다. 세상 사람들은 자신이 좋아하지 않고 싫어하는 이에 대해 죽거나 파멸하도록 꾸미고 생각합니다. 어떤 이들은 대놓고 말하기도 합니다. 부처님 당시 부처님이라고 자칭하던 외도 스승들도 이 분노가 사라지지 않았습니다. 그래서 그들은 "중생들을 아무리 많이 죽여도 허물이 없다"라는 등으로 설했던 것입니다. "잘못한 중생들에게 죽음의 벌을 내린다"라는 조물주도 이 분노와 성냄이 사라졌다고 말할 수 없습니다. 분노와 성냄이 있다면 마음이 깨끗하지 않고 혼탁한 것입니다. 그래서 헤마와따 천신이 "그대의 스승인 부처님은 마음의 혼탁함이 없이 깨끗한가?"라고 질문한 것입니다.

세 번째로는 "kacci어떤가, mohaṁ어리석음을; 헤매고 잘못 아는 어리석음을 atikkanto넘어섰는가?"라고 질문했습니다. 사견micchādiṭṭhi, 즉 잘못된 견해라는 것은 사실을 알지 못해 혼미하여 잘못 아는 어리석음moha, 무명avijjā과 함께 생겨납니다. 그래서 "어리석음을 넘어섰는가?"라는 것은 "사견이 없는가?"라는 질문과 동일합니다. 이 질문을 통해 "마음의 악행 세 가지 중에 사견이라는 악행이 없는가?"라고 질문한 것입니다. "부처님에 대해서 사견이 사라졌는지 묻는 것은 너무 무례하다. 적당하지 않다"라고 말할 여지가 있습니다. 하지만 당시 붓다라고 자칭하던 가짜 스승인 외도들과 비교해서 물은 것이기 때문에 적당한 질문입니다.

사견 세 가지

당시 붓다로 예경을 받던 외도 스승들 중 뿌라나깟사빠는 "karoto na karīyati pāpaṁ 살생이나 도둑질 등을 행해도 악행과 불선업이 되지 않는다. 보시 등을 행해도 선행과 선업이 되지 않는다"라고 설하고 다녔습니다. 그 설법 중에 "na karīyati 행한 것이 아니다. 행위나 업에 해당하지 않는다"라는 단어에 따라 그 견해를 무작용견akiriyadiṭṭhi이라고 부릅니다. 그 견해는 원인인 업을 직접적으로 배제합니다. 원인인 업을 배제하기 때문에 그 업의 결과도 배제하게 됩니다. 그래서 이 뿌라나깟사빠의 견해는 업과 업의 결과가 없다고 견지하는 사견입니다.

아지따라는 외도 스승은 "natthi dinnaṁ 보시는 이익이 없다. 선행과 불선행 업들의 결과는 없다. 죽은 뒤에는 아무 것도 존재하지 않고 완전히 끊어져버린다"라고 설하고 다녔습니다. 그 설법 중에 "natthi 없다"라는 단어에 따라 그 견해를 허무견natthikadiṭṭhi이라고 부릅니다. 그 견해는 결과인 과보를 직접적으로 배제합니다. 결과를 배제하기 때문에 원인인 업도 배제하게 됩니다. 그래서 이 아지따의 견해도 업과 업의 결과가 없다고 견지하는 사견입니다.

막칼리라는 외도 스승은 "중생들이 오염되거나 괴롭게 되는 데는 이유가 없다. 깨끗하거나 행복하게 되는 데도 이유가 없다. ahetū, 원인 없이 저절로 괴롭게 되거나 행복하게 된다"라고 설하고 다녔습니다. 그 설법 중에 "ahetū 원인 없이"라는 단어에 따라 그 견해를 무인견ahetukadiṭṭhi이라고 부릅니다. 그 견해는 원인인 업과 결과인 과보 모두를 배제합니다. 그래서 그 견해도 업과 업의 결과가 없다고 견지하는 사견입니다.

빠꾸다Pakudha라는 외도 스승은 "중생이란 땅 몸pathavīkāya, 물 몸āpokāya, 불 몸tejokāya, 바람 몸vāyokāya, 행복sukha, 고통dukkha, 생명jīva이라는 일곱 요소의 모임일 뿐이다. 그 일곱 가지 몸은 무너지지도 않고 없애거나 무너뜨릴 수도 없다"라고 설했습니다. 그 견해도 "일곱 가지 몸의 모임일 뿐인 중생을 죽이거나 도와준다고 해서 불선업이 되지 않는다. 선업도 되지 않는다"라고 말하기 때문에 업과 업의 결과가 없다고 견지하는 사견에 포함됩니다.

지금 언급한 외도 스승들은 사실을 알지 못하고 그릇된 것을 아는 어리석음moha, 무명avijjā 때문에 사견의 교리micchāvāda를 설했던 것입니다. 그래서 헤마와따 천신이 "그대의 스승인 붓다는 그러한 어리석음을 뛰어넘었는가? 그러한 어리석음 때문에 생겨나는 사견이 없는가?"라고 질문한 것입니다.

마지막 네 번째로 "**kacci**어떤가, **so**그대의 스승인 부처님은 **dhammesu**법에 대해; 모든 법에 대해 **cakkhumā**눈을 갖추었는가; 지혜의 눈을 갖추었는가?"라고 물었습니다. 앞의 세 가지 질문을 통해 세 가지 문에서 열 가지 악행이 깨끗한 모습에 대해 질문했습니다. 그렇게 깨끗한 모습으로도 진짜 정등각자 부처님인지 확실하게 결정할 수 없습니다. 왜냐하면 벽지불paccekabuddhā과 제자인 아라한들도 세 가지 문 모두에서 열 가지 악행이 없이 깨끗하기 때문입니다. 그래서 "모든 법을 알 수 있는 지혜의 눈을 갖추었는가?"라고 네 번째 질문을 한 것입니다. 그 네 가지 질문에 대해 사따기리 천신은 다음과 같이 대답했습니다.

사따기리 천신의 대답 4

9 Na so rajjati kāmesu, atho cittaṁ anāvilaṁ;

Sabbamohaṁ atikkanto, buddho dhammesu cakkhumā.

(Sn.161)

해 석

그분은 욕망에 애착하지 않네.

그분의 마음은 혼탁하지 않네.

모든 어리석음 넘어섰다네.

붓다는 법의 눈을 갖추었다네.

대 역

Samma벗이여; 벗 헤마와따 천신이여, so나의 스승은; 나의 스승인 부처님은 kāmesu감각욕망에; 원하고 좋아할 만한 감각욕망 대상에 na rajjati집착하지 않으시네; 집착이 없이 언제나 깨끗하시다네. atho그리고 cittaṁ마음이 anāvilaṁ혼탁하지 않으시네; 죽이고 파괴하려는 분노라는 혼탁함이 없이 깨끗하시다네. so나의 스승은; 나의 스승인 부처님은 sabbamohaṁ모든 어리석음을; 헤매고 잘못 아는 어리석음을 atikkanto넘어서셨네; 네 가지 도를 통해 제거하고 부수어 넘어서셨다네. buddho나의 스승이신 부처님께서는 dhammesu법에 대해; 모든 법에 대해 cakkhumā눈을 갖추셨네; 분명하게 보고 아는 지혜의 눈을 갖추셨다네.

감각욕망애착이 없다

첫 번째로 "samma벗이여; 벗 헤마와따 천신이여, so나의 스승은; 나의 스승인 부처님은 kāmesu감각욕망에; 원하고 좋아할 만한 감각욕망 대상에 na rajjati집착하지 않으시네; 집착이 없이 언제나 깨끗하시다네"라고 대답했습니다. 이것은 헤마와따 천신의 네 번째 질문 중 첫 번째인 "다른 이가 누리는 영화나 감각욕망들, 다른 이가 누리는 원하고 좋아할 만한 것들이 자신의 것이 되기를 바라는 쪽으로만 생각하는 탐애abhijjhā가 없는가?"라는 질문에 대한 대답입니다. 부처님께서는 29세에 출가하신 이래로 보살의 생에서조차 세간 대상이나 감각욕망 대상 쪽으로 마음이 향하거나 달아나지 않았습니다. 감각욕망에 대한 애착이 사라졌습니다. 고행의 실천을 닦으면서 매우 힘들고 피곤한 때조차 이전에 행복하게 지냈던 왕자의 영화나 감각욕망 대상 쪽으로 돌이켜 향하지 않으셨습니다. 다른 이의 재산을 가지려고 의도하고 생각하는 탐애가 생겨나는 것과는 더욱더 거리가 멀었습니다. 정등각자 부처님이 되신 이후로는 애착하고 즐기는 모든 갈애를 아라한도를 통해 남김없이 제거하셨습니다. 그렇게 제거했다는 사실도 「담마짝까숫따」 법문에서 "생겨남의 진리를 제거해 버렸다고 아는 지혜가 드러났다"라고 천명하시는 것을 통해 분명하게 장담하셨습니다.[83] 그래서 사따기리 천신이 위와 같이 장담하고 대답한 것입니다. 이것을 "감각대상 애착없고"라고 게송으로 표현해 보았습니다. 다 같이 독송합시다.

감각대상 애착없고

83 『담마짝까 법문』, pp.409~411 참조.

성냄이 없다

두 번째 질문에 대해서는 "atho그리고 cittaṁ마음이 anāvilaṁ혼탁하지 않으시네; 죽이고 파괴하려는 분노라는 혼탁함이 없이 깨끗하시다네"라고 대답했습니다. 부처님의 마음은 모든 중생에 대해 행복하기를 바라는 자애 요소를 통해 분노byāpāda와 성냄dosa의 그림자조차 없이 항상 깨끗하고 청정합니다.

앙굴리말라Aṅgulimāla가 부처님을 죽이려고 칼을 가지고 뒤따라올 때도 자애와 연민으로 마음이 깨끗했습니다.(M86) 날라기리Nāḷāgiri 코끼리가 들이받으려고 달려올 때도 부처님의 마음은 자애라는 깨끗한 물로 더없이 맑았습니다. 데와닷따가 바위를 굴렸을 때도 자애와 연민으로 깨끗했습니다.[84]

이런 위험한 상황에서조차 부처님의 마음이 깨끗했다면 다른 경우에 대해서는 특별히 말할 필요가 없을 것입니다. 마음을 더럽히는 분노와 성냄을 아나함도를 통해 남김없이 제거하셨을 뿐만 아니라 아라한도를 통해서 성냄의 훈습까지도 제거하셨기 때문에 부처님의 마음은 항상 깨끗하고 맑습니다. 그래서 사따기리 천신이 위와 같이 장담하며 대답한 것입니다. 이것을 "성냄끊어 항상깨끗"이라고[85] 게송으로 표현해 보았습니다. 다 같이 독송합시다.

성냄끊어 항상깨끗

84 『부처님을 만나다』 pp.430~431 참조.

85 '항상깨끗'은 '항상 마음이 깨끗하고'라는 뜻이다.

어리석음이 없다

세 번째 질문에 대해서는 "so나의 스승은; 나의 스승인 부처님은 sabbamohaṁ모든 어리석음을; 헤매고 잘못 아는 어리석음을 atikkanto넘어서셨네; 네 가지 도를 통해 제거하고 부수어 넘어서셨다네"라고 대답했습니다. 여기서 헤마와따 천신이 원래 질문한 것은 "어리석음을 뿌리로 생겨나는 악행 사견을[86] 넘어섰는가"라는 정도입니다. 사따기리 천신이 "sabbamohaṁ모든 어리석음을; 헤매고 잘못 아는 어리석음을 atikkanto넘어서셨네; 네 가지 도를 통해 제거하고 부수어 넘어서셨다네"라고 대답했기 때문에 '악행 사견의 원인인 어리석음만 넘어선 것이 아니라 어리석음moha, 무명avijjā이라는 모든 것을 넘어섰다'라고 대답한 것이 됩니다. 완벽하게 대답하는 성품입니다.

수기를 받을 때부터 사견이 없었다

부처님께서는 결정수기를 받고 난 뒤 보살의 생에서부터 '업과 업의 결과가 없다'라고 고집하는 악행 사견이 없었습니다. 상견sassatadiṭṭhi과 단견ucchedadiṭṭhi도 없었습니다. 붓다의 지위에 오르실 무렵 수다원도를 통해 모든 사견을 남김없이 제거하셨습니다. 아라한도를 통해 습관과 함께 어리석음moha을 비롯한 모든 번뇌를 남김없이 제거하셨습니다. 악행 사견뿐만 아니라 번뇌라는 모든 것으로부터도 멀리 떠나 깨끗하신 분입니다. 부처님께만 없는 것이 아닙니다. 제자들에게도 악행 사견 등의 번뇌가 없이 깨끗하도록 설하셨습니다. 뿌라나깟사빠 등의 외

86 뒤에 '업과 업의 결과가 없다고 고집하는 악행 사견'이라는 설명이 나온다.

도 스승들에게 사견이 생겨나는 모습을 설명한 뒤 그러한 사견이 생겨나지 않도록 지도하셨습니다. 지도하신 모습은 다음과 같습니다.

"'살생, 도둑질 등의 악행을 행해도 불선업이 아니다'라는 등으로 고집하는 사견은 무엇을 의지해서 생겨나는가? 물질을 의지해서 생겨난다. 느낌, 인식, 형성들, 의식을 의지해서 생겨난다. 물질을 무상하고, 괴로움이라고, 무아라고 알면 … 느낌을 … 인식을 … 형성들을 … 의식을 무상하고, 괴로움이라고, 무아라고 알면 그러한 사견이 생겨나지 않는다."(S.ii.171)

특히 막칼리고살라라는 외도 스승을 "물고기를 잡는 그물과 같다"라고 설명하시면서(A1:18:3) 제도 가능한 중생들로 하여금 사견을 제거하도록 인도하셨습니다. 막칼리의 견해를 조금 설명해 보겠습니다. 그는 "중생들이 괴롭게 되는 데도 이유가 없다. 행복하게 되는 데도 이유가 없다. 누구도 행복하게 할 수 없다. '어느 정도 행복할 것이다. 어느 정도 괴로울 것이다'라고 정해진 대로만 괴롭고 행복하다. 그렇게 정해진 대로만 저열하거나 거룩한 생에서 태어나 윤회해야 한다. 어리석고 나쁜 이라고 해서 윤회가 더 길고 괴로움을 더 많이 겪지는 않는다. 지혜롭고 훌륭한 이라고 해서 윤회가 더 짧고 행복을 더 많이 누리는 일도 없다. 됫박으로 측정해 놓은 것처럼 정해진 분량의 괴로움과 행복을 경험해야 한다. 바느질실의 시작 부분을 잡고 높은 곳에서 내려뜨리면 실이 다 풀리고 나서야 멈추는 것처럼 어리석은 사람이든지 현명한 사람이든지 정해진 만큼 윤회하고 나면 괴로움이 다해서 없어진다. 지혜로운 이라고 윤회를 짧게 할 수는 없다. 어리석은 이라고 윤회가 더 길어지지는 않는다"라는 등으로 설했습니다.(D2/D.i.50)

사람이 죽으면 사람으로 태어난다는 견해와 비슷하다

막칼리는 또 "악행을 행해도 괴로움이 더 생겨나지 않는다. 선행을 행해도 행복이 더 생겨나지 않는다. 정해진 대로만 괴로움과 행복을 경험해야 한다. 시간이 다하면 저절로 무르익어 윤회의 고통에서 벗어날 뿐이다"라고 가르쳤습니다. 선행을 하고 싶지 않은 게으른 이들, 악행을 삼가고 싶지 않은 어리석은 이들에게 딱 어울릴 만한 가르침입니다. 이것은 "사람으로 태어나면 사람의 단계에서 다시 아래로 떨어지는 일이 없다. 성숙되기만 한다"라고 최근에 등장한 '사람죽어 사람된다'라는 견해와도 일치합니다. 하지만 부처님께서는 막칼리 스승을 'manussakhippa 사람 잡는 그물'이라고 지적하셨습니다. 이유인즉, 그물에 들어간 물고기들은 다시 빠져나올 수 없고 결국 죽어야 하듯이 그와 마찬가지로 어떤 사람이 그 막칼리의 견해를 좋아하면 천상이나 열반에 도달하게 하는 선업을 행하려 노력하지 않고, 그렇게 노력하지 않기 때문에 사악도에만 떨어질 뿐이라는 뜻입니다.

요즘도 일부에선 "우리의 가르침만 알면 충분하다. 수행을 할 필요가 없다"라고 설한다는 것을 들었습니다. 그러한 이들도 'manussakhippa 사람 잡는 그물'에 해당한다는 것을 알고 주의해야 합니다. 막칼리의 견해만이 아닙니다. 업과 업의 결과가 없다고 설하는 뿌라나나 아지따의 견해도 천상과 열반에 갈 기회를 얻지 못하도록 가로막는 견해일 뿐입니다. 'manussakhippa 사람 잡는 그물'이라고 불릴 만한 이들의 견해일 뿐입니다.

사견은 언제부터 생겨났는가

업과 업의 결과가 없다고 고집하는 이러한 악행 사견은 사람들의 수명이 천 년인 시기에 다시 생겨났다는 내용이 「짝까왓띠숫따Cakkavattisutta」에 설해져 있습니다.(D26) 이를 근거로 살펴본다면 평균수명이 천 년 이상이었던 시기에는 사람들에게 탐욕과 성냄과 어리석음이 적었기 때문에 사견이 그리 심하지 않았고, 사견을 좋아하는 이들이 많지 않았을 것으로 추측할 수 있습니다. 평균수명이 천 년이던 때를 시작으로 탐욕 등이 심해져서 사견을 좋아하는 이들이 많아졌을 것으로 보입니다. 하지만 평균수명이 백 년이었던 부처님 당시에도 '업과 업의 결과는 없다. 다음 생은 없다'라는 외도들의 가르침을 그리 좋아하지 않았습니다.

지금은 그러한 교리를 좋아하는 이들이 제법 많아졌습니다. 나중에 평균수명이 10년으로 줄어들었을 때는 선업이나 불선업이라는 명칭조차 남아 있지 않을 것이라고 「짝까왓띠숫따」에 설해져 있습니다. 그 말을 근거로 살펴본다면 평균수명이 10년일 때는 그러한 교리를 사람들 대부분이 좋아할지 모릅니다. 바로 탐욕이 심해지기 때문입니다. 요즘만 해도 감각욕망 대상들이 많아졌습니다. 그것을 누리고자 하는 탐욕도 많이 생겨납니다. 그래서 일부에선 '불선 행위를 삼가고 있으면 원하는 대로 성취되지 않는다'라고 생각합니다. '선행을 행하고 있으면 일이 안 된다'라고도 생각합니다. 이것은 '선업은 없다. 불선업은 없다'라는 사견을 좋아하는 것의 원인입니다.

어리석음이 전혀 없다

업과 업의 결과가 없다는 견해는 원인과 결과가 연결되어 생겨난다는 사실을 모르는 어리석음과 강한 탐욕 때문에 생겨납니다. 부처님께서는 그 원인법과 결과법을 당신 스스로도 아셨고 중생들이 알도록 설하시기도 했습니다. 그렇게 부처님께서 설하신 대로 따라 노력하는 이들은 원인과 결과가 연결되어 생겨나고 있는 모습을 스스로 경험하여 알아 그 사견에서 벗어납니다. 그래서 "이전 생에서의 업 때문에 지금 생에 태어난 것이다. 지금 생의 업 때문에 갈애가 없어지지 않는 한 다음 생에도 태어나야 한다. 업과 업의 결과는 있다"라는 바른 견해가 더욱 확고해집니다.

모든 원인법과 결과법을 아시는 부처님에게 사견이 없다는 사실은 말할 필요조차 없습니다. 하지만 당시 가짜 붓다인 외도들과 비교하여 질문한 것이기 때문에 사따기리 천신은 "사견을 생겨나게 하는 원인인 어리석음만이 아니다. 부처님께서는 모든 어리석음을 완전히 넘어서셨다"라고 대답한 것입니다. 이것을 "어리석음[87] 넘어섰네"라고 게송으로 표현했습니다. 같이 독송합시다.

어리석음 넘어섰네

지혜의 눈을 갖추었다

네 번째 질문에 대해서는 "buddho나의 스승이신 부처님께서는 dhammesu법에 대해; 모든 법에 대해 cakkhumā눈을 갖추셨네; 분명하게 보고 아는 지혜의 눈을 갖추셨다네"라고 대답했습니다.

다섯 가지 눈

여기서 눈cakkhu이라는 것에는 다섯 가지가 있습니다.

87 미얀마어 원문으로는 '모하moha-잘못 앎을'이라고 되어 있다.

① 신체의 눈maṁsacakkhu·肉眼이라는 보통의 눈

② 천신의 눈dibbacakkhu·天眼이라는 신통의 눈

③ 통찰지의 눈paññācakkhu·慧眼이라는 지혜의 눈

④ 전체의 눈samantacakkhu·普眼이라는 일체지의 눈

⑤ 붓다의 눈buddhacakkhu·佛眼이라는 부처님의 눈

이 중 부처님께서는 ① 신체의 눈maṁsacakkhu도 매우 깨끗하고 시야가 맑아서 보통 주위 1요자나[88] 정도의 먼 거리까지 보실 수 있습니다.

② 천신의 눈dibbacakkhu이라는 신통의 눈은 멀고 가까운 것, 크고 작은 것을 포함해서 모든 형색을 모두 볼 수 있습니다. 천상세상이나 범천세상도 볼 수 있습니다. 지옥도 볼 수 있습니다. 아귀나 아수라 무리asura kāya도[89] 볼 수 있습니다. 다른 우주도 볼 수 있습니다. 원하기만 하면 무엇이든 볼 수 있습니다. 볼 수 없는 형색이라고는 없습니다. 중생들이 죽고 나서 업에 따라 저열한 생이나 수승한 생에 태어나는 모습도 볼 수 있습니다. 이 천신의 눈이라는 지혜는 부처님께서 붓다가 되던 날 밤 자정에 얻으셨습니다. 그때 온 세상의 중생들이 업에 따라 죽어서 다시 태어나는 모습을 보셨습니다. 행복하게 지내는 천신과 범천도 보셨습니다. 매우 괴롭게 지내는 여러 종류의 지옥중생, 아귀, 아

88 요자나yojana는 멍에를 멘 소가 쉬지 않고 하루 동안 갈 수 있는 거리로 약 11km 정도이다.

89 불교 문헌에 따르면 아수라asura라고 불리는 중생에는 다섯 종류가 있다. ① 깔라깐지까 아수라kālakañjika asura, ② 웨빠찟띠 아수라vepacitti asura, ③ 타락한 아수라vinipātikā asura, ④ 천궁 아수라vemānika asura, ⑤ 세중世中 아수라lokantarika asura. 본문에서 아수라 무리asura kāya라고 언급된 아수라는 사악도에 포함되는 깔라깐지까 아수라를 뜻한다. 깔라깐지까 아귀로 불리기도 한다. 이 깔라깐지까 아수라는 몸이 3가우따(1가우따는 1/4요자나로 약 3km이다)로 살과 피가 거의 없고 뼈와 피부만 남아 마치 마른 나뭇잎 같다. 눈은 새우나 게처럼 툭 튀어나와 정수리에 붙어 있다. 바늘구멍 같은 입도 정수리에 붙어 있어 음식을 구할 때 머리를 아래로 숙이면서 다닌다. 하지만 음식을 충분히 구하지 못해 큰 고통을 겪는다. 웨빠찟띠 아수라는 도리천 천신에, 타락한 아수라와 천궁 아수라는 사대왕천 천신에 포함된다. 세중 아수라는 세중 지옥 중생들을 말한다. 자세한 내용은『가르침을 배우다』, pp.280~281 참조.

수라 무리도 보셨습니다. 인간세상이나 축생세상은 말할 필요도 없습니다.

③ 통찰지의 눈paññācakkhu은 위빳사나 통찰지와 도 통찰지, 반조 통찰지를 말합니다. 특히 성스러운 도 통찰지 네 가지를 '통찰지의 눈'이라고 부릅니다. '법의 눈dhammacakkhu'이라고도 부릅니다. 법의 눈은 많은 성전에서 수다원도의 지혜를 일컫습니다. 「브라흐마유숫따Brahmāyusutta」에서는 아래 세 가지 도의 지혜를 일컫습니다. 「쭐라라훌로와다숫따Cūḷarāulovādasutta」에서는 네 가지 도의 지혜를 법의 눈이라고 말합니다. 「담마짝까숫따」의 "cakkhuṁ upadāpi(눈이 생겨났다)"라는 대목에서는 위빳사나 지혜와 도의 지혜, 반조의 지혜를 법의 눈이라고 부릅니다. 그러한 여러 지혜를 구족하신 모습에 대해서는 「담마짝까숫따」 법문에서 이미 드러내셨습니다.[90]

④ 전체의 눈samantacakkhu은 모든 법을 알 수 있는 일체지sabbaññutañāṇa를 말합니다. 널리 주변의 모든 것을 완전히 알 수 있는 지혜의 눈이라는 뜻입니다. 일체지를 갖추었다는 것도 「담마짝까숫따」 법문에서 정등각자 붓다가 됐다는 사실을 천명하는 것을 통해 이미 드러내셨습니다.[91]

⑤ 붓다의 눈buddhacakkhu은 '부처님의 눈'입니다. 이것은 기능성숙지혜indriyaparopaiyattañāṇa와 습성잠재지혜āsayānusayañāṇa라는 두 가지 지혜입니다. 기능성숙지혜란 제도가능한 중생들의 믿음과 새김 등 그 기능이 여린지 성숙됐는지 아는 지혜입니다. 믿음과 노력과 새김과 삼

90 『담마짝까 법문』, pp.380~428 참조.

91 『담마짝까 법문』, pp.434~436 참조.

매와 통찰지라는 다섯 기능이 무르익은 이는 적당한 법문을 들으면 머지않아 도과라는 특별한 법을 얻을 수 있습니다. 그래서 부처님께서는 기능성숙지혜라는 붓다의 눈을 통해 깨달을 만한 중생들을 살펴보십니다. 기능이 아직 성숙되지 않았다면 부처님께서는 법을 설하지 않으십니다. 기능이 성숙될 시기를 기다리십니다. 몇 년, 몇 달을 기다리시기도 하고 며칠, 몇 시간을 기다리시기도 합니다. 몇 분 정도 기다리시는 경우도 있습니다. 바히야다루찌리야를 예로 들 수 있습니다.

바히야다루찌리야 일화

바히야다루찌리야Bāhiyadārucīriya가 인도 서부 해안가에 있는 아빠란따Aparanta 지역의 숩빠라까Suppāraka 항구로부터 멀리 120요자나 떨어진 사왓티Sāvatthi 성의 제따와나Jetavana에 계시는 부처님을 찾아 왔습니다. 그때 부처님께서는 탁발을 나가고 안 계셨습니다. 그는 즉시 부처님을 따라 성 안으로 갔습니다. 그리고 탁발하고 계시는 부처님을 뵙자마자 즉시 공손하게 예경을 올리고 법을 청했습니다. 하지만 부처님께서는 그의 근기가 아직 무르익지 않았다는 것을 아시고 "'탁발 시간이라 법을 설하기에 적당하지 않다"라고 하시며 법을 설하지 않고 그대로 기다리셨습니다. 바로 이어 바히야가 두 번째로 법을 청했습니다. 하지만 이번에도 근기가 아직 무르익지 않은 것을 보시고 법을 설하지 않고 기다리셨습니다. 바히야가 세 번째 청해서야 근기가 무르익은 것을 보시고 부처님께서는 다음과 같이 설하셨습니다.

> "보이는 것에 대해서는 단지 보는 것 정도만 생겨나게 하고, 들리는 것에 대해서는 단지 듣는 것 정도만 생겨나게

하고, 도달한 것에 대해서는 단지 도달한 것 정도만 생겨나게 하고[92] 알게 된 것에 대해서는 단지 아는 것 정도만 생겨나게 하라. 그렇게 한다면 그 보이는 것 등과 함께하지 않을 것이다. 그 보이는 것 등에 머물지 않을 것이다. 그렇게 머물지 않으면 여기에도 없고, 저기에도 없고, 둘 모두에도 없을 것이다. 이렇게 없는 것이 괴로움의 종식이니라."[93] (Ud.85)

바히야는 그 법문을 들으면서 네 가지 도와 네 가지 과가 차례대로 향상되어 아라한이 됐습니다. 이것이 바로 몇 분 사이 기능이 성숙된 후 법문을 듣고 빠르게 도과를 얻게 된 모습입니다.

습성잠재지혜

습성잠재지혜āsayānusayañāṇa란 중생들의 습성āsaya과 잠재성향번뇌anusayakilesā(이하 '잠재번뇌')를[94] 알고 보는 지혜입니다. 먼저 습성이란 마음의 기호나 원래성품을 말합니다. 습성에는 사견과 지혜 두 가지가 있습니다.

윤전을 즐기는 이들의 마음은 사견에 깊이 자리 잡습니다. 상견sassata에도 머뭅니다. 단견uccheda에도 머뭅니다. 상견에 마음이 머무는

92 저본의 표현을 직역했다. 성전에는 "mute"라고 표현됐고 '감각된 것은'이라고 번역할 수 있다. 맡아지는 것과 맛보아 알아지는 것과 닿아진 것을 뜻한다.

93 『위빳사나 수행방법론』 제1권, pp.386~393 참조.

94 anusaya란 '적당한 조건을 얻으면 생겨나도록 존재상속에 거듭 잠재한다'라는 뜻으로 '잠재성향'이라고 번역한다. 하지만 보통 anusayakilesā라고 번뇌kilesā와 결합해서 자주 사용된다. 그래서 anusaya가 단독으로 쓰이면 '잠재성향'으로, 번뇌와 결합돼 쓰이면 '잠재번뇌'로 번역했다.

이는 상견을 좋아합니다. 단견을 좋아하지 않습니다. "중생들은 죽은 뒤에도 그대로 존재한다. 절대로 무너지거나 없어지는 일이 없다"라는 견해만 선호합니다. 단견에 마음이 머무는 이는 단견만 좋아합니다. 상견을 좋아하지 않습니다. "중생들은 죽고 나면 아무 것도 존재하지 않고 완전히 사라져버린다"라는 단견만 선호합니다.

그래서 상견을 가진 이는 어떤 이유로 단견을 받아들이더라도 시간이 지나면 상견으로 돌아갑니다. 마찬가지로 단견을 가진 이는 어떤 이유로 상견을 수용하더라도 나중에는 단견으로 돌아갑니다. 비유하자면 개들이 낮에 이곳저곳 다니더라도 저녁이 되면 자신이 머물던 곳으로 돌아가는 것과 마찬가지입니다. 부처님께서는 '이 사람은 상견을 가지고 있다. 이 사람은 단견을 가지고 있다'라고 습성잠재지혜로 보시고는 적당한 법을 설하십니다. 그래서 부처님의 가르침을 들은 이들은 도과라는 특별한 법을 빠르게 얻습니다.

그리고 윤전이 사라진 열반을 원하는 이의 마음에도 위빳사나 지혜에 머무는 마음도 있고 성스러운 도의 지혜에 머무는 마음도 있습니다. 위빳사나를 닦아 본 적이 있는 이들 중 아직 성스러운 도에 도달하지 않은 이들은 보고 듣고 닿고 알게 된 대상들을 항상하고 행복하고 자아인 것으로 보고 집착하는 것이 있다 하더라도, 부처님의 가르침을 들었을 때 등에[95] 무상하고 괴로움이고 무아인 것으로 알고 보면서 다시 위빳사나 지혜에 머뭅니다. 위빳사나 지혜가 잘 생겨난 적이 있는 이들의 경우, 평상시에는 다른 이들처럼 특별하지 않지만 관찰하고 새기기 위해 주의를 기울이면 물질과 정신의 생멸, 무상하고 괴로움이고 무아인

95 경전을 읽거나 무상 등의 특성이 분명히 드러나는 현상과 접했을 때 등을 포함한다.

성품을 다시 알고 보게 됩니다. 이것은 위빳사나라는 집에 다시 돌아가 머무는 것과 같습니다.

그리고 수다원이나 사다함들에게는 감각욕망애착kāmarāga이나 분노byāpāda가 아직 없어지지 않았습니다. 그래서 법에 마음을 기울이지 않거나 숙고하지 않고 지낼 때는 행복하거나 깨끗한 것으로 보고서 적당한 만큼 애착과 성냄이 생겨나기도 합니다. 하지만 주의를 기울이면 무상과 무아의 성품이 분명하여 괴로움과 더러움의 성품도 분명하게 드러납니다. 이것은 성스러운 도의 순간에 성취된 도의 앎으로 다시 돌아가는 것입니다. 성스러운 도라는 집에 돌아가 머무는 것과 같다고 말할 수 있습니다. 여기서 "성스러운 도가 다시 생겨난다"라고 받아들이면 안 됩니다. "성스러운 도의 순간에 성취된 바른 앎이 다시 생겨난다. 관찰하고 숙고하여 아는 앎이 다시 생겨난다"라고만 받아들여야 합니다. 이것은 여실지yathābhūtañāṇa를 성스러운 도의 지혜라고 풀어서 설명한 『냐나위방가Ñāṇavibhaṅga(지혜분석)』 주석에 따라 설명한 것입니다.(VbhA.440)[96]

방금 설명한 대로 "평상시에는 다른 사람들과 특별히 다르지 않더라도 주의를 기울여 관찰하고 숙고할 때는 위빳사나 지혜와 도의 지혜로 성취했던 앎이 다시 생겨난다"라는 것이 바로 수순이해anulomakhantī라고 불리는 위빳사나 습성vipassanā āsaya과 여실지yathābhūtañāṇa라고 불리는 도의 지혜 습성maggañāṇa āsaya으로 거듭 다시 돌아가 깃드는 모습입니다. 비유하자면 안락하고 훌륭한 집에서 편안하게 사는 이가 낮에 어떤 일이 있어 이곳저곳 다니더라도 저녁이 되면 자신의 집으로 다

96 각묵스님, 『위방가』 제2권, p.289 주151 참조.

시 돌아오는 것과 같습니다. 그 위빳사나 지혜와 도의 지혜라는, 마음이 깃드는 곳, 습성도 알고 보시고 부처님께서는 적당한 법문을 설하십니다. 그래서 부처님의 가르침을 들은 이들은 도과라는 특별한 법을 빠르게 얻습니다.

이어서 잠재번뇌anusayakilesā란 '감각욕망애착kāmarāga, 존재애착bhavarāga, 적의paṭigha, 자만māna, 사견diṭṭhi, 의심vicikicchā, 무명avijjā'이라는 일곱 가지입니다. 이 일곱 가지 중에서 애착이 심한지, 사견이 심한지 등으로 나누어 알고 보십니다. 그렇게 알고 보시고서 적당한 법을 설하십니다. 이 때문에도 부처님의 가르침을 들은 이들은 도과라는 특별한 법을 빠르게 얻습니다.

지금 설명한 기능성숙지혜와 습성잠재지혜를 붓다의 눈이라고 부릅니다. 부처님만 갖추신 지혜의 눈입니다. 사리뿟따 존자조차 이 두 가지 지혜는 갖추지 못했습니다. 그래서 사리뿟따 존자도 중생들의 기능이 여린지 무르익었는지 등을 알고서 설하지는 못했습니다.

어느 때 사리뿟따 존자는 한 제자에게 더러움asubha 수행주제를 주었습니다. 그 제자는 안거 내내 노력했지만 법이 향상되지 않았습니다. 결국 도저히 지도할 수 없게 되자 사리뿟따 존자는 그 비구를 부처님께 데려가서 그동안의 사정을 아뢴 뒤 부처님께 인도했습니다. 그때 부처님께서는 그 비구의 마음과 성품을 살피시고는 신통으로 붉은색을 띠는 황금연꽃을 만들어 "lohitakaṁ, lohitakaṁ 붉은색, 붉은색"이라고 마음 기울여 관조하도록 수행주제를 주셨습니다.

그 비구는 부처님께서 가르쳐 주신 대로 마음 기울이며 황금연꽃을 관조하다가 붉은색 두루채움 표상이 드러나 네 가지 선정을 얻었습니다. 그때 부처님께서 황금연꽃을 시들어 퇴색하게 만드셨습니다. 그 비구는 중득에서 출정했을 때 황금연꽃이 변한 것을 보고서 자신도 그렇게 변할 것이라는 등으로 숙고하고서 위빳사나 관찰을 했습니다. 부처님께서는 당신을 분명하게 보이게 하신 뒤 게송을 하나 설하셨습니다. 비구는 게송을 들으면서 위빳사나 지혜가 차례대로 향상되어 아라한이 됐습니다.(Dhp.285 일화)

이 일화에서 그 비구는 500생 동안 금세공사로 지냈기 때문에 깨끗함을 좋아했습니다. 그래서 더러움 수행주제에는 흥미를 갖지 못해 삼매가 생겨나지 못한 것입니다. 그 비구가 깨끗함을 좋아하는 것을 알 수 없었던 사리뿟따 존자는 더러움 수행주제를 주었습니다. 하지만 그 비구의 습성을 아셨던 부처님께서는 붉은색을 띠는 깨끗한 황금연꽃을 붉은색 두루채움 수행주제로 주셨던 것입니다. 황금연꽃 수행주제는 그 비구의 습성과 일치해서 얼마 되지 않은 시간에 네 가지 선정과 함께 아라한과에 도달한 것입니다.

지금 설명한 대로 윤회에 의지하는vaṭṭanissita, 즉 윤회 속에서 즐기는 중생들의 마음이 주로 깃드는 곳인 상견과 단견이라는 습성과 탈윤전에 의지하는vivaṭṭanissita, 즉 윤회에서 벗어난 곳인 열반을 의지하는, 혹은 열반을 바라는 중생들의 마음이 주로 깃드는 곳인 수순이해라고 불리는 위빳사나 습성vipassanā āsaya과 여실지yathābhūtañāṇa라고 불리는 도의 지혜 습성maggañāṇa āsaya을 아는 지혜, 그리고 감각욕망애착 등의 잠재anusaya번뇌를 아는 지혜, 이 두 가지 지혜를 합쳐서 습성잠재지혜āsayānusayañāṇa라고 부릅니다. 부처님께서는 기능성숙지혜와 습성잠재지혜라는 붓다의 눈도 갖추셨습니다. 그래서 사따기리 천신이 “buddho나의 스승이신 부처님께서는 dhammesu법에 대해; 모든 법에 대해 cakkhumā눈을 갖추셨네; 분명하게 보고 아는 지혜의 눈을 갖추셨다네"라고 대답한 것입니다.

방금 언급한 다섯 가지 눈 중에 신체의 눈maṁsacakkhu이라는 본래의 눈은 성품법을 아는 것과는 관련이 없습니다. 그래서 "법에 대해 알고 보는 눈"이라는 것은 천신의 눈dibbacakkhu으로 불리는 신통의 눈과 통찰지의 눈paññācakkhu으로 불리는 위빳사나 지혜와 도의 지혜와 반조의 지혜, 전체의 눈samantacakkhu으로 불리는 모든 것을 두루 볼 수 있는 일체지, 붓다의 눈buddhacakkhu으로 불리는 기능성숙지혜와 습성잠재지혜, 이러한 네 가지 눈을 말합니다. 부처님께서는 이 네 가지 지혜의 눈을 갖추셨기 때문에 물질과 정신, 생겨남과 사라짐, 무상과 괴로움과 무아의 성품들을 위빳사나 통찰지의 눈으로 보셨습니다. 열반을 도 통찰지의 눈으로 보셨습니다. 도과 등을 반조 통찰지의 눈으로 보셨습니다. 중생들이 죽어서 업에 따라 새로운 생에 태어나는 모습을 천신의 눈이라는 신통의 눈으로 보셨습니다. 중생들의 기능과 습성을 기능성숙지혜와 습성잠재지혜라는 붓다의 눈으로 보셨습니다. 모든 법과 모든 사실을 일체지라는 전체의 눈으로 보셨습니다. 그래서 "우리 부처님께서는 법에 대한 지혜의 눈도 갖추셨다"라는 말을 통해 "모든 법과 모든 사실을 알고 볼 수 있는 지혜의 눈을 갖추셨다. 모든 법과 모든 사실을 완전히 알고 보신다"라고 대답한 것입니다. 이것을 "어리석음 넘어섰네 부처님 법혜청정해"라고[97] 게송으로 표현했습니다. 같이 독송합시다.

어리석음 넘어섰네 부처님 법혜청정해

97 "법혜청정해"란 법의 눈, 지혜의 눈이 깨끗하시다는 뜻이다.

이 대답 게송을 다시 간략하게 요약해 보겠습니다.

9 Na so rajjati kāmesu, atho cittaṁ anāvilaṁ;
Sabbamohaṁ atikkanto, buddho dhammesu cakkhumā.

먼저 "samma벗이여; 벗 헤마와따 천신이여, so나의 스승은; 나의 스승인 부처님은 kāmesu감각욕망에; 원하고 좋아할 만한 감각욕망 대상에 na rajjati집착하지 않으시네; 집착이 없이 언제나 깨끗하시다네"라고 대답했습니다. 아나함도와 아라한도를 통해 원하고 좋아하고 즐기고 들러붙는 애착rāga을 남김없이 제거하셨기 때문에 부처님께서는 어떠한 대상에도 원하고 좋아하고 들러붙지 않고 항상 깨끗하시다는 뜻입니다.

이어서 "atho그리고 cittaṁ마음이 anāvilaṁ혼탁하지 않으시네; 죽이고 파괴하려는 분노라는 혼탁함이 없이 깨끗하시다네"라고 대답했습니다. 부처님께서는 화내고 허물을 범하는 분노byāpāda와 성냄dosa을 아나함도를 통해 남김없이 제거하셨습니다. 성냄의 습관도 아라한도를 통해 제거하셨습니다. 그래서 아무리 싫어할 만한 대상이나 화낼 대상, 혐오스러운 대상, 나쁜 대상과 만나더라도 화내거나 실망하거나 짜증내지 않고 마음이 원래 그대로 깨끗하고 고요하십니다. 부처님은 말할 것도 없고 사리뿟따 존자 또한 화냄이 없이 깨끗합니다.

어느 날 사리뿟따 존자의 제자들이 스승에게는 성냄과 화냄이 없다는 사실을 칭송하고 있었습니다. 그때 사견을 가진 한 바라문이 자신은 믿지 못하겠다고 말했습니다. 어떤 한 가르침을 다른 가르침을 믿는 신자들이 믿지 않는 것, 얕보는 것은 으레 일어나는 일입니다. 그 바라문은 "화내게 할 수 있는 이가 없으니 화를 내지 않는 것이겠지요"라고 비아냥거렸습니다. 그리고 어느 날 사리뿟따 존자가 탁발을 나가자 뒤를 따라가다 존자의 등을 손으로 세게 때렸습니다. 하지만 사리뿟따 존자는 뒤돌아보지 않고 자세도 무너뜨리지 않은 채 그대로 가던 길을 갔습니다. 그제야 바라문은 제자들의 말이 사실임을 깨닫고 용서를 구했습니다.(Dhp.389~390 일화)

사리뿟따 존자뿐만이 아닙니다. 아라한이라면 성냄이 없어 모두 마음이 깨끗합니다. 다른 점이라면 일반 아라한들에게는 성냄의 습관은 남아 있다는 것입니다. 정등각자 부처님께서는 습관까지 사라졌기 때문에 마음이 언제나 깨끗합니다. 그래서 게송으로 "성냄끊어 항상깨끗"이라고 표현한 것입니다.

그리고 "so나의 스승은; 나의 스승인 부처님은 sabbamohaṁ모든 어리석음을; 헤매고 잘못 아는 어리석음을 atikkanto넘어서셨네; 네 가지 도를 통해 제거하고 부수어 넘어서셨다네"라고 대답했습니다. 어리석음이란 네 가지 진리를 사실대로 알지 못하는 것, 잘못 아는 성품입니다. 괴로움의 진리dukkhasaccā, 즉 괴로움이라는 바른 진리법을 괴로움이라고 알지 못하는 것, 괴로움이라고 생각하지 않는 것, 행복하다고 생각하는 것, 이것이 잘못 아는 것입니다. 계속해서 볼 때마다 분명하게 경험하는 것들은 순간도 끊임없이 생멸하고 있는 물질법과 정신법일 뿐입니다. 순간도 끊임없이 생멸하고 있기 때문에 좋아하고 즐길 만한 것, 의지할 만한 것이 아닙니다. 싫어할 만한 것, 혐오스러운 것, 두려운 것, 괴로운 법일 뿐입니다. 그것을 괴로움이라고 생각하지 않고, 행복하다고, 좋다고 생각합니다. 바로 이것이 잘못 아는 것입니다. 마찬가지로 들을 때마다, 맡을 때마다, 먹어 알 때마다, 닿아 알 때마다, 생각하여 알 때마다[98] 분명하게 경험하는 것들은 순간도 끊임없이 생멸하고 있는 물질·정신 법일 뿐입니다. 괴로운 법일 뿐입니다. 그것들도 행복한 것이라고, 좋은 것이라고 생각합니다. 이것이 잘못 아는 것입니다.

두 번째로, 좋아할 만한 대상을 좋아하고 즐기면서 도모하고 있는 것은 새로운 생의 괴로움을 거듭 다시 생겨 늘어나게 하는 생겨남의 진리samudayasaccā입니다. 그것도 괴로움을 생겨나게 하는 원인이라고 알지 못합니다. 생각하지 않습니다. 그렇게 좋아하고 즐기면서 도모하고 있는 것은 행복하다고, 즐겁다고, 행복의 원인이라고 생각하기 때문입니다. 이것이 생겨남의 진리를 사실대로 바르게 알지 못하고 잘못 아는 것, 잘못 생각하는 것입니다. 어리석음입니다.

세 번째로, 새로운 생에 태어나지 않고 소멸해버리는 것이 좋은 것이라고 생각하지 않습니다. '완전히 죽어버린다. 좋지 않다'라고만 생각합니다. 이것은 소멸의 진리nirodhasaccā를 잘못 아는 것입니다.

네 번째로, 열반에 도달하게 하는 원인인 보시와 계와 수행의 실천을 행복의 원인인 실천이라고 생각하지 않습니다. 그것들을 실천하여 피곤하고 괴롭기만 하다고 생각합니다. 특히 위빳사나 수행에 힘쓰는 것은 피곤하기만 하다고 생각합니다. 이것은 도의 진리maggasaccā를 잘못 아는 것입니다. 어리석음입니다.

그렇게 네 가지 진리를 사실대로 바르게 알지 못하고 잘못 아는 어

98 먹을 때는 보는 것, 맡는 것, 맛을 보아 아는 것, 닿는 것 등이 복합돼 있어 저본에 특별히 '먹어 알 때마다'라고 표현됐다. '닿아 알 때마다, 생각해서 알 때마다'도 저본의 표현을 그대로 따랐다.

리석음을 부처님께서는 모두 넘어서셨습니다. 이것은 어리석음moha, 무명avijjā을 모두 넘어서셨다는 뜻입니다. 질문에서는 사견의 바탕이 되는 어리석음 정도만을 대상으로 질문했습니다. 대답에서는 모든 어리석음을 넘어서셨다는 사실, 어리석음이 전혀 없으시다는 사실을 대답했습니다. 이것을 "어리석음 넘어섰네"라고 게송으로 표현한 것입니다.

마지막으로 "buddho나의 스승이신 부처님께서는 dhammesu법에 대해; 모든 법에 대해 cakkhumā눈을 갖추셨네; 분명하게 보고 아는 지혜의 눈을 갖추셨다네"라고 대답했습니다. 이 대답 게송을 같이 독송합시다.

사따기리 천신의 대답 게송 4

감각대상 애착없고 성냄끊어 항상깨끗
어리석음 넘어섰네 부처님 법혜청정해

앞의 대답에 이어서 헤마와따 천신이 다음과 같이 질문했습니다.

어떤가, 그는 명지를 구족했는가.
어떤가, 그는 실천행이 청정한가.
어떤가, 그의 누출은 다했는가.
어떤가, 재생은 더 이상 없는가.

사따기리 천신은 헤마와따 천신이 질문한 대로 네 가지 모두 부처님께서는 갖추셨다고 대답했습니다. 이것을 "삼명팔명 명지함께 십오실천 구족하네 모든누출 사라졌네 법왕은 재생없다네"라고 게송으로 표현해 보았습니다. 이 게송을 독송하는 것으로 제3강 법문을 마치겠습니다.

삼명팔명 명지함께 십오실천 구족하네
모든누출 사라졌네 법왕은 재생없다네

이 내용은 다음 법회에서 이어서 설하겠습니다. 이 문답과 관련해서 명행족vijjācaraṇasampanna·明行足이라는 덕목에 따라 3가지 또는 8가지 명지, 15가지 실천행에 관한 내용도 설할 것입니다. 모든 누출번뇌āsavakilesā가 사라진 모습, 새로운 생에 태어남이 없이 소멸된 모습도 설할 것입니다. 기억해야 할 내용이나 존경심을 자아내는 내용이 많습니다.

제3강에서도 「헤마와따숫따」 법문의 바탕이 되는 서문이 끝나지 않았습니다. 서문이라고는 하지만 두 천신의 문답은 존경심을 자아내고 기억할 만한 내용, 실천해야 할 법담이었기 때문에 그 문답을 들은 라자가하 성의 깔리Kāḷī라는 여인은 수다원이 됐습니다. 깔리 여인이 수다원이 되는 과정은 이랬을 것입니다. 먼저 그녀는 부처님의 덕목을 듣고서 '부처님께서는 이러이러한 덕목과 공덕을 갖추셨구나'라고 마음 기울이고 존경했을 것입니다. 그러면서 그녀에게 기뻐하는 희열이 생겨났을 것입니다. 그 희열을 관찰하면서 생성과 소멸, 무상과 괴로움과 무아의 성품을 알고 보아 위빳사나 지혜가 차례로 생겨났을 것입니다. 그리고 수다원도과의 지혜도 생겨나 수다원이 됐을 것입니다.

지금 여러분도 법문을 듣다가 희열이 생겨날 때 그 희열을 관찰하여 도과에 도달할 수 있습니다. 그 깔리 여인은 고따마 부처님의 여성 제자 중에 제일 처음으로 수다원이 됐습니다. 당시 두 천신이 대화를 나누었던 시간도 본 승이 지금 설하는 정도로 길지 않았습니다. 그 여인은 전해들은 것만으로 특별한 법을 얻을 수 있는 바라밀을 구족한 이였기 때문에 천신의 대화도 들을 수 있었고, 그 짧은 시간 안에 수다원이 될 수 있었습니다. 매우 놀라운 일입니다. 이것으로 법문을 마치겠습니다.

이 「헤마와따숫따」 법문의 서문을
정성스럽게 들은 청법선업 의도의 공덕으로
부처님의 덕목을 존경하는 믿음을 증장시키고 본받아
실천할 만한 법을 실천함으로써
위빳사나 지혜와 성스러운 지혜를 통해
모든 고통이 사라진 열반의 행복을
빠르게 증득하기를.

사두, 사두, 사두.

『헤마와따숫따 법문』 제3강이 끝났다.

제3강 역자 보충설명

사견

본서 pp.164~168에서 부처님께서는 사견을 비롯한 모든 어리석음을 넘어서셨다는 것에 대해 설명했습니다. 사견에 대해 좀 더 보충설명 하겠습니다.

사견이란micchādiṭṭhi 그릇되게micchā 보는 것입니다passati. 즉 그릇된 견해를 말합니다. 사견의 구성요소는 다음 두 가지입니다.

삿된대상 옳다취해 사견업의 두요소네

삿된, 즉 틀린 대상에 대해 그것을 옳다고 취하면 사견업이 성립됩니다. 「브라흐마잘라숫따Brahmajālasutta(범망경)」에는 62가지 사견을 자세하게 설명하고 있습니다.(D1) 여기서는 대표적인 사견 세 가지에 대해 설명하겠습니다.

첫 번째는 존재더미사견sakkāyadiṭṭhi·有身見입니다. 실제로 분명하게 존재하는santo 것은 물질과 정신이라는 무더기kāyo일 뿐인데, 그것에 대해 '나'라거나 '개인' 등으로 잘못 생각하는 사견diṭṭhi을 말합니다. 즉 물질을 '자아'라거나, 자아가 물질을 가졌다거나, 물질 안에 자아가 있다거나, 자아 안에 물질이 있다는 등으로 생각하는 것입니다. 느낌 등의 다른 정신 무더기에 대해서도 마찬가지입니다.[99] 존재더미사견을 가진 모두가 그 생에서 죽어 사악도에 결정적으로 태어나는 것은 아닙니다. 또한 존재더미사견이 있다고 해서 천상에 태어나지 못하거나 깨달음 등의 출세간법을 얻지 못하는 것도 아닙니다. 하지만 이 존재더미사견이 있는 한 중생들은 언제든 악행을 범할 수 있고 그로 인해 사악도에서 벗어나지 못합니다. 존재더미사견을 제거하지 못하는 한 "지옥으로의 문이 언제나 열려 있다"라고 말할 수 있습니다. 위빳사나 수행을 실천하여 수다원도의 지혜로 존재더미사견을 모두 제거해야만 사악도의 문을 완전히 닫을 수 있습니다. 그래서 부처님께서는 마치 가슴에 찔린 창을 서둘러 뽑듯이, 머리 위에 붙은 불을 재빨리 끄듯이 존재더미사견을 제거하도록 수행을, 특히 위빳사나 수행을 서둘러 실천하라고 법문하셨습니다.(S1:21)

가슴깊이 찔린창 빨리뽑듯이
머리위에 붙은불 빨리끄듯이
그와같이 유신견 제거하도록
새김확립 서둘러 실천해야해

두 번째로는 극단사견antaggāhikā micchādiṭṭhi입니다. '세상은 영원하다, 세상은 영원하지 않다', '영혼과 신체는 같다, 영혼과 신체는 다르다'라는 등으로 극단적인 견해를 가지는 것을 말합니다

---

99 M44; 다섯 무더기 각각에 대해 네 가지씩의 사견이 있기 때문에 20가지가 된다. *Mahāsi Sayadaw*, 『*Takkathou Vipassanā*(대학 위빳사나)』, p.16 참조.

다.(M63) 일반적인 상견과 단견이 여기에 해당합니다. 이러한 극단사견은 도의 장애만 됩니다. 천상의 장애는 되지 않습니다.

세 번째는 결정사견niyatamicchādiṭṭhi입니다. 이 견해를 가진 이들은 죽은 뒤 무간지옥에 태어나는 것이 결정적이기 때문에niyata 결정사견이라고 합니다. 여기에는 허무견, 무작용견, 무인견 세 가지가 있습니다.

먼저 허무견natthikadiṭṭhi은 결과를 거부하는 사견입니다. 즉 보시나 헌공을 해도 좋은 과보가 없고 살생을 해도 나쁜 과보가 없다고 주장하는 것입니다. 하지만 결과를 거부하면 원인도 거부하게 됩니다. 대표적인 것이 '열 가지 토대사견dasavatthukāmicchādiṭṭhi'으로 "보시도 없고, 헌공도 없고, 선물도 없고, 선행과 악행의 결실과 과보도 없고, 이 세상도 없고, 저 세상도 없고, 어머니도 없고, 아버지도 없고, 화생하는 중생도 없고,[100] 이 세상과 저 세상을 스스로 최상의 지혜로 알고 실현하여 선언하는 사문과 바라문들도 없다"라고 주장하는 것입니다.(M117)

무작용견akriyadiṭṭhi은 원인을 거부하는 사견입니다. 즉 선업을 해도 선업을 한 것이 아니고 불선업을 저질러도 불선업을 한 것이

100 '보시가 없다'라는 말은 '보시의 좋은 과보가 없다'는 뜻이다. 나머지도 동일하게 알면 된다. 헌공이란 크게 베푸는 보시를 말한다. 선물이란 작게 베푸는 보시를 말한다. '선행과 악행의 결실과 과보도 없다'라는 구절은 '선행의 좋은 결실과 악행의 나쁜 과보가 없다'라고 이해해야 한다. '이 세상'이란 현생, 혹은 인간 탄생지, 혹은 이 우주를 말하며 '저 세상'이란 내생, 혹은 인간세상을 제외한 다른 천상이나 지옥 등의 탄생지, 혹은 이 우주를 제외한 다른 우주를 말한다. '어머니가 없다'란 어머니를 잘 봉양해도 좋은 과보가 없다는 뜻이다. 지옥이나 천상에서는 모든 정신과 신체를 구족한 채 태어나기 때문에 그들을 '화생 중생'이라고 한다.

아니라고 주장하는 것입니다. 하지만 원인을 거부하면 결과도 거부하게 됩니다.

무인견aheukadiṭṭhi은 원인과 결과를 모두 거부하는 것입니다. 선업 자체도 없고 그것의 좋은 과보도 없고, 불선업 자체도 없고 그것의 나쁜 과보도 없다고 주장하는 것입니다.

위에서도 언급했지만 다른 일반적인 사견들과 달리 이렇게 인과를 부정하는 결정사견은 죽은 뒤 바로 다음 생에 무간지옥에 태어나게 합니다. 더욱이 무간지옥에 태어나게 하는 다른 어떤 업보다 과보가 큽니다. 예를 들어 어머니를 죽이거나 아버지를 죽이거나 아라한을 죽이거나 부처님 몸에 피멍이 들게 하면 죽은 뒤 무간지옥에 태어나지만, 우주가 무너지기 전에 그 업이 다하면 다시 다른 곳에 태어날 수 있습니다. 승단을 분열시킨 경우에는 죽은 뒤 무간지옥에 태어나는 것은 동일하지만 우주가 무너져야 그곳에서 벗어날 수 있습니다. 그러나 이 결정사견을 가져서 무간지옥에 태어나면 우주가 무너지더라도 무너지지 않는 다른 우주의 무간지옥에 태어나든지 허공에서 그 업이 다할 때까지 고통을 당해야 합니다.[101]

사견의 허물이 매우 큰 모습을 부처님께서는 여러 곳에서 설하셨습니다. 『앙굿따라 니까야』에서는 큰 허물 중에 제일 심한 허물이라고 설하셨습니다.

101 『가르침을 배우다』, pp.218~221 인용.

Nāhaṁ, bhikkhave, aññaṁ ekadhammampi samanupassāmi yaṁ evaṁ mahāsāvajjaṁ yathayidaṁ, bhikkhave, micchādiṭṭhi. Micchādiṭṭhiparamāni, bhikkhave, mahāsāvajjāni.

(A1:18:3/A.i.35)

해석

비구들이여, 이 법과 비슷할 정도로 허물이 큰 다른 어떤 법도 나 여래는 보지 못했다. 비구들이여, 그것은 바로 사견이니라. 비구들이여, 큰 허물 중에는 삿된 견해가 제일 심한 것이다.

마찬가지로 아직 일어나지 않은 불선법을 일어나게 하고, 이미 일어난 불선법을 증장시키는 데 제일 심한 것이라고(A1:17:1), 아직 일어나지 않은 선법은 일어나지 않게 하고, 이미 일어난 선법을 버리게 하는 데 제일 심한 것이라고(A1:17:3), 중생들을 악처와 지옥에 태어나게 하는 것이라고(A1:17:7) 설하셨습니다.

『앙굿따라 니까야』 주석에서는 이 내용에 대해 "사견을[102] 지닌 이에게는 사람과 천상이라는 선처도 없고, 도과라는 것도 없다. 우주가 무너질 때 중생들이 범천탄생지에 태어나더라도 사견을 버리지 못하는 지옥 중생들은 범천탄생지에 태어날 기회가 없다. 무너지지 않는 다른 우주의 지옥에 태어나 고통을 겪는다"라고도 설명했습니다.(AA.i.372)

102 앞서 언급한 결정사견을 뜻한다.

마찬가지로 『디가 니까야』 주석에서는 사견을 지닌 자는 천상에도 태어나지 못할 뿐만 아니라 도과의 지혜로 열반을 실현해서 해탈하지 못한다는 것은 말할 필요도 없다고 설명했습니다. 계속해서 태어나서 죽기 때문에 대지만 두껍게 할 뿐입니다.

Abhabbo tassattabhāvassa anantaraṁ saggampi gantuṁ, pageva mokkhaṁ. (DA.i.150)

해 석

결정사견을 지닌 이는 죽은 뒤에 천상에도 도달하지 못한다. 하물며 해탈은 말해 무엇하겠는가.

제4강

1963년 음력 3월 29일

(1963. 04. 22)

들어가며

오늘은 1963년 음력 3월의 그믐날입니다. 「헤마와따숫따」를 설한 지 사흘이 지났습니다. 서문 16게송 중 아홉 게송이 끝났고 일곱 게송이 남아 있습니다. 오늘은 네 번째 법문으로, 헤마와따 천신이 질문한 열 번째 게송으로 시작하겠습니다. 이전에 들었던 여러 대답을 통해서 충분히 정등각자sammāsambuddha 부처님이라는 사실이 분명해졌습니다. 하지만 헤마와따 천신은 명행족vijjācaraṇasampannā 덕목 등에 관해 다시 다음과 같이 질문했습니다.

헤마와따 천신의 확인 질문 5

10 Kacci vijjāya sampanno, kacci saṁsuddhacāraṇo;
Kaccissa āsavā khīṇā, kacci natthi punabbhavo.

(Sn.162)

해 석

어떤가, 그는 명지를 구족했는가.
어떤가, 그는 실천행이 청정한가.
어떤가, 그의 누출은 다했는가.
어떤가, 재생은 더 이상 없는가.

대 역

Samma벗이여; 벗 사따기리 천신이여, kacci어떤가,

so=tava satthā그대의 스승은; 그대의 스승인 부처님은 vijjāya sampanno명지를 구족했는가? kacci어떤가, saṁsuddhacāraṇo실천행이 바르고 청정한가; 바른 청정행을 구족했는가? kacci어떤가, assa그의; 그대의 스승인 그 붓다라는 분의 《santhāne상속에는》 āsavā누출이; 번뇌가 khīṇā다했는가? 다해서 없어졌는가? kacci어떤가, 《assa그에게; 그대의 스승인 그 붓다라는 분에게》 punabbhavo재생은; 다시 태어나는 생은 natthi없는가?

사따기리 천신의 대답 5

헤마와따 천신의 질문에 사따기리 천신은 다음과 같이 대답했습니다.

11 Vijjāya ceva sampanno, atho saṁsuddhacāraṇo;
Sabbassa āsavā khīṇā, natthi tassa punabbhavo.

(Sn.163)

해 석

그분은 명지를 구족했다네.
그분은 실천행도 청정하다네.
그분의 모든 누출은 다했다네.
그분에게 재생은 더 이상 없다네.

대역

Samma벗이여; 벗 헤마와따 천신이여, so그는; 우리의 스승이신 고따마 부처님께서는 vijjāya ceva sampanno 명지도 물론 구족하셨네; 명지라는 세 가지 특별한 지혜, 혹은 여덟 가지 특별한 지혜도 구족하셨네. atho그리고 saṁsuddhacāraṇo실천행이 바르고 청정하시네; 바르고 청정한 기본 실천행도 갖추셨네. assa그의; 우리의 스승이신 고따마 부처님의《santhāne상속에는》sabbe āsavā 모든 누출이; 모든 번뇌가[103] khīṇā다했네.《tassa그에게; 우리의 스승이신 고따마 부처님에게》punabbhavo재생은; 다시 태어나는 생은 natthi없다네.

먼저 간략하게 설명하겠습니다. 첫 번째 대답의 명지vijjā란 특별한 앎이나 지혜를 말합니다. 그 특별한 지혜인 명지에는 세 가지도 있고 여덟 가지도 있습니다. 그렇게 세 가지나 여덟 가지의 명지라는 특별한 지혜 모두를 부처님께서는 구족하셨다는 뜻입니다.

두 번째로 "실천행이 바르고 청정하시다"란 도과와 열반에 도달하게 하는 바탕으로서의 실천행 법도 완전히 구족하셨다는 뜻입니다.

세 번째로 "모든 누출이 다했다"란 부처님의 상속에는 감각욕망누출kāmāsava, 존재누출bhavāsava, 사견누출diṭṭhāsava, 무명누출avijjāsava이라는 누출번뇌가 남김없이 다해 깨끗하다는 뜻입니다.

103 āsavā는 '새어 흘러나오는 불선법들'이라는 뜻을 가지고 있다. 일반적으로 '번뇌'라고도 번역하지만 'kilesā'를 번뇌로 번역하는 경우도 있기 때문에, 또한 '누진통'이라는 단어도 통용되기 때문에 '누출'이라고 번역했다. 그리고 'āsavākilesā'라고 'kilesā'와 결합돼 많이 사용되는데 이때는 '누출번뇌'라고 번역했다.

네 번째로 "재생이 없다"란 다시 태어날 새로운 생이 없어 새로운 생에 다시 태어나지 않는다는 말입니다.

이 네 가지 질문에 당당하게 대답할 수 있는 것은 사따기리 천신이 부처님께서 「담마짝까숫따」 법문을 설하시면서 그 내용에 대해 천명하신 것을 들었기 때문입니다. 부처님께서는 「담마짝까숫따」 법문에서 도의 진리magga saccā라는 여덟 가지 도 구성요소를 이미 다 닦아 마쳤다는 사실을 천명하셨습니다. 여덟 가지 도 구성요소maggaṅga 중 바른 견해sammādiṭṭhi와 바른 생각sammāsaṅkappa은 통찰지paññā 도 구성요소입니다. 명지vijjā라는 특별한 지혜입니다. 바른 말sammāvācā과 바른 행위sammākammanta와 바른 생계sammāājīva라는 세 가지 도 구성요소는 계sīla 도 구성요소입니다. 바른 노력sammāvāyāma과 바른 새김sammāsati과 바른 삼매sammāsamādhi라는 세 가지 도 구성요소는 삼매samādhi 도 구성요소입니다. 계와 삼매 도 구성요소 여섯 가지는 실천행caraṇa이라고 불리는, 바탕이 되는 실천입니다. 그리고 「담마짝까숫따」 법문의 가르침에서 당신 스스로 정등각자라고 천명하신 내용도 있습니다. 그렇게 천명하신 대로 진짜 정등각자라면 명지라는 특별한 지혜와 실천행이라는 바탕이 되는 실천도 모두 갖추셨을 것입니다. 그래서 사따기리 천신은 부처님께서 명지와 실천행을 구족하셨다는 사실을 당당하게 대답할 수 있었던 것입니다.

그리고 세 번째 질문에서 누출번뇌가 다했다고 대답할 수 있었던 것도 「담마짝까숫따」 법문에서 생겨남의 진리samudayasaccā를 이미 다 제거해 마쳤다는 사실을 부처님께서 천명하신 것, 마찬가지로 정등각자라고 천명하신 것, 이 두 가지 사실에 의지해서 대답할 수 있었던 것입니다. 여기서 생겨남의 진리를 남김없이 제거했다는 것은 모든 누출번뇌도 남김없이 다해버렸다는 것입니다. 정등각자가 됐다는 말은 습관과 함께 모든 누출번뇌가 남김없이 다했다는 말과 같습니다. 그래서 부처님께서는 누출번뇌가 모두 다해 없어졌다는 사실을 사따기리 천신이 당당하게 대답할 수 있었던 것입니다.

"부처님께 다시 태어날 새로운 생은 더 이상 없다"라는 네 번째 대답은 부처님께서 「담마짝까숫따」 법문에서 다음과 같이 천명하신 것을 통해 알 수 있습니다.

Ñāṇañca pana me dassanaṁ udapādi - 'akuppā me vimutti, ayamantimā jāti, natthidāni punabbhavo'ti. (S.iii.370)

대 역

Me나에게 ñāṇañca pana dassanaṁ앎과 봄도; 숙고하는 지혜도 udapādi생겨났다. 《kinti어떻게 생겨났는가?》 me나의 vimutti해탈은; 번뇌로부터 벗어남은; 번뇌로부터 벗어난 아라한과는 akuppā 확고부동하다; 더 이상 무너지지 않는다. 《잠시나 찰나 동안 벗어남인 부분해탈tadaṅgavimutti도 아니다. 어느 정도의 시간 동안 멀리 떨어진 억압해탈vikkhambhanavimutti도 아니다. 언제나 완전하게 벗어난 근절해탈samucchedavimutti이자 재경안해탈paṭippassaddhivimutti이다.》 ayaṁ지금 현재 생이 antimā jāti마지막 생이다. idāni이제 punabbhavo다시 태어남은; 새로운 생은; 새로운 생에 다시 태어남은 natthi더 이상 없다. iti이렇게 me나에게 ñāṇañca pana dassanaṁ 앎과 봄도; 숙고하는 지혜도 udapādi생겨났다.[104]

104 억압해탈과 근절해탈, 재경안해탈에 대해서는 본서 p.115 주71을 참조.

이렇게 분명하게 천명하셨습니다. 그래서 사따기리 천신이 "우리 부처님께는 다시 태어날 새로운 생이란 없다"라고 당당하게 대답할 수 있었던 것입니다. 사따기리 천신의 대답을 간략하게 기억하도록 다음과 같이 게송으로 표현했습니다.

사따기리 천신의 대답 게송 5

삼명팔명 명지함께 십오실천 구족하네
모든누출 사라졌네 법왕은 재생없다네

세 가지 명지

위의 게송에서 "삼명팔명 명지함께"라는 표현은 명지에는 세 가지, 혹은 여덟 가지가 있다는 뜻입니다. 그것을 뒤에 나오는 "구족하네"라는 표현과 연결하면 "세 가지 명지, 혹은 여덟 가지 명지를 모두 구족했다"라는 뜻이 됩니다. 그러면 세 가지 명지와 여덟 가지 명지의 법체를 밝힐 필요가 있습니다. 그래서 게송으로 "삼명에는 숙안누[105] 통찰지혜눈"이라고 표현해 놓았습니다. 여기서 "숙안누"란 명지 세 가지를 간략하게 요약한 글자입니다. 자세하게는 "숙"이란 숙명통지宿命通智입니다. "안"이란 천안통지天眼通智입니다. "누"란 누진통지漏盡通智입니다. 이 세 가지 명지, 삼명에 대해 설명하겠습니다.

105 저본에는 '뿌디아'라고 빠알리어 첫 글자를 따서 표현했다.

숙명통지

"숙"이라고 표현한 숙명통지pubbenivāsañāṇa는 'pubbe 이전의 여러 생에서' + 'nivāsa 지냈던 것이나 일어났던 것을' + 'anussatiñāṇa 돌이켜 기억하여 알고 볼 수 있는 지혜', 즉 'pubbenivāsānussatiñāṇa 이전의 여러 생에서 지냈던 일이나 일어났던 일을 돌이켜 기억하여 알고 볼 수 있는 지혜'를 말합니다. 부처님께서는 이 숙명통지를 붓다가 되던 음력 4월 보름날 초야에 얻으셨습니다. 그때를 시작으로 이전 여러 생에 관한 사실을 기억하고 반조하여 아셨습니다.

천안통지

"안"이라고 표현한 천안통지dibbacakkhuñāṇa는 'dibba 천상에서 생겨나는' + 'cakkhu 눈과 같이 볼 수 있는' + 'ñāṇa 앎과 지혜', 즉 'dibbacakkhuñāṇa 천신들의 눈처럼 보고 알 수 있는 지혜'라는 뜻입니다. 천신의 눈에 비유해서 설명한 것은 천신의 눈보다 더 분명한 비유가 없기 때문입니다. 사실 이 천안통지는 천신의 눈보다 더욱 잘 볼 수 있습니다. 천신의 눈으로 볼 수 없는 것도 천안통지를 통해 볼 수 있습니다. 이 지혜를 얻은 이가 마음 기울이면 몇 십만, 몇 백만, 몇 천만 요자나 멀리 떨어진 곳의 형색이나 사물, 사람을 볼 수 있습니다. 사람의 눈으로 볼 수 없는 매우 미세한 물질들도 볼 수 있습니다. 벽이나 산 등에 가로막힌 형체도 볼 수 있습니다. 지옥탄생지나 지옥중생들도 볼 수 있습니다. 아귀들도 볼 수 있습니다. 천신들과 범천들도 볼 수 있습니다. 불선업이 있는 이들이 죽은 뒤에 지옥이나 축생, 아귀 탄생지에 태어나는 것도 볼 수 있습니다. 선업이 있는 이들이 죽은 뒤에 사람의 생이나 천신의 생으로 태어나는 것도 볼 수 있습니다.

보통 사람들의 눈으로는 근처에 있는 목신이나 산신, 숲신을 볼 수 없습니다. 볼 수 없으므로 일부에선 "천신이란 존재하지 않는다"라고 말하기도 합니다. 하지만 말은 그렇게 하면서도 정작 으스스한 나무나 빈집에 자신 있게 가지 못합니다. 그런 곳과 관련해서 함부로 어떤 행위도 하지 못합니다. 보물을 지키는 천신이나 귀신들이 가끔은 자신들의 모습을 보이면서 겁주는 경우가 있는데 그때서야 볼 수 있습니다. 어떤 경우는 천신들도 그렇게 겁을 줍니다. 「멧따숫따Mettasutta(자애경)」를 설하게 된 배경 일화에는 숲속 수행처에서 지내는 비구들을 천신들이 여러 모습으로 겁을 주었다는 내용이 나옵니다. 그들도 그 숲에 사는 목신들이었습니다.(Dhp.40 일화)

아귀가 겁주는 경우도 있습니다. 빔비사라Bimbisāra 대왕이 부처님을 위시한 승가에 음식공양을 보시하던 날 저녁에 궁전이나 성내에서 사람들을 놀라게 한 존재들도 아귀들이었습니다. 그 아귀들은 깟사빠Kassapa 부처님에게 '빔비사라 대왕이 보시한 뒤 회향하면 먹을 것을 얻게 될 것이다'라고 들어서 빔비사라 대왕의 보시에 대해 사두sādhu를 외치고자 와서 기다리고 있었습니다. 하지만 빔비사라 대왕은 연유를 알지 못했기 때문에 회향을 하지 않았습니다. 그래서 아귀들이 자신들이 있다는 사실을 알리기 위해 무서운 소리를 내면서 겁을 주었던 것입니다.

빔비사라 대왕은 궁전이나 성내에서 사람들을 놀라게 한 존재들에 대해 부처님께 아뢰었습니다. 그러자 부처님께서는 그 아귀들이 92대겁 전에 친척이었고, 그날 낮에 보시한 공덕을 회향하지 않았기 때문에 겁을 준 것이라고 말씀하셨습니다. 그 말씀을 들은 대왕은 다음날 부처님을 비롯한 승가에 공양 올린 뒤 회향했습니다. 이에 아귀들은 사두를 외쳤고 즉시 천상의 먹을 것을 얻었습니다.(DhpA.i.66) 이처럼 귀신이 겁을 준다고 할 때 천신인 경우도 있고 아귀인 경우도 있습니다.[106] 보물을 보호하는 천신도 가끔 자신을 나타내 보이기도 하고 겁을 주기도 합니다. 하지만 그러한 천신이나 아귀, 귀신들이 근처에 있어도 사람의 눈으로는 볼 수 없습니다. 천신의 눈이라는 신통지의 눈으로만 볼 수 있습니다.

천신의 눈으로 아귀들을 본다

부처님 당시에 마하목갈라나Mahāmoggalāna 존자는 락카나Lakkhaṇa 존자와 함께 깃자꾸따 산에서 탁발을 위해 내려오다가 도중에 여러 아귀를 보았습니다. 그 아귀들 중에는 뼈 무더기 아귀도 있고, 살덩어리 아귀도 있고, 불에 휩싸인 아귀도 있었습니다. 그 뼈 무더기 아귀와 살덩어리 아귀를, 그들의 업에 따라 생겨난 특별한 까마귀나 독수리나 매들이 쫓아가며 찌르고 쪼아댔습니다. 아귀들은 너무나 고통스러워 비명을 지르며 하늘로 날아갔습니다. 그 모습을 본 마하목갈라나 존자는 자신에게는 그렇게 고통당할 생이 더 이상 없다는 생각에 미소를 지었습니다. 마하목갈라나 존자가 미소 짓는 것을 본 락카나 존자가 그 이유를 물었습니다. 락카나 존자는 아귀들을 보지 못했기 때문에 그 이유를 알지 못해 질문한 것입니다. 그러자 마하목갈라나 존자는 탁발에서 돌아온 뒤 부처님 앞에서 다시 질문하라고 대답하고서 그대로 가던 길을 갔습니다.

106 '귀'를 아귀로, '신'을 천신으로 이해하면 우리나라 표현과도 일치한다.

탁발과 공양을 마치고 부처님께 갔을 때 락카나 존자는 “깃자꾸따 산에서 내려올 때 왜 미소를 지었습니까?”라고 다시 질문했습니다. 마하목갈라나 존자는 기묘한 아귀 중생들을 보았기 때문이라고 미소 지은 이유를 말했습니다.

그때 부처님께서는 다음과 같이 말씀하셨습니다. “나의 제자들이 신통의 눈을 갖추어 보통의 눈으로는 볼 수 없는 아귀 중생을 알아보는구나. 아귀에 대한 사실을 설하는 데 필요한 눈앞의 증인이 돼 주는구나. 나는 그 아귀 중생을 붓다가 되던 밤 보리수 아래 불패의 자리 위에 앉아 있을 때 이미 보았다. 하지만 믿지 않는 이들이 허물을 범해 불선업이 늘어날 것을 염려하여 그 아귀에 대한 사실을 설하지 않았다. 그 중생은 바로 이 라자가하에서 소를 도살하던 백정이었다. 그 악행으로 지옥에 떨어져 몇 백만 년이나 고통을 당한 뒤 그래도 업이 다하지 않아서 그렇게 고통을 당하는 아귀로 태어난 것이다. 목갈라나가 말한 것은 사실이다”라고 부처님께서 말씀하셨습니다.

목갈라나 존자가 미소를 지은 이유와 관련된 아귀들의 종류는 20가지가 넘습니다. 일부 아귀는 많은 칼이나 창, 무기, 화살, 침 등에 몸이 찔리고 뚫리기도 했습니다. 일부 아귀의 몸 위로는 철 덩어리들이 떨어져 내렸습니다. 그러면 그 아귀들은 극심한 아픔을 견디지 못해 비명을 지르며 이리저리 도망쳐다녀야 했습니다. 그러한 아귀들을 다른 사람들은 볼 수 없었습니다. 락카나 존자도 보지 못했습니다. 아귀들을 찌르고 누르는 그 무기나 화살, 침, 철 덩어리가 사람들의 몸 위로는 떨어지지 않았습니다. 그러한 아귀들은 깃자꾸따 산에만 있는 것이 아닙니다. 하지만 보통의 눈으로는 볼 수 없습니다. 신통지의 눈으로만 볼 수 있습니다.(S19)

천안통지의 눈으로는 아귀뿐만 아니라 지옥 중생들, 천신이나 범천들, 다른 중생이나 사물들도 볼 수 있습니다. 아누룻다Anuruddhā 존자는 바로 이 천안통지의 눈으로 천 개의 우주를 동시에 볼 수 있다고 합니다. 부처님께서는 원하기만 하면 무한한 우주를 보실 수 있습니다. 부처님께서는 이 천안통지를 음력 4월 보름, 붓다가 되던 날 중야에 얻으셨습니다. 그래서 이 천안통지라는 명지도 부처님께서는 완전히 갖추셨습니다.

누진통지

누진통지āsavakkhayañāṇa란 누출번뇌āsavakilesā를 다하게 하는 성스러운 도의 지혜입니다. 성스러운 도의 지혜에는 수다원도의 지혜, 사다함도의 지혜, 아나함도의 지혜, 아라한도의 지혜 네 가지가 있습니다.

그중 수다원도의 지혜는 네 가지 누출번뇌 중에[107] 사견, 그리고 그 사견과 같은 수준인 누출번뇌를 다하게 합니다. 사다함도의 지혜는 거친 감각욕망애착, 그리고 그것과 같은 수준인 누출번뇌를 다하게 합니다. 아나함도의 지혜는 미세한 감각욕망애착, 그리고 그것과 같은 수준인 누출번뇌를 다하게 합니다. 아라한도의 지혜는 나머지 모든 누출번뇌를 다하게 합니다. 이렇게 누출번뇌를 다하게 한다는 의미에서 네 가지 도의 지혜를 '누진통지'라고 부릅니다. 하지만 아라한도의 지혜를 통해서만 모든 누출번뇌를 남김없이 다하게 할 수 있기 때문에 아라한도의 지혜만 기본이 되는 것으로 누진통지라고 부릅니다. 그 누진통지

107 "네 가지 누출번뇌 중에"라는 구절은 역자가 첨가했다. 앞에서도 언급했듯이 누출번뇌에는 감각욕망애착, 존재애착, 사견, 무명 네 가지가 있다.

를 부처님께서는 음력 4월 보름, 붓다가 되던 날의 후야, 동이 트기 직전에 얻으셨습니다.

얻으신 모습은 다음과 같습니다. 그날 밤 자정이 지났을 때 연기법을 숙고하신 뒤 들숨날숨 선정에서 출정하여 다섯 취착무더기 법들의 생성과 소멸udayabbaya을 관찰하셨습니다. 지금 수행자들이 보고 듣고 닿고 아는 것 등을 관찰하는 것과 비슷합니다. 부처님께서는 선정 증득도 모두 입정하신 뒤 관찰하신다는 점, 자신 내부와 외부의 모든 물질과 정신도 남김없이 관찰하신다는 점, 관찰하지 못하고 남아 있는 법이라고는 없다는 점 정도만 다르고 생멸을 관찰하는 것은 동일합니다.

부처님께서는 그렇게 다섯 취착무더기의 생멸을 관찰하신 뒤 위빳사나 지혜가 차례로 향상되어 네 가지 성스러운 도의 지혜에 도달하셨습니다. 그중 아라한도의 지혜를 통해 열반을 실현하여 알고 보실 때 모든 법을 알 수 있는 일체지 등 붓다의 덕목도 모두 갖추셔서 붓다의 지위에 오르셨습니다. 그것을 부처님께서 「담마짝까숫따」 법문에서 네 가지 진리를 깨달아야 하는 대로 깨달았다는 사실, 정등각자라고 스스로 천명했다는 사실 등을 통해 밝히셨습니다. 그래서 사따기리 천신은 "숙안누"라는 세 가지 특별한 지혜인 명지를 부처님께서 갖추셨다는 사실도 장담하면서 대답한 것입니다. 그 세 가지 명지를 "삼명에는 숙안누 통찰지혜눈"이라고 게송으로 표현해 보았습니다. 이 게송을 같이 독송합시다.

삼명에는 숙안누 통찰지혜눈

여덟 가지 명지

세 가지 명지에 대한 내용은 이제 다 설명했습니다. 여덟 가지 명지에는 "위마족이타"라는 다섯 가지 지혜를 포함시켜 취해야 합니다. 그것을 "팔명에는 덧붙여 위마족이타"라고[108] 표현했습니다. 이 게송을 같이 독송합시다.

팔명에는 덧붙여 위마족이타

여기서 "위"란 위빳사나지혜vipassanāñāṇa, "마"란 마음창조신통지manomayiddhiñāṇa, "족"이란 신족통지iddhividhañāṇa, "이"란 천이통지dibbasotañāṇa, "타"란 타심통지cetopariyañāṇa입니다. 이 다섯 가지 지혜를 하나씩 설명하겠습니다.

위빳사나 지혜

위빳사나 지혜vipassanāñāṇa란 무상anicca과 괴로움dukkha과 무아anatta의 양상으로 물질법과 정신법을 관찰하여 보는 명상의 지혜sammasanañāṇa 등의 지혜를 말합니다. 하지만 처음부터 무상·고·무아의 양상을 관찰하는 지혜가 생겨나는 것은 아닙니다. 정신·물질 구별의 지혜nāmarūpaparicchedañāṇa가 생겨나도록 계속해서 생겨나고 있는 물질과 정신을 시작으로 관찰해야 합니다. 그래서 볼 때마다, 들을 때마다, 맡을 때마다, 먹을 때마다, 닿아서 알 때마다, 생각해서 알 때마다 드러

108 원문에는 빠알리어로 위빳사나지혜, 마음창조신통지, 신족통지, 타심통지, 천이통지 순서로 '위마이쩨디'라고 표현했다. 그러나 가르침의 순서로는 천이통지가 먼저 나오고 타심통지가 나중에 나오기 때문에 한글에서는 가르침의 순서 그대로 "위마족이타"라고 표현했다.

나는 모든 물질과 정신을 따라서 관찰해야 합니다. 처음 수행을 시작해서 그렇게 드러나는 모든 것을 따라서 관찰하지 못하는 경우는 분명하게 드러나는 어느 하나의 근본물질을 시작으로 관찰해야 합니다. 그래서 부처님께서 「마하사띠빳타나숫따Mahāsatipaṭṭhānasutta(대념처경)」에서 "gacchanto vā gacchāmīti pajānāti"라는 등으로 설하셨습니다.

Gacchanto vā gacchāmīti pajānāti. (D.ii.232)

대역

Gacchanto vā가면서도; 가게 됐을 때도 gacchāmīti'간다'라고 pajānāti안다; 알아라; 알도록 관찰하라.

이것은 가고 있을 때 지탱하고 뻣뻣하고 밀고 움직이는 바람 요소를 알도록 관찰하라고 지도하신 것입니다. 앉아 있을 때도 마찬가지입니다.

Nisinno vā nisinnomhiti pajānāti. (D.ii.232)

대역

Nisinno vā앉으면서도; 앉게 됐을 때도 nisinnomhiti'앉는다'라고 pajānāti안다; 알아라; 알도록 관찰하라.

앉아 있을 때는 온몸에 집중해서 〈앉음, 앉음〉이라고 관찰해야 합니다. 그렇게 관찰하다가 다른 어떤 몸의 현상, 마음의 현상, 느낌의 현상 등이 분명하게 드러나면 그 분명하게 드러나는 것을 관찰해야 합니다. 굽히면 〈굽힌다, 굽힌다〉라고 관찰해야 합니다. 펴면 〈편다, 편다〉라고 관찰해야 합니다. 움직이면 〈움직인다, 움직인다〉라고 관찰해야 합니다. 배가 움직이는 것은 일반적으로 '배가 부풀어 오른다. 배가 꺼져 들어간다'라고 표현합니다. 따라서 그것을 본 승은 〈부푼다; 꺼진다〉라고 쉽게 명칭 붙여 새기게 합니다.

그렇게 몸의 모든 행위를 관찰하도록 지도하는 것도 「마하사띠빳타나숫따」에서 "yathā yathā vā panassa"라는 등의 구절을 통해 모두 포함시켜 설하신 것에 따른 것입니다.

Yathā yathā vā panassa kāyo paṇihito hoti, tathā tathā naṁ pajānāti. (D.ii.232)

대 역

Vā pana그리고 혹은; 또 다른 아는 모습과 방법이, yathā yathā어떠어떠한 모습으로 kāyo paṇihito hoti몸 무더기가 유지되고 있다면 tathā tathā그러그러한 모습으로; 그렇게 유지되고 있는 모습대로 naṁ=kāyaṁ그 몸 무더기를 pajānāti안다; 알아라; 알도록 관찰하라.[109]

이 가르침에 의지해서 자세가 가만히 유지되어 그대로 앉아 있을 때는 배의 부풂과 꺼짐을 관찰하고 새기도록 본 승은 지도하고 있습니다.

그렇게 지도 받은 대로 〈부푼다, 꺼진다〉라고 관찰하고 있다가 중간에 비어 있는 순간이 있다고 생각되면 앉음도 넣어서 새겨야 합니다. 〈부푼다, 꺼진다, 앉음; 부푼다, 꺼진다, 앉음〉이라고 새겨야 합니다. 그렇게 새기다가 다른 어떤 분명한 움직임이나 몸의 동작이 생

109 마하시 사야도 지음, 비구 일창 담마간다 옮김, 『마하사띠빳타나숫따 대역』, pp.96~97 참조.

겨나면 그것도 새겨야 합니다. 이렇게 부풂과 꺼짐을 시작으로 몸의 모든 동작을 관찰하는 것이 몸 거듭관찰 새김확립kāyānupassanā satipaṭṭhāna입니다.

그렇게 관찰하고 있다가 몸에서 저림이나 뜨거움, 아픔 등 어떤 분명한 느낌이 생겨나면 그것도 새겨야 합니다. 그것은 느낌 거듭관찰 새김확립vedanānupassanā satipaṭṭhāna입니다. 어떤 분명한 생각이나 계획이 떠오른다면 그것도 새겨야 합니다. 그것은 마음 거듭관찰 새김확립cittānupassanā satipaṭṭhāna입니다. 봄이나 들림 등 일반적인 성품법들이 드러나면 그것도 〈봄; 들림〉 등으로 새겨야 합니다. 그것은 법 거듭관찰 새김확립dhammānupassanā satipaṭṭhāna입니다. 따라서 부풂과 꺼짐을 시작으로 드러나는 대로 관찰하는 것은 새김확립 네 가지 모두를 닦고 있는 것입니다.

그렇게 네 가지 새김확립 모두를 닦고 있다가 삼매의 힘이 좋아지면 마음이 어디로도 달아나지 않습니다. 계속해서 새기는 대상에만 착착 달라붙습니다. 관찰하고 새기면서 수행하는 마음만 끊임없이 생겨납니다. 이것은 마음청정cittavisuddhi이 생겨나 마음이 깨끗해진 것입니다. 그렇게 마음이 깨끗해져 관찰이 잘 진행될 때 새겨 알아지는 대상과 새겨 아는 마음, 이 두 가지를 나누어 알게 됩니다. 〈부푼다〉라고 새길 때는 '부푸는 성품이 따로, 새겨 아는 것이 따로'라고 구분해서 알게 됩니다. 〈꺼진다〉라고 새길 때는 '꺼지는 성품이 따로, 새겨 아는 것이 따로'라고 구분해서 알게 됩니다. 〈굽힌다; 편다; 움직인다〉 등으로 다른 몸의 동작들을 새길 때도 알아지는 성품과 아는 성품, 이 두 가지를 나누어 압니다.

그래서 수행자는 관찰하다가 '알지 못하는 물질성품과 아는 정신성품, 이 두 가지만 있다'라고 스스로의 지혜로 이해하여 압니다. 이것은 정신·물질 구별의 지혜nāmarūpaparicchedañāṇa라고 부르는 지혜입니다. 정신과 물질을 구별하여 아는 지혜입니다. 관찰하지 않은 이들은 마음이나 마음부수, 물질법을 법체나 개수와 함께 말할 수 있을 정도로는 알지만 스스로의 지혜로는 이렇게 물질과 정신으로 두 가지를 나누어 알지는 못합니다. 이 정신·물질 구별의 지혜는 건물이나 집의 기초처럼 매우 중요합니다. 이 지혜가 정확하게 생겨나지 않으면 윗단계의 여러 지혜가 생겨나지 못합니다. 이 지혜가 정확하게 생겨나면, 그래서 드러나는 모든 것을 이어서 관찰하면 위의 여러 위빳사나 지혜가 차례대로 생겨날 수 있습니다.

이 지혜가 무르익고 구족됐을 때 〈부푼다, 꺼진다; 앉음; 봄; 들림; 생각함〉 등으로 관찰하고 있으면 '움직이려는 마음 때문에 움직이는 물질이 생겨난다'라는 등으로 물질의 원인도 구별하여 알게 됩니다. '알아지는 대상이 있어서 앎이 생겨난다. 보이는 것이 있어서 봄이 생겨난다'라는 등으로 정신의 원인도 구별하여 알게 됩니다. 그때는 '원인과 결과인 물질·정신만 존재한다'라고 이해하여 압니다. 이것은 조건파악paccayapariggaha이라는 지혜입니다. 조건을 파악하는 지혜라는 뜻입니다. 일부 주석서에는 'sapaccayapariggahañāṇa'라고도 표현돼 있습니다. 조건과 함께 결과인 물질·정신들을 파악하는 지혜라는 뜻입니다.

그 뒤에 계속 이어서 관찰해 나가면 새겨지는 물질과 정신의 처음과 끝도 알게 됩니다. 처음에는 상속santati이라는 같은 종류의 물질과 정신의 처음과 끝만 알 수 있습니다. 예를 들자면 몸에 아픔이 생겨났을 때 〈아픔, 아픔〉하며 새기고, 그렇게 새겼을 때 미세한 아픔이 처음 드러나는 것도 알게 됩니다. 〈아픔, 아픔〉이라고 계속 새기고 있으면 그 미세한 아픔이 차츰 줄어들어 사라집니다. 그렇게 사라지는 것도 알게 됩니다. 이것은 한 번 새기는 것만으로 사라지는 것이 아닙니다. 40~50번 정도 새겨야 사라집니다. 20~30번 새겨야 사라집니다. 이것은 같은 종류의 아픔의 연속, 상속의 처음인 생겨남과 나중인 사라짐을 아는 모습입니다.

〈부푼다, 꺼진다; 굽힌다, 편다〉 등으로 새길 때도 처음에 드러나는 것과 나중에 사라지는 것을 분명하게 알게 됩니다. 이것도 상속으로 처음인 생겨남과 나중인 사라짐을 아는 것입니다. 그렇게 같은 종류의 물질 연속, 정신 연속인 상속으로 처음에 생겨나는 것과 나중에 사라져버리는 것을 알게 되면 '생겨나서는 사라져버리기 때문에 항상하지 않다'라는 것을 스스로의 지혜로 이해하여 알게 됩니다. 이것이 진짜 무상 거듭관찰의 지혜입니다. 그렇게 무상을 알면 괴로움과 무아도 알게 됩니다. 이것이 바로 괴로움 거듭관찰의 지혜와 무아 거듭관찰의 지혜이고, 이것이 바로 위빳사나 지혜입니다. 지금 여기서 수행하는 것은 이 위빳사나 지혜가 생겨나도록 노력하는 것입니다.

이 지혜들이 생겨난 뒤 계속 이어서 관찰해 나가면 앎들이 빨라집니다. 그래서 새겨지는 물질·정신의 생멸을 찰나를 통해서 구분하여 알게 됩니다. 어떻게 알게 되는가 하면, 드러나는 마음을 새기면 그 마음이 생겨나서는 즉시 사라져버리는 것을 분명하게 경험합니다. 아픔 등의 느낌을 〈아픔, 아픔〉이라고 새기면 새길 때마다 계속해서 미세한 아픔이 한 부분씩 끊어져버리는 것을 알게 됩니다. 하나로 이어져 계속해서 아픈 괴로운 느낌은 없습니다. 아팠다가 사라졌다가, 다시 아팠다가 사라졌다가, 아픔의 처음과 끝을 구분하여 알게 됩니다. 이것은 생겨나는 순간과 사라지는 순간, 이렇게 찰나로 구분하여 아는 것입니다.

〈부푼다, 꺼진다; 굽힌다, 편다〉 등으로 새길 때도 마찬가지로 하나의 움직임씩 구분하여 압니다. 하나의 부풂과 하나의 꺼짐, 하나의 굽힘과 하나의 폄 안에서조차 한 부분씩, 한 부분씩 생멸들을 경험하게 됩니다. 이것은 찰나로 생멸을 아는 것입니다.

그렇게 생겨나서는 즉시 계속해서 사라져버리는 것을 찰나로 구분하여 알게 됐을 때 'hutvā생겨나서는 abhāvaṭṭhena존재하지 않는 의미와 성품; 사라져버리는 의미와 성품으로 anicca무상하다'(DA.i.111)라고 설명해 놓은 문헌과 일치하게 '생겨나서는 사라져버리기 때문에 항상하지 않다'라는 앎과 지혜가 더욱 분명하고 강력해집니다. '생기기만 하고 사라지기만 하므로 괴로움일 뿐이다'라는 앎과 지혜도 더욱 분명하고 강력해집니다. '자기 성품대로 생멸하고 있는 무아의 성품법일 뿐이다'라는 앎과 지혜도 더욱 분명하고 강력해집니다. 그렇게 알고 보는 것이 바로 위빳사나 지혜입니다. 이 위빳사나 지혜가 생겨나도록 지금 수행자들은 관찰하고 새겨야 합니다. 일부 수행자는 그러한 앎과 지혜를 이미 스스로 경험하여 확실하게 갖추었을 것입니다.

지금까지 설명한 것은 보통의 수행자들에게 위빳사나 지혜가 생겨나는 모습입니다. 부처님께서는 그 이전에 이미 선정과 신통을 얻으셨기 때문에 마음청정은 갖추신 상태였습니다. 그래서 붓다가 되신 밤 후야의 마지막 즈음에 어느 한 가지 선정에 입정하신 뒤 선정에서 출정해서 그 선정도 관찰했고, 선정 외에 다른 물질·정신도 관찰하셨습니다. 삼매를 갖추셨기 때문에 선정을 관찰할 때는 선정마음과 마음부수, 선정이 의지하는 토대물질, 이러한 법들이 생겨나서 즉시 사라져버리는 것을 경험하여 보고서 무상하고 괴로움이고 무아인 성품을 알고 보는 위빳사나 지혜가 쉽게 생겨났을 것이라고 기억해야 합니다. 선정을 제외한 다른 물질·정신을 관찰할 때도 같은 방법으로 쉽게 무상과 괴로움과 무아에 대한 앎과 지혜가 생겨났을 것이라고 기억해야 합니다. 그렇게 관찰할 때마다 계속해서 쉽게 무상과 괴로움과 무아의 성품을 알아나가는 것이 바로 위빳사나라는 명지, 특별한 지혜입니다. 이 위빳사나 지혜를 구족한 뒤 성스러운 도의 지혜 네 가지가 차례로 생겨나 붓다의 지위에 오르셨습니다. 그래서 부처님께서 이 위빳사나 명지를 갖추셨다는 사실은 특별히 설명할 필요도 없습니다.

마음창조신통지와 신족통지

마음창조신통지manomayiddhi와 신족통지iddhividhañāṇa란 신통으로 창조하는 지혜입니다. 둘의 다른 점은 마음창조신통지는 자신의 몸과 동일한 형체로 만들어내는 것이고 신족통지는 여러 가지 다양한 형태로 만들어내는 것입니다.

신족통으로 창조하는 것은 매우 광범위합니다. 하늘을 땅이 되도록 창조할 수 있습니다. 하늘에 길을 만들어 걸어갈 수도 있습니다. 자신의 몸을 솜털처럼 만들어 바람을 타고 원하는 곳으로 갈 수도 있습니다. 땅을 물이 되도록, 터널이 되도록 만들어서 잠수할 수도 있습니다. 이것을 '땅 아래로 꺼지고 하늘 위를 난다'라고 표현합니다. 하나를 여러 개로, 여럿을 하나로도 만들 수 있고, 몸을 사라지게 할 수도 있습니다. 어떠한 것이든 원하는 것은 다 만들어낼 수 있습니다. 그렇게 여러 가지를 신통으로 만들어 낼 수 있는, 제4선정과 결합한 앎과 지혜를 신족통지라고 합니다.[110]

110 『청정도론』 제2권, pp.303~343 참조.

타심통지

타심통지cetopariyañāṇa란 다른 이의 마음과 생각을 알 수 있는 지혜입니다. 이것도 제4선정과 결합한 특별한 앎과 지혜입니다. 이 지혜를 증득한 이가 다른 이의 생각을 숙고하면 지난 일주일 동안 일어났던 생각도 알 수 있습니다. 앞으로 일주일 내에 일어날 생각도 알 수 있습니다. 지금 생겨나고 있는 생각을 알 수 있는 것은 특별히 말할 필요도 없습니다.[111] 이러한 타심통지를 증득한 이와 함께 지내는 것은 조금 부담이 될 것입니다. 다른 식으로 말하자면 다른 이의 생각을 아는 이와 함께 지내면 불선업이 줄어들 가능성이 있습니다. 이 내용과 관련해 마띠까마따Mātikamātā 노청신녀의 일화를 설명하겠습니다.

마띠까마따 청신녀 일화

언젠가 부처님께서 사왓티 성의 제따와나 정사에 머무실 때 60명의 비구가 부처님으로부터 수행주제를 받고서 적당한 장소를 찾아 떠났습니다. 그렇게 찾다가 마띠까Mātika라는 마을에 도착했습니다. 그 마을에는 마띠까마따Mātikamātā라는 여인이 살고 있었는데 마을 촌장의 모친이었습니다. 마띠까마따 노청신녀는 마을에 도착한 60명의 비구에게 이 마을에서 안거를 지내달라고 청하며 머무를 정사도 마련해 주었습니다. 그래서 60명의 비구는 그 정사에서 마을을 의지하여 안거를 보내게 됐습니다.

어느 날, 그 비구들은 한데 모여서 다음과 같이 서로 훈계했습니다.

111 『청정도론』 제2권, pp.351~355 참조.

Āvuso, amhehi pamādacāraṁ carituṁ na vaṭṭati. Amhākañhi sakagehaṁ viya aṭṭha mahānirayā vivaṭadvārāyeva, dharamānakabuddhassa kho pana santike kammaṭṭhānaṁ gahetvā mayaṁ āgatā, buddhā ca nāma padānupadikaṁ vicarantenāpi saṭhena ārādhetuṁ na sakkā, yathājjhāsayeneva ārādhetuṁ sakkā, appamattā hotha, dvīhi ekaṭṭhāne na ṭhātabbaṁ, na nisīditabbaṁ.

(DhpA.i.184)

대 역

Āvuso도반들이여, amhehi우리가 pamādacāraṁ carituṁ방일하게 지내는 것은 na vaṭṭati적당하지 않습니다. hi맞습니다. amhākaṁ 우리에게는 aṭṭha mahānirayā팔대지옥이; 여덟 개의 대지옥이 sakagehaṁ viya자신들의 집처럼 vivaṭadvārāyeva문을 활짝 열어놓고 있습니다. 《kho pana더욱이》 mayaṁ우리는 dharamānakabuddhassa분명히 현존하시는 부처님의 santike면전에서 kammaṭṭhānaṁ gahetvā수행주제를 받고서 āgatā왔습니다. buddhā ca nāma부처님이라고 하시는 분도 saṭhena정직하지 않고 교활한 이가 padānupadikaṁ vicarantenāpi뒤를 졸졸 따라다니더라도 ārādhetuṁ na sakkā흡족하게 하지 못합니다. yathājjhāsayeneva원하시는 대로 실천하는 이만이 ārādhetuṁ sakkā흡족하게 할 수 있습니다. appamattā hotha방일하지 마십시오. ekaṭṭhāne한 장소에 dvīhi 두 명이 na ṭhātabbaṁ서 있어서도 안 됩니다. na nisīditabbaṁ앉아 있어서도 안 됩니다.

비구들은 이와 같이 훈계와 맹세를 하고 실천하고 노력했습니다.

어느 날, 마띠까마따 노청신녀가 버터와 기름, 당밀 등 보시물을 가지고 따르는 사람들과 함께 저녁 무렵 정사로 왔습니다. 그런데 비구들이 보이지 않자 노청신녀는 "스님들은 어디에 가셨는가?"라고 물었습니다. 아는 이들이 스님들은 저녁을 청정하게 보내는 곳이나 낮을 청정하게 보내는 곳에서 지낸다는 사실, 종을 치면 모두가 모일 거라는 사실을 말해 주었습니다. 그래서 노청신녀는 종을 치게 했습니다. 종소리를 들은 비구들은 어느 누가 아프거나 어떤 문제가 생겨서 종을 쳤을 거라고 생각하고서 각자 지내던 곳에서 한 사람씩 나왔습니다.

그렇게 뿔뿔이 나오는 모습을 보고 오해한 노청신녀는 "스님들, 다투기라도 하셨습니까?"라고 물었습니다. 비구들이 다투지 않았다고 대답하자 노청신녀는 "그렇다면 저희 집에 탁발하러 올 때처럼 같이 오지 않고 왜 따로따로 오십니까?"라고 다시 물었습니다.

스님들은 "청신녀님, 우리는 사문의 법samaṇadhamma을 실천하고 있었습니다. 그래서 각자 다른 곳에서 한 스님씩 지내는 것입니다"라고 대답했습니다.

맞습니다. 사문의 법이란 혼자서 노력하면 더욱 좋습니다. 삼매도 쉽게 얻을 수 있습니다. 지혜도 쉽게 생겨납니다. 하지만 지금 수행센터에서는 장소가 충분치 못해 함께 앉아서 적당한 대로 노력하고 있는 것입니다.

그동안 '사문의 법'이라는 것을 한 번도 들어보지 못했던 마띠까마따 노청신녀는 사문의 법이란 무엇인지 물었습니다. "머리카락이나 몸털 등 32가지 신체부분dvattiṁsākāra을 외우면서 자신의 몸에 대해 다함이나 무너짐이 드러나도록 마음 기울이는 것입니다, 청신녀님"이라고 비구들이 대답했습니다. 그러자 마띠까마따 노청신녀는 "그 사문의 법은 사문인 출가자만 노력할 수 있는 것입니까? 그렇지 않으면 우리처럼 재가자들이 노력해도 되는 것입니까?"라고 물었습니다.

누구든지 노력할 수 있다고 비구들이 말해 주자 노청신녀는 "존자시여, 그 사문의 법을 저도 노력할 수 있도록 가르쳐 주십시오"라고 청했습니다. 비구들은 수행방법을 가르쳐 주었습니다. 그렇게 가르쳐 주는 데 한두 시간 이상 걸리지는 않았을 것입니다. 이 내용에도 주의를 기울여야 합니다. 일부 수행 지도자는 아비담마 성품들, 무더기, 감각장소, 요소, 진리, 연기를 배우고 이해한 뒤라야 수행할 수 있다고까지 말하고 있습니다. 이것은 수행하고자 하는 이들의 사기를 떨어뜨리는 것입니다. 아무런 이익이 없는 말입니다.

마띠까마따 노청신녀가 수행했던 모습을 살펴보십시오. 이 노청신녀는 승가에서 배운 그대로 자신의 집에서만 수행했습니다. 며칠 동안 수행했는지는 확실하게 알지 못합니다. 하지만 스승인 비구들이 특별한 법을 얻기 전에 노청신녀가 먼저 법을 증득했습니다. 아나함도과까지 증득했습니다. 아나함도를 증득하는 것과 동시에 네 가지 분석지 paṭisambhidāñāṇa·四無碍解도 증득했습니다. 지금 설명하고 있는 특별한 지혜인 여러 명지도 증득했습니다. 그래서 마띠까마따 노청신녀는 자신의 스승인 스님들이 자신이 얻은 이러한 법을 언제 증득했는지 신통으로 살펴보았고, 스님들은 선정삼매와 위빳사나 지혜도 얻지 못했다는 사실을 알았습니다.

'무엇 때문일까?'라고 숙고했을 때 음식이 충분하지 않기 때문이라는 사실을 알고서 적당한 죽과 반찬, 공양을 충분히 마련해 올렸습니다. 적당한 음식을 공양할 수 있게 되자 60명의 비구는 그 안거 안에 아라한도과에 도달하여 아라한이 됐다고 합니다. 이것을 근거로 살펴

본다면 적당한 음식도 매우 중요하다는 것을 알 수 있습니다.[112] 지금 미얀마의 경우는 청신사나 청신녀들의 믿음이 매우 좋아서 공양이나 음식이 부족한 것 같지는 않습니다. 수행자의 노력이 부족할 뿐입니다.

그 60명의 비구는 안거가 끝나고 부처님께 인사를 드리러 떠났습니다. 제따와나 정사에 도착했을 때 그 비구들은 마띠까마따 노청신녀의 덕목과 은혜를 칭송하며 말했습니다. 노청신녀가 승가의 의향을 잘 알아서 적당한 밥과 반찬을 준비하여 올렸다는 사실, 그렇게 올린 음식을 공양하여 자신들에게 특별한 삼매와 특별한 지혜가 향상됐다는 사실 등을 설명했습니다.

그 소식을 들은 한 비구에게 마띠까 마을의 숲속 정사에 가서 수행하고 싶은 열망이 생겨났습니다. 그 비구는 부처님께 수행주제를 청한 뒤 그 숲속 정사로 떠났습니다.

생각이 많은 비구

숲속 정사에 도착했을 때 그 비구는 다음과 같이 생각했습니다.

'이 정사의 창건주 청신녀는 생각하는 것은 무엇이든 안다고 한다. 나는 오늘 유행에서 갓 도착했다. 그래서 정사의 쓰레기를 치우고 청소할 수가 없다. 창건주 청신녀가 청소를 위해 한 사람을 보내 주면 좋겠다.'

마띠까마따 노청신녀는 집에서 숙고하다가 그 사실을 알고 정사 청소를 위해 한 사람을 보냈습니다. 그 뒤 비구는 목이 말라서 '달콤한 과즙을 보내 주면 좋겠다'라고 생각했습니다. 그것도 청신녀는 보내 주었습니다.

112 음식과 더불어 장소도 강한 의지조건 중의 하나이다. 비구 일창 담마간다 편역, 『빳타나-조건의 개요와 상설』, p.99 참조.

다음 날 이른 아침에는 '고기무침과 부드러운 죽을 보내 주면 좋겠다'라고 생각했습니다. 청신녀는 이번에도 비구의 생각대로 보내 주었습니다. 죽을 마신 뒤에는 '이러이러한 과자나 빵을 보내 주면 좋겠다'라고 생각했습니다. 청신녀는 비구의 생각대로 바로 보내 주었습니다. 그러자 비구는 '이 청신녀는 내가 생각하는 것은 무엇이든 보내 준다. 이 노청신녀와 만나고 싶구나. 여러 좋은 음식을 준비해서 하인에게 들게 해서 직접 오면 좋겠다'라고 생각했습니다. 그러자 창건주 노청신녀는 '오, 나의 아들 스님이[113] 나와 만나고 싶어하는구나. 내가 직접 오기를 바라는구나'라고 알고서 하인에게 먹을 것을 들게 해서 직접 정사로 갔습니다. 그리고 비구에게 공양을 올렸습니다.

공양을 마쳤을 때 그 비구는 "그대가 마띠까마따 청신녀입니까?"라고 물었습니다.

"그렇습니다, 아들 스님."

"청신녀는 다른 이의 마음을 압니까?"

"그것을 왜 저에게 물으십니까, 아들 스님."

"제가 생각하는 모두를 청신녀가 해 주었습니다. 그래서 묻는 것입니다."

"다른 이의 마음을 아는 비구들은 많습니다, 아들 스님"이라고 청신녀는 우회적으로 대답했습니다.

"다른 이에 대해서 묻는 것이 아닙니다. 그대 청신녀에게 묻는 것입니다."

113 주석서 원문에는 'mama putto 나의 아들이'라고 표현됐다.(DhpA.i.187) 스님에 대한 친근함으로 당시나 지금이나 이렇게 신도가 스님을 부르기도 한다. 부처님께서 제자들을 '나의 아들, 딸'이라고 부르는 것과 비슷하다.

하지만 청신녀는 "그렇습니다"라고 직접적으로 긍정하지 않고 "다른 이의 마음을 아는 이들은 이렇게 할 수 있지요"라고 방편으로 둘러말했다고 합니다. 특별한 법을 진실로 얻은 성자들은 자신이 얻은 특별한 법을 다른 이들도 얻게 하고 싶어합니다. 하지만 자신들의 덕목을 직접 밝히려고 하지는 않습니다. 이것은 성자들이 갖춘 소욕의 덕목입니다. 어찌할 수 없어 말을 해야만 할 때도 이렇게 방편을 통해서만 둘러서 말하곤 합니다. 마띠까마따 노청신녀도 둘러말한 것입니다.

그렇게 말하자 그 비구는 심각하게 고민했습니다. '이 노청신녀가 보시한 정사에서 지내는 것은 매우 부담스럽다. 범부라면 좋은 생각이나 훌륭한 생각도 하지만 나쁜 생각이나 저열한 생각도 하게 된다. 만약 내가 나쁜 생각을 하면 물건을 훔친 도둑이 상투를 잡히고 괴롭힘을 당하는 것처럼 창피스럽게 비난과 비방을 받을 것이다'라고 생각하고서 두려워졌습니다. 그래서 "저는 그만 가보겠습니다, 청신녀님"이라고 비구가 말했습니다.

"어디로 가려 하십니까, 아들 스님?"

"스승이신 부처님께 가려 합니다. 청신녀님."

"이곳에서 그냥 지내십시오, 아들 스님."

"지내지 않겠습니다, 청신녀님"이라고 말하고 그 비구는 억지로 떠났습니다. 몹시 두려웠던 모양입니다. 두려워할 만합니다. 그 비구는 생각이 많았고, 적당하지 않은 생각을 하면 곤란하게 될 것을 알고 있었기 때문입니다.

부처님께 도착했을 때 부처님께서는 "왜 돌아왔는가?"라고 물으셨습니다. 비구는 도저히 그곳에서 지낼 용기가 없었다고 말씀드렸습니다.

"무엇 때문에 지낼 용기가 없었는가?"

"그곳의 마띠까마따라는 창건주 여신도는 제가 생각할 때마다 계속해서 그 생각을 모두 알았습니다. 만약 적당하지 않은 것을 제가 생각하기라도 한다면 물건을 훔치다 상투를 잡힌 도둑처럼 될 것 같아 두려워서 도저히 지낼 용기가 나지 않았습니다, 부처님."

그러자 부처님께서는 그 비구에게 적당한 장소를 숙고해 보시고는 바로 그 장소만이 제일 적당한 장소라는 사실을 아셨습니다. 맞습니다. 그 비구는 생각이 많았기 때문에 그의 생각을 아는 이가 있는 장소라야 생각이 적어져 삼매와 지혜가 쉽게 생길 것입니다. 지금 수행하고 있는 수행자들도 마음속 생각을 아는 수행지도자 앞이라면 더욱 좋을 것입니다. 일부 수행자는 "망상을 하지 마십시오. 단지 새기기만 하십시오" 라고 말해도 스승이 알지 못할 것이라고 여기고 망상을 많이 합니다. 일부는 망상 정도가 아니라 방만하게 서로 말까지 하며 지내기도 합니다. 수행지도 스승이 눈치를 채고 묻고 조사해 볼 때라야 그러한 행위의 일각 정도가 드러납니다. 확실하게 알고서 질문하며 조사한다면 감히 그렇게 망상하거나 말하지 못할 것입니다.

그 비구도 망상과 생각이 많았기 때문에 그의 마음을 아는 그 노청신녀가 있는 곳이 제일 적당한 장소일 것입니다. 그래서 부처님께서는 바로 그 장소로 다시 돌아가라고 지시하셨습니다. 비구는 도저히 다시 갈 수 없다고 거듭 말씀드렸습니다. 그러자 부처님께서는 '마음 하나만 잘 보호하면 된다, 마음을 관찰하고 새겨 보호하고 있으면 전혀 걱정할 일이 없다'는 내용을 설하시면서 마음 거듭관찰cittānupassanā과 관련된 게송 하나를 설해 주셨습니다.

Dunniggahassa lahuno, yatthakāmanipātino;
Cittassa damatho sādhu, cittaṁ dantaṁ sukhāvahaṁ.

(Dhp.35)

해 석

다스리기 어렵고 매우 빠르며
좋아하는 곳에 이리저리 치달리는
마음의 길들임은 훌륭하나니
길들여진 마음은 행복을 가져오네.

대 역

Dunniggahassa붙잡기가 매우 어려운; 이성이라 불리는 남성이나 여성이라는 대상들에 가지 않게 붙잡기가 매우 어려운, lahuno매우 빨리 생겨나는; 빗방울의 물거품이 매우 빨리 사라지듯 생멸이 매우 빠른, yatthakāmanipātino떨어지는 대상들에 마음대로 치달리는; 나이와 성품을 고려하지 않고 원한다면 모든 대상에 마음대로 치달리는 cittassa아는 성품 그 마음을 damatho길들이고 다스리는 것은 sādhu매우 훌륭하다; 지금의 위험을 물리치고 나중의 생을 위해 매우 훌륭하다. 《어떻게 좋은가 하면》 dantaṁ길들이고 다스리면; 길들이고 다스려진 cittaṁ그 마음은 sukhāvahaṁ행복을 가져다준다; 사람·천신 두 가지의 부귀영화 누리면서 열반까지 행복을 가져다준다.

먼저 "dunniggahassa붙잡기가 매우 어려운"이란 구절을 살펴봅시다. 마음이라는 것은 다스리기가 어렵습니다. 붙잡기 어렵습니다. '이러한 것은 생각하지 마라'라고 해도 그러한 것을 거듭 함부로 생각하기도 합니다. 마음은 때려서 훈계할 수도 없습니다. 그래서 '다스리기가 어렵다'라고 한 것입니다.

다음은 "lahuno매우 빨리 생겨나는"이란 구절입니다. 마음은 매우 빠릅니다. 관찰을 갓 시작했을 때는 그 마음을 따라잡아 새기지 못합니다. 여기서 새기면 저기에 도달해버리고 저기서 새기면 여기로 다시 돌아와버립니다. 휙휙 매우 빠르게 생겨납니다.

그리고 "yatthakāmanipātino떨어지는 대상들에 마음대로 치달리는"이란 구절에서 마음이란 몸처럼 가로막거나 제지할 수 있는 것이 아닙니다. 몸은 방 안에 가두고 열쇠로 채워버리면 어디로 갈 수 없지만 마음은 그렇게 가두거나 제지할 수 없습니다. 수행센터에 있지만 마음은 밖으로 달아납니다. 시내로도 달아납니다. 자신이 원하는 대상 쪽으로 계속 달아납니다.

마지막으로 "dantaṁ길들이고 다스려진 cittaṁ그 마음은 sukhāvahaṁ행복을 가져다준다"라는 구절은 표현 그대입니다. 마음을 다스려서 잘 길들인다면 그렇게 잘 길들여진 마음은 행복을 가져다줍니다. 행복을 얻게 해 줍니다. 그러니 마음을 잘 길들이는 것이 매우 중요합니다. 사람들은 모두 행복하기를 바랍니다. 괴롭기를 바라는 이는 없습니다. 행복하려면 행복하게 하는 행위를 해야 합니다. 그 행위가 바로 마음을 잘 길들이고 다스리는 것입니다. 법문을 듣는 것을 통해서도 다스려야 합니다. 합리적 마음기울임yonisomanasikāra을 통해 올바르게 숙고하고 마음 기울여서도 다스려야 합니다. 수행하는 것을 통해서도 다스려야 합니다. 조금 길들여지면 행복을 조금 가져다줄 것입니다. 많이 길들여지면 행복을 많이 가져다줄 것입니다. 완벽하게 길들여지면 행복을 완벽하게 가져다줄 것입니다.

최소한 부처님과 가르침과 승가를 공경할 수 있을 정도로, 삼귀의를 수지할 수 있을 정도로 마음을 길들인다면 사람의 생이나 천상의 생에 태어나 사람의 행복이나 천상의 행복을 누릴 것입니다. 많은 사람이 마음을 훈계하지 못하고 길들이지 못합니다. 그래서 부처님을 공경하지 못하고 예경하지 못합니다. 가르침과 승가도 공경하지 못합니다. 그러한 이들의 마음은 전혀 길들여지지 않았기 때문에 공경gārava 선업도 생겨나지 않습니다. 삼귀의 선업도 생겨나지 않습니다. 그래서 그러한 선업과 관련된 이익과 행복을 얻지 못합니다. 더 나아가 부처님과 가르침과 승가에 허물을 범한다면 그 불선업으로 사악도에 떨어져 고통을 당합니다.

삼귀의를 수지하는 것 외에 오계 중 한두 가지라도 수지하여 실천할 수 있으면 마음을 더 잘 길들일 수 있습니다. 계 수련 다섯 가지를 모두 실천할 수 있으면 마음은 더욱 잘 길들여질 것입니다. 보시 선업을 할 수 있으면 역시 잘 길들여집니다. 자신의 필수품을 다른 이에게 나누어 줄 수 있다는 것은 그만큼 마음이 잘 길들여졌기 때문입니다. 그렇게 계 선업이나 보시 선업을 할 수 있을 정도로 마음이 길들여지면 그 마음은 사람의 행복과 천상의 행복을 가져다줄 것입니다.

다른 무엇보다 수행으로 마음을 길들이는 것이 좋습니다. 수행 두 가지 중 사마타 수행으로 길들이면 색계탄생지나 무색계탄생지에 태어나 몇 대겁 동안 행복하게 살 수 있습니다. 위빳사나 수행으로 길들이면 아라한도과까지 도달하여 제일 좋고 제일 거룩한 열반의 행복을 얻을 수 있습니다. 지금 이 게송에서 말하고자 하는 바는 그 위빳사나로 훈계하라는 내용입니다. 새김확립 네 가지 중 마음 거듭관찰cittānupassanā

에 따라 마음이 생겨날 때마다 계속 관찰해야 한다는 뜻입니다. 그렇게 생겨날 때마다 계속 마음을 관찰하여 단속하고 있으면 적당하지 않은 마음은 생겨날 기회를 얻지 못합니다. 가끔 새김을 놓쳐 적당하지 않은 마음이 생겨나더라도 관찰하여 제거하기 때문에 즉시 사라져버립니다.

하지만 처음 수행을 시작한 이는 한 번 관찰하는 것만으로 사라지지는 않을 것입니다. 그러면 두 번, 세 번 사라질 때까지 관찰해야 합니다. 마음은 제압하고 훈계하기가 어렵습니다. 또한 매우 빠릅니다. 자신이 원하는 곳이나 대상 쪽으로 휙휙 달아납니다. 지금 수행하고 있는 여러분이 제일 잘 알 것입니다. 그렇게 빠르게 자신이 가고 싶은 대상으로 달아나버리는 마음을 관찰해서 제압할 수 있도록 훈계하라고 부처님께서 설하셨습니다. 이것을 쉽게 기억하도록 게송으로 만들었습니다.

잡기곤란 매우빨라 원하는곳 치달리는
나쁜의식 거친마음 단속관찰 훈계하여
길들여진 그마음은 많은행복 가져오네

이 게송에서 "잡기곤란 매우빨라"는 "dunniggahassa lahuno"의 번역입니다. "원하는곳 치달리는"은 "yatthakāmanipātino"의 번역입니다. "나쁜의식 거친마음"은 "cittassa", 즉 마음이라는 것을 자세하게 표현한 것입니다. 여기서 훈계해야 할 마음이란 아직 길들여지지 않은 마음입니다. '다스리기 힘들다, 자신이 원하는 곳으로 치달린다'라고 했기 때문에 나쁘고 거친 마음이 분명합니다. 그리고 "단속관찰"이라는 표현과 운율을 맞추도록[114] 그 마음과 의식을 "나쁘다, 거칠다"라고

114 미얀마어 원문으로는 "윈냐나뚠 세이떠얀고우 사운판슈예이"로 표현했다. 여기서 '사운판'의 '판'이라는 단어와 운율을 맞추도록 '뚠(나쁜)', '떠얀(거친)'이라는 단어를 첨가했다는 뜻이다.

첨가하여 표현한 것입니다.

"damatho 길들인다"라는 것도 여기서는 나쁜 마음이 생겨날 때마다 그것을 단속하여 관찰함으로써 길들이는 것을 의미합니다. 그래서 "damatho sādhu"라는 구절에 따라 "단속관찰 훈계하여"라고 게송으로 표현했습니다. "길들여진 그마음은 많은행복 가져오네"라는 표현은 "cittaṁ마음은 dantaṁ길들여서 잘 다스려지면 sukhāvahaṁ행복을 가져다준다"라는 구절에 따른 것입니다. 이 게송을 다시 독송합시다.

잡기곤란 매우빨라 원하는곳 치달리는
나쁜의식 거친마음 단속관찰 훈계하여
길들여진 그마음은 많은행복 가져오네

이 게송에 따라 "마음을 제압하기가 어렵다"라는 것을 지금 관찰하고 있는 수행자는 직접 경험으로 분명히 압니다. "빠르다"라는 것도 분명합니다. "마음이 원하는 곳, 대상 쪽으로 달아나버린다"라는 것도 분명합니다. '그 대상을 생각하는 것은 적당하다. 적당하지 않다'라고 마음은 숙고하지 않습니다. 자신에게 적당하지 않은 것도 계속 생각합니다. 이것은 수행하지 않는, 관찰하지 않는 이들에게도 분명합니다. 자신의 나이나 위치에 걸맞지 않은 것을 함부로 생각하기도 합니다. 그렇게 자신이 원하는 곳으로만 달아나는 거친 마음이 얌전해지도록 잘 단속하고 훈계해야 합니다. 훈계하지 않고 내버려두면 마음은 적당하지 않은 것을 생각합니다. 비방하거나 죽이라고 부추기기도 합니다. 도둑질과 약탈을 생각하기도 합니다. 자신의 것이 아닌 감각욕망 대상을 범할 생각도 합니다. 그러한 마음은 고통과 괴로움을 가져다줍니다. 지옥의 고통도 줍니다. 앞서 설명했던 아귀의 고통도 줍니다.

그래서 "cittena nīyati loko 마음이 중생이라는 세상을 이끈다"(S. i.36)라고 부처님께서 설하셨습니다. 훌륭한 마음은 좋은 곳, 좋은 탄생지, 좋은 생으로 이끕니다. 나쁜 마음은 좋지 않은 곳, 좋지 않은 탄생지, 좋지 않은 생으로 이끕니다. 그래서 그렇게 나쁜 곳으로 이끄는 마음을 잘 길들이도록 관찰하여 다스려야 합니다.

그렇게 훈계해야 한다는 내용을 "나쁜의식 거친마음 단속관찰 훈계하여"라고 게송으로 표현했습니다. 그래서 〈부푼다, 꺼진다; 앉음; 닿음〉 등으로 관찰하고 있다가 마음이 다른 곳으로 달아나버리면 관찰하여 제거해야 합니다. 그렇게 관찰하여 제거할수록 마음은 부드럽고 미세해집니다. 자신이 두고자 하는 곳에 둘 수 있습니다. 형성평온의 지혜 saṅkhārupekkhāñāṇa에 도달하면 그 마음의 부드러운 모습, 미세한 모습, 길들여진 모습이 매우 분명합니다. 그렇게 부드럽고 미세하게 잘 길들여지면 머지않아 수다원도의 행복, 수다원과의 행복에도 이르게 됩니다. 그래서 "나쁜의식 거친마음 단속관찰 훈계하여 길들여진 그마음은 많은행복 가져오네"라고 게송으로 표현한 것입니다. 게송을 다시 독송해 봅시다.

Dunniggahassa lahuno, yatthakāmanipātino;
Cittassa damatho sādhu, cittaṁ dantaṁ sukhāvahaṁ.

(Dhp.35)

해 석

다스리기 어렵고 매우 빠르며
좋아하는 곳에 이리저리 치달리는
마음의 길들임은 훌륭하나니
길들여진 마음은 행복을 가져오네.

마띠까마따 노청신녀의 정사로 갈 용기가 없던 비구에게 부처님께서는 이 게송 보호주로 용기라는 약을 처방해 주셨습니다. 그 비구는 부처님께서 훈계하신 대로 부처님을 떠난 뒤부터 계속해서 마음이 생겨날 때마다 관찰해 나갔습니다. 다른 곳으로 달아나더라도 그 마음을 관찰하여 제거했습니다. 마띠까 마을의 숲속 정사에 도착했을 때도 자신의 마음만 끊임없이 관찰하고 있었습니다. 이전처럼 생각이나 망상을 하지 않았습니다.

마띠까마따 노청신녀도 신통으로 그 비구가 돌아오는 것을 보았고, 적당한 음식 등을 마련해서 올렸습니다. 그 비구는 'katipāhenava', 4,5일 정도, 며칠 사이에 아라한과에 이르러 아라한이 됐다고 합니다.

이 일화에서 말하고자 하는 바는 다른 이의 마음을 아는 타심통지 cetopariyañāṇa는 부처님뿐만 아니라 마띠까마따라는 노청신녀도 얻을 수 있다는 사실, 그리고 다른 이의 마음을 아는 그 노청신녀를 연유로 적당하지 않은 생각을 제거하여 특별한 법을 얻었다는 사실, 이 두 가지입니다.

마음을 아는 이의 곁에서는 부적당한 것을 생각하지 못한다

맞습니다. 다른 이의 마음을 아는 사람 근처에서 지내게 되면 적당하지 않은 것을 감히 생각하지 못합니다. 미얀마력으로 1293년(1931~1932년), 법랍 8년일 때 묘지에 간 적이 있습니다. 그 당시 본승은 새김확립 수행을 아직 하지 않은 때였습니다. 수행을 위해 적당한 장소와 방법, 스승을 찾아다니던 중 당시 유명했던 봉도지 우 오웅카인의 회상에 이르게 됐습니다. 우 오웅카인 정사는 따통 주, 도웅완 역 북동쪽 쉐이야우빠따운이라는 지역에 있었습니다. 봉도지는 두타행을 항상 수지하여 실천하고 있었고, 특히 묘지 두타행을 수지하고 있었습니다. 그곳 수행자들은 밤에는 묘지에서만 지냈는데, 주위의 탁발마을과 관련된 여러 묘지를 돌아가며 다녔습니다.

본 승이 그 정사에 갔을 당시, 봉도지 우 오웅카인은 시자 한 명과 따로 한 묘지에 갔고 나머지 비구와 수행자들은 다른 묘지로 갔습니다. 본 승은 대중들을 따라갔습니다. 해가 질 무렵 우리는 묘지에 도착했습니다. 그리고 얼마 지나지 않아 근처에 있는 한 묘지에서 우리를 초청했습니다. 그 이유는 15세 소녀가 목을 매달아 죽어 그 시체를 매장해야 하는데 보호를 해 달라는 것이었습니다. 갓 죽은 시체는 주술사들이 손이나 뼈 등 신체부분을 파내 주술을 위해 사용하곤 했기 때문에 그러한 위험으로부터 자신들을 보호해 달라는 것이었습니다.

도착한 그 묘지에서 이미 이틀 밤을 지내 마지막 밤이었다는 것, 다음날 밤은 바로 그 묘지에서 지낼 차례였다는 것, 관련된 신도들이 초청했다는 사실, 이러한 이유들로 일행은 그 묘지로 장소를 옮겨야 했습니다. 일행은 모두 여덟 명이었고, 해가 지기 전 도착해서는 각자 자리를 잡았습니다. 저쪽 덤불 근처에 한 자리, 이쪽 덤불 근처에 한 자리 식으로 각각 조금씩 멀리 떨어져 앉았습니다. 각각의 자리에는 신도들이 미리 짚을 깔아 놓았고 마실 물항아리도 마련해 두었습니다.

자리를 잡을 때 다른 이들은 소녀 시체를 묻은 장소에서 가급적 멀리 떨어진 곳을 택했습니다. 하지만 본 승은 소녀 시체를 묻은 곳에서 제일 가까운 곳을 택하게 됐습니다. 불과 1미터 정도밖에 떨어지지 않은 곳이었습니다. 본 승은 그전까지 한 번도 묘지에서 지낸 적이 없었습니다. 다른 이들은 묘지에서 지내는 것이 오래돼 아무렇지도 않은 듯 보였습니다. 하지만 본 승은 낯설어서 두려운 마음이 일어났습니다. 자리를 바꾸고 싶었습니다. 하지만 '우리 일행 중 내가 제일 법랍이 높다'라는 등으로 숙고하고서 그 자리를 떠나지 않았습니다.

다른 이들은 보호경을 독송하고 자애를 닦은 뒤 누워 잠이 들었습니다. 본 승은 장좌불와nisajji 두타행을 수지하고서 그대로 앉아 있었습니다. '시체 근처에는 야차들이 오곤 한다'라는 『위숫디막가』의 구절을 상기하고서 그 야차들과 마주치지 않도록 특별히 조심해서 매우 조용히 있었습니다. 그렇게 그 묘지에서 나흘 밤을 지냈습니다.

당시 묘지를 지키는 천신이나 야차들이 근처에 혹시 있다면 그들도 사람의 생각을 알 것이고, 그 천신이나 야차를 놀라게 할까 두려워서도 적당하지 않은 생각들을 감히 하지 못했습니다. 생각의 영역이 아주 좁아졌습니다. 타심통지에 대한 설명은 이 정도로 충분할 것입니다.

천이통지

이제 "위마족이타"라는 게송으로 표현한 다섯 가지 지혜 중 제일 마지막인 천이통dibbasotañāṇa을 설명하겠습니다. 천안통지dibbacakkhuñāṇa가 가깝거나 멀거나, 크거나 작은 모든 형색을 볼 수 있는 지혜인 것처럼 이 천이통지dibbasotañāṇa는 모든 소리를 들을 수 있는 지혜입니다. 인간세상의 소리만이 아닙니다. 천상이나 범천 세상의 소리도 들을 수 있습니다. 다른 우주의 소리도 들을 수 있습니다. 매우 미세한 소리도 들을 수 있습니다.

이 천이통지의 지혜까지 포함해서 "위마족이타"에 관한 설명이 끝났습니다. 이 다섯 가지 명지와 "숙안누"라는 세 가지 명지를 합하면 여덟 가지 명지가 됩니다. 그 세 가지 명지, 혹은 여덟 가지 명지를 부처님께서는 갖추셨다는 사실을 사따기리 천신이 대답했습니다.

다시 정리하자면 "samma벗이여; 벗 헤마와따 천신이여, so그는; 우리의 스승이신 고따마 부처님께서는 vijjāya ceva sampanno명지도 물론 구족하셨네; 명지라는 세 가지 특별한 지혜, 혹은 여덟 가지 특별한 지혜도 구족하셨네. atho그리고 saṁsuddhacāraṇo실천행이 바르고 청정하시네; 바르고 청정한 기본 실천행도 갖추셨네"라고 대답했습니다. 이것을 "삼명팔명 명지함께 십오실천 구족하네"라고 게송으로 표현했습니다. 같이 독송합시다.

삼명팔명 명지함께 십오실천 구족하네

실천행 열다섯 가지

헤마와따 천신이 "부처님께서는 실천행도 구족하셨는가?"라고 물었기 때문에 사따기리 천신은 부처님께서 'caraṇa'라는 기본 실천행도 구족하셨다고 대답했습니다. 이것을 여기서 "십오실천 구족하네"라고 게송으로 표현했습니다. 그 열다섯 가지 실천행도 기억하기 쉽도록 다음과 같이 게송으로 표현해 보았습니다.

계근식성 사선정 믿음과정진[115]

① "계戒"란 계목단속계pātimokkhasaṁvarasīla입니다. ② "근根"이란 감각기능단속계indriyasaṁvarasīla입니다. ③ "식食"이란 음식양알기bhojanemattaññutā입니다. ④ "성醒"이란 각성매진jāgariyānuyoga입니다. ⑤~⑧ "사선정"이란 색계선정 네 가지를 말합니다. ⑨~⑩ "믿음과정진"이

115 원문에는 '시인보자'라고 빠알리어로 표현했다. '시'는 'sīla'를, '인'은 'indriya'를, '보'는 'bhojana'를, '자'는 'jāgariya'를 나타낸다.

란 믿음saddhā과 정진vīriya으로 이미 분명합니다. 이 첫 번째 게송에는 이렇게 열 가지 실천행이 포함돼 있습니다. 이것을 하나씩 설명해 나가겠습니다.

① 계목단속계pātimokkhasaṁvarasīla란 그것을 단속하면 그렇게 단속하는 이를 세상의 위험이나 윤회의 위험으로부터 벗어나게 해 줄 수 있는, 가로막고 보호해 주는 계라는 의미가 있습니다. 재가자들의 경우 오계가 계목단속계입니다. 비구들의 경우 간략하게는 비구계 227가지, 자세하게는 918억 개가 넘는 계[116]가 계목단속계입니다. 그 계를 정성스럽게 지키고 단속하면pāti 세상에서 비난받을 만한 위험, 왕의 위험으로부터 벗어날 수 있습니다. 사악도 등 윤회의 위험으로부터 벗어날 수 있습니다mokkha. 그래서 계목단속계pātimokkhasaṁvarasīla라고 부릅니다.

② 감각기능단속계indriyasaṁvarasīla에서 '감각기능indriya'이란 눈 등의 여섯 가지를 말합니다. 여섯 가지 기능이란 다름 아닌 여섯 문을 뜻합니다. 그 여섯 문에서 볼 때마다, 들을 때마다, 맡을 때마다, 먹어 알 때마다, 닿아 알 때마다, 생각하여 알 때마다 탐애abhijjhā라는 원하고 애착하는 것이 생겨나지 않도록 단속하는 것을 '감각기능단속계indriyasaṁvarasīla'라고 합니다. 이 계는 어떤 한 가지 수행을 끊임없이 닦고 있어야 잘 갖출 수 있습니다.

③ 음식양알기bhojanemattaññutā란 자신이 먹는 음식의 한계나 양을 아는 것입니다. 보시를 받을 때도 한계를 알고 적당량만 보시 받아야 합니다. 사용할 때도 반조하는 지혜paccavekkhaṇañāṇa를 통해 숙고하고서 적당량만 취해야 합니다. 공양을 할 때도 숙고하도록 부처님께서

116 918억 503만 6천(91,805,036,000) 개.

"paṭisaṅkhā yoniso piṇḍapātaṁ paṭisevati neva davāya(이치에 맞게 성찰하고서 탁발음식을 수용해야 하나니 행락을 위해서가 아니라)"라는[117] 등으로 설해 놓으셨습니다. 좋은 음식을 먹을 때는 좋아함과 즐김이 생겨납니다. 나쁜 음식을 먹을 때는 실망함과 싫어함이 생겨납니다. 좋은 것에 대한 기대도 생겨납니다. 그렇게 좋아하고 즐기고 기대하는 탐욕lobha, 실망하는 성냄dosa, 싫어하는 근심domanassa이 생겨나지 않도록 이렇게 숙고하고 먹어야 한다는 뜻입니다.

'음식은 즐기기 위해서 먹는 것이 아니다. 자만으로 도취되기 위해서 먹는 것도 아니다. 살을 풍만하게 하고 피부를 깨끗하고 아름답게 만들려고 먹는 것도 아니다. 그렇다면 무엇을 위한 것인가? 이 몸을 지탱하기 위해서 먹는 것이다. 배고픔이 사라지도록 먹는 것이다. 배고픔 때문에 생겨나는 고통스러운 느낌이 생겨나지 않도록 먹는 것이다. 건강하도록 먹는 것이다. 건강하여 무엇을 하기 위해서인가? 부처님의 훈계와 가르침인 세 가지 수련sikkhā을 실천하기 위해서다'라고 숙고하고서 먹어야 합니다. 음식뿐만 아닙니다. 가사 등도 '춥지 않도록, 덥지 않도록, 모기나 등에[118], 뱀, 지네 등에 물리지 않도록 두르고 사용하는 것이다'라는 등으로 숙고하고서 사용해야 합니다. 그것이 반조의 지혜

117 Paṭisaṅkhā yoniso piṇḍapātaṁ paṭisevati – 'neva davāya, na madāya, na maṇḍanāya, na vibhūsanāya, yāvadeva imassa kāyassa ṭhitiyā yāpanāya, vihiṁsūparatiyā, brahmacariyānuggahāya, iti purāṇañca vedanaṁ paṭihaṅkhāmi navañca vedanaṁ na uppādessāmi, yātrā ca me bhavissati anavajjatā ca phāsuvihāro ca'.(M.i.12)
참고로 이 내용을 게송으로 표현하면 다음과 같다.

이와같은 공양음식 행락도취 매력장식
위해서가 아니라네 사대로된 이내몸의
지탱유지 피곤덜고 청정범행 돕기위해
옛고통을 사라지게 새고통은 안생기게
건강하고 허물없이 편안위해 수용하네

118 등에ḍaṁsa는 벌과 비슷한 모습이며 동물의 몸에 달라붙어 피를 빨아 먹는다.

로 숙고하고서 수용해야 할 음식에 대해 한계와 양을 아는 것인 음식양 알기입니다.

④ 각성매진jāgariyānuyoga이라는 단어는 각성jāgariya, 즉 깨어있음에 매진하는 것anuyoga, 노력하고 행하는 것입니다. 잠은 적게 자고 깨어 있는 시간이 많도록 노력하는 것입니다. 하지만 수행을 하지 않고 깨어만 있는 것은 그리 이익이 많지 않습니다. 어느 스님의 말이 생각납니다. 그 스님은 깨어 있으면 불선한 마음이 너무 많아서 불선법이 적게 생겨나도록 잠을 많이 자야 한다고 했습니다.

그럴듯하기는 합니다. 깨어 있는 시간에 감각욕망이나 분노, 해침과 관련된 생각을 하고 있으면 불선법들이 많이 생겨납니다. 잠을 자는 동안에는 그러한 불선 사유들이 생겨날 수 없습니다. 하지만 각성매진에 따라 깨어 있는 것은 수행 없이 깨어 있는 것을 말하는 것이 아닙니다. 수행을 통해 장애와 번뇌를 제거하면서 깨어 있는 것을 말합니다. 이것에 대해 다음과 같이 설해져 있습니다.

Divasaṁ caṅkamena nisajjāya āvaraṇīyehi dhammehi cittaṁ parisodheti. (M.ii.18)

대역

Divasaṁ온종일 caṅkamena nisajjāya경행과 좌선으로 āvaraṇīyehi dhammehi방해하는 법들로부터; 선법을 가로막는 장애법들로부터 cittaṁ마음을 parisodheti완전히 깨끗하게 한다.

경행했다가 좌선했다가, 이 두 가지 자세를 통해 감각욕망원함kāmacchanda 등의 장애 번뇌가 사라져 마음이 깨끗하도록 노력해야 한다는 뜻입니다. 여기서 가는 것과 앉는 것, 앉는 것과 가는 것 사이에 서는 자세도 포함됩니다. 눕는 자세는 드러내지 않았습니다. 그래서 열심히 노력한다면 온종일 가끔은 앉는 자세, 가끔은 가는 자세, 가끔은 선 자세, 이렇게 세 가지 자세로 장애가 사라지도록 어느 한 가지 수행을 통해 노력해야 합니다. 하루를 여섯 등분 했을 때 자정 전후의 한 부분 정도만 눕고 나머지 다섯 부분은 한 가지 수행을 통해 깨어 있는 것을 각성매진jāgariyānuyoga이라고 부릅니다.

⑤~⑧ "사선정"이란 색계선정 네 가지를 말한다고 앞서 설명했습니다. 여기서 무색계선정 네 가지도 색계 제4선정에 포함시켜 헤아려도 적당하다고 생각합니다.

⑨~⑩ "믿음과정진"에서 믿음saddhā과 정진vīriya에 대해서는 특별히 자세하게 설명할 필요가 없습니다.

이렇게 "계근식성 사선정 믿음과정진"이라는 첫 번째 게송에 실천행caraṇa에 해당되는 열 가지 법이 포함됐습니다. 두 번째 게송은 "새김지혜 참괴문 기억실천행"입니다. 같이 독송합시다.

새김지혜 참괴문 기억실천행

이 게송에서 ⑪ "새김"이란 새기는 것sati입니다. ⑫ "지혜"란 통찰지paññā입니다. ⑬ "참"이란 도덕적 부끄러움hiri·慚입니다. 악행과 불선업을 부끄러워하는 것입니다. ⑭ "괴"란 두려움ottappa·愧입니다. 악행과 불선업을 두려워하는 것입니다. ⑮ "문"이란 많이 배움bāhusacca·多聞,[119] 듣고 본 것이 많은 것입니다.

119 'bāhusuta'라고도 표현한다.

이 많이 배움, 즉 많이 듣고 많이 보는 것과 관련해 '많이 듣는 것'이란 부처님께서 설해 놓으신 가르침을 듣고 기억하는 것입니다. 지금처럼 법을 들으면서 가르침을 듣고 기억하는 것을 전승 배움āgamasuta, 즉 듣는 것聞이라고 합니다. 수행하면서 스스로의 지혜로 경험하여 알고 보는 것을 증득 배움adhigamasuta, 즉 보는 것見이라고 합니다. 그렇게 들은 것과 본 것을 많이 갖춘 것, 많이 듣고 많이 본 것을 '많이 배움'이라고 합니다.

많다면 어느 정도로 많아야 하겠습니까? 보통 제자인 경우, 스스로의 해탈을 위한 정도라면 게송 한 구절 정도를 듣고 실천하는 것, 아는 것만으로도 '듣고 본 것이 많다. 구족했다'라고 말할 수 있습니다. 다른 이에게 설할 스승의 경우라면 부처님께서 설해 놓으신 법들을 많이 알고 능숙할수록 좋습니다.

여기서 "부처님의 경우는 다른 이에게 들어서 기억함이 전혀 없었는데 어떻게 듣고 봄이라는 배움을 구족하셨다고 말하는가?"라고 질문할 수 있습니다. 듣고 봄이라는 배움 두 가지 중 증득 배움, 보는 것으로서의 배움은 부처님의 경우 남김없이 구족하셨습니다. 그렇게 남김없이 모든 것을 알고 계시기 때문에 아직 알지 못한 것을 다른 이로부터 들어서 기억할 필요가 전혀 없습니다. 비유하자면, 자기 집에 있는 물건들에 관해서는 스스로 경험으로 알고 있기 때문에 굳이 다른 이에게 들을 필요가 없는 것과 마찬가지입니다. 부처님께서는 스스로의 지혜를 통해 남김없이 모든 것을 알고 보는 증득 배움을 완전히 구족하셨기 때문에 많이 배움, 즉 많이 듣고 많이 봄이라는 덕목에 있어 제일 수승한, 제일 거룩한, 완전히 구족한 상태입니다.

"새김지혜 참괴문 기억실천행"이라는 두 번째 게송에서는 다섯 가지 실천행이 포함돼 있습니다. 첫 번째 게송의 열 가지와 합하면 실천행 법이 열다섯 가지가 됩니다. 이 열다섯 가지 중 믿음을 포함해서 뒤의 일곱 가지는 참사람법saddhamma이라고 합니다. 가르침의 차례에 따르자면 믿음, 부끄러움, 두려움, 많이 배움, 정진, 새김, 통찰지로 설해 놓으셨습니다. 게송에서는 가르침의 차례에 따르지 않았습니다. 게송의 운율을 고려해 일곱 가지 숫자에 맞도록 표현했습니다.

지금까지의 설명으로 명지와 실천행에 대한 내용이 끝났습니다. 세 가지 혹은 여덟 가지 명지, 열다섯 가지 실천행을 부처님께서는 구족하셨다는 사실을 사따기리 천신이 자신 있게 장담하면서 대답했습니다. 매우 존경할 만한 덕목이기 때문에 다시 한 번 독송합시다.

삼명팔명 명지함께 십오실천 구족하네
삼명에는 숙안누 통찰지혜눈
팔명에는 덧붙여 위마족이타
계근식성 사선정 믿음과정진
새김지혜 참괴문 기억실천행

이러한 부처님의 덕목에 관해 두 천신이 문답을 주고받던 곳은 라자가하 성의 하늘 위였습니다. 그때 꾸라라가라Kuraraghara 성 사람과 결혼해 남편을 따라 꾸라라가라 성에 살고 있어서 꾸라라가리까Kurara-gharikā, 즉 꾸라라 사람이라고 불렸던 깔리Kāḷī라는 여인이 출산을 위해 친정인 라자가하에 잠시 머물고 있었습니다. 깔리 여인은 창문을 열고 바람을 쐬고 있다가 두 천신이 대화하는 소리를 들었습니다. '이것은 하늘에서 나는 소리다. 사람의 소리가 아니다. 천신들이 대화하는 소리일 것이다'라고 생각하고서 계속 듣고 있었습니다. 그렇게 천신들의 대화 소리를 들을 수 있었던 것도 과거 복덕과 바라밀이 특별한 사람이었기 때문입니다. 다른 이들은 당시 누구도 듣지 못했습니다.

깔리 여인은 그들의 대화를 이해할 수도 있었습니다. 그렇게 깔리 여인은 천신들의 대화를 들으면서 부처님의 덕목을 대상으로 공경하는 믿음법이 강하게 생겨났습니다. 예를 들면 "우리붓다 맘잘두니 모두여여 연민고루 좋고나쁜 대상대해 생각을 자재하시네"라는 게송에 따라 '지금 출현하신 부처님께서는 마음을 잘 두실 수 있다고 하는구나. 모든 중생에 대해 고르게 자애와 연민이 있다고 하는구나. 좋고 나쁜 대상에 따르지 않고 원하는 대로 마음을 잘 두고 생각할 수 있다고 하는구나' 등의 덕목을 대상으로 존경하는 믿음법이 새록새록 솟아났습니다. 또한 "삼명팔명 명지함께 십오실천 구족하네"라는 게송에 따라 '세 가지 명지, 즉 숙명통지와 천안통지와 누진통지라는 세 가지 명지, 혹은 그 세 가지에 위빳사나 지혜와 마음창조신통지와 신족통지와 천이통지와 타심통지를 더해 여덟 가지 명지라는 특별한 지혜를 구족하셨다고 하는구나. 기본이 되는 열다섯 가지 실천행도 구족하셨다고 하는구나' 등의 덕목을 대상으로도 존경하는 믿음법이 새록새록 솟아났습니다.

명지와 실천행을 구족한 이가 제일 거룩하다

'명지와 실천행을 구족했다'라는 것은 실로 존경할 만합니다. 명지와 실천행을 구족한 이가 제일 거룩하다는 사실을 부처님께서는 다음과 같이 설해 놓으셨습니다.

Khattiyo seṭṭho janetasmiṁ, ye gottapaṭisārino;
Vijjācaraṇasampanno, so seṭṭho devamānuse.

(D3/D.i.92)

해 석

족성을 따라서 이리저리 따지는
사람들 중에 왕족이 거룩하고
명지와 실천행을 구족한 그야말로
천신과 인간 중에 실로 거룩하다.

대 역

Janetasmiṁ사람들 중에; 세상에서 ye어떤 이들은 gottapaṭisārino태생과 족성에 따라서 우열을 결정하곤 한다. tesu그들 중에 khattiyo왕족인 이가 seṭṭho거룩하다; 특히 칭송받을 만하여 높고 거룩하다. yo어떤 이는 vijjācaraṇasampanno명지라는 특별한 지혜와 실천행이라는 기본 실천법들을 구족했다. so그는 devamānuse천신과 인간들 중에서; 온 세상 중에서 seṭṭho거룩하다; 특히 칭송받을 만하여 높고 거룩하다.

먼저 이 가르침의 첫 번째 구절에서 "janetasmiṁ사람들 중에; 세상에서 ye어떤 이들은 gottapaṭisārino태생과 족성에 따라서 우열을 결정하곤 한다. tesu그들 중에 khattiyo왕족인 이가 seṭṭho거룩하다; 특히 칭송받을 만하여 높고 거룩하다"라고 설하셨습니다.

인도에서는 태생과 족성을 따져 저열하고 우월한 것을 구별하는 전통이 있습니다. '바라문brahmaṇa 태생은 거룩하다. 왕족khattiya 태생은 거룩하다. 중인Vessa과 천인Suddha 태생은 저열하다'라는 등으로 이렇게 태생으로 구별합니다. 그중에서도 가문으로는 꼬시야Kosiya 가문이나 바라드와자Bhāradvāja 가문은 저열하고 고따마Gotama 가문이나 목갈라나Moggalāna 가문이나 깟짜나Kaccāna 가문은 거룩합니다. 이렇게 가문과 족성으로도 구별합니다.

어느 정도로 구별하는가 하면, '태생과 가문이 거룩하다'라고 인정된 이들은 천민이나 넝마주이 등 저열한 이들과는 몸이 닿아서도 안 됩니다. 닿으면 길상이 무너진다고 생각합니다. 그래서 천민 등의 저열한 이들은 성 밖에 따로 마련된 장소에서 머물러야 합니다. 성내로 들어올 때도 자신들을 저열한 태생이라 알고서 피하고 비키도록 막대기 두 개로 탁탁 소리를 내야 한다고 합니다. "노예 신분인 저열한 이가 옵니다. 고귀한 가문인 분들은 피하십시오"라는 말과 같습니다. 마땅가Mātaṅga 본생담에서 딧타망갈리까Diṭṭhamaṅgalika라는 부호녀가 거지인 마땅가Mātaṅga를 보고서 '불길하다'라고 생각했고, 그녀를 따르는 이들이 마땅가를 둘러싸고 심하게 때린 일화를 통해서도 태생이나 족성으로 저열하고 고귀한 것을 구별하는 성품을 볼 수 있습니다.(J497)[120] 그

120 Na jaccā vasalo hoti, na jaccā hoti brāhmaṇo;
Kammunā vasalo hoti, kammunā hoti brāhmaṇo. (Sn.300)

해석

태생 때문에 천민이 아니고
태생 때문에 바라문이 아니다.
업 때문에 천민이 되고
업 때문에 바라문이 된다.

대역

Jaccā태생 때문에 na vasalo hoti천민이; 저열한 자가 되는 것이 아니다. jaccā태생 때문에 brāhmaṇo바라문이; 고귀한 자가 na hoti되는 것이 아니다. kammunā업 때문에; 자신이 행한 악행 때문에 vasalo hoti천민이; 저열한 자가 된다. kammunā업 때문에; 자신이 행한 선행 때문에 brāhmaṇo hoti바라문이; 고귀한 자가 된다; 악행을 떨쳐버려 부처님이나 아라한까지 될 수 있다.

이 게송이 설해진 배경은 다음과 같다. 사왓티의 악기까바라드와자Aggikabhāradvāja라는 바라문이 부처님을 까까중muṇḍaka, 사이비 사문samaṇaka, 천한 자vasalaka 등으로 비방하자 부처님께서 "그대는 천한 자vasala와 천한 자가 되게 하는 법vasalakāraṇadhamma을 아는가?"라고 질문하신 뒤 「와살라숫따Vasalasutta(천민경)」를 설하셨다. 경의 내용을 요약하자면 다음과 같다. "태생 때문에 거룩한 이라고 나 여래는 설하지 않는다. 재산이 많다고, 용모

때처럼 심하지 않지만 지금 시대에도 여전히 차별이 존재합니다.

현대에는 어떤 차별이 있는지 일화 하나를 들려 드리겠습니다. 얼마 전에 입적하신 바한의 웰루완 사야도에게 직접 들은 이야기입니다. 영국 식민지 시절 웰루완 사야도가 인도와 스리랑카 등의 성지를 순례할 때 사야도의 신도와 인연이 있는 한 인도인 부호 집에 머물게 됐다고 합니다. 그때 그 주인이 다음과 같이 말했다고 합니다. "여러분이 우리 집에 머물 수는 있습니다. 하지만 여러분이 지내고 간 곳은 더 이상 우리가 지낼 수 없습니다. 그러니 자리를 따로 마련해 드리겠습니다. 화장실도 여러분이 사용하고 나면 우리는 사용할 수 없습니다. 그러니 화장실도 따로 마련해 드리겠습니다."

이것도 미얀마 사람들이라서 이 정도로 허락해 준 것입니다. 인도 사람으로서 자신들보다 태생이 저열한 이들이라면 그 정도조차 허락하지 않았을 것입니다. 그렇게 태생이 저열한 이들은 자신들이 숭배하는 예배당에도 들어오지 못하게 한다고 합니다. 그들의 관념에 따라 저열하게 태어나면 고귀한 태생으로 절대 바꾸지 못합니다. 반면 고귀하게 태어났다면 어떻게 지내더라도 그대로 높고 거룩하다고 생각합니다. 그러한 견해는 그들의 문헌에도 있고 불교 가르침인 삼장 안에도 소개돼 있습니다.

스리랑카에서도 인도만큼 심하지는 않지만 가문과 태생에 따른 차별이 있습니다. 그래서 스리랑카의 경우 저열한 가문에서 태어난 비구를 고귀한 태생의 신도들이 공경하려 하지 않습니다. 가까이하려 하지

가 수려하다고, 몸이 아름답다고, 대중이 많다고, 명성이 자자하다고 거룩한 이라고 나 여래는 설하지 않는다. 그러한 법들 때문에 또한 천한 자라고도 나 여래는 말하지 않는다. 악행을 행하지 않고 선행을 행하는 이는 누구나 거룩한 이다. 악행을 행하고 악행을 즐기는 이는 누구나 천한 자이다. 이렇게 나 여래는 설한다."

않습니다. 귀의하려 하지 않습니다. 태생이 거룩한 재가자를 태생이 저열한 비구가 두려워하고 꺼립니다. 미얀마에서는 그렇게 태생과 관련하여 저열하고 고귀하다고 차별하는 것은 없지만, 재산이 있는 이, 권력이 있는 이를 받들긴 합니다.

그렇게 태생이나 가문과 관련해 '우리의 태생과 가문은 거룩하다. 그들의 태생과 가문은 저열하다' 등으로 따지고 구별하는 전통이 있는 이들 중에 캇띠야khattiya라는 왕족이 제일 거룩하다는 뜻입니다. 무엇 때문인가 하면, 그 당시 왕족들은 자신들의 가문을 유지하는 전통이 있었습니다. 저열한 이들과는 결혼하지 않았습니다. 그래서 가문과 족성으로도 깨끗했습니다. 또한 왕족들은 자신들의 가문이나 자신들의 나라를 위해 용맹하게 싸워 지키고 보호했습니다. 권력도 있었습니다. 이러한 이유로 세간적으로 거룩하다고 말합니다. 그래서 "tesu그들 중에 khattiyo왕족인 이가 seṭṭho거룩하다; 특히 칭송받을 만하여 높고 거룩하다"라고 설하신 것입니다.

이어서 "yo어떤 이는 vijjācaraṇasampanno명지라는 특별한 지혜와 실천행이라는 기본 실천법들을 구족했다. so그는 devamānuse천신과 인간들 중에서; 온 세상 중에서 seṭṭho거룩하다; 특히 칭송받을 만하여 높고 거룩하다"라고 설하셨습니다. 세간적인 측면으로 보면 왕족이 제일 거룩하다고 말할 수 있는 것처럼 법의 측면으로 보면 명지와 실천행을 구족한 이가 제일 거룩하다는 뜻입니다. 이 게송을 먼저 독송한 것은 사함빠띠Sahampati라는[121] 성자인 대범천입니다. 그 대범천이 독송한 것을 부처님께서 일체지를 통해 숙고셨을 때 대범천의 독송 내용이

121 D3에는 사낭꾸마라Sanaṅkumāra 범천이 설한 것으로 나온다.

옳다는 것을 아셨기 때문에 부처님께서도 동의하는 의미로 그 게송을 다시 독송하셨습니다.

세간적인 측면으로는 왕이나 왕족들이 거룩하다고 말하지만 죽기 전, 권력이 있는 동안만 거룩하다고 할 수 있습니다. 권력이 없어졌을 때, 죽고 난 뒤라면 전혀 의지할 만한 것이 없습니다. 하지만 명지와 실천행을 구족한 이라면 언제나 훌륭하고 거룩합니다. 많이 구족할수록 더욱 거룩합니다. 구족한 만큼 높고 거룩합니다.

신족통지로 신통을 나투어 땅속으로 꺼지고 하늘을 날 수 있다면 지금 사람들은 더욱 높게 평가할 것입니다. 타심통지로 다른 이의 마음을 알고서 말할 수 있다면 역시 높게 평가할 것입니다. 천안통지로 죽은 이가 태어난 곳을 말할 수 있다면 역시 높게 평가할 것입니다. 천이통지나 천안통지로 들리지 않고 보이지 않는 것을 꿰뚫어 듣거나 보고서 말할 수 있다면 더욱 높게 평가할 것입니다. 위빳사나 관찰을 하는 중에도 삼매가 특별하게 좋아졌을 때 어떤 수행자는 그러한 신통과 조금 비슷하게 특별한 것을 듣거나 볼 수 있는 경우도 있습니다.

이와 관련해 본 승이 지도한 대로 관찰하고서 특별하게 듣거나 보는 능력이 생긴 뻐쿡꾸 주의 한 청신녀의 일화를 소개해 드리겠습니다. 어느 날, 그녀의 여동생 집에서 금 보석이 없어졌습니다. 여동생은 언니인 그 청신녀에게 누가 가져갔는지 아느냐고 물었습니다. 청신녀는 말하고 싶지 않다고 거절했지만 동생이 거듭 간청하자 결국 그녀는 법에 대해 마음 기울인 뒤 숙고해 보았고, 어린 하녀가 훔쳐서 자신의 집 부엌 (생선)훈제선반 위에 있는 항아리에 넣어 둔 것을 알게 됐습니다. 청신녀는 자신이 숙고해 본 대로 말했고, 여동생은 즉시 경찰을 불러 그 하녀의 집으로 가서 부엌의 훈제선반 위에 있는 항아리에서 자신의

금 보석을 찾았다고 합니다. 당시 이 사건을 직접 경험한 경찰도 매우 놀랐다고 합니다.

이것은 단지 관찰하는 노력만으로 삼매의 힘을 통해 특별하게 보고 들을 수 있다는 것을 증명해 주는 근래에 있었던 일화입니다. 그렇게 특별하게 보고 들을 수 있는 것과 관련해 다른 일화들도 많습니다. 신통지를 모두 얻어서 신통을 보이며 말하고 설할 수 있다면 사람들이 더욱 높게 평가할 것입니다.

그러나 특별한 지혜인 명지 중에서도 중요한 것은 위빳사나 지혜와 누진통지입니다. 위빳사나 지혜를 구족하면 작은 수다원cūḷasotapanna이 되어 태어날 거처가 결정됐다고 확신할 수 있습니다. 누진통지라는 도의 지혜 네 가지 중 수다원도의 지혜를 구족하면 수다원이 되어 악도의 윤회에서 완전히 벗어나고 일곱 생보다 더 많이 태어나서 겪어야 할 고통도 사라져버립니다. 일곱 생 중에 아라한이 되어 완전열반에 들게 됩니다. 그래서 더욱 훌륭하고 거룩합니다. 그보다 더 높은 도의 지혜들을 구족하면 더욱더 훌륭하고 거룩하다는 사실은 말할 필요도 없습니다.

인간세상과 천상세상과 범천세상에서도 높은 위치로 태어나 번영하고 행복하게 지내는 사람과 천신과 범천들은 계 등의 실천행을 구족한 존재들입니다. 특히 믿음 등의 참사람법을 갖춘 이들입니다. 믿음이 있는 이들은 보시 등의 선행과 선업을 행합니다. 그러한 선행이 있는 이들이라야 인간세상과 천상세상에 태어나 번영하고 행복하게 지냅니다. 지금처럼 법문을 듣고 수행하는 이들도 믿음 등의 실천법을 갖춘 이들입니다. 성스러운 도과의 지혜에 도달하고 증득하는 이들도 이 실천행을 갖춘 이들입니다. 그래서 실천행을 구족한 이들도 높고 거룩합니다.

지금 설명한 대로 명지와 실천행, 두 가지 모두를 갖추면 더욱 거룩합니다. 그래서 "so그는 devamānuse천신과 인간들 중에서; 온 세상 중에서 seṭṭho거룩하다; 특히 칭송받을 만하여 높고 거룩하다"라고 설하신 것입니다.

지금 수행자들도 명지와 실천행을 구족했다

지금 수행하고 있는 수행자들도 "숙안누"와 "위마족이타"라는 여덟 가지 특별한 지혜 중에 '위'라는 위빳사나 지혜를 갖추었습니다. 성스러운 도에 도달한 수행자라면 '누'라는 누진통지도 갖추었습니다. 열다섯 가지 실천행 중 계도 갖추었습니다. 끊임없이 관찰하고 있기 때문에 감각기능을 단속하는 것도 갖추었습니다. 관찰하면서 먹기 때문에 음식의 양을 아는 것도 갖출 수 있습니다. 네 시간 정도만 자고 끊임없이 관찰하기 때문에 깨어있는 것도 갖추었습니다. 믿음 등의 참사람법들을 갖추었다는 사실은 특별히 말할 필요도 없습니다.

따라서 지금 이 수행센터에서 열심히 노력하고 있는 수행자들도 명지와 실천행을 적당하게 갖추고 있습니다. 명지와 실천행을 갖춘 이는 특별히 칭송받을 만한 이, 높고 거룩한 이라고 설해 놓으신 가르침과 일치합니다. 이것을 숙고해 본다면 매우 기뻐할 만합니다. 그렇게 기뻐하고 행복해하면서 더욱더 갖추도록 관찰하고 노력해 나가기만 하면 됩니다.

부처님의 경우 방금 설명한 특별한 지혜인 명지 세 가지나 여덟 가지, 실천행법 열다섯 가지를 모두, 완전히, 남김없이 갖추셨습니다. 그래서 아홉 가지 부처님 덕목 중 명행족vijjācaraṇa sampanno이라는 하나의 덕목으로 설명해 놓았습니다. 명행족이라는 덕목을 독송하면서 예경 올리도록 따라해 보십시오.

윗자짜라나삼빤노
삼명팔명 명지함께 열다섯의 실천까지
지혜실천 구족하여 명행족이신 부처님[122]

숩빠붓다 일화

여기서 명지와 실천행을 구족하면 거룩하다는 내용과 관련해 숩빠붓다Suppabuddha라는 한 가난한 이의 일화를 들려 드리겠습니다. 부처님 당시, 라자가하 성에 숩빠붓다라는 이가 있었습니다. 부모에게 버림받은 그는 어릴 때부터 동냥그릇을 들고 구걸하며 살았습니다. 더욱이 그는 나병 때문에 온몸이 계속 아팠습니다. 정해진 잠자리도 없었습니다. 거리에 있는 적당한 장소를 의지해서 잠을 잤습니다. 저녁이 되면 나병 때문에 심하게 아파서 신음하거나 비명을 질렀습니다. 주위 사람들은 그의 신음소리에 잠에서 깨곤 했습니다. 그래서 그를 잠자고 있는 이들을 잘su 깨어나게 한다는pabuddha 뜻으로 숩빠붓다Suppabuddha라고 불렀습니다.

어느 날, 숩빠붓다는 사람들이 많이 모인 것을 보고서 먹을 것을 얻을 수 있을 것으로 생각하고 그쪽으로 향했습니다. 군중 가까이 다가간 그는 부처님께서 법문을 하고 계시다는 것을 알게 됐습니다. 그때 숩빠붓다에게도 법문을 들으려는 마음이 생겨나서 정성스럽게 법문을 들었습니다. 부처님께서는 붓다의 눈buddhacakkhu이라는 지혜의 눈으로 살펴보시고, 숩빠붓다가 특별한 지혜를 얻을 조건이 형성됐다는 사실

122 '윗자'라는 세 가지 명지나 여덟 가지 명지, '짜라나'라는 기본 실천행 열다섯 가지를 모두 완전히 구족하신 부처님.

을 알게 되셨습니다. 그래서 보시 설법dānakathā과 계 설법sīlakathā 등을 차례대로 설하셨고, 그 법문을 듣던 숩빠붓다에게 믿음법이 생겨났습니다. 부처님께서 계에 관련된 설법을 하실 때 숩빠붓다는 살생과 도둑질 등 불선법을 삼가도록 수지했습니다. 보시와 계의 이익, 감각욕망 대상이 무너지는 모습, 감각욕망 대상을 버리는 모습 등을 들었을 때 숩빠붓다에게 기쁨과 희열pītipāmojja이[123] 생겨났습니다. 마음의 장애가 없어졌습니다. 그래서 바로 그때 부처님께서는 괴로움dukkha과 생겨남samudaya과 소멸nirodha과 도magga라는 네 가지 진리의 가르침을 설하셨습니다. 숩빠붓다는 그 네 가지 진리의 가르침을 들으면서 위빳사나 수행을 실천하고서 수다원도과에 도달하여 수다원이 됐습니다.

부처님께서 법문을 마치시자 법문을 듣던 대중은 모두 일어나서 돌아갔습니다. 숩빠붓다도 다른 이들과 함께 돌아가다가 부처님께 다시 갔습니다. 자신이 알게 된 법을 부처님께 아뢰고 밝히기 위해서였습니다. 그것을 제석천왕이 알고서 진짜인지 아닌지 알려고 길 중간을 가로막고는 다음과 같이 말했습니다.

"이보시오, 숩빠붓다여. 그대는 제일 가난하고 궁한 사람이오. 나병에도 걸려 심하게 고통스러워하고 있소. 내가 말하는 것을 따른다면 그대에게 많은 재산을 주겠소. 병도 낫게 해 주겠소."

"그대는 누구요? 무엇을 따르면 됩니까?"

"나는 천신들의 왕인 제석천왕이오. 그대가 따라야할 것은 별것 아니요. '방금 설법한 고따마 붓다라는 이가 진짜 붓다가 아니다. 그가 설법한 법도 좋은 법, 진짜 법이 아니다. 붓다의 제자인 승가도 진짜 승

123 원래는 기쁨pāmojja과 희열pīti이라고 표현해야 하나 합성어를 만들 때 작은 음절이 앞에 오는 법칙에 따라 'pītipāmojja'로 표현한다.

가가 아니다. 나는 부처님이 필요 없다. 가르침도 필요 없다. 승가도 필요 없다'라고 이렇게 말하면 되오."

그러자 숩빠붓다는 다음과 같이 말했습니다.

"그대는 제석천왕이라고 하면서 매우 추악하군요. 적당하지 않은 것을 말하는군요. 그대와는 말을 섞는 것조차 적당하지 않습니다. 그리고 그대는 나를 '매우 가난하다. 의지할 것이 없는 이다'라고 조롱하며 말했는데 왜 그렇게 말합니까? 나는 지금 부처님의 진짜 아들이 됐습니다. 더 이상 가난하지 않습니다. 제일 거룩한 행복을 갖추었습니다. 큰 부자이기도 합니다. 무엇 때문인가 하면, 부처님께서는 믿음saddā, 계sīla, 부끄러움hiri, 두려움ottappa, 배움suta, 베풂cāga, 통찰지paññā라는 참사람재산 일곱 가지를 갖춘 이는 부자라고 설하셨습니다. 그 참사람의 재산을 나도 갖추었습니다. 그러니 나는 큰 부자이고 부유합니다.[124]

124 Saddhādhanaṁ sīladhanaṁ, hiriottappiyaṁ dhanaṁ;
Sutadhanañca cāgo ca, paññā ve sattamaṁ dhanaṁ.
Yassa ete dhanā atthi, itthiyā purisassa vā;
Adaliddoti taṁ āhu, amoghaṁ tassa jīvitaṁ. (UdA.258)

해 석

믿음 재산과 지계 재산과
부끄러움 그리고 두려움의 재산
배움이란 재산과 또한 베풂과
일곱 번째 재산으로 통찰지가 있으니
이러한 재산을 갖춘 이라면
혹시 그가 남자거나 여자거나
그는 가난한 자가 아니라고
그의 삶은 헛되지 않다고 말한다네.

대 역

Saddhādhanaṁ믿음이라는 재산, sīladhanaṁ지계라는 재산, hiridhanaṁ도덕적 부끄러움이라는 재산, ottappiyaṁ dhanaṁ도덕적 두려움이라는 재산, sutadhanañca배움이라는 재산, cāgo ca버림이라는 재산, paññā통찰지라는, ve바로 그 sattamaṁ dhanaṁ일곱 번째 재산, ete dhanā이러한 일곱 가지 재산은 yassa itthiyā vā그것이 여인에게 atthi존재하든, yassa purisassa vā남자에게 atthi존재하든, taṁ그것을 가지고 있는 여자나 남자에 대해서 adaliddoti'가난한 이가 아니다, 부자다'라고 āhu부처님 등의 선한 이들은 말한다네. 'tassa그 사람의 jīvitaṁ삶은 amoghaṁ헛되지 않다, 가치 있는 삶이다'라고 āhu부처님 등의 선한 이들은 말한다네.

그대와는 말을 섞는 것조차 적당하지 않습니다. 길을 비키십시오."

이렇게 말하며 물리쳤다고 합니다.

그 뒤 숩빠붓다는 부처님께 가서 자신이 알고 본 모습을 보고했습니다. 특별한 법을 경험한 이는 자신이 경험한 모습을 부처님께 보고하고 싶어합니다. 지금도 수행자들은 관찰이 잘 돼 특별한 것을 경험하게 되면 수행지도 스승에게 보고하고 싶어합니다. 숩빠붓다도 자신이 경험한 모습과 알게 된 모습을 부처님께 아뢰었습니다. 그렇게 아뢰고 돌아가다가 이전 생에서 자신이 행했던 불선업 때문에 암소에게 받혀 죽었습니다. 죽은 뒤 바로 도리천에 매우 큰 영화를 구족한 천신으로 태어났습니다. 그렇게 천신으로 태어났을 때는 부처님 가르침 밖에서 행한 선업으로 천상에 태어난 다른 천신들보다 더 위력이 컸습니다.

그래서 위력이 적은 다른 천신들이 그를 질투해서 이렇게 비방의 말을 했다고 합니다.

"이자는 사람의 생에서 매우 수준 낮은 자였습니다. 별 볼 일 없는 자였습니다. 그런 자가 우리보다 높은 곳에 있다니요."

그 말을 듣고 제석천왕이 질투하는 천신들에게 다음과 같이 훈계의 말을 했습니다.

"천신들이여, 숩빠붓다 천신을 질투하지 마십시오. 그가 행한 선업이 그에게 결과를 주는 것입니다. 질투할 이유가 전혀 없습니다. 그는 인간의 생에서 제일 마지막 순간에 부처님의 가르침을 듣고 믿음saddā, 계sīla, 부끄러움hiri, 두려움ottappa, 배움suta, 베풂cāga, 통찰지paññā라는 참사람재산sappurisadhana 일곱 가지를 수지하고 닦았습니다. 그래서 지금 그는 형색이나 대중이나 광채 등에서 그대들보다 뛰어난 천신으로 태어난 것입니다. 그의 업이 그에게 과보를 준 것이니 질투하지 마십시오."

이 일화를 통해 사람의 생에서 제일 저열하고 가난했지만 믿음과 계 등 참사람의 재산을 갖추면 높고 거룩하다는 사실을 말하고자 한 것입니다. 또한 그 믿음 등은 실천행에 해당되는 법이고, 법문을 들으면서 위빳사나 지혜를 얻은 것은 명지라는 특별한 지혜를 얻은 것입니다. 숩빠붓다가 죽기 전, 단 몇 시간이란 짧은 시기에 명지와 실천행을 구족하여 높고 거룩하게 됐다는 사실을 말하고자 한 것입니다. 이 일화에서 숩빠붓다가 나병에 걸려 고통을 겪어야 했던 것은 이전 한 생에서 부호였을 때 따가라시키Tagarasikhī라는 벽지불을 '나병에 걸린 자'라고 비방하는 불경을 범했기 때문이라고 합니다. 또한 암소에게 받혀 죽어야 했던 것은 다른 한 생에서 부호였을 때 한 기생의 재산을 약탈하고 그녀를 죽이기까지 했기 때문이라고 합니다.(Dhp.66 일화) 이것을 연유로 부처님께서는 그 이유들을 말씀하시면서 눈이 있는 자라면 가시덤불이나 그루터기, 진흙탕을 피하듯이 악행을 피해야 한다는 내용의 감흥어를 읊으시며 설하셨습니다.[125]

---

125 Cakkhumā visamānīva, vijjamāne parakkame;
Paṇḍito jīvalokasmiṁ, pāpāni parivajjaye. (Ud.43)

해석

눈 있는 자가 일을 할 때는
위험한 것들을 피해야 하듯
현명한 자는 삶의 세계에서
악한 법들을 피해야 하리.

대역

Cakkhumā눈이 있는 이라면 parakkame vijjamāne노력하고 일을 할 때는 visamāni도둑 등을 parivajje iva피해야 하듯이 evaṁ tathā이와 마찬가지로 jīvalokasmiṁ중생세상에서 paṇḍito현명한 이라면 pāpāni악행을 parivajjaye삼가야 한다.

마지막 두 대답

부처님께서 명지와 실천행을 구족하신 모습에 대해 충분히 설명했습니다. 이제 헤마와따 천신이 "어떤가? 그대의 스승인 붓다는 누출번뇌가 다했는가? 없는가? 새로운 생에 다시 태어남이 다했는가?"라고 물은 두 질문에 대해 대답하는 모습을 간단하게 설명하겠습니다. 자세한 내용은 앞의 여러 설명으로 충분할 것입니다.

그 두 질문에 대해 사따기리 천신은 "assa그의; 우리의 스승이신 고따마 부처님의《santhāne상속에는》sabbe āsavā모든 누출이; 모든 번뇌가 khīṇā다했네.《tassa그에게; 우리의 스승이신 고따마 부처님에게》punabbhavo재생은; 다시 태어나는 생은 natthi더 이상 없다네"라고 대답했습니다.

이렇게 모든 누출번뇌가 다하는 것과 새로운 생에 태어나지 않는 것이 제일 중요합니다. 명지와 실천행은 어느 정도 구족했어도 누출번뇌가 아직 다하지 않았다면 새로운 생에 태어나 태어남의 고통 등을 겪어야 할 것입니다. 모든 누출번뇌가 다하고 사라지면 새로운 생에 더 이상 태어나지 않습니다. 새로운 생에 태어나지 않으면 모든 괴로움이 다하고 사라집니다. 이 두 가지 내용이 가장 중요하기 때문에 제일 마지막에 마무리하는 의미로 질문한 것입니다. 사따기리 천신도 모든 누출이 다했다는 사실, 태어날 새로운 생은 없다는 사실을 대답했습니다. 이것을 "삼명팔명 명지함께 십오실천 구족하네 모든누출 사라졌네 법왕은 재생없다네"라고 표현했습니다. 이 게송을 같이 독송합시다.

삼명팔명 명지함께 십오실천 구족하네
모든누출 사라졌네 법왕은 재생없다네

전해들은 것만으로 존경하는 이들 중 으뜸

이렇게 두 천신이 부처님의 덕목을 묻고 답하는 것을 듣고 있던 깔리라는 여인에게, 그렇게 듣는 도중에 희열이 새록새록 생겨났습니다. 그렇게 생겨나고 있는 희열을 새기고 관찰하면 계속 사라져버리는 것을 알게 됐습니다. 그렇게 알면서 위빳사나 지혜가 찰나에 차례대로 향상돼 수다원도과에 도달하여 수다원이 됐습니다. 그렇게 수다원이 된 뒤 장차 소나꾸띠깐나Soṇakuṭikaṇṇa 장로가 될 아들을 출산했습니다. 깔리 여인은 여인들 중 첫 번째로 수다원이 된 청신녀입니다. 천신들의 말을 전해듣고 수다원이 될 정도로 믿음법이 강하게 생겨났기 때문에 '전해들은 것만으로 부처님을 존경하는 여인들 중에 으뜸'이라는 제일 칭호와 특별한 덕목으로 부처님께서 나중에 특별히 칭송하고 칭찬하셨습니다.(A1:14:7-10)

헤마와따 천신도 사따기리 천신의 대답을 통해 부처님을 믿고 확신하는 신심이 강하게 생겨났습니다. 그래서 "부처님께서는 마음도 완전히 청정하시다. 몸의 행위와 말의 행위도 완전히 청정하시다. 그렇게 몸과 말과 마음, 세 가지 모두가 청정하시고 명지와 실천행도 구족하신 부처님을 사실대로 칭송한다"라고 사따기리 천신에게 칭송의 말을 했습니다. 이것은 제5강에서 이어서 설명해 드리겠습니다. 제4강 법문을 마치겠습니다.

이 「헤마와따숫따」 법문을
정성스럽게 들은 청법선업 의도의 공덕으로
지금 법문을 듣는 참사람들 여러분이
명지와 실천행을
적절하게 구족하도록 노력하여
위빳사나 지혜와 성스러운 도의 지혜를 통해
모든 고통이 사라진 열반의 행복을
빠르게 증득하기를.

사두, 사두, 사두.

『헤마와따숫따 법문』 제4강이 끝났다.

제4강 역자 보충설명

명행족

본서 pp.197~248에서 명지와 실천행을 구족하신 부처님의 덕목에 대해 설명했습니다. 이 명행족과 관련해서 조금 더 설명하겠습니다.

열반에 도달하게 하는 실천을 실천행caraṇa이라고 합니다. 법체로는 계와 삼매, 두 가지입니다. 실천행을 통해 가까이 다가가 얻어지는 성스러운 지혜와 통찰지가 명지vijjā입니다. 법체로는 통찰지 무더기입니다. 실천행이 앞서기 때문에 법성품이 생겨나는 차례대로 말한다면 실천행caraṇa을 앞에 두어서 'caraṇavijjā'라고 해야 합니다. 하지만 빠알리어 문법에서 두 단어를 합성할 때 음절이 적은 단어를 앞에 두는 것이 관례이기 때문에 'vijjācaraṇasampanno'라고 설하셨습니다.

Caranti agataṁ nibbānadisādesaṁ etenāti caraṇaṁ.[126]

(Sāsanasampatti, 68)

대 역

Etena이것을 통해; 이 법을 통해 agataṁ아직 도달해 본 적이

126 Caranti tena agataṁ disaṁ nibbānaṁ gacchantīti caraṇaṁ. (PsA.i.293)

없는 nibbānadisādesaṁ열반이라는 장소로 caranti간다. iti=tasmā그래서; 열반에 가게 하는 것이기 때문에 caraṇaṁ실천행이라고 한다.

실천행은 거룩한 교법에 있어 열반에 도달하는 데 필요한 다리나 날개와 같습니다. 이 세상에는 두 다리를 가진 중생, 네 다리를 가진 중생, 많은 다리를 가진 중생들이 있습니다. 그들의 다리나 날개를 빠알리어로 'caraṇa'라고 합니다.

Caranti taṁ taṁ disādesaṁ etehīti caraṇāni.

(Sāsanasampatti, 68)

대 역

Etehi이것으로; 이 다리와 날개로 taṁ taṁdisādesa여러 장소로 caranti간다; 날아간다. iti=tasmā그래서 caraṇaṁ실천행이라고 한다.

그리고 보통 범부들은 알 수 없고 성자들의 지견으로만 알고 볼 수 있기 때문에 명지vijjā라고 합니다.

Vidanti pakati manussehi aviditaṁ ariyañāṇadassanavisayaṁ jānanti paṭivijjhanti etāyāti vijjā. (Sāsanasampatti, 69)

대역

Etāya이것으로; 이 통찰지를 통해 pakati manussehi보통의 사람들인 범부들이 aviditaṁ알고 볼 수 없는 ariyañāṇadassana-visayaṁ성스러운 지견의 영역을; 성자들의 지견으로만 알고 볼 수 있는 내용을 vidanti jānanti안다. paṭivijjhanti꿰뚫어 안다. iti tasmā그래서 vijjā명지라고 한다.

이 명지와 실천행 두 가지를 비유로 설명하면 다음과 같습니다. 새는 눈을 통해 사방을 분명하게 밝힌 뒤 날개로 하늘을 날고, 다리로는 다리로 해야 할 일을 하고, 부리로는 여러 열매를 쪼아서 평생 자신의 몸을 유지합니다.

이 새의 비유에서 눈과 날개와 다리는 열매가 열린 여러 장소에 도달하기 위한 것입니다. 새는 눈과 날개와 다리를 이용해 열매가 열린 곳으로 날아갈 수 있습니다. 그리고 부리로는 크고 작은 열매를 쪼아서 맛을 누릴 수 있습니다. 만약 새에게 눈과 날개와 다리가 없다면 열매가 있는 곳으로 날아갈 수 없습니다. 그곳에서 그대로 죽을 것입니다. 눈과 날개와 다리가 있어도 부리가 없거나 부러졌다면 열매가 있는 곳까지 가더라도 모이를 먹지 못해 배고픔으로 죽게 될 것입니다. 눈과 날개와 다리와 부리를 모두 구족해야만 새들은 원하는 열매가 있는 곳으로 날아가 여러 열매의 맛을 누리면서 즐겁게 오랫동안 살아갈 수 있을 것입니다.

마찬가지로 부처님의 거룩한 가르침에서도 실천행법과 명지법을 구족해야만 도과의 맛과 열반의 맛을 누릴 수 있습니다. 명지와 실천행 두 가지 중 어느 한 가지가 결여되거나, 둘 모두가 결여됐다면 도과의 맛과 열반의 맛을 누릴 수 없을 것입니다. 이 비유에서 새의 눈은 업과 업의 결과를 믿는 업작용지혜kammakiriyañāṇa와[127] 같다고 기억하십시오. 날개와 다리는 실천행에 포함되는 계와 삼매와 같습니다. 부리는 명지에 포함되는 성자들의 지혜와 같습니다.

Caraṇaṁ pādapakkhaṁva, vijjaṁ tuṇḍasamaṁsamaṁ;
Pūrayitvāna pakkheyyuṁ, bhuñjituṁ amataṁ rasaṁ.

(Sāsanasampatti, 80)

해석

다리와 날개 같은 실천행 법과
부리와 동일한 명지법을 고르게
구족하여 날아서 건너가라,
불사의 감로맛을 누리기 위해.

대역

Pādapakkhaṁva다리와 날개와 같은 caraṇaṁ실천행 법을, tuṇḍasamaṁ부리와 동일한 vijjaṁ명지법을 samaṁ고르게 pūrayitvāna구족하여 amataṁ rasaṁ불

127 업 자산 정견kammassakatā sammādiṭṭhi을 말한다. 『가르침을 배우다』, pp.428~431 참조.

사의 감로맛을 bhuñjituṁ누리도록 pakkheyyuṁ날아
서 건너가라.[128]

부처님의 가르침에서 보시와 계, 삼매는 실천행에 해당합니다. 지혜는 명지에 해당합니다. 사람에 비유하자면 실천행은 팔다리와 같고 명지는 눈과 같습니다. 보시나 계, 삼매 등의 실천행을 구족하고도 지혜라는 명지가 없는 이는 팔다리는 갖추었지만 양 눈이 없는 이와 같습니다. 명지는 구족했지만 실천행이 없는 이는 눈은 갖추었지만 팔다리가 없는 이와 같습니다. 명지와 실천행 두 가지 모두 구족한 이는 팔다리와 눈, 모두를 구족한 이와 같습니다. 지혜와 실천행 두 가지 모두 없는 이는 팔다리와 양 눈이 모두 없어 '살아 있다'라고 말할 수 없는 이와 같습니다.

여기서 이번 생에서 깨달음을 얻지 못하더라도 명지와 실천행 두 가지 모두를 구족한 이라야 다음 생에서, 혹은 다음 부처님의 가르침에서 깨달을 수 있습니다. 만약 어떤 사람이 보시와 계 등의 실천행만 구족하고 지혜를 계발하지 않는다면 다음 부처님과 만난다 하더라도, 그래서 부처님의 가르침을 듣는다 하더라도 쉽게 깨달음을 얻을 수 없습니다. 깨달음을 얻을 수 있는 지혜가 부족하기 때문입니다. 부처님 당시 꼬살라국의 빠세나디Pasenadi 대왕이나 말리까Mallikā 왕비 등은 부처님께 보시도 많이 베풀고 법문도 자

128 *Ledi Sayadaw*, 『*Sāsanasampattidīpanī*(교법성취 해설서)』, pp.67~80 참조.

주 들었지만 지혜가 부족했기 때문에 깨달음을 얻을 수 없었습니다. 반대로 명지, 즉 지혜의 측면만 구족하고 보시와 계 등의 실천행을 갖추지 못한다면 다음 부처님의 가르침과 만날 기회조차 얻지 못합니다. 만약 부처님의 가르침을 만나기만 한다면 명지를 갖추었기 때문에 쉽게 깨달음을 얻을 수 있음에도 불구하고 보시와 계 등의 실천행이 부족해 부처님과 만날 수 없는 악도나 부처님이 없는 시기에 태어나서 안타깝게도 깨달음이라는 큰 보배를 놓쳐버립니다.

그렇기 때문에 이번 생에서 깨달음을 얻으면 좋지만 혹시 그렇지 못해 다음 부처님의 가르침을 고대하며 실천하고 있는 수행자라면 보시, 계, 사마타 수행이라는 실천행을 갖추어 다음 부처님의 가르침과 만날 수 있도록 노력해야 합니다. 또한 명지, 즉 지혜의 측면으로 교학을 배우고 법문을 듣고 더 나아가 위빳사나 수행도 하여 다음 부처님의 가르침과 만났을 때 깨달음을 얻을 수 있도록 노력해야 합니다. 이렇게 지혜와 실천, 두 가지 측면 모두를 할 수 있는 만큼 노력해야 합니다.[129]

129 *Ledi Sayadaw*, 『*Bodhipakkhiyadīpanī*(깨달음 동반법 해설서)』, pp.17~24 참조; 『가르침을 배우다』, pp.47~48 인용.

제5강

1963년 음력 4월 8일

(1963. 04. 30)

들어가며

어느새 「헤마와따숫따」 법문을 4강까지 마쳤습니다. 네 번의 법문을 통해 서문은 이제 거의 끝나갑니다. 5강에서는 서문의 나머지 부분을 먼저 설하겠습니다.

호응하면서 칭송하다

지난 법문에서 설한 대로 부처님께서 명지와 실천행을 구족했다는 사실, 누출번뇌가 완전히 다했다는 사실, 다시 태어날 새로운 생이 없다는 사실을 사따기리 천신이 장담하며 대답하자 헤마와따 천신은 이를 완전히 이해하고 만족해했습니다. 헤마와따 천신은 사따기리 천신이 말한 부처님은 이전에 출현하신 깟사빠 부처님처럼 진짜 부처님이라고 결정하고 다음과 같이 칭송하며 받아들였습니다.

12 Sampannaṁ munino cittaṁ, kammunā byappathena ca;
Vijjācaraṇasampannaṁ, dhammato naṁ pasaṁsati.
(Sn.164)

해석

성자의 마음은 행위를 통해서도
말의 길로도 청정을 갖추었네.
명지와 실천행을 모두 구족한

그분을 그대는 법답게 칭송하네.

대 역

Samma벗 사따기리 천왕이여, munino성자의; 그대가 칭송하며 드러낸 부처님의 cittaṁ마음은 sampannaṁ구족하네; "우리붓다 맘잘두니" 등으로 그대가 말한 그대로 구족하고 청정하네. kammunā ca행위를 통해서도; 몸으로 행하는 몸의 업을 통해서도 sampannaṁ구족하네; "안준물건 갖지않고" 등으로 그대가 말한 그대로 구족하고 청정하네. byappathena ca말의 길로도; 말로 행하는 말의 업을 통해서도 sampannaṁ구족하네; "망어않고 양설없고" 등으로 그대가 말한 그대로 구족하고 청정하네. vijjācaraṇasampannaṁ명지와 실천행을 구족하신 naṁ그분을; 그 부처님을 tvaṁ그대는 dhammato법답게; 사실대로 바르게 pasaṁsati칭송하네.

이 게송은 헤마와따 천신이 도반인 사따기리 천신의 말을 인정하고, 그를 칭찬하는 내용입니다. 풀이하자면, "도반 사따기리여, 그대가 칭송하며 말한 부처님은 그대가 장담하며 설명한 그대로 몸의 업과 말의 업과 마음의 업 모두가 청정하다네. 명지와 실천행도 갖춰 진실로 칭송받기에 적당한 부처님이라네. 그것을 기뻐하며 받아들인다네"라는 내용입니다. 그러자 사따기리 천신도 헤마와따에게 답례로 이와 같이 칭송했습니다.

13 Sampannaṁ munino cittaṁ, kammunā byappathena ca;
Vijjācaraṇasampannaṁ, dhammato anumodasi.

(Sn.165)

해 석

성자의 마음은 행위를 통해서도
말의 길로도 청정을 갖추었네.
명지와 실천행을 모두 구족한
그분을 그대는 법답게 기뻐하네.

대 역

Samma벗 헤마와따 천왕이여, munino성자의; 우리 부처님의 cittaṁ마음은 sampannaṁ구족하네; 내가 장담한 그대로 구족하고 청정하네. kammunā byappathena ca 행위와 말의 길로도 sampannaṁ구족하네; 내가 장담한 그대로 구족하고 청정하네. vijjācaraṇasampannaṁ명지와 실천행을 구족하신 부처님을 tvaṁ그대는 dhammato 법답게; 사실대로 바르게 anumodasi기뻐하네; 기쁘게 받아들이며 진심으로 사두를 외친다네.

이렇게 호응하면서 칭송한 뒤 부처님을 친견하자고 다시 청했습니다.

14 Sampannaṁ munino cittaṁ, kammunā byappathena ca;
Vijjācaraṇasampannaṁ, handa passāma gotamaṁ.

(Sn.166)

해 석

성자의 마음은 행위를 통해서도
말의 길로도 청정을 갖추었네.
명지와 실천행을 모두 구족한
고따마 성자를 이제 뵈러 가세나.

대 역

Samma벗 헤마와따 천왕이여, munino성자의; 우리 부처님의 cittaṁ마음은 sampannaṁ구족하네; 내가 장담한 그대로 구족하고 청정하네. kammunā byappathena ca 행위와 말의 길로도 sampannaṁ구족하네; 내가 장담한 그대로 구족하고 청정하네. vijjācaraṇasampannaṁ명지와 실천행을 구족하신 gotamaṁ고따마 님을; 고따마 가문의 부처님을 handa이제 passāma뵈러 가세나; 가서 친견하세나.

이것을 "몸과말과 맘깨끗해 명지실천 갖추셨네 고따마란 가문좋은 부처님 친견하세나"라고 게송으로 표현해 보았습니다. 이 게송을 독송합시다.

몸과말과 맘깨끗해 명지실천 갖추셨네
고따마란 가문좋은 부처님 친견하세나

사따기리 천신이 이렇게 청하자 헤마와따 천신이 기뻐하며 다음과 같이 칭송하며 받아들였습니다.

15 Eṇijaṅghaṁ kisaṁ vīraṁ, appāhāraṁ alolupaṁ;
Muniṁ vanasmiṁ jhāyantaṁ, ehi passāma gotamaṁ.

(Sn.167)

해 석

사슴 정강이에 여위어도 용맹하고
욕심이 없어 적게 드시는
숲에서 입정하는 고따마 성자를
오게나, 그분을 뵈러 가세나.

대 역

Samma도반 사따기리 천왕이여, eṇijaṅghaṁ사슴 같은 정강이에; 숲에 사는 에니라는 사슴같이 아름다운 정강이를 가진, kisaṁ여위었으나; 살과 피부가 아직 채워지지 않아 여위었으나 vīraṁ용맹하고; 물러나지 않고 과감한 용맹을 갖추신 alolupaṁ욕심이 없어; 원하고 애착함이 없어 appāhāraṁ음식을 적게 드시는, vanasmiṁ숲에서; 우루웰라 등의 숲속에서 jhāyantaṁ입정하시는; 선정으로 관찰하고 입정하며 지내시는 gotamaṁ muniṁ고따마 성자를 passāma뵈러 가세나. ehi따라 오게나.

게송에서 "eṇijaṅghaṁ 사슴 같은 정강이에"라는 표현은 부처님의 정강이는 그 근육이 울퉁불퉁하지 않고 아래부터 끝까지 고르게 둥글고 차례대로 작으면서 아름다워 숲에 사는 에니eṇi라는 사슴과도 같다고 칭송한 것입니다. "kisaṁ 여위었으나"라는 구절은 부처님께서 보살로서 고행dukkaracariya을 닦는 동안 여위었던 상태를 말한 것으로 해석할 수 있습니다. 다르게 생각해 본다면, 고행을 그만둔 지 두 달 밖에 지나지 않았기 때문에 이 당시에 살과 피부가 아직 완전히 정상인 상태가 아닌 것을 두고 말한 것으로도 볼 수 있습니다. 「숫따니빠따」 주석에서는 "부처님께서는 길어야 할 곳, 짧아야 할 곳, 적당해야 할 곳마다 그러한 성품을 가진 신체부분을 갖추셨다. 비만인 사람처럼 뚱뚱하지 않다. 그래서 'kisaṁ 야위었다'라고 했다"라고 설명하고 있습니다.(SnA.i.204)

"appāhāraṁ 음식을 적게 드시는"이라는 구절은 고행을 실천할 때의 상황을 칭송하는 모습인 듯합니다. 「숫따니빠따」 주석에서는 "한 번만 공양하는 규칙을 준수하시는 것, 적당한 양만 공양하는 규칙을 준수하시는 것 때문에 '적게 드시는'이라고 말했다"라고 설명하고 있습니다.(SnA.i.204) 부처님께서는 유행 등의 특별한 다른 이유가 없으시면 당신의 발우로 한 발우 정도 드신다는 사실, 유행 등의 특별한 다른 이유가 있을 때는 그보다 조금 더 공양하신다는 사실, 일부 제자들은 작은 한 접시 정도나 반 접시 정도나 과일 열매 하나나 반 개 정도의 음식으로 만족한다는 사실, 그러한 제자들은 음식을 적게 먹는 것 때문이라면 부처님을 존중할 이유가 없을 것이라는 사실, 다른 여러 이유로 그러한 제자들이 부처님을 존중한다는 사실을 나타낸 부처님의 설법도 그 주석서에 소개해 놓았습니다. 하지만 그 구절을 주석한 『맛지마 니까야(중50경)』 주석에서는 부처님께서 고행을 하실 때나, 웨란자Verañjā 성과 빨릴레야까Pālileyyaka 숲에서 음식을 적게 드신 적이 있다고 설명해 놓았습니다.(MA.iii.165) 따라서 고행하실 때를 대상으로 해서 말한 것이라고 생각하는 것이 적당한 듯합니다.

이렇게 말한 뒤 부처님께 가서 질문을 하자고 주위의 모든 천신 대중에게 다음과 같이 말했습니다.

16 Sīhaṁvekacaraṁ nāgaṁ, kāmesu anapekkhinaṁ;
Upasaṅkamma pucchāma, maccupāsappamocanaṁ.
(Sn.168)

해 석

사자나 코끼리처럼 홀로 가며
욕망을 전혀 돌아보지 않는 분께
찾아가서 우리, 질문하세나,
죽음의 올가미에서 벗어나는 길을.

대 역

Mārisā천신들이여, sīhaṁva사자 같으신; 사자왕처럼 가까이 하기에 매우 어려운, ekacaraṁ홀로 가시는; 한 분씩만 출현하시는; 번뇌라는 동반자 없이 혼자서 지내시는, nāgaṁ'나가'이신; 악행을 행함이 없으신, kāmesu anapekkhinaṁ욕망을 돌아보지 않으시는 분께; 감각욕망 대상에 연연함이 없으신 거룩하신 부처님께 upasaṅkamma다가가서 maccupāsappamocanaṁ죽음의 올가미에서 벗어남을; 죽음왕의 올가미를 풀어버린 곳인 열반을; 죽음왕의 올가미를 풀어버릴 수 있는 올바른 원인과 방법을 pucchāma물어 보세나.

이렇게 헤마와따 천신은 사따기리 천신을 비롯한 천신 대중에게 같이 가자고 권하면서 부처님께 갔습니다. 지금까지의 16게송은[130] 이 경의 서문일 뿐입니다. 부처님께 도착하자 헤마와따 천신은 부처님께 다음과 같이 허락을 청했습니다.

부처님에게 허락을 청하다

17 Akkhātāraṁ pavattāraṁ, sabbadhammāna pāraguṁ;
Buddhaṁ verabhayātītaṁ, mayaṁ pucchāma
gotamaṁ. (Sn.169)

해석

보이기도 보이고 펼치기도 펼치며
모든 법의 피안에 도달한
원한과 위험을 뛰어넘은 붓다,
고따마 성자에게 저희는 질문합니다.

대역

Akkhātaraṁ보이시는; 네 가지 진리라는 거룩한 법을 간략하게 설하시는, pavattāraṁ펼치시는; 자세하게 분석하여 설하시는, sabbadhammāna모든 법의 pāraguṁ 피안에 도달하신; 궁극에 도달하여 꿰뚫어 아시는, verabhayātītaṁ원한과 위험을 뛰어넘으신; 모든 원한과 위

130 저본에는 17게송으로 돼 있으나 153게에서 168게송까지는 16게송이다.

험을 완전히 뛰어넘으신, buddhaṁ붓다이신; 모든 법을 모두 다 알고 보시는 gotamaṁ고따마 님께; 고따마 가문의 거룩하신 부처님께 mayaṁ저희는 pucchāma질문하겠습니다; 질문하고자 합니다.

이것은 왕들이나 영광을 갖춘 대인들, 지혜로운 이들의 예절이자 관례입니다. 예의 바른 현자들이나 상류층 사람들은 질문을 하기 전에 이와 같이 먼저 허락을 구합니다. 허락을 받은 뒤에야 질문합니다. 훌륭하고 거룩한 예절입니다. 배움이 적은 이들은 허락을 구하지 않고 바로 질문합니다. 이것은 예의 바르지 않은 성품을 보여주는 것입니다. 대답할 이에게 시간이나 여가가 있는지 없는지 알지 못한 채 질문하는 것은 공손하지 않은 태도입니다. 이 헤마와따 천신은 이전 생에서 문헌에 박식한 대장로였고, 지금도 야차왕yakkharājā입니다. 그래서 예의 바른 상류층 개인들의 예의에 따라 먼저 허락을 구한 것입니다. 부처님께서 허락하시자 다음과 같이 질문했습니다.

헤마와따 천신의 질문 1

18 Kismiṁ loko samuppanno, kismiṁ kubbati santhavaṁ;
Kissa loko upādāya, kismiṁ loko vihaññati.

(Sn.170)

해 석

무엇에서 세상은 생겨납니까.

무엇에서 세상은 교제합니까.

무엇을 집착하여 세상입니까.

무엇에 세상은 시달립니까.

대 역

Bhante거룩하신 부처님, kismiṁ sati어떠한 것이 있으면; 어떠한 법이 생겨나면 loko세상이; 중생이라는 세상이 samuppanno생겨납니까, 부처님. loko세상은; 중생이라는 세상은 kismiṁ어디에서 santhavaṁ교제를; 만나고 함께하는 것을 kubbati행합니까, 부처님. kissa upādāya무엇을 집착하여 loko세상이라고 불립니까, 부처님. loko세상은; 중생이라고 불리는 세상은 kismiṁ어디에서; 무엇 때문에; 어느 법이 분명하게 생겨나서 vihaññati시달립니까; 피곤하고 괴롭습니까, 부처님.

먼저 "kismiṁ sati어떠한 것이 있으면 loko세상이 samuppanno생겨납니까?"라는 질문은 "어떠한 정도의 원인이나 법들이 생겨나면, 있으면 중생이라고 불리는 세상, 혹은 세상이라고 불리는 중생이 생겨납니까?"라는 뜻입니다.

이어서 "loko세상은; 중생이라는 세상은 kismiṁ어디에서 santhavaṁ교제를; 만나고 함께하는 것을 kubbati행합니까?"라는 질문은 "세상이라고 불리는 중생은 어디에서 서로 만납니까? 무엇과 함께하고 있습니까?"라는 뜻입니다.

세 번째로 "kissa upādāya무엇을 집착하여 loko세상이라고 불립니까?"라는 질문은 "무엇을 근거로 해서 세상이라고, 혹은 중생이라고 불립니까?"라는 뜻입니다.

마지막으로 "loko세상은; 중생이라고 불리는 세상은 kismiṁ어디에서; 무엇 때문에; 어느 법이 분명하게 생겨나서 vihaññati시달립니까; 피곤하고 괴롭습니까?"라는 질문은 "세상이라는 중생들이 피곤하고 시달리며 지내는 것은 어디에서입니까? 무엇과 관련해 피곤하고 시달립니까?"라는 뜻입니다.

이렇게 네 가지를 헤마와따 천신이 물었습니다. 매우 심오한 질문입니다. 보통의 천신이라면 이 정도로 심오한 질문을 하지 못합니다. 하지만 헤마와따 천신은 깟사빠 부처님 당시에 삼장과 문헌에 박식한 대장로였기 때문에 이렇게 심오한 질문을 할 수 있었습니다. 그 네 가지 질문에 대해 부처님께서는 다음과 같이 대답하셨습니다.

부처님의 대답 1

19 Chasu loko samuppanno, chasu kubbati santhavaṁ;
Channameva upādāya, chasu loko vihaññati.
(Sn.171)

해 석

여섯에서 세상은 생겨난다네.
여섯에서 세상은 교제한다네.

바로 그 여섯만을 집착한다네.

여섯에서 세상은 시달린다네.

대 역

Yakkha헤마와따 천왕이여,[131] chasu santesu여섯이; 여섯 가지가 있으면; 여섯 가지 법이 생겨나면 loko세상이; 중생이라는 세상이 samuppanno생겨난다네. loko세상은; 중생이라는 세상은 chasu여섯에서 santhavaṁ교제를; 만나고 함께하는 것을 kubbati행한다네. channameva upādāya여섯만을 집착하여 loko세상이라고 불린다네. loko세상은; 중생이라고 불리는 세상은 chasu여섯에서; 여섯 때문에; 여섯 가지 법이 분명하게 생겨나서 vihaññati시달린다네; 피곤하고 괴롭다네.

이 네 가지 대답 모두에서 '여섯 가지'에 해당되는 것을 『숫따니빠따』 주석에서는 내부 여섯 감각장소와 외부 여섯 감각장소 모두를 뜻한다고 설명했습니다.(SnA.i.206) 『상윳따 니까야』 주석에서는 내부 여섯 감각장소만 해당한다고 설명했습니다.(SA.i.90) 마하붓다고사Mahābuddhaghosa 존자의 견해로는 첫 번째와 세 번째 구절은 내부 여섯 감각장소를 뜻하고 두 번째와 네 번째 구절은 외부 여섯 감각장소를 뜻한다고[132] 설명했습니다. 이 설명이 더욱 적절하다고 생각합니다. 네 가지 대

131 ㉾㉺야차도 사대왕천 천신이다. 하지만 야차라는 단어는 미얀마 사람들에게 두려운 존재로 인식된다. 그래서 듣기에 부담스럽지 않도록 '천왕'이라고 번역했다.

132 저본에는 '첫 번째와 세 번째는 외부 여섯 감각장소를 뜻한다'고 돼 있으나 뒤의 해설을 참조해서 고쳐 번역했다.

답을 질문과 연결하여 각각 설명하겠습니다.[133]

(가) 여섯있어 세상생겨

"Kismiṁ loko samuppanno 무엇이 있으면 세상이라는 중생이 생겨납니까?"라는 첫 번째 질문에 부처님께서는 "chasu loko samuppanno"라고 대답하셨습니다. "chasu여섯 가지가 uppannesu=santesu 생겨나면 loko세상이; 중생이라는 세상이 samuppanno생겨난다네"라는 뜻입니다. 이것을 "여섯있어 세상생겨"라고 게송으로 표현해 보았습니다. 이 게송을 독송합시다.

여섯있어 세상생겨

여섯 가지란 눈, 귀, 코, 혀, 몸, 마음이라는 내부 여섯 감각장소āyatana 입니다. 여기서 '세상loka'이란 중생을 뜻합니다. 그래서 눈 등의 여섯 감각장소가 있으면 세상이라는 중생이 생겨난다는 뜻입니다. 중생이나 개인, 살아 있는 어떤 개체라는 것은 눈이 있어야 합니다. 귀도 있어야 합니다. 코도 있어야 합니다. 혀도 있어야 합니다. 몸도 있어야

133 부처님께서는 정신에 미혹한 이들nāmasammuḷha에게는 정신을 네 가지로 나눈 다섯 무더기로 설하셨다. 물질에 미혹한 이들rūpasammuḷha에게는 물질을 열한 가지 반으로 나눈 감각장소로 설하셨다. 물질과 정신 둘 모두에 미혹한 이들nāmarūpasammuḷha에게는 물질과 정신 둘 모두를 열여덟 가지로 자세하게 나눈 요소로 설하셨다. 또는 지배하는 어떤 실체가 없이 성품에 따라서 생멸한다는 무아를 쉽게 알려 주려고 기능으로도 설하셨다. 더 나아가 이러한 것들을 더욱더 분명하게 분석하여 이해시키려고 진리로 설하셨다.(Pm.ii.84) 자나사나라는 유행자는 깟사빠 부처님 당시에 구렁이였는데 "āyatana"와 관련해서 비구들이 독송하는 소리에 마음을 잘 기울인 인연으로 나중에 아소까 대왕 당시에 앗사긋따Assagutta라는 아라한의 감각장소와 관련한 법문을 듣고 가르침에 믿음이 생겨나 출가해서 아라한이 됐다. 우 소다나 사야도 법문, 비구 일창 담마간다 옮김, 『통나무 비유경』, pp.52~59 참조.

합니다. 마음도 있어야 합니다. 이 여섯 가지가 있으면 중생이 됩니다. 나무나 바위, 벽돌, 시멘트로 사람의 형상을 만들어 놓은 것이 있습니다. 그 사람 형상의 동상에는 눈 모습은 있지만 볼 수 있는 진짜 눈 물질은 없습니다. 귀 모습은 있지만 들을 수 있는 진짜 귀 물질은 없습니다. 코 모습은 있지만 맡을 수 있는 진짜 코 물질은 없습니다. 혀 모습은 있지만 맛을 알 수 있는 진짜 혀 물질은 없습니다. 몸 모습은 있지만 닿아 알 수 있는 진짜 몸 물질은 없습니다. 대상을 알 수 있는 마음도 없습니다. 그래서 그러한 동상은 살아 있는 중생이라고 할 수 없습니다. 볼 수 있는 눈 등이 있어야만 살아 있는 중생이라고 할 수 있습니다.

여섯 가지 모두가 갖추어지지 않더라도 네 가지, 다섯 가지를 갖추었으면 중생입니다. 다시 말하자면 눈이 결여된 이는 다섯 가지만 있습니다. 눈과 귀가 없는 이는 코 등 네 가지만 있습니다. 그렇게 네 가지, 다섯 가지만 있어도 중생입니다. 코가 결여된 이도 있습니다. 30년 전쯤 코 물질이 없는 한 스님을 본 적이 있습니다. 그 스님은 태어날 때부터 어떤 냄새도 맡지 못했다고 합니다. 향수나 향기 나는 꽃을 코 가까이 가져가도 어떤 냄새도 맡지 못했다고 합니다. 이것은 코 감성물질 ghānapasāda이 결여됐기 때문입니다. 그렇게 코 물질까지 없이 눈과 귀, 코라는 세 가지가 결여된 채 혀와 몸, 마음이라는 세 가지만 있어도 중생입니다. 바닷속 일부 중생들은 일반적인 중생의 모습과 달리 마치 나무인 듯, 버섯인 듯한 것도 있습니다. 그러한 중생들에게는 눈과 귀, 코가 없는 것 같습니다. 하지만 살아 있는 중생인 것은 사실입니다. 이처럼 욕계탄생지에서는 최소한 혀와 몸과 마음, 이 세 가지는 확실하게 있습니다. 이 세 가지가 있으면 중생이라고 할 수 있습니다.

색계탄생지에서는 코와 혀, 몸이라는 감성물질, 감각장소 세 가지가 없습니다.[134] 눈과 귀, 마음이라는 세 가지 감각장소가 있어서 중생입니다. 무색계탄생지에서는 마음이라는 맘 감각장소manāyatana 한 가지만으로 중생이 됩니다. 인식이 없는, 마음이 없는 무상유정천 탄생지에서는 눈도 없습니다. 귀, 코, 혀, 몸,[135] 마음도 없습니다. 내부 여섯 감각장소 모두가 없습니다. 중생인 것은 맞습니다. 하지만 인식이 없는 그 중생에게는 여섯 곳에서 대상과 만나는 일도 없습니다. 여섯 가지와 관련되어 괴롭거나 피곤할 일도 없습니다. 그래서 이 가르침에서는 무상유정천의 중생은 뜻하지 않는다고 취해야 적당합니다. 따라서 최소한 마음이라는 맘 감각장소 한 가지가 있으면 중생입니다. 감각장소 세 가지, 네 가지, 다섯 가지가 있으면 중생입니다. 여섯 가지 모두를 다 갖추면 중생이라는 것은 특별히 말할 필요도 없습니다. 그렇게 있어야 할 감각장소 한 가지, 세 가지, 네 가지, 다섯 가지라는 것은 여섯 가지에 다 포함됩니다. 따라서 이 가르침에서는 모든 것이 포함되도록 '여섯 가지가 있으면 세상이 생겨난다'라고 최상방법으로[136] 포괄적으로 설해 놓으셨습니다.

내부 감각장소 여섯 가지가 있어서 중생이 생겨나는 모습은 다음과 같습니다. 인간세상의 모태에 재생연결 마음이 생겨날 때 몸 감성물질이라는 몸 감각장소도 포함됩니다. 따라서 그렇게 재생연결을 할 때부터 재생연결 마음이라는 맘 감각장소manāyatana와 몸 물질이라는 몸 감

134 형체는 있다. 맡는 데 등에 필수적인 역할을 하는 감성물질이 없다는 뜻이다.
135 눈, 귀, 코, 혀, 몸의 형체는 있다. 봄 등에 필수적인 역할을 하는 감성물질이 없다는 뜻이다.
136 제일 많고 큰 것을 언급하면 그보다 적거나 작은 것은 저절로 포함되는 방법이다.

각장소, 이 두 가지 감각장소가 있기 때문에 중생이라고 말합니다.[137] 태어난 뒤에 눈으로 볼 때 눈 감각장소와 보아 아는 마음이라는 맘 감각장소, 이 두 감각장소가 있어서 중생이라고 합니다. 귀로 들을 때 귀 감각장소와 들어 아는 마음이라는 맘 감각장소, 이 두 감각장소가 있어서 중생이라고 합니다. 코로 맡을 때 코 감각장소와 맡아 아는 마음이라는 맘 감각장소, 이 두 감각장소가 있어서 중생이라고 합니다. 혀로 맛보아 알 때 혀 감각장소와 먹어 아는 마음이라는 맘 감각장소, 이 두 감각장소가 있어서 중생이라고 합니다. 몸으로 닿아 알 때 몸 감각장소와 닿아 아는 마음이라는 맘 감각장소, 이 두 감각장소가 있어서 중생이라고 합니다. 생각하고 숙고하고 계획하여 알 때 생각하여 아는 맘 감각장소가 있어서 중생이라고 합니다. 요약하자면 눈이 있어서 보아 알고 보아 알기 때문에 중생이라고 부릅니다. 귀가 있어서 들어 알고 들어 알기 때문에 중생이라고 부릅니다. 코가 있어서 맡아 알고 맡아 알기 때문에 중생이라고 부릅니다. 혀가 있어서 맛을 알고[138] 맛을 알기 때문에 중생이라고 부릅니다. 몸 감성물질이[139] 있어서 닿아 알고 닿아 알기 때문에 중생이라고 부릅니다. 마음이 있어서 생각하여 알고 생각하여 알기 때문에 중생이라고 부릅니다.

만약 눈이 없어서 보지 못하고, 귀가 없어서 듣지 못하고, 코가 없어

137 어떤 생의 처음인 재생연결식과 함께 아주 작은 크기의 액체와 비슷한 깔랄라kalala가 생겨난다. 여기서는 이것을 대상으로 말했다. 그로부터 7일이 지나 거품과 비슷한 압부다abbuda가 된다. 그로부터 다시 7일이 지나 살점과 비슷한 뻬시pesi가 된다. 그로부터 다시 7일이 지나 덩어리와 비슷한 가나ghana가 된다. 그로부터 7일이 지나면 머리와 두 손, 두 발이 되기 위한 돌기 형태의 빠사카pasākhā가 된다. 그 뒤 42번째 7일에 머리카락 등이 생겨난다. 각묵 스님 옮김, 『상윳따 니까야』 제1권, pp.662~663 주850 참조.

138 다른 구절들과 일치되게 '먹어 알고'라고 표현하지 않았다. 저본에 따랐다.

139 저본에 이 부분만 감성물질을 첨가하여 그대로 따랐다.

서 맡지 못하고, 혀가 없어서 먹어 알지 못하고, 몸이 없어서 닿아 알지 못하고, 마음이 없어서 생각하여 알지 못한다면 그러한 존재는 사람의 세상에서 '중생'이라고 부르지 못합니다. 사람의 시체를 보십시오. 갓 죽은 때라면 죽기 전과 어느 정도 비슷해 보입니다. 하지만 다릅니다. 업 때문에 생겨나는 눈 감성물질이라는 눈 물질은 죽기 전에만 있습니다. 죽은 뒤에는 더 이상 없습니다. 그와 마찬가지로 귀, 코, 혀, 몸이라는 감성물질들도 죽기 전에만 있습니다. 죽은 뒤에는 더 이상 없습니다. 마음도 죽기 전에만 있습니다. 죽은 뒤에는 더 이상 없습니다. 따라서 시체는 볼 수 없습니다. 들을 수 없습니다. 맡을 수 없습니다. 맛을 알 수 없습니다. 아무것도 닿아서 알 수 없습니다. 아무것도 생각하여 알 수 없습니다. 그래서 시체는 중생이라고 부를 수 없습니다. 그 시체를 부분부분 자르더라도 중생이 아니기 때문에 살생업에 해당되지 않습니다. 하지만 죽기 전에 계 등의 덕목을 구족한 이의 시체를 불경하게 대한다면 불선업이 생겨납니다. 허물이 큽니다. 일부는 사람이 갓 죽어서 아직 부패하지 않았을 때는 바로 내버리지 않도록 소중하게 다루기도 합니다. 하지만 눈 등의 내부 여섯 감각장소가 없기 때문에 중생이라고 부르지는 않습니다.

죽는다는 것을 일부 사람들은 '살아 있는 어떤 개체가 떠나가는 것이다. 개체가 무너져버리는 것이다. 사라져버리는 것이다'라고 생각합니다. 사실은 죽는 어떤 개체라는 것은 없습니다. 눈 등의 여섯 감각장소만 있습니다. 이 여섯 감각장소의 연속이 끊임없이 생겨나고 있으면 '살아 있다'라고 말합니다. 마지막 순간이 되면 이 여섯 감각장소가 현재 물질과 정신의 연속에 이어 새로 생겨나지 않고 소멸해버립니다. 특히 순간도 끊임없이 생겨났다가 사라졌다가 하면서 단절 없이 생멸하고 있던 마음이 사라져버립니다. 다시 생겨나지 않습니다. 그때 '중생이 죽었다' 라고 말하는 것입니다. 그렇게 마지막 마음이 소멸하자마자 번뇌가 아직 다하지 않은 이라면 새로운 장소에 새로운 마음이 이어서 생겨납니다.

그렇게 생겨날 때, 이전 생의 마지막 마음은 그 생에서 없어져버리는 성품이 있기 때문에 'cuti' 마음이라고 부릅니다. '사멸死滅' 마음으로 번역할 수 있습니다. 새로운 생에 연속하여 생겨나는 마음은 이전 생과 하나로 연결하여 생겨나기 때문에 'paṭisandhi' 마음이라고 부릅니다. '재생연결再生連結' 마음으로 번역합니다. 그 재생연결 마음은 맘 감각장소입니다. 그 마음과 동시에 생겨나는 물질들도 있습니다. 그 물질 중에 몸 감성물질이라는 몸 감각장소는 확실하게 포함됩니다. 습생saṁsedaja과 화생upapātti 재생연결이라면 눈과 귀와 코와 혀라는 감각장소도 포함됩니다.[140] 따라서 그 재생연결의 순간을 시작으로 감각장소 두 가지나 세 가지나 네 가지나 다섯 가지나, 혹은 여섯 가지 모두가 생겨납니다. 그렇게 감각장소가 생겨나는 순간을 시작으로 새로운 생, 새로운 중생이 생겨난다고 말할 수 있습니다. 그래서 "여섯있어 세상생겨"라고 말한 것입니다. 하지만 그 중생이란 어떤 것이 지금에서야 새로 생겨난 것이 아닙니다. 사실은 이전의 어느 한 생에서 행한 선업 때문에 지금 생에서 새로 생겨나는 감각장소 여섯 가지만 있습니다. 감각장소 여섯 가지를 떠난 다른 어떤 살아 있는 중생이나 개체라고는 없습니다. 흐르고 있는 강의 물이 이전의 물과 새로운 물이 계속 바뀌고 있는 것처럼 이전의 감각장소와 새로운 감각장소가 바뀌면서

140 화생opapātika·化生이란 천상이나 지옥 등에 태어날 때 모든 신체를 갖추고 태어나는 것을 말한다. 습생saṁsedaja·濕生이란 습한 곳에서 화생과 마찬가지로 모든 신체를 갖추고 태어나는 것을 말한다. 간혹 눈 등이 결여되는 경우는 있다.

끊임없이 생멸하고 있는 감각장소 여섯 가지만 있습니다. 이것을 위빳사나 지혜가 생기지 않은 이들은 항상 유지되고 있는 어떤 개체라고 생각합니다.

볼 때마다, 들을 때마다, 닿을 때마다, 알 때마다 드러나는 모든 것을 끊임없이 따라서 관찰하고 있는 수행자라면 삼매와 지혜가 성숙됐을 때 그 감각장소 여섯 가지가 한순간도 끊임없이 생멸하고 있는 것을 스스로의 지혜로 알고 볼 수 있습니다. 〈닿음, 닿음〉 등으로 관찰하고 있으면 닿아 알고, 닿아 알고 난 뒤 계속 사라져버리는 닿아 아는 마음이라는 맘 감각장소도 분명하게 경험할 수 있습니다. 닿아 아는 장소, 몸 물질이라는 몸 감각장소도 계속 사라져버리는 것도 분명하게 경험할 수 있습니다. 생각하고 숙고할 때마다 〈생각함; 숙고함; 앎〉 등으로 관찰하면 그 생각하여 아는 마음인 맘 감각장소가 계속 사라져버리는 것도 분명하게 경험할 수 있습니다. 〈듣는다, 듣는다〉라고 관찰하고 있으면 들어서 아는 맘 감각장소와 들어 아는 장소인 귀 물질이라는 귀 감각장소가 즉시 계속 사라져버리는 것도 분명하게 경험할 수 있습니다. 〈본다, 본다〉 등으로 관찰하고 있으면 보아 아는 마음인 맘 감각장소와 보아 아는 장소인 눈 물질이라는 눈 감각장소가 즉시 계속 사라져버리는 것도 분명하게 경험할 수 있습니다. 맡아 알 때, 먹어 알 때 관찰하고 있으면 맡아 아는 마음, 먹어 아는 마음인 맘 감각장소와 맡아 알고 먹어 아는 장소인 코와 혀라는 감각장소를 각각 분명하게 경험할 수 있습니다. 그래서 '사람이라는 것은 순간도 끊임없이 생멸하고 있는 이 감각장소 여섯 가지일 뿐이다. 항상하지 않는 법일 뿐이다. 성품법일 뿐이다'라는 것을 스스로의 지혜로 이해하여 알 수 있습니다. 그렇게 사실대로 바르게 알도록 이 경에서 "chasu loko samuppanno"라고 설해 놓으신 것입니다. 이것을 본 승이 "여섯있어 세상생겨"라고 게송으로 표현했습니다. 다시 한 번 독송합시다.

여섯있어 세상생겨

(나) 여섯에만 결합하네

"Kismiṁ kubbati santhavaṁ 세상이라는 중생은 어디에서 교제를 행합니까, 결합합니까?"라는 두 번째 질문에 대해 부처님께서는 "chasu kubbati santhavaṁ"라고 대답하셨습니다. "loko세상은; 중생이라는 세상은 chasu여섯에서 santhavaṁ교제를; 만나고 함께하는 것을 kubbati행한다네"라고 대답하셨습니다. 이것을 "여섯에만 결합하네"라고 게송으로 표현했습니다. 이 게송을 독송합시다.

여섯에만 결합하네

이 게송에서 "여섯"이란 형색과 소리와 냄새와 맛과 감촉과 법이라는 외부 여섯 감각장소입니다. 대상 여섯 가지라고도 할 수 있습니다. 눈과 귀와 코와 혀와 몸과 마음이라는 내부 여섯 감각장소는 형색과 소리와 냄새와 맛과 감촉과 법이라는 외부 여섯 감각장소, 여섯 대상과 결합하고 교제한다는 뜻입니다. 좀 더 설명하자면 내부 여섯 감각장소라는 개인이나 중생은 외부 여섯 감각장소라는 생명 있고 생명 없는 중생들과 결합하고 교제한다는 뜻입니다. 이것을 자세하게 나누어 설명해 봅시다.

눈과 보아 아는 마음은 형색과 결합한다

남자나 여자라고 불리는 눈과 보아 아는 마음은 여자나 남자 등으로 불리는 형색 대상과 결합합니다. 그 형색 대상을 보아 아는 마음은 마치 잡아서 거머쥐는 것처럼 아주 가깝게 잡아둡니다. 여자나 남자 등으로 불리는 그 형색 대상을 받아들여 붙잡아둡니다. 한 번 보고 나면 맘 감각장소라는 마음이 거듭 마음 기울이고 생각합니다. 볼 때의 형색은 보고 있는 바로 그때 소멸해 버렸습니다. 나중의 시간에는 더 이상 없습니다. 하지만 맘 감각장소가 받아들여 붙잡아두었기 때문에 생각할 때마다 계속해서 그 대상이 마치 다시 사용되는 것처럼 드러납니다. 남자나 여자 등 보았던 당시의 모습 그대로 드러납니다. 앉아 있던 대상을 보았다면 앉은 그대로 드러납니다. 서 있던 대상, 움직이고 있던 대상, 웃고 있던 대상, 찡그리고 있던 대상 등을 보았다 해도 본 그대로 드러납니다. 지금 각각의 한 사람이 다른 사람을 계속 보면서 관계하고 있는 것은 그 눈과 보아 아는 맘 감각장소가 보이는 형색 감각장소와 결합하고 있는 것일 뿐입니다. 이것을 자세하게 숙고해 보면 볼 때나 거듭 생각할 때 무엇과 무엇이 만나고 있는가 하면 눈이라는 눈 감각장소와 보아 알고 생각하여 아는 것이라는 맘 감각장소와 보이는 형색이라는 형색 감각장소, 이 세 감각장소만 기본적으로 존재합니다. 이 세 가지만 서로 만나고 있습니다. 어떤 개인이나 개체로서 만나고 있는 여자나 남자나 물건이라는 것은 빠라맛타 실재성품으로 존재하지 않습니다. 이것을 확실하게 숙고해 보십시오. 보고 나서 만나고 있는 것은 눈 감각장소와 맘 감각장소가 형색 감각장소와 만나고 있는 것일 뿐이라는 사실이 분명하게 드러날 것입니다. 볼 때마다[141] 관찰하여 새

141 저본에 '보고 난 것을 다시 숙고할 때마다'라는 내용이 첨가됐으나 의미상 생략했다.

기고 있는 수행자라면 그렇게 숙고하면 안 됩니다. 삼매와 지혜가 성숙되면 '본다는 것은 눈과 형색과 보아 아는 마음일 뿐이다'라고 새길 때마다 계속해서 알 수 있습니다. 보고 난 것을 숙고할 때도 '보고 난 형색과 숙고하는 마음일 뿐이다'라고 알 수 있습니다. 이렇게 아는 모습을 염두에 두고 "여섯있어 세상생겨 여섯에만 결합하네"라고 설해 놓은 것입니다.

귀와 들어 아는 마음은 소리와 결합한다

남자나 여자라고 불리는 귀와 들어 아는 마음은 여자의 소리나 남자의 소리 등으로 불리는 소리 대상과 결합합니다. 그 소리를 받아들여 붙잡아둡니다. 한 번 듣고 나면 맘 감각장소라는 마음이 그 소리를 거듭 마음 기울이고 생각합니다. 들을 때의 소리는 듣고 있던 바로 그때 소멸해 버렸습니다. 나중에 생각할 때는 더 이상 없습니다. 하지만 맘 감각장소라는 마음이 받아들여 붙잡아두었기 때문에 생각할 때마다 계속해서 그 소리 대상이 마치 다시 사용되는 것처럼 드러납니다. '소리'라고는 하지만 소리만은 아닙니다. 말하는 소리의 주인인 여자나 남자, 개인까지 포함해서 들었을 때 그대로 존재하는 것처럼 대상으로 드러납니다. 듣기에 좋고 부드럽게 말하고 있는 모습, 듣기에 거북하게 말하고 있는 모습으로 생각합니다. 이것을 자세하게 숙고해 보면 들을 때도 귀와 소리와 들어 아는 마음, 이 세 가지만 존재합니다. 그 세 가지가 서로 만나고 있는 것입니다. 듣고 나서 생각하고 있을 때도 들었던 소리와 생각하여 아는 마음, 이 두 감각장소만 있습니다. 그 두 가지가 서로 만나고 있는 것입니다. '소리를 내는 주체'라는 어떤 개인은 빠라맛타 실재성품으로 존재하지 않습니다. 그래서 '소리를 내는 주체와 내가 만나고 있다'라고 생각된다 하더라도 사실은 귀와 맘 감각장소가 소리와 만나서 결합하고 교제하고 있는 것일 뿐이라는 사실이 분명합니다. 들을 때마다, 듣고 난 것을 다시 숙고할 때마다 관찰하여 새기고 있는 수행자라면 삼매와 지혜가 성숙되면 '귀와 소리와 들어 아는 마음만 존재한다'라는 사실을 분명하게 알 수 있습니다. 그렇게 아는 모습도 염두에 두고 "여섯있어 세상생겨 여섯에만 결합하네"라고 설해 놓은 것입니다.

코와 맡아 아는 마음은 냄새와 결합한다

남자나 여자라고 불리는 코와 맡아 아는 마음은 여자의 냄새나 남자의 냄새, 누가 준 꽃향기 등으로 불리는 냄새 대상과 결합합니다. 그 냄새를 마음으로 받아들여 붙잡아둡니다. 맡아 본 냄새를 맘 감각장소라는 마음이 거듭 마음 기울이고 생각합니다. 이것은 냄새라는 냄새 감각장소와 사람이라 불리는 코 감각장소, 맘 감각장소가 결합하고 있는 것입니다. 여기서도 '냄새'라고는 하지만 냄새 자체는 아닙니다. 냄새의 주인인 여자나 남자, 어떤 개인을 대상으로 해서 결합하고 있는 것입니다. 이것을 자세하게 숙고해 보면 진실로 존재하고 있는 것은 코 물질과 냄새 물질과 맡아 아는 마음, 이 세 가지뿐입니다. 그 세 가지가 서로 만나고 있는 것입니다. 사랑스러운 자식의 체취를 맡은 이는 '자식의 체취를 맡았다'라고 생각하지만 사실은 맡을 수 있는 나란 없습니다. 맡아지는 자식도 사실은 없습니다. 코 물질이라는 코 감각장소, 맡아 아는 마음이라는 맘 감각장소가 냄새 물질이라는 냄새 감각장소와 만나고 결합하고 있는 것일 뿐입니다. 돌이켜 생각할 때도 맡아 알아지는 냄새와 생각하여 아는 마음, 이 두 가지일 뿐입니다. 끊임없이 관찰하고 있는 수행자라면 꽃향기나 반찬 냄새 등을 맡을 때 〈맡는다,

맡는다〉라고 관찰하고 있으면 '냄새 물질과 코 물질, 맡아 아는 마음일 뿐이다'라는 사실을 알 수 있습니다. 그렇게 아는 모습도 염두에 두고 "여섯있어 세상생겨 여섯에만 결합하네"라고 설해 놓은 것입니다.

혀와 먹어 아는 마음은 맛과 결합한다

남자나 여자라고 불리는 혀와 먹어 아는 마음은 어떤 여자나 남자가 준비해 준 특별한 음식·맛이나 보통의 음식·맛과 결합합니다. 그 맛을 마음으로 받아들여 붙잡아둡니다. '누가 준비해 준 음식이 좋았다. 닭고기 반찬이 맛있었다' 등으로 거듭 돌이켜 숙고합니다. 이것은 맛과 결합하고 있는 것입니다. 먹은 음식은 삼키는 것과 동시에 더 이상 존재하지 않습니다. 하지만 그 맛이나 준비해 준 사람이 분명하게 존재하고 있는 것으로만 생각하고 있습니다. 관찰하고 있는 수행자라면 〈씹는다; 먹는다〉 등으로 관찰하다가 맛이 드러나면 그 맛도 〈달다; 시다〉 등으로 관찰하여 압니다. 그 맛이 즉시 사라져버리는 것도 압니다. 그래서 '먹는다는 것은 혀 물질과 먹어 아는 마음이 맛을 아는 것일 뿐이다. 먹어 아는 나라는 것은 없다'라고 압니다. 돼지고기나 닭고기를 요리해 주는 요리사라고도 집착하지 않습니다. '맛과 앎이 즉시 사라져버리기 때문에 항상하지 않는 성품일 뿐이다'라고만 알아나갑니다. 이렇게 아는 모습도 염두에 두고 "여섯있어 세상생겨 여섯에만 결합하네"라고 설해 놓은 것입니다.

몸과 닿아 아는 마음은 감촉과 결합한다

남자나 여자라고 불리는 몸 물질과 닿아 아는 마음은 닿아지는 대상과 결합합니다. 닿는 대상이 몸 감성물질에 부딪힙니다. 그렇게 부딪혔을 때 감촉 대상을 몸 의식이라는 닿아 아는 마음이 압니다. 이것은 몸 물질과 닿아 아는 마음이라는 내부 감각장소 두 가지가 감촉이라는 외부 감각장소와 결합하는 것입니다.

감촉이란 땅과 불과 바람이라는 세 가지 요소일 뿐입니다. 단단하고 거친 것, 무르고 미끈한 것이 땅 감촉입니다. 뜨겁고 차가운 것, 따뜻하고 서늘한 것이 불 감촉입니다. 팽팽하고 미는 것, 움직이는 것이 바람 감촉입니다. 그러한 감촉은 자신의 몸에도 있습니다. 두 손이 서로 닿는 것, 두 발이 서로 닿는 것, 손발과 몸이 닿는 것, 혀와 입술이 닿는 것, 살이나 피에서 닿는 것, 창자나 간이나 심장 등에서 닿는 것, 이러한 감촉들은 자기 몸에서 닿는 것입니다. 외부 다른 사람이나 옷, 잠자리 등과 닿는 것도 있습니다. 어떠한 것과 닿더라도 '내가 닿는다. 옷과 닿았다. 잠자리와 닿았다. 사람과 닿았다' 등으로 생각합니다. 그 닿게 된 대상을 마음이라는 맘 감각장소가 기억하여 붙잡아둡니다. 닿게 된 대상은 닿고 난 뒤에는 사라져버립니다. 하지만 맘 감각장소라는 마음이 그 감촉 대상을 거듭 돌이켜 생각하면서 사용합니다. 닿아진 대상이나 닿게 된 사람이 그대로 존재하는 것으로만 생각합니다. 이것은 결합하는 것입니다. 위빳사나 수행자라면 바로 이 감촉을 제일 많이 관찰해야 합니다.

그래서 몸 거듭관찰 새김확립kāyānupassanā satipaṭṭhāna에서는 "gacchanto vā gacchāmīti pajānāti"라는 등으로 부처님께서 설해 놓으셨습니다.(D.ii.232) 갈 때도 〈간다〉라고 알아야 한다는 뜻입니다. 이것은 가고 움직이는 몸의 부분에 있는 팽팽하고 뻣뻣하고 움직임이라는 감촉, 특히 바람 물질을 사실대로 알도록 가르치신 것입니다. 그와 마찬가지로 가다가 설 때도 〈선다〉라고 알아야 한다고 하셨습니다. 서 있다가 앉을 때도 〈앉는다〉라고 알아야 한다고 하셨습니다. 앉아 있다가 누울 때도 〈눕는다〉라고 알아야 한다고 하셨습니다. 그리고 여기서 "yathā yathā vā panassa kāyo paṇihito hoti, tathā tathā naṁ pajānāti"라고 요약해서도 설하셨습니다.(D.ii.232) '놓인 그대로, 둔 그대로의 모든 몸 행위도 알라'는 뜻입니다. 이 구절은 가고 서고 앉고 눕는 네 자세라든지, 굽히고 펴고 움직이는 등 몸의 어떠한 동작이든 몸의 모든 행위를 알라고 지도하신 것입니다.[142] 몸의 어떤 동작을 알지 못하면 그 알지 못한 몸 동작과 관련하여 알지 못함이라는 무명avijjā을 시작으로 번뇌가 생겨날 수 있고, 그 번뇌에서 다시 불선업과 선업이 생겨날 수 있습니다. 그 업은 악도의 생도 생겨나게 할 것이고 사람의 생이나 천신의 생 등도 생겨나게 할 것이고, 그렇게 태어난 생에서 늙음과 병듦과 죽음 등의 고통을 겪을 것이기 때문에 몸의 모든 동작을 알도록 지도하신 것입니다.

몸의 모든 동작을 관찰하여 '물질과 정신일 뿐이다. 무상하고 괴로움이고 무아일 뿐이다'라고 사실대로 알면 알게 된 몸의 동작과 관련하여 방금 설명했던 번뇌와 업, 새로운 생의 결과라는 것이 생겨날 기회를 얻지 못하고 사라져버립니다. 그렇게 관찰하여 성스러운 도의 지혜에 도달했을 때는 그러한 번뇌와 업, 새로운 생의 괴로움이 완전히 소멸해버립니다. 그래서 그렇게 생겨날 수 있는 번뇌와 업, 과보의 생이라는 세 가지 윤전 괴로움이 사라지도록 부처님께서 갈 때마다, 설 때마다, 앉을 때마다, 누울 때마다 등 분명하게 생겨나는 몸의 모든 동작을 관찰하여 알도록 지도하신 것입니다.

142 『마하사띠빳타나숫따 대역』, pp.276~293 참조.

부풂과 꺼짐도 몸의 동작이다

여기서 숙고해 볼 만한 내용이 있습니다. "'몸의 모든 행위를 관찰해야 한다. 알아야 한다'라는 구절에 배가 부풀었다가 꺼졌다가 하면서 움직이고 있는 동작은 포함되는가, 포함되지 않는가"라는 내용입니다. 물론 수행을 잘 이해하고 숙고하는 지혜가 있는 이라면 모두 '포함된다'라고만 알고 보고 이해할 것입니다.[143] 그래서 본 승이 몸 거듭관찰 가르침에 따라 배의 부풂과 꺼짐, 뻣뻣하고 움직이고 있는 몸의 동작을 관찰하도록 지도하고 있는 것입니다. 〈부푼다, 꺼진다〉라는 명칭은 부르기 쉽도록 한 것입니다. 사실 수행자가 삼매를 얻었을 때는 배가 뻣뻣하고 움직이면서 닿는 것을 잘 알고 있습니다. 이것은 몸과 마음이라는 내부 감각장소 두 가지가 감촉이라는 감촉 감각장소와 만나고 있는 것이라는 가르침과 관련돼 있습니다.

무엇 때문에 관련돼 있는가 하면, 〈부푼다, 꺼진다〉라고 관찰하고 있는 수행자의 삼매와 지혜가 무르익었을 때는 '뻣뻣하고 움직이는 것과 아는 것, 이 두 가지 성품만 있다'라고 알 수 있기 때문입니다. 그렇게 알면 '닿아서 알고 있는 나라는 것은 존재하지 않는다. 서로 만나고 있는 감촉 대상과 아는 성품만 존재한다'라는 것을 분명하게 알 수 있습니다. 또한 다른 모든 감촉에 대해서도 '내가 닿는 것이 아니다. 여자와 닿는 것, 남자와 닿는 것도 아니다. 한 사람과 한 사람이 닿는 것도 아니다. 몸 감성물질과 닿아 아는 성품이 감촉 대상과 닿아서 아는 것일 뿐이다'라고도 이해할 수 있습니다. 이렇게 아는 모습도 염두에 두고 "여섯있어 세상생겨 여섯에만 결합하네"라고 설해 놓은 것입니다.

143 자세한 내용은 『마하사띠빳타나숫따 대역』, pp.272~294 참조.

마음은 성품 대상과 결합한다

남자나 여자라고 불리는 마음, 즉 맘 감각장소는[144] 법 감각장소라는 성품 대상과 결합합니다. 원하는 곳, 원하는 대상을 마음으로 생각하여 붙잡고 있는 성품입니다. 세간적으로는 '나는 누구를 대상으로 하고 있다. 누구와 생각에서 만나고 있다. 꿈속에서 만났다'라는 등으로 말하곤 합니다. 사실은 어느 누구도 어느 누구와 만나는 것이 아닙니다. 마음이라는 맘 감각장소가 성품 대상을 대상으로 하여 그 생각 대상과 결합하여 만나고 있는 것일 뿐입니다. 이렇게 생각하는 것은 깨어 있을 때라면 끊어진 상태란 없습니다. 한 종류 다음에 한 종류, 이어서 생각하고 있습니다. 생각하기에 적당하지 않은 것도 생각합니다. 생각할 때마다 계속해서 마음은 대상을 가지고 있습니다. 그 대상과 결합하고 만나고 있는 것입니다. 그렇게 생각하면서 여러 대상과 만나고 있어야 마음은 즐거워합니다. '다른 대상을 생각해서는 안 된다. 수행주제 대상 하나만 관찰하고 있어라'라고 말하면 마음은 그리 좋아하지 않습니다. '답답하다'라고 생각합니다.

마음을 내버려두라는 주장

일부 큰스님들조차 수행하는 행위를 '마음을 억압하는 행위'라고 허물을 잡으면서 마음을 자유롭게 가만히 내버려두라고 설하고 있습니다. 그분들은 수행주제 대상을 계속 관찰하고 있으면 피곤하기만 할 뿐이라고 주장합니다. 이것은 부처님의 가르침인 것처럼 하면서 부처님의 가르침을 뒤집어 무너뜨리는 설법입니다. 그런 설법을 좋아해서 아

144 원래 법 대상과 결합해서 그 대상을 아는 것은 마음이지만 일반 사람들은 그 사실을 알지 못하고 어떤 변하지 않는 남자나 여자가 실제로 존재해서 마음의 대상을 안다고 생각한다.

무것도 하지 않고 마음을 자유롭게 가만히 내버려두면 마음이 원하는 대상을 생각하면서 감각욕망쾌락탐닉kāmasukhallika의 행위를 할 것입니다. 자신에게 감각욕망 대상이 실제로 없다 하더라도 생각 속에서는 자신이 원하는 여성이나 남성 등 감각욕망 대상을 생각하고 상상하여 즐길 것으로 받아들이고 있습니다. '마약을 하는 이들에게는 그들이 생각하는 대로 원하는 것이 드러나 즐기고 있다'라는 것을 들은 적이 있습니다. 그렇게 마약을 하는 것처럼 생각을 단속하지 않고 내버려두면 마음이 원하는 것을 계속 생각하면서 즐기게 됩니다. 이 「헤마와따숫따」 법문에서 "맘 감각장소라는 마음이 법 감각장소라는 성품 대상과 만나고 있다"라는 것과도 매우 일치합니다. 그래서 마음을 단속하지 않고 내버려두는 것을 감각욕망쾌락탐닉의 실천이라고 말합니다. 실제로 존재하는 여성이나 남성 등 감각욕망 대상을 직접 경험하는 것으로 즐기고 있는 것이 감각욕망쾌락탐닉의 실천이라는 사실은 특별히 말할 필요도 없습니다.

따라서 부처님의 훈계에 따라 말하자면 마음이 다른 대상과 결합하지 않도록 사마타samatha나 위빳사나vipassanā 중 어느 한 가지 수행주제로 끊임없이 관찰하고 있어야 합니다. 그렇게 관찰하는 중에 삼매의 힘이 아직 좋아지기 전이라면 마음은 자꾸 달아나서 외부 대상과 만나기도 합니다. 이것은 수행자들이 직접 경험하는 것입니다.

일부 사이비 스승들, 가짜 스승들은 또한 그렇게 마음을 제압하도록 사마타와 위빳사나 수행에 노력하는 것은 몸을 피곤하게 하는 자기학대attakilamatha의 실천이라고 허물을 잡으며 말합니다. 그것은 부처님의 말씀을 훼손하는 일입니다. 그러한 법 훼손자들의 말을 받아들여 좋아하는 이는 부처님께서 바라시는 대로 바른 방법과 길을 노력하는 것이 아닙니다. 바른 방법으로 노력하는 것이 아니기 때문에 이번 생에도 얻을 만한, 얻기에 적합한 특별한 법을 얻지 못하게 되어 한 생 전체를 낭비하게 될 것입니다. 그리고 부처님의 바람과 일치하게 열심히 노력하고 있는 성자나 참사람들에게 허물을 범하는 것이 돼 성자비방ariyūpavāda 업에도 가깝게 됩니다. 따라서 그렇게 법답게 수행하는 것에 대해 허물을 말하는 스승들을 멀리하는 것이 중요합니다. 'asevanāca bālanaṁ 어리석은 이들을 의지하지 말고 삼가는 것'이 길상maṅgalā이라는 가르침에 그렇게 가짜 스승, 사이비 스승들을 삼가는 것도 포함돼 있습니다.

몸을 피곤하게 하는 것 모두가 자기학대 고행은 아니다

사실 자기학대고행attakilamatha, 자신을 일부러 힘들게 하는 실천이란 계·삼매·통찰지가 생겨나는 것과 전혀 관련 없이 단지 몸을 피곤하게만 할 뿐인 실천만을 말합니다. '몸이 힘들 때는 감각욕망 사유 등을 생각할 수 없다. 번뇌가 사라진다'라고 믿고 거머쥐고서 몸이 힘들도록 행하는 실천만을 자기학대고행이라고 부릅니다. 계·삼매·통찰지가 생겨나도록 실천할 때는 몸이 힘들더라도 자기학대고행이라고 말해서는 안 됩니다. 그렇게 실천하다가 너무 힘들어 어쩌다가 죽게 되더라도 고행이라고 해서는 안 됩니다. 허물을 잡아서는 안 됩니다. 숙고해 보십시오. 술이나 마약을 좋아하는 이가 오계를 수지하고서 술이나 마약을 안 한다고 하면 몸에 피곤함이 생겨나지 않겠습니까? 그렇게 피곤함을 감수하고서 계를 수지했다고 해서 계 선업이 생겨나지 않겠습니까? 그렇게 피곤함을 감수하고 계를 수지하는 것을 부처님께서 비난하시겠습니까? 비난하지 않으십니다. 칭송하기만 하실 것입니다.

그리고 자신이 소유하지 않은 감각욕망 대상에 잘못을 범하고 싶어도(삿된 음행을 하고 싶어도) 계를 중시하여 삼가고 있는 이에게 피곤함과 괴로움이 생겨나지 않겠습니까? 그렇게 피곤함과 괴로움을 감수하면서 삼간다고 해서 계 선업이 생겨나지 않겠습니까? 그렇게 피곤을 감수하고 계를 수지하는 것도 부처님께서 비난하시겠습니까? 비난하지 않으십니다. 칭송하기만 하실 것입니다. 팔계를 수지하는 이에게 오후불식 때문에 몸의 피곤함과 괴로움이 생겨나지 않겠습니까? 그것도 부처님께서 비난하시겠습니까? 비난하지 않으십니다. 칭송하기만 하실 것입니다. 아나타삔디까Anāthapiṇḍika 장자 집의 한 일꾼은 오후가 돼서야 포살을 준수했습니다. 하지만 온종일 열심히 일하느라 저녁도 거른 채 허기진 상태로 포살을 준수해서 몸의 바람 요소가 동요해 죽어버렸습니다. 죽은 뒤에 그 계 선업 때문에 위력이 큰 목신으로 태어났다는 사실을 여러 주석서에서 설명해 놓았습니다.(DhpA.i.131) 만약 그것이 자기학대고행이라면 그 행위가 천신으로 태어나게 하는 원인이 되겠습니까? 계와 관련해서 지켜야 할 것은 목숨을 걸고서라도 실천해야 한다는 내용을 부처님께서는 다음과 같이 칭송하며 설하셨습니다.

Taṁ mama sāvakā jīvitahetupi nātikkamanti. (A.iii.41)

대역

Taṁ그것을; 나 여래가 제정한 그 수련항목을 mama sāvakā나의 제자들은 jīvitahetupi목숨을 원인으로 해서라도 nātikkamanti범하지 않는다.

사마타와 위빳사나 수행의 경우도 몸을 고려하지 않고 열심히 노력하도록 부처님께서 다음과 같이 간곡하게 권장하셨습니다.

부처님의 간곡한 권장

Kāmaṁ taco ca nhāru ca aṭṭhi ca avasissatu, sarīre upasussatu maṁsalohitaṁ, yaṁ taṁ purisathāmena purisavīriyena purisaparakkamena pattabbaṁ na taṁ apāpuṇitvā vīriyassa saṇṭhānaṁ bhavissatīti. Evañhi vo, bhikkhave, sikkhitabbaṁ. (A.i.52)

대역

Sarīre몸에 taco ca nhāru ca aṭṭhi ca피부와 힘줄과 뼈만 kāmaṁ avasissatu남을 테면 남아라. maṁsalohitaṁ살과 피가 마를 테면 upasussatu말라라. yaṁ taṁ어떤 그것에; 어떤 그 특별한 법에 purisathāmena purisavīriyena purisaparakkamena장부의 분투와 장부의 정진과 장부의 매진으로; 단계에 따라 노력하는 것으로 pattabbaṁ도달해야 한다; 도달할 수 있다. taṁ그것에; 그 특별한 법에 apāpuṇitvā도달하지 않고서는; 도달하기 전까지는 vīriyassa saṇṭhānaṁ정진의 멈춤이 na bhavissatīti생겨나지 않을 것이다. evañhi실로 이와 같이 vo그대들은 sikkhitabbaṁ수련해야 한다, bhikkhave비구들이여.[145]

이 내용은 부처님께서 열심히 노력하도록 직접 간곡하게 권장하신 구절입니다. 『맛지마 니까야』「마하고싱가숫따Mahāgosiṅgasutta(마하

145 피부힘줄 뼈남아 살과피말라
목숨조차 안아껴 바른정근넷

고싱가 경)」에서도 부처님께서는 당신처럼 열렬히 노력하는 것이 훌륭하다는 내용을 다음과 같이 설하셨습니다.

Idha, sāriputta, bhikkhu pacchābhattaṁ piṇḍapātapaṭikkanto nisīdati pallaṅkaṁ ābhujitvā ujuṁ kāyaṁ paṇidhāya parimukhaṁ satiṁ upaṭṭhapetvā – 'na tāvāhaṁ imaṁ pallaṅkaṁ bhindissāmi yāva me nānupādāya āsavehi cittaṁ vimuccissatī'ti. Evarūpena kho, sāriputta, bhikkhunā gosiṅgasālavanaṁ sobheyya.

(M32/M.i.280)

대역

Sāriputta사리뿟따여, idha여기서; 이 교법에서 bhikkhu비구는 pacchābhattaṁ piṇḍapātapaṭikkanto공양을 끝낸 뒤에 탁발하는 곳에서 떠나 'me나의 cittaṁ마음이 anupādāya집착하지 않아 āsavehi 누출로부터 yāva na vimuccissati[146]어느 정도의 시간 동안 벗어나지 못한다면 tāva그 정도의 시간 동안은 imaṁ pallaṅkaṁ이 결가부좌를 na āhaṁ bhindissāmi나는 풀지 않으리라'라고 iti이렇게 결의하고서 pallaṅkaṁ ābhujitvā결가부좌를 하고서 (ujuṁ kāyaṁ paṇidhāya몸을 곧게 유지하고서) parimukhaṁ전면을 향해; 수행 주제 대상을 향해 satiṁ upaṭṭhapetvā새김을 확립하고서 nisīdati앉는다. sāriputta사리뿟따여, evarūpena이와 같은 모습의; 이와 같은 성품의 bhikkhunā비구가 gosiṅgasālavanaṁ고싱가 살라나무 숲을 sobheyya아름답게 한다.

146 저본에는 'parimuccati'라고 표현됐으나 제6차 결집본을 따랐다.

이러한 법문들을 근거로 살펴보면 삼매와 통찰지가 생겨나도록 노력할 때 몸을 아끼면서 느슨하게 노력하는 것을 부처님께서는 좋아하지 않으셨습니다. 몸과 목숨을 아끼지 않고 열렬히 노력하는 것을 부처님께서는 좋아하셨다는 사실을 분명하게 알 수 있습니다. 그렇게 열렬히 노력하여 생겨나는 피곤함과 괴로움을 근거로 자기학대고행이라고 말해서는 안 된다는 사실도 분명합니다. 따라서 계와 삼매와 통찰지를 생겨나게 하는 실천이라면 피곤함과 괴로움을 감수하더라도 그 바른 실천, 옳은 실천을 자기학대고행이라고 말해서는 안 된다는 사실을 기억해두어야 합니다. 그 바른 실천, 옳은 길을 자기학대고행의 실천이라고 비난하고 비방하는 가짜 스승들, 사이비 스승들도 실천 교법paṭipattisāsanā, 증득 교법paṭivedhasāsanā의 원수나 원수에 필적하는 이들이라고 기억해두어야 합니다. 그러한 가짜 스승과 사이비 스승들을 멀리해야 합니다. 만약 멀리하지 않으면 그들과 같이 적당하지 않은 곳에 끌려가게 될 것입니다.[147]

외부 감각장소 성품 대상과 만나고 결합하고 있는 마음을 단속하지 않은 채 그 마음이 원하는 대로 내버려두면 감각욕망쾌락탐닉kāmasukhallika이 생겨나는 것을 설명하다가 자기학대고행의 실천인지 아닌지 조사하며 설명하느라 시간이 많이 지났습니다. 이것을 간략하게 기억하도록 게송으로 표현해 보았습니다. 따라서 독송해 보십시오.

마음따라 버려둬 감각쾌락 몰두해

147 『담마짝까 법문』, pp.133~140 참조.

감각욕망쾌락탐닉과 자기학대고행을 구분하는 모습

사마타와 위빳사나를 통해 마음을 단속하지 않고서, 혹은 최소한 반조paccavekkhaṇa를 통해서조차 단속하지 않고서 마음이 바라는 대로 내버려두면 감각욕망쾌락탐닉에 몰두하는 실천이 생겨납니다. 비구들의 경우라면 그러한 감각욕망쾌락탐닉에 몰두하는 실천에서 벗어나도록 공양 등을 수용할 때 최소한 반조를 통해 수용해야 합니다. 그렇게 숙고한 뒤에 수용하도록 부처님께서 『디가 니까야(빠티까왁가)』「빠사디까숫따Pāsādikasutta(정신경淨信經)」 등에서 가르치셨습니다.[148] 감각욕망 사유 등이 생겨나 감각쾌락탐닉에 몰두하는 실천이 생겨나지 않도록 사마타와 위빳사나 수행에 힘쓰라는 내용은 거의 모든 경에서 설하셨다고 해도 과언이 아닙니다. 특히 "jhāyatha, bhikkhave, mā pamādattha 비구들이여, 선정에 들어라. 방일하지 마라"(S.ii.347) 등으로[149] 「사띠빳타나 상윳따」 등에서 분명하게 지도하고 간곡하게 권장하셨습니다. 그 부처님의 말씀과 일치하게 계와 삼매와 통찰지가 생겨나도록 실천하고 노력하여 피곤한 것은 자기학대고행의 실천이라고 할 수 없습니다. 그렇게 말해서는 안 됩니다. 그렇게 말한다면 부처님의 가르침을 무너뜨리는 것이 됩니다. 사실은 계도 생겨나지 않고 삼매와

---

148 앞에서 설명. p.231참조.

149 Jhāyatha, bhikkhave, mā pamādattha; Mā pacchā vippaṭisārino ahuvattha. Ayaṁ vo amhākaṁ anusāsanī. (S.ii.347)

대역

Bhikkhave비구들이여, jhāyatha선정에 들어라; 관찰하라. 새겨라. 사마타·위빳사나 수행을 노력하라. mā pamādattha방일하지 마라; 관찰하지 않고 새기지 않고서 지내지 마라. pacchā나중에; 좋은 기회가 다 지난 나중에 vippaṭisārino후회하는 이가; '관찰하고 새기지 않았구나! 잘못했구나!'라고 걱정하는 이가 mā ahuvattha되지 마라. ayaṁ이것이 vo그대들을 위한 amhākaṁ우리들의; 우리 모든 붓다의 anusāsanī반복해서 가르치는 거듭된 가르침이다.

통찰지도 생겨나지 않으면서 단식하는 것, 옷을 입지 않고 지내는 것, 불에 몸을 태우는 것, 땡볕에 몸을 태우는 것, 찬물에 들어가는 것 등으로 몸을 피곤하게만 할 뿐인, 부처님 가르침 밖의 실천만을 자기학대에 몰두하는 실천이라고 해야 합니다. 이것도 짧게 기억하도록 게송으로 "고통뿐만 노력해 자기학대 몰두해"라고 표현해 보았습니다. 이 게송을 독송합시다.

고통뿐만 노력해 자기학대 몰두해

계와 삼매와 통찰지가 생겨나지 않고 몸이 고통스럽기만 한 모든 노력을 자기학대몰두attakilamathānuyoga의 실천이라고 한다는 뜻입니다. 따라서 부처님의 가르침에서 오계나 팔계, 십계, 사미계, 비구계의 실천을 노력해서 힘들더라도 그것은 자기학대에 몰두하는 고행이 아닙니다. 바른 말, 바른 행위, 바른 생계라는 계 도 구성요소의 실천이기 때문에 중도majjhimapaṭipadā의 실천이기만 합니다.

찰나삼매khaṇikasamādhi, 근접삼매upacārasamādhi, 몰입삼매appanāsamādhi가 생겨나도록 삼매 수행주제를 노력해서 힘들더라도 그것은 자기학대에 몰두하는 고행이 아닙니다. 바른 노력, 바른 새김, 바른 삼매라는 삼매 도 구성요소의 실천이기 때문에 중도majjhimapaṭipadā의 실천이기만 합니다.

위빳사나 통찰지, 도과의 통찰지가 생겨나도록 물질과 정신 무더기를 끊임없이 관찰해서 힘들더라도 그것은 자기학대에 몰두하는 고행이 아닙니다. 바른 견해, 바른 생각이라는 통찰지 도 구성요소의 실천이기 때문에 중도majjhimapaṭipadā의 실천이기만 합니다.

사마타와 위빳사나를 구분하는 모습

계의 실천과 삼매의 실천과 통찰지의 실천이라는 그 중도실천 세 가지 중에 계의 실천은 분명합니다. 설명할 필요가 없을 것입니다. 삼매의 실천과 통찰지의 실천은 나누어 설명하고자 합니다. 들숨날숨 등 사마타 수행주제 대상 하나에 마음이 단지 고요하게 머무는 것 정도를 얻는 수행을 사마타samatha 실천이라고 합니다. 이것을 "고요함뿐 관조해 사마타선정"이라고 게송으로 표현했습니다. 이 게송을 독송합시다.

고요함뿐 관조해 사마타선정

코끝의 닿는 곳에 집중해서 관조할 때마다 계속해서 들어오고 나가는 호흡의 바람을 '들어온다, 나간다'라고 끊임없이 관조하는 것이 들숨날숨ānāpāna 사마타 수행입니다. 그렇게 관조해서 들이쉬고 내쉬는 바람 대상에만 마음이 머물고 있는 것을 '삼매가 생겨났다'라고 말합니다. 그 밖에 두루채움kasiṇa, 더러움asubha 등의 사마타 수행주제들에 대해서도 관조의 대상에만 집중하여 머무는 것을 '삼매가 생겨났다'라고 말합니다. 그렇게 마음이 고요하게 집중돼 있는 정도로만 관조하는 것이 사마타 수행입니다. 그 사마타 수행만으로는 물질과 정신을 구별하여 알지 못합니다. 생멸도 알지 못합니다. 무상·고·무아의 성품도 알지 못합니다. 마음이 집중된 정도뿐입니다. 그렇게 마음이 고요한 정도만으로 관조하는 것을 사마타수행이라고 합니다. 그 사마타 수행으로도 마음을 단속하고 보호하도록 부처님께서 설하셨습니다.

그리고 여섯 문에서 볼 때마다, 들을 때마다, 알 때마다 관찰해서 아는 것이 위빳사나vipassanā입니다. 이것도 "육문생성 관알아 빳사나선정"이라고 게송으로 표현해 보았습니다. 이 게송을 독송합시다.

육문생성 관알아 위빳사나정

여섯 문에서 드러나는 모든 것을 관찰하고 새겨 아는 것이 위빳사나라는 뜻입니다. 어떻게 알아야 하는가 하면, 처음에는 물질과 정신의 고유특성sabhāvalakkhaṇā이라는 그 고유성품을 사실대로 알아야 합니다. 그리고 계속 생겨나는 물질과 정신의 처음과 끝, 생성과 소멸을 경험으로 알고 보아서 무상anicca이고 괴로움dukkha이고 무아anatta인 성품을 알아야 합니다. 그렇게 아는 것은 무상 등 특별한 양상으로vi 관찰해서 보는 것이기 때문에passanā 위빳사나vipassanā라고 한다는 뜻입니다. 잘 이해하지 못하는 이들은 위빳사나 수행을 할 때도 사마타처럼 대상 하나만 관찰해야 한다고 잘못 생각하고서 그렇게 잘못된 것을 설합니다. 그렇지 않습니다. 앎과 지혜라는 것은 알아야 할 것, 알기에 적당한 것을 모두 아는 것입니다.

그래서 부처님께서는 "sabbaṁ abhiññeyyaṁ 여섯 문에서 드러나는 모든 것을 지향해서 알아야 한다"라고 설하셨습니다.(S.ii.258) "sabbaṁ pariññeyyaṁ 여섯 문에서 드러나는 모든 것을 무상 등을 통해 구분해서 알아야 한다"라고도 설하셨습니다.(S.ii.258) 따라서 여섯 문에서 드러나는 모든 것을 새겨 계속 알고 있는 위빳사나를 통해서도 마음을 단속하고 보호하도록 부처님께서 수많은 경전 가르침에서 설하셨습니다.

그렇게 설하신 대로 끊임없이 관찰하고 있는 수행자는 '남자' 혹은 '여자' 등으로 불리는 내부 여섯 감각장소가, 마찬가지로 '남자' 혹은 '여자' 등으로 불리는 외부 여섯 감각장소 대상과 만나고 결합하는 모습을 분명하게 알 수 있습니다. 사람들은 같은 사람끼리 서로 만나고 있다고 생각하지만 사실은 토대인 눈과 보아 아는 마음 등 내부 감각장소들이 형색 등 외부 감각장소들과 보고 듣는 것 등을 통해서 만나고 있는 것일 뿐이라는 사실을 분명하게 알 수 있습니다. 이렇게 알 수 있는 모습도 염두에 두고 "여섯있어 세상생겨 여섯에만 결합하네"라고 설해 놓은 것입니다.

계의 영역을 침범해서는 안 된다

여기서 영역을 넘어서지 않도록 하는 것도 매우 중요합니다. 통찰지의 영역이 계의 영역까지 넘어서게 해서는 안 됩니다. 일부 사람들은 감각장소나 요소의 성품들을 스스로의 지혜로 확실하게 알지 못하면서 들어서 아는suta 지혜 정도만으로 우쭐거리며 말합니다. 어떻게 말하는가 하면, "서로 감각장소일 뿐이다. 서로 요소일 뿐이다. 호박도 요소일 뿐, 닭도 요소일 뿐이다. 호박을 칼로 잘라도 허물이 없는 것처럼 닭을 칼로 잘라도 허물이 없다"라거나 "주스도 물 요소다. 술도 물 요소다. 주스를 마시면 허물이 없는 것처럼 술을 마셔도 허물이 없다"라거나 "남자의 몸 감촉도 감촉 요소다. 여성의 감촉 요소도 감촉 요소다. 남자들이 서로 닿으면 허물이 없는 것처럼 여성의 몸과 닿아도 허물이 없다. 이불이나 베개에 닿는 것처럼 허물이 없다"라고 이렇게 영역을 넘어서 어리석게, 맹목적으로 말하는 것을 들었습니다. 부처님 당시 아릿타Ariṭṭha라는 비구의 사견과 같은 종류입니다.

아릿타 비구의 사견

아릿타Ariṭṭha라는 비구는 "재가자들은 감각욕망 대상을 누리면서도 수다원이나 사다함이 되는데 비구는 왜 감각욕망 대상을 누리면 안 되는가? 비구들의 경우 부드러운 필수품들은 사용해도 되면서 왜 여성의 감촉은 누리면 안 되는가? 감촉 감각장소로는 동일하므로 즐겨도 허물이 없다"라고 말했다고 합니다. 참사람인 다른 지혜 있는 비구들이 아릿타 비구에게 여러 가지로 충고했지만 자신의 견해는 부처님께서 설하신 그대로라는 둥, 부처님께서 설하신 대로 알고서 이해하고 있다는 둥 고집스럽게 거부해서 그 비구를 부처님께 데려갔습니다. 부처님께서 질문하셨을 때도 앞서 언급한 그대로 말했습니다. "부처님께서 설하신 그대로 생각하는 것입니다"라고 확고하게 말했습니다. 그러자 부처님께서는 "이 가르침을 나는 설하지 않았다. 쓸모없는 자moghapurisa, 도과를 의지하지 못하는 자여. 이 가르침을 내가 누구에게 설하는 것을 들었는가? 내가 설한 법을 그릇되게 취해서 나 여래를 그대는 비방하고 있는 것이다"라는 등으로 훈계하셨습니다. 하지만 아릿타 비구는 자신의 견해를 끝까지 버리지 않았다고 합니다.(M22) 요즘 시대에 영역을 넘어서서 설하고 있는 사람들도 그 아릿타 비구의 자손들이라고 할 수 있습니다. 그들은 자신들의 견해가 부처님께서 설하신 내용과 일치한다고 말합니다. 이는 부처님을 비방하는 것입니다.

"주스와 술이 같다면 술과 소변도 같을 것이니 마시겠는가? 호박과 닭이 같다면 닭과 그들의 자식도 같을 것이니 자식의 목을 자르겠는가? 이불이나 베개의 감촉과 여인의 감촉이 같다면 만약 결혼을 한 이의 경우, 자신의 아내와 같을 것이니 이불이나 베개만 껴안고 평생 지내도 되지 않는가?" 그들에게 이렇게 숙고해 보라고 말하고 싶습니다. 분명히 바른 대답이 나올 것입니다. 감각장소나 요소의 성품을 스스로의 지혜로 사실대로 알고 있는 거룩한 아라한 존자들은 계의 영역을 침범하지 않고서 정성스럽게 간수하고 단속하며 지킵니다. 수다원조차 계의 영역을 범하지 않습니다. 정성스럽게 간수하고 단속하며 지킵니다. 스스로의 지혜로 알지 못하고 들어서 아는 지혜로 우쭐거리는 이들은 통찰지의 영역에서 계의 영역으로 침범하여 말합니다. 말뿐이 아니라 직접 몸으로 범하는 행위도 있을 것입니다. 뜨겁지 않다고 생각해서 손으로 꽉, 세게 움켜잡은 불덩어리가 더욱 심하게 손을 태우는 것처럼(Mil.90) 그렇게 범하면 불선업 허물들은 행복할 기회를 주지 않습니다. 불선업은 힘을 다해서 나쁜 결과만 줍니다.

삼매의 영역도 침범해서는 안 된다

또한 일부는 "바른 견해와 바른 생각이라는 통찰지 도 구성요소 두 가지로 숙고하고 생각한 뒤 알면 충분하다. 삼매가 생겨나도록 피곤을 무릅쓰고 노력할 필요가 없다"라고 하면서 생겨날 때의 물질과 정신을 관찰하지 않고서 단지 숙고하는 것만으로 충분하다고 설하고 있습니다. 이것은 삼매의 영역을 침범하는 것입니다. 진짜 지혜란[150] 삼매가 있어야 생겨납니다. 삼매 중에서도 선정삼매가 있으면 제일 좋습니다. 선정삼매가 없으면 근접삼매든, 근접삼매와 동일한 찰나삼매라도 있어야 합니다. 그 세 종류의 삼매 중 어느 하나라도 없으면 진짜 위빳사나는 생겨날 수 없습니다. 그래서 부처님께서 다음과 같이 설하셨습니다.

> Samādhiṁ, bhikkhave, bhāvetha. Samāhito, bhikkhave, bhikkhu yathābhūtaṁ pajānāti. Kiñca yathābhūtaṁ pajānāti? 'Cakkhu anicca'nti yathābhūtaṁ pajānāti; 'rūpā aniccā'ti yathābhūtaṁ pajānāti; 'cakkhuviññāṇaṁ anicca'nti yathābhūtaṁ pajānāti. (S.ii.302)

150 제6쇄에는 '수행'으로 돼 있으나 제7쇄에서 교정됐다.

대 역

Bhikkhave비구들이여, samādhiṁ삼매를 bhāvetha닦아라; 생겨 늘어나게 하라. bhikkhave비구들이여, samāhito삼매에 든 bhikkhu비구는 yathābhūtaṁ사실대로 바르게 pajānāti안다. kiñca yathābhūtaṁ pajānāti무엇을 사실대로 바르게 아는가? 'cakkhu anicca'nti눈은 무상하다고 yathābhūtaṁ사실대로 바르게 pajānāti안다. 'rūpā aniccā'ti형색들은 무상하다고 yathābhūtaṁ사실대로 바르게 pajānāti안다. 'cakkhuviññāṇaṁ anicca'nti보아 앎이라는 눈 의식은 무상하다고 yathābhūtaṁ사실대로 바르게 pajānāti안다.

또한 다음과 같이 설하셨습니다,

Sammāsamādhimhi asati sammāsamādhivipannassa hatūpanisaṁ hoti yathābhūtañāṇadassanaṁ. (A.ii.16/A5:24)

대 역

Sammāsamādhimhi asati바른 삼매가 없으면, sammāsamādhivipannassa바른 삼매가 무너진 이에게 yathābhūtañāṇadassanaṁ여실지견은; 사실대로 바르게 알고 보는 지혜라는 위빳사나 지혜는 hatūpanisaṁ hoti근거를 상실해버린다; 조건을 상실해버린다.

부처님의 이러한 성전들을 근거로 삼매가 없이 알고 있는 것은 위빳사나 지혜가 아니라고 결정할 수 있습니다. 그렇게 단지 아는 것 정도만으로는 도의 지혜나 과의 지혜, 열반을 얻을 수 없다는 것도 결정할 수 있습니다. 그렇게 들어서 아는 종류는 불교 가르침 외부의 다른 사람들도 아비담마 법성품에 관한 것을 익히면 생겨나는 것입니다. 따라서 단지 들어서 아는 것 정도로 우쭐거리며 만족하지 말고 자신의 상속에 실제로 생겨나고 있는 물질과 정신을 관찰해서 스스로의 지혜로 감각장소와 요소의 성품들을 확실하게 잘 구분하여 알도록 노력해야 합니다. 이 「헤마와따숫따」에서 "여섯있어 세상생겨 여섯에만 결합하네"라고 설해 놓은 대로 아는 것도 수행으로 인한 지혜로 아는 것만 말합니다.

(다) 여섯두고 사람칭해

"Kissa loko upādāya 무엇에 집착하고 의지해서 세상이라 불리게 됩니까?"라는 세 번째 질문에 부처님께서는 "channameva upādāya (loko) 바로 그 여섯 가지에만 집착하고 의지해서 세상이라 불리게 된다"라고 대답하셨습니다. 이것을 "여섯두고 사람칭해"라고 게송으로 표현했습니다. 이 게송을 같이 독송합시다.

여섯두고 사람칭해

이 세 번째 질문과 대답은 '여섯 가지가 있으면 세상이 있다'라는 구절과 의미로는 동일합니다. 눈과 귀와 코와 혀와 몸과 마음이라는 여섯 감각장소를 의지하고 집착해서 세상이라거나 중생이라고 불린다는 뜻입니다. 그래서 이 구절은 특별히 자세하게 설명할 필요가 없습니다. 이제 네 번째 구절을 설명하겠습니다.

(라) 여섯에 애써시달려

"Kismiṁ loko vihaññati 세상이라는 중생은 무엇에 시달려서, 괴롭힘을 당해서 괴롭고 피곤합니까?"라는 네 번째 질문에 대해 부처님께서는 "chasu loko vihaññati"라고 대답하셨습니다. "loko세상은; 중생이라고 불리는 세상은 chasu여섯에서; 여섯 때문에; 여섯 가지 법이 분명하게 생겨나서 vihaññati시달린다네; 애쓰고 신경 써서 피곤하다네"라는 뜻입니다. 여기서 여섯 가지란 형색과 소리와 냄새와 맛과 감촉과 법이라는 외부 여섯 감각장소, 여섯 대상입니다. 『숫따니빠따』 주석에서 설명해 놓은 방법으로는 형색 등의 여섯 대상이 눈 등의 여섯 문과 부딪쳐 괴롭힌다고 설명하고 있습니다.(SnA.i.207) 그렇다면 성전에서 "chasu"라는 단어를 "chahi여섯에서"라고 원래 형태대로 표현해야 그 의미가 더욱 분명해질 것입니다. 무엇 때문인가 하면, 형색이나 소리 등의 여섯 대상에 갈애가 애착하고 들러붙게 해서 중생들을 괴롭힌다고 이렇게 의미를 파악하면 더욱 분명합니다. 원래의 구절 의미에 따라 설명해 보겠습니다.

눈과 귀와 코와 혀와 몸과 마음이라는 내부 여섯 감각장소에 집착하고 의지해서 세상이라고 불리는 중생은 형색과 소리 등 여섯 대상에 애착하고 들러붙어서 피곤하고 괴롭습니다. 지금 사람들은 생명 있고 생명 없는 아름다운 대상이나 물건을 얻고자 밤낮으로 끊임없이 신경 쓰고 애씁니다. 좋은 소리가 나는 물건과 대상을 얻고자, 좋은 냄새가 나는 물건과 대상을 얻고자 신경 쓰고 애씁니다. 먹기 좋고 맛있는 음식을 얻고자 신경 쓰고 애씁니다. 좋은 감촉이 있는 물건과 대상을 얻고자 신경 쓰고 애씁니다. 오래 살고자, 건강하고자, 즐겁고 행복하고자 생명 있고 생명 없는 대상과 물건을 애써 구합니다. 이미 가졌어도 무너지지 않도록 신경 쓰고 애써야 합니다. 자기를 위해서도 신경 쓰고 애써야 합니다. 남을 위해서도 신경 쓰고 애써야 합니다. 그렇게 구하는 것, 신경 쓰고 애쓰는 것은 피곤하고 힘든 일입니다. 설령 대상들을 얻었다 해도 자신이 바라는 대로 항상 유지되지도 않습니다. 보고 나면 사라져버리고, 듣고 나면 사라져버리는 등 찰나에 계속 사라져버리는 것일 뿐입니다. 가끔은 여러 위험과 장애와 만나 한꺼번에 사라져버리기도 합니다. 그러면 몸도 마음도 매우 괴롭습니다. 사람의 생에서만 그런 것이 아닙니다. 천상의 생에 도달하기 위해, 천상의 영화와 행복을 얻기 위해 자신들의 신념에 따라 선행이라는 것을 행합니다. 바른 선행이어서 천상의 생에 도달하더라도 원하는 것이 충족되지 않습니다. 대상을 즐긴 뒤 피곤하기만 합니다. 의지할 만한 정수라고는 전혀 남지 않습니다.

다른 존재의 목숨을 해쳐 헌공하는 등의 악행을 행한다면 악도의 고통을 겪으면서 피곤하고 괴롭습니다. 자신의 번영과 행복을 위해서, 자신과 관련된 이들의 행복을 위해서 살생과 도둑질 등을 행하더라도 사악도에 도달하여 피곤하고 괴롭습니다. 이러한 모습과 방법으로 중생들은 여섯 대상과 결합하여 피곤하고 괴롭습니다. 좋은 대상을 보고 듣는 것 등으로 즐기고 있는 것도 몸과 마음이 피곤할 뿐입니다. 믿지 못하겠으면 직접 실험해 보십시오. 맛있는 밥과 반찬을 배부르게 먹은 뒤 다시 먹어야 한다면 피곤하지 않겠습니까? 마찬가지로 아름답다고 하는 형색을 끊임없이 보고 있어야 한다면 피곤하지 않겠습니까? 달콤한 소리를 끊임없이 듣고 있어야 한다면 피곤하지 않겠습니까? 좋은 감촉이라고는 하지만 항상 끊임없이 닿고 있어야 한다면 피곤하지 않겠습니까? 피곤할 것이 확실합니다. 대상을 좋다고 생각하는 것은 찰나 정도만 수용하기 때문이라는 것이 하나의 이유, 즐기고 애착하는 것이 있기 때문이라는 것이 하나의 이유, 이러한 이유로 피곤한 줄 모르는 것입니다. 사실은 대상들 때문에 신경 쓰고 애쓰는 것도 피곤하고 괴로운 일입니다. 수용하는 것도 피곤하고 괴로운 일입니다. 그래서 "여섯에 애써시달려"라고 표현한 것입니다. 이 게송의 처음부터 독송합시다.

부처님의 대답 게송 1

여섯있어 세상생겨 여섯에만 결합하네
여섯두고 사람칭해 여섯에 애써시달려

그렇게 부처님께서 대답하셨을 때 헤마와따 천신은 기뻐하고 좋아한 뒤 다시 질문했습니다.

헤마와따 천신의 질문 2

20 Katamaṁ taṁ upādānaṁ, yattha loko vihaññati;
Niyyānaṁ pucchito brūhi, kathaṁ dukkha pamuccati.

(Sn.172)

해 석

집착되는 그것은 무엇입니까,
세상이 그것에 시달린다는.
벗어남을 묻노니 답해주소서,
어떻게 고통에서 해탈합니까.

대 역

Bhante거룩하신 부처님, yattha어느 것에; 어떤 여섯 가지에 loko세상이; 세상이라 불리는 중생이 vihaññati시달립니다; 피곤하고 힘듭니다. upādānaṁ취착되는; 나라거나 나의 것이라고 집착되는 taṁ그것은; 그 법은 katamaṁ무엇입니까? niyyānaṁ벗어남을; 벗어나게 할 수 있는 바른 원인, 방법, 길을 pucchāmi묻습니다. pucchito질문을 받으신; 질문을 받아 대답할 의무가 있으신 tvaṁ당신께서는 brūhi대답해 주십시오. kathaṁ어떻게; 어떻게 하면 dukkha고통에서 pamuccati완전히 해탈합니까?

이 질문 게송을 통해 말하고자 하는 내용을 요약하자면 "'여섯에 애써시달려'라고 대답하셨는데, 그렇게 애쓰고 시달리는 곳인 여섯 가지는 집착되는 법들입니다. 그렇게 집착되는 법들은 어떠한 것입니까? 그것들에 집착하고 있으면 윤회하는 생 속에 거듭거듭 태어나 시달리고 피곤하게 지내야 합니다. 그 괴로움에서 벗어나도록 어떻게 실천해야 합니까?"라고 질문한 것입니다. 『숫따니빠따』 주석에서는 "'시달리는 곳인 여섯 집착의 대상이 되는 법이란 무엇인가?'라는 이 첫 번째 질문을 통해 괴로움의 진리를 물은 것이다"라고 설명했습니다. 두 번째 질문을 통해 "그 괴로움에서 벗어나도록 어떻게 실천해야 합니까" 라고 질문한 것이라고 설명했습니다.(SnA.i.207)》 이 두 질문에 대해 부처님께서는 다음과 같이 대답하셨습니다.

부처님의 대답 2-1

21 Pañca kāmaguṇā loke, manochaṭṭhā paveditā;
Ettha chandaṁ virājetvā, evaṁ dukkhā pamuccati.

(Sn.173)

해 석

세상에 다섯의 욕망대상들
마음이 여섯째인 그것 천명하나니
여기에 원함을 제거하고서
이와 같이 고통에서 해탈한다네.

대 역

Yakkha헤마와따 천왕이여, loke세상에 manochaṭṭhā마음이 여섯째인; 마음을 여섯 번째로 하는 pañca kāmaguṇā 다섯 감각욕망거리를 paveditā천명하나니; 나라거나 나의 것이라고 집착되는 법이라고 설하나니 ettha여기에 대한; 마음이라는 맘 감각장소와 함께 다섯 감각욕망 대상이라는 이 법들에 대한; 이 여섯 가지 대상에《여섯 가지 대상 안에 열두 가지 감각장소가 모두 포함된다.》 chandaṁ원함을; 생겨날 수 있는 좋아하고 들러붙음이라는 갈애를 virājetvā제거하고서 evaṁ이와 같이; 이렇게 좋아하고 들붙는 갈애를 제거하도록 실천하는 것을 통해서 dukkhā고통으로부터 pamuccati완전히 해탈한다네.

먼저 앞부분에 "yakkha헤마와따 천왕이여, loke세상에 manochaṭṭhā맘이 여섯째인; 마음을 여섯 번째로 하는 pañca kāmaguṇā다섯 감각욕망거리를 paveditā천명하나니; 나라거나 나의 것이라고 집착되는 법이라고 설하나니"라고 설하셨습니다.

다섯 감각욕망거리kāmaguṇā란[151] 좋아할 만하고 바랄 만한 형색과 소리와 냄새와 맛과 감촉이라는 다섯 가지입니다. 그 다섯 가지를 취하면 그 다섯 가지가 드러나는 곳인 눈과 귀와 코와 혀와 몸이라는 다섯 가지도 포함됩니다. 무엇 때문인가 하면, 눈 등이 없으면 형색 등의 감각욕망거리를 누릴 수 없고 집착할 수 없고, 눈 등이 있어야 누릴 수 있고 집착할 수 있기 때문입니다. 그리고 마음을 취하는 것으로 마음의 대상인 법 감각장소 성품대상도 포함됩니다. 따라서 '마음을 여섯 번째로 하는 감각욕망거리 다섯 가지'라는 구절을 통해 내부 여섯 감각장소와 외부 여섯 감각장소 모두가 바로 '나'라거나 '나의 것'이라고 집착되는 법들이라는 사실을 나타냈습니다. 그것은 "집착되는 그 법들이 무엇입니까?"라는 첫 번째 질문에 대한 대답입니다. 이것을 "다섯욕망

151 guṇā란 어떤 성질이나 성품, 덕목을 뜻한다. 감각욕망kāma이라는 단어와 결합했을 때는 감각욕망이라는 탐욕으로 원할 만한 성질을 갖춘 것을 뜻한다. 그래서 '내용이 될 만한 재료'라는 의미를 가진 '거리'라는 단어로 번역해 보았다.

제육마음 나나의것 집착생각"이라고[152] 게송으로 표현했습니다. 이 게송을 독송합시다.

다섯욕망 제육마음 나나의것 집착생각

형색과 소리와 냄새와 맛과 감촉이라는 감각욕망거리, 감각욕망 대상 다섯 가지와, 그 다섯 대상을 받아들이는 장소인 눈과 귀와 코와 혀와 몸이라는 문 다섯 가지, 그리고 마음이라는 맘 감각장소와 마음의 대상인 법 감각장소, 이렇게 내부와 외부 감각장소 열두 가지를 '나의 것'이라거나 '나'라고 집착합니다. 그 열두 가지가 바로 집착되는 법, 집착당하는 법이라는 뜻입니다.

집착하는 모습

집착하는 모습은 다음과 같습니다. 눈으로 형색을 보게 됐을 때 관찰과 새김이 없는 이들은 눈도 '나'라고 생각합니다. '나의 눈'이라고도 생각합니다. 젊은 사람이면 '내 눈은 좋다. 선명하다'라고 생각합니다. 나이 든 사람이면 '내 눈이 흐리다'라고 생각합니다. 그렇게 생각하지 않습니까? 대부분 그렇게 생각합니다. 그렇게 생각하는 것이 바로 눈 물질을 '나'라거나 '나의 것'이라고 집착하는 것입니다. 그리고 보아 아는 마음도 '내가 본다. 보는 것은 나다'라고 집착합니다. '나의 마음으로 내가 본다'라고도 집착합니다. 이것도 나라거나 나의 것이라고 집착하는 것입니다. 그리고 자신의 손발 등을 볼 때 보게 된 형색도 '내 손을 본다. 내 발을 본다'라고 생각합니다. 나라거나 나의 것이라고 집착

152 다섯 종류의 감각욕망(대상)과 여섯 번째 마음에 대해 나의 것이나 나라고 집착하고 생각한다.

하는 것입니다. 여성이나 남성 등 다른 이를 볼 때 '여성을 본다. 남성을 본다. 누구를 본다'라는 등으로 생각합니다. 어떤 개인이나 중생으로 집착하는 것입니다. 자신의 몸을 나라고 집착하는 것과 같은 종류입니다. 아름답고 멋지다고 생각해서 그렇게 보이는 이를 좋아합니다. 나의 것으로 집착하는 것입니다. 좋아하면 자신의 것이 아닌데도 자신의 것으로 마음속에서 대상화해버립니다.

비유하자면, 시장에 가서 구경할 때 어떤 옷이 마음에 들면 마음으로 입어 봅니다. 신발도 마음으로 신어 봅니다. 이것도 나의 것이라고 좋아해서 집착하는 성품입니다. 보는 것은 사람의 겉모습, 형색만 봅니다. 하지만 그 형색을 보는 것으로 내부의 살을 포함해서 거머쥐고는 그 사람의 전체를 좋아하고 집착하게 됩니다. 지금까지 말한 것은 자신의 상속이나 타인의 상속과 관련된 형색을 보게 될 때 눈과 보아 아는 마음이라는 내부 감각장소 두 가지, 형색이라는 외부 감각장소 한 가지, 이렇게 감각장소 세 가지를 나라거나 나의 것으로 집착하는 모습입니다.

들을 때도 '나의 귀가 좋다. 나의 귀가 먹먹하다. 내가 듣는다. 어느 누가 말한 것을 듣는다. 소리가 좋다' 등으로 집착합니다. 나라거나 나의 것이라고 집착하는 것입니다. 마찬가지로 맡을 때도 집착합니다. 먹어 알 때도 집착합니다. 닿아 알 때도 집착합니다. '내 몸에 닿아 안다. 내 몸이 그와 닿았다. 내가 닿는다. 내가 저리다. 뜨겁다. 아프다. 닿아서 좋다. 닿는 것, 저린 것, 뜨거운 것, 아픈 것이 나다. 닿아서 좋은 것은 나다. 내가 그를 잡았다. 닿았다' 등으로 생각하고 집착합니다. 나라거나 나의 것이라고 집착하는 것입니다. 생각하고 숙고할 때도 '내가 생각하고 있다. 숙고하고 있다. 기쁘다. 지겹다. 행복하다. 짜증난다. 내가 잘 안다' 등으로 집착합니다. '누구는 매우 사랑스럽다. 누구는 매우 싫다' 등으로도 집착합니다. 나라거나 나의 것이라고 집착하는 것입니다. 그렇게 문 여섯 가지 모두, 대상 여섯 가지 모두를 나라거나 나의 것이라고 집착하는 것을 염두에 두고 "다섯욕망 제육마음 나나의 것 집착생각"이라고 설해 놓았습니다. 여기서 "다섯욕망"은 좋아할 만한 형색 등의 대상들에 대해 좋아하고 즐기면서 집착하는 경우가 많기 때문에 감각욕망거리를 기본으로 해서 말한 것입니다. 기본이 아닌 것으로는 보통의 형색 등 모두를 집착한다는 뜻입니다. 그래서 부처님께서 "yakkha헤마와따 천왕이여, loke세상에 manochaṭṭhā맘이 여섯째인; 마음을 여섯 번째로 하는 pañca kāmaguṇā다섯 감각욕망거리를 paveditā천명하나니; 나라거나 나의 것이라고 집착되는 법이라고 설하나니 ettha여기에 대한; 마음이라는 맘 감각장소와 함께 다섯 감각욕망 대상이라는 이 법들에 대한; 이 여섯 가지 대상에 chandaṁ원함을; 생겨날 수 있는 좋아하고 들붙음이라는 갈애를 virājetvā제거하고서 evaṁ이와 같이; 이렇게 좋아하고 들붙는 갈애를 제거하도록 실천하는 것을 통해서 dukkhā고통으로부터 pamuccati완전히 해탈한다네"라고 대답하신 것입니다.

요약하자면 "기본이 되는 것으로는 마음과 함께 다섯 감각욕망거리 대상, 자세하게는 모두 다 포함시켜 여섯 대상에 생겨날 수 있는 좋아함과 들붙음이라는 갈애를 제거해버리도록 실천해야 한다. 그렇게 실천하여 제거하면 모든 고통에서 벗어난다"라는 뜻입니다. 이것을 "그곳생겨 원함제거 괴로움 해탈한다네"라고[153] 게송으로 표현했습니다.

153 그곳에서 생겨날 수 있는 좋아함을 제거하면 괴로움으로부터 수행자는 벗어날 수 있다네.

이 게송을 독송합시다.

그곳생겨 원함제거 괴로움 해탈한다네

"그곳생겨 원함제거"에서 '원함'이란 앞의 구절에서 언급했던, 여섯 대상에서 생겨날 수 있는 원함을 말합니다. '원한다'라는 것은 좋아하고 마음에 드는 것, 희열을 의미하기도 합니다. 하지만 여기서는 좋아하고 원하는 갈애만을 뜻합니다. 그러면 여섯 대상에 대해 좋아하는 갈애가 어떻게 생겨나고 어떻게 제거해야 하는가를 설명하겠습니다. 간략하게는 방금 설명했던 집착하는 모습 그대로 좋아하는 갈애가 생겨납니다. 그것을 위빳사나 지혜와 도의 지혜로 제거해야 합니다.

집착을 제거하는 모습

자세하게 설명하면 다음과 같습니다. 보통 사람들의 경우 보이는 것에 대해서도 좋아하는 갈애가 생겨납니다. 들리는 것, 맡아지는 것, 먹어서 알게 된 것, 닿아서 알게 된 것, 생각해서 알게 된 것에 대해서도 좋아하는 갈애가 생겨납니다. 생겨나는 모습은 다음과 같습니다. 보이는 것의 경우 보게 된 형색 대상도 '아름답고 훌륭하다'라고 생각해서 좋아하는 집착이 생겨납니다. 형색이라고는 하지만 겉모습만이 아닙니다. 그 외모나 형색과 더불어 그 사람 전체의 모습과 개체를 좋아합니다. 보아 아는 마음도 좋아합니다. 눈과 더불어 자신의 몸 전체도 좋아합니다. 이렇게 좋아함이 생겨나는 이유는 그 보이는 형색, 보아 아는 것과 함께 눈이라는 감각장소들을 사실대로 알지 못하기 때문입니다. 비유하자면, 마음이 무너진 정신이상자는 좋은 것인지 나쁜 것인지, 유용한지 쓸모없는지, 가치가 있는지 없는지를 알지 못합니다. 그래서 정신이상자는 쓸모없는 것도 유용하고 가치 있다고 생각해서 가져다 놓습니다. 전혀 쓸모없는 휴지도 가방에 넣어 둡니다. 그러한 정신이상자를 본 적이 있을 것입니다. 정신이상자뿐만이 아닙니다. 정상인들도 잘못 생각하면 그럴 수 있습니다.

2차 세계대전이 끝나기 대략 한 달 전부터 종전을 직감한 이들은 일본의 화폐를 제값도 안 받고 환전했습니다. 모르는 이들은 그 화폐를 유용하다고 생각해서 기쁘게 가졌습니다. 하지만 시간이 지날수록 일본의 화폐 가치는 하락했습니다. 그러다 급기야는 아무런 가치도 없게 됐습니다. 뒤늦게 일본 화폐를 손에 쥔 이들은 엔화의 가치 하락을 알지 못해서 좋아하며 받아들인 것입니다. 그리고 어떤 종파의 사기꾼 스승이 "모래를 항아리에 넣어두고 일 년이 지나면 황금이 될 것이다"라고 말하는 것을 믿고는 사람들이 모래를 항아리에 넣어 두는 것을 어릴 때 본 적이 있습니다. 이것도 '모래가 황금이 될 것이다'라고 잘못 생각해서입니다.

방금 말했던 비유에서 정신이상자가 어떤 계기로 정신이상이 사라졌을 때 자신의 가방에 있는 것들이 쓸모없다는 것을 알고는 버릴 수 있습니다. 부처님 당시 빠따짜라Paṭācārā라는 여인은 옷을 입어야 하는 것조차 알지 못할 정도로 제정신이 아닌 상태였습니다. 자신이 행동하는 것은 전부 좋은 것이라고만 생각했습니다. 부처님 앞에 도착했을 때 그녀는 깨달음을 얻을 바라밀을 가진 이였기 때문에 부처님께서 "satiṁ paṭilabha, bhaginī 누이여, 새김을 가져라. 새겨라"라고 주의를 주는 것만으로 부처님의 자애와 연민의 위력으로 정신이상이 사라졌습니다. 그제야 자신이 옷을 입고 있지 않다는 사실을 알았습니다. 부끄러움hiri과 두려움ottappa이 생겨난 것입니다. 그때 근처에 있던 한 사람이 그녀에게 윗옷을 가져다주었습니다. 여인은 그 옷을 두르고 법문을 들으면서 수다원이 됐고, 출가하여 비구니 스님이 된 뒤 수행하여 아라한이 됐습니다.(Dhp.113 일화) 이것은 정신이상이 사라져 바른 정신을 회복한 뒤에는 쓸모없는 것을 집착하지 않고 버릴 수 있게 된다는 한 가지 예입니다.

그리고 앞서 언급한 일본 화폐나 모래를 가지는 이들도 적당한 시간이 되기 전에는 '그것을 버려라'라고 말해도 버리지 못합니다. 적당한 시간이 되어 기대하던 대로 되지 않는 줄 알게 되면 그 화폐를 집착하지 않고 버립니다. 모래도 부어버립니다. 이와 마찬가지입니다. 볼 때마다 계속해서 관찰하여 보아 아는 것도, 보이는 형색도, 새겨 아는 것도 순간도 끊임없이 사라져버리는 성품이라고 사실대로 알게 되면 알 때마다 계속해서 그 성품법과 관련하여 좋아함과 애착함이 더 이상 생겨날 수 없습니다. 볼 때 경험했던 것을 돌이켜 상기하는 일도 없습니다. 관찰할 때 알던 그대로 찰나에 사라져버리는 것으로만 생각합니다. 이것은 보기는 하지만 보지 못하는 것과 같은 상태가 되어버리는 성품입니다. 지금 볼 때마다 계속해서 관찰하고 새기는 것은 그러한 성품에 도달하도록 하는 것입니다.

말루짜뿟따 비구에게 법을 주는 모습

> "말루짜뿟따여, 그대가 이전에 본 적이 없는 형색들, 지금 보고 있는 것도 아닌 형색들, '볼 것이다'라고 생각에서조차 드러나지 않는 형색들, 그러한 형색 대상들과 관련하여 좋아함이나 즐김이나 애착함이 생겨날 수 있겠는가?"
> "생겨날 수 없습니다, 부처님." (S35:95/S.ii.295)

부처님께서 말루짜뿟따Mālukyaputta라는[154] 비구에게 법을 주기 전에 위와 같이 먼저 질문하셨습니다. 지금 법문 듣는 여러분에게 본 승이 이대로 질문한다면 그 말루짜뿟따 비구처럼 대답할 것입니다. 지금 사람들이 좋아하고 애착하고 즐기고 있는 것은 본 적이 있고 알았던 적이 있어서이기도 합니다. 보고 있어서이기도 합니다. 그렇지 않으면 생각 속에서 드러나서이기도 합니다. 전혀 본 적도 없고 알지도 못하는 사람, 생각 속에서조차 드러나지 않는 사람, 그러한 사람을 대상으로 하여 좋아함이나 싫어함이 생겨날 수 있겠습니까? 생겨날 수 없습니다. 그렇게 본 적도 없고 알지도 못하는 사람이란 어디에 있는가 하면 자신이 직접 가 보지 않은 곳, 알지 못하는 마을이나 도시, 나라에 많이 있습니다. "그렇게 본 적이 없는 사람에 대해 왜 좋아함이나 싫어함이 생겨나지 않는가?"라고 묻는다면 "본 적이 없어 알지 못해서이다"라고 대답해야 할 것입니다. 따라서 보이는 대상이나 알아지는 대상에 대해서도 보이지 않는 대상이나 모르는 대상처럼 되도록 관찰한다면, 단지 보는 것 정도나 아는 것 정도만 되도록 관찰한다면 좋아함이나 싫어함 등의 번뇌가 생겨나지 못한다는 것이 분명하게 드러납니다. 이것을 간략하게 알고 이해하도록 게송으로 표현해 보았습니다. 이것을 한 구절씩 독송합시다.

못보는곳 번뇌가 저절로없네

154 PTS본에는 말룽꺄뿟따Māluṅkyaputta로 표현됐으나 제6차 결집본에서는 Mālukyaputta라고 표기했고, 미얀마에서는 'kya'를 '짜'로 발음해서 그대로 따랐다. 말루짜뿟따 존자는 꼬살라 왕의 보좌관의 아들이었으며 말루짜는 어머니 이름이다. '말루짜뿟따'란 말루짜의 아들이라는 뜻이다. 그는 나이가 들어서 외도 유행승paribbājaka이 됐다가 세존의 가르침을 듣고 출가했다.(ThagA.ii.170; 『상윳따 니까야』 제4권, p.214 주128 참조)

보이지 않고 알지 못하는 대상과 관련해서는 번뇌가 생겨나지 않습니다. 이것은 위빳사나를 통해 제거하는 것이 아닙니다. 저절로 없는 것입니다. 그렇게 없기 때문에 어떠한 선업도 생겨나지 않습니다. 단지 불선업이 생겨나지 않는 것 정도일 뿐이라는 뜻입니다.

보이는곳 번뇌가 머물러생겨

보이는 대상에 대해서는 보고 있는 중에도 번뇌가 생겨날 수 있습니다. 보고 난 뒤 돌이켜 상기해서도 번뇌가 생겨날 수 있습니다. 무엇 때문인가 하면, 보이는 대상을 마치 사진을 찍어 놓은 것처럼 분명하게 기억해두었기 때문입니다. 「아누사야 야마까Anusaya yamaka(잠재의 쌍)」 등의 문헌에서는 이를 두고 나중에 조건이 형성됐을 때 번뇌가 생겨나도록 '잠재된다'라고 말합니다.(Yam.ii.54) 그래서 그렇게 번뇌가 잠재되지 않도록 관찰하여 제거하는 것이 필요합니다.

볼때새겨 번뇌들 잠재제거해

번뇌가 잠재되어 머물지 않도록 마치 보이지 않는 대상처럼 돼버리게 관찰해야 합니다. 그래서 '볼 때마다 계속해서 관찰하여 번뇌가 잠재되는 것을 제거해야 한다'라는 사실을 부처님께서 "보이지 않고 알지 못하는 대상에 대해 좋아함이나 즐김이 생겨나겠는가?"라는 바로 그 질문을 통해 말루짜뿟따 비구에게 이해시킨 것입니다.

질문으로 수행법 드러나게해

그렇게 질문을 통해 분명하게 드러냈을 때 부처님께서는 말루짜뿟따 비구에게 "diṭṭhe diṭṭhamattaṁ bhavissati 볼 때는 보는 것 정도만

생겨날 것이다, 생겨나게 하라"라는 등의 수행주제를 주셨습니다.[155]

보이는 것에 대해 생겨날 수 있는 갈애를 제거하는 모습

그 가르침의 방법을 통해 분명하게 보이는 대상을 단지 보는 것 정도로 머물도록 〈본다, 본다〉라고 관찰하고 새겨야 합니다. 보는 것부터 설명한 것은 가르침의 차례에 따른 것입니다. 실천의 차례paṭipattikkama에 따라서는 어떠한 대상이든 분명하게 드러나는 것부터 관찰해야 합니다. 일반적으로 닿고 접촉하는 네 가지 근본물질四大이 분명합니다. 그래서 "gacchanto vā gacchāmīti pajānāti 가면서도 간다고 안다"라는 등으로 설하신 새김확립 가르침에 일치하게 관찰하고 새기는 모습을 네 번째 법회 때 자세하게 설명했습니다.[156] 그 방법대로 관찰하고 새겨 삼매와 지혜가 무르익었을 때는 계속해서 보는 모든 것이 보고 나서는 사라져버리고, 다시 보고 나서는 사라져버리고, 이렇게 단지 보는 것 정도에만 머뭅니다. 지혜가 예리한 수행자라면 더욱 분명합니다. 그렇게 단지 보는 것 정도에만 머물게 될 때는 보는 것과 관련해 눈과 형색과 보아 아는 마음이라는 세 가지 감각장소에 대해 좋아하는 갈애가 더 이상 생겨나지 못합니다. 관찰하여 알 때마다 계속해서 그 보는 것과 관련해 갈애가 더 이상 생겨나지 못합니다. 이것은 "그곳생겨 원함제거"라는 게송에 따라 보이는 것에 대해 생겨날 수 있는 좋아함과 원함인 갈애를 관찰이라는 위빳사나를 통해 제거하는 것입니다. 들리는 것 등에 대해서도 관찰이라는 위빳사나를 통해 제거하는 모습은 동일합니다. 간략하게만 설명하겠습니다.

155 더 자세한 내용은 『위빳사나 수행방법론』 제1권, pp.381~397 참조.

156 앞의 pp.205~210 참조.

들리는 것 등에 대해 생겨날 수 있는 갈애를 제거하는 모습

들을 때 관찰하지 못하고 새기지 못하는 이들, 관찰하고 새기더라도 위빳사나 지혜가 아직 잘 생겨나지 않는 이들에게는 들리는 것에 대해 좋아하는 마음이 생겨날 수 있습니다. 들어 아는 것에 대해 좋아하는 마음도 생겨날 수 있습니다. 소리와 함께 몸 전체를 좋아하는 마음도 생겨날 수 있습니다.

위빳사나 지혜가 무르익은 수행자의 경우에는 들을 때마다 계속해서 〈듣는다; 들린다〉라고 관찰하여 들리고 사라지고, 다시 들리고 사라지고, 이렇게 즉시 사라져버리는 것을 분명하게 경험합니다. 일부 수행자의 경우에는 소리가 귀에 와서 부딪히는 것까지 분명하게 압니다. 오른쪽 귀로 듣는 것이 따로, 왼쪽 귀로 듣는 것이 따로, 이렇게 구별해서 압니다. 그렇게 들릴 때마다 계속해서 즉시 사라져버리는 것만 경험하여 아는 수행자에게는 듣는 것과 관련해 번뇌가 생겨나지 못합니다. 이것은 "그곳생겨 원함제거"라는 게송에 따라 들리는 것에 대해 생겨날 수 있는 좋아함과 원함인 갈애를 관찰이라는 위빳사나를 통해 제거하는 것입니다.

위빳사나 지혜가 무르익은 수행자라면 맡을 때마다 계속해서 관찰하여 맡고 사라지고, 다시 맡고 사라지고 하면서 즉시 사라져버리는 것을 분명하게 경험합니다. 그래서 맡게 된 냄새와 관련해 좋아함이 생겨나지 못합니다. 먹을 때도 관찰하여 맛을 알고 사라지고, 다시 알고 사라지고 하면서 즉시 사라져버리는 것을 분명하게 경험합니다. 그래서 먹게 된 맛과 관련해 좋아함이 생겨나지 못합니다. 일부 수행자의 경우 관찰하면서 먹기 때문에 '먹기에 좋지 않다. 새기지 않고 먹으면 좋겠다'라고 생각하기도 합니다. 그렇게 생각하는 것도 일리가 있습니다.

관찰하여 먹고 있기 때문에 맛을 잘 느끼지 못하고 먹으면 사라지고, 먹으면 사라지고, 이렇게 사라져버리는 것만 경험하기 때문에 즐김이 생겨나지 않아서 그렇습니다.

닿아 아는 것은 가장 많이 새겨 알아야 합니다. 특별히 다른 새겨야 할 것이 없으면 〈부푼다, 꺼진다; 앉음, 닿음〉 등으로 새기고 있어야 합니다. 괴로운 느낌이 생겨났을 때도 〈뜨거움; 아픔; 쓰림; 가려움〉 등으로 새기고 있어야 합니다. 그렇게 새길 때도 닿아 아는 것, 미세한 괴로운 느낌들이 즉시 사라져버리는 것을 경험합니다. 〈부푼다, 꺼진다; 굽힌다, 편다; 든다, 간다, 놓는다〉라고 새길 때도 한 동작씩 계속해서 움직이는 것과 새겨 아는 것이 짝을 이루면서 사라져버리는 것을 경험합니다. 한 곳에서 다른 곳으로 도달하지 않고 사라져버리는 것을 경험합니다. 그것은 가는 각각의 동작을 여섯 부분으로 나누어 한 부분에서 다른 부분으로 도달하지 않고 움직이는 물질과 관찰하여 아는 정신이 사라져버리는 모습을 설명해 놓은 주석서의 가르침과 일치하게 아는 것입니다.(MA.i.265)[157] 걸음 한 번, 폄 한 번, 굽힘 한 번에 여섯 부분보다 더 많은 부분으로도 알 수 있습니다. 그렇게 알고 있기 때문에 '닿아지는 대상, 닿아 아는 것, 닿아 아는 곳인 몸 감성물질'이라는 이 세 가지 감각장소와 관련해 좋아함이나 즐김인 갈애가 생겨나지 못합니다. 새겨 알 때마다 계속해서 사라집니다. 생겨날 수 있는 갈애가 위빳사나를 통해 생겨날 기회를 얻지 못한 채 사라져버리는 것입니다. 관찰하는 위빳사나로 갈애를 제거하는 것입니다.

생각하고 숙고하고 망상하는 경우에 그것을 새겨 사라져버리는 것

157 『마하사띠빳타나숫따 대역』, pp.124~133 참조.

은 더욱 분명합니다. 〈부푼다, 꺼진다; 앉음, 닿음〉 등으로 관찰하다가 마음이 외부로 달아나면 〈달아남, 달아남〉이라고 새기면 즉시 사라져 버립니다. 새김과 앎이 좋을 때는 마음이 외부로 달아나는 것조차 매우 드뭅니다. 가끔씩 달아나더라도 그것을 즉시 새길 수 있습니다. 새기면 또한 즉시 사라져버립니다. 그래서 첫 번째 생각과 두 번째 새기는 마음이 짝을 이루고 쌍을 이루어 사라져버리는 것을 분명하게 경험합니다. 가끔씩은 부푸는 것, 꺼지는 것, 앉는 것, 닿는 것도 드러나지 않고, 몸 전체도 드러나지 않고 마치 사라진 것처럼 되어 단지 아는 마음만 〈안다, 안다〉라고 거듭 새길 때도 있습니다. 그때에는 단계단계 앞뒤로 아는 마음이 알면 사라지고, 알면 사라지고 하면서 계속해서 즉시 사라져버리는 것만 경험합니다. 그럴 때는 원래 아는 마음도, 새겨 아는 마음도 좋아하거나 즐길 것이 아니라는 사실이 분명합니다. 그래서 알아지는 대상으로서의 마음과 새겨 아는 마음이라는 맘 감각장소 두 가지 모두에 대해 좋아하는 갈애가 생겨날 기회를 얻지 못한 채 사라져 없어진 상태가 됩니다.[158] 이것은 위빳사나를 통해 생각하여 아는 것인 맘 감각장소에 대해 생겨날 수 있는 갈애를 제거하는 것입니다.

가끔씩 관찰하고 있다가 재가자의 모습, 출가자의 모습, 정원의 모습 등 여러 대상이 드러나기도 합니다. 이것들을 〈본다, 본다〉 등으로 새겨야 합니다. 그러면 한 동작씩 사라지기도 합니다. 서서히 희미해지면서 사라지기도 합니다. 지혜가 성숙된 경우라면 한 번 정도 새기는 것만으로 휙 사라져버리기도 합니다. 여기서 대상은 개념이라는 법 대상입니다. 실제로 존재하는 것이 아닙니다. 하지만 마치 보고 있는 것

158 생겨난 갈애가 사라지는 것이 아니라 생겨날 기회조차 갖지 못한 채 마치 없는 상태가 된다는 뜻이다.

처럼 생각하고 있는 마음, 맘 감각장소는 실제로 존재하는 법입니다. 사라져버리는 것도 그 맘 감각장소입니다. 그렇게 대상을 관찰하지 않고 그대로 두면 좋아함과 즐김이 생겨납니다. 관찰하여 사라져버리는 것을 경험하면 그 대상과 관련해 좋아함이나 즐김이 더 이상 생겨나지 못합니다. 또한 천신이 와서 말하는 것처럼, 스승이 와서 말하는 것처럼, 이렇게 마음으로 소리가 들릴 때도 그것을 〈들린다, 들린다〉라고 새겨야 합니다. 새기지 않고 그대로 받아들여 놓으면 그렇게 들리는 소리 때문에 좋아해서 우쭐거림도 생겨날 수 있습니다.[159] 관찰하면 그렇게 생각으로 듣게 된 소리도 들리고 사라지고, 다시 들리고 사라지고 하면서 결국에는 들리지 않고 완전히 사라져버립니다. 생각 속에서 기뻐할 만한 것이 드러나더라도 새기면 즉시 사라져버립니다. 근심거리가 드러나더라도 새기면 즉시 사라져버립니다. 그래서 마음속에서 드러나는 대상과 관련해서 좋아하는 갈애가 생겨날 기회를 얻지 못한 채 없어진 상태가 됩니다. 이것도 맘 감각장소와 법 감각장소라는 성품 대상에 대해 생겨날 수 있는 좋아함을 위빳사나로 제거하는 것입니다.

그렇게 관찰해서 위빳사나 지혜가 무르익고 갖춰지면 성스러운 도의 지혜로 열반을 경험합니다. 그때는 그 도 지혜의 위력으로 관련된 갈애가 생겨날 수 있는 힘을 완전히 상실해버립니다. 사라져버립니다. 그렇게 생겨날 수 있는 갈애가 사라져 없어지도록 위빳사나 통찰지와 도 통찰지를 통해 제거하는 모습을 염두에 두고 "그곳생겨 원함제거"라고 설해 놓은 것입니다. 아라한도 통찰지로 그렇게 제거해버리면 그 수행자는 다시 새로운 생에 태어남, 늙음, 병듦, 죽음 등의 모든 고통

159 '나는 천신의 소리를 들었다'라는 우쭐거림을 말한다.

에서 완전히 벗어납니다. 그래서 부처님께서 "ettha여기에 대한; 마음이라는 맘 감각장소와 함께 다섯 감각욕망거리라는 이 법들에 대한; 이 여섯 가지 대상에 대한 chandaṁ원함을; 생겨날 수 있는 좋아하고 들붙음이라는 갈애를 virājetvā제거하고서 evaṁ이와 같이; 이렇게 좋아하고 들붙는 갈애를 제거하도록 실천하는 것을 통해서 dukkhā고통으로부터 pamuccati완전히 해탈한다네"라고 대답하신 것입니다. 이 의미를 취해서 "그곳생겨 원함제거 괴로움 해탈한다네"라고 게송으로 표현했습니다. 이것을 앞의 게송과 함께 독송합시다.

부처님의 대답 게송 2

다섯욕망 제육마음 나나의것 집착생각
그곳생겨 원함제거 괴로움 해탈한다네

부처님의 대답 2-2

이것을 부처님께서 다음과 같이 다시 마무리하며 설하셨습니다.

22 Etaṁ lokassa niyyānaṁ, akkhātaṁ vo yathātathaṁ;
Etaṁ vo ahamakkhāmi, evaṁ dukkhā pamuccati.

(Sn.174)

해 석

세상의 벗어남이란 바로 이것을
그대들에게 사실대로 설하였나니
그대들에게 이것만을 나는 설하네,
이와 같이 고통에서 해탈한다네.

대 역

Yakkha헤마와따 천왕을 비롯한 야차천신들이여, lokassa세상의; 세상이라는 중생의 niyyānaṁ벗어남이란; 벗어나게 하는 것인 etaṁ이것을; 여섯 대상에 생겨날 수 있는 갈애를 제거할 수 있는 위빳사나와 성스러운 도라는 이 실천길을 vo그대들에게 yathātathaṁ사실대로 바르게 akkhātaṁ설하였나니, vo그대들에게 etaṁ이것만을; 이 위빳사나와 도의 실천만을 ahaṁ나는 akkhāmi설하리니; 다시 물어도 대답할 것이니, evaṁ이와 같이; 이것으로만; 이 갈애를 제거하기 위한 실천으로만 dukkhā 고통으로부터 pamuccati완전히 해탈할 수 있다네.

이 대답 게송 두 수는 아라한과에 이르게 할 수 있는 실천길을 구족하도록 보인 법이라는 내용도 「헤마와따숫따」 주석에서 설명해 놓았습니다.(SnA.i.208) 하지만 헤마와따 야차천신과 사따기리 야차천신은 수다원 정도만 될 수 있는 가까운 원인이 있었기 때문에 그 대답 게송 두 수의 법문을 들으면서 그들의 부하 대중, 다른 야차천신들과 함께 위빳사나 지혜가 차례대로 향상돼 수다원도와 수다원과로 열반을 실현하여 수다원 정도만 됐다고 합니다.[160] 이전 법문에서 언급했던 깔리라는 여인은 그 두 천신이 서로 문답하는 것을 듣고서 그들보다 먼저 수다원이 됐습니다. 매우 특별한 여인이었습니다. 게송을 독송하면서 다섯 번째 법문을 정리하겠습니다.

여섯있어 세상생겨

눈과 귀와 코와 혀와 몸과 마음이라는 내부 여섯 감각장소가 있으면 세상이라는 중생이 생겨난다는 뜻입니다.

여섯에만 결합하네

눈과 귀와 코와 혀와 몸과 마음이라는 중생은 형색과 소리와 냄새와 맛과 감촉과 법이라는 외부 여섯 감각장소와 결합합니다. 사람끼리 서로 만나고 결합한다고 생각하지만 사실은 감각장소끼리 서로 결합하고 만나는 것일 뿐입니다. 이것을 그 법들이 분명하게 생겨날 때 관찰하여 스스로의 지혜로 사실대로 알아야 한다는 뜻입니다.

여섯두고 사람칭해

눈과 귀와 코와 혀와 몸과 마음이라는 이 여섯 가지만을 집착해서 사람이라고 부릅니다. 개인이나 중생이라고 부릅니다. 여성이라고, 남성이라고 부릅니다. 여기서 이 여섯 감각장소에서 벗어난 어떤 실

160 Desanāpariyosāne dvepi yakkhasenāpatayo sotāpattiphale patiṭṭhahiṁsu saddhiṁ yakkhasahassena. (SnA.i.208)

대역

Desanāpariyosane가르침의 끝에 dvepi둘이기도 한 yakkhasenāpatayo야차들은 yakkhasahassena다른 야차 천 명과 saddhiṁ함께 sotāpattiphale수다원과를 patiṭṭhahiṁsu확립했다.

체가 있는 자, 사람, 개인, 중생, 여성, 남성, 자아라는 것은 없다는 뜻입니다.

여섯에 애써시달려

형색과 소리와 냄새와 맛과 감촉과 법이라는 외부 여섯 감각장소만을 여성이라고, 남성이라고, 좋고 훌륭한 것이라고 생각하고서 그 여섯 대상을 위해 애쓰고 노력하느라 피곤하고 시달립니다. 현생에서도 자신이 원하는 것을 갖추기 위해 애쓰느라 피곤하고 시달립니다. 내생에서도 불선업 때문에 사악도에 떨어져서 괴로워합니다. 사람의 생과 천신의 생에 도달해서도 늙어야 하고, 병들어야 하고, 죽어야 하고, 원하는 것을 갖추지 못하는 것 등으로 괴로워한다는 뜻입니다.

다섯욕망 제육마음 나나의것 집착생각

아는 마음과 다섯 감각욕망 대상이라는 대상들을 나라고 잘못 생각해서도 집착합니다. 나의 것이라고 잘못 생각해서도 집착합니다. '깨끗한 눈이 나다. 나의 눈이다. 보는 것은 나다. 내가 본다. 내 몸은 아름답다. 그의 몸은 아름답다. 나의 것이다' 등으로 생각하고 집착한다는 뜻입니다.

그곳생겨 원함제거 괴로움 해탈한다네

그 내부와 외부의 여섯 대상에 대해 관찰하지 않으면 좋아함과 애착하는 갈애가 생겨날 수 있습니다. 관찰해서 무상하고 괴로움이고 무아인 성품일 뿐이라고 사실대로 알고 있으면 그렇게 생겨날 수 있는 갈애가 생겨날 기회를 얻지 못한 채 사라져버립니다. 그렇게 사라지도록 관찰해 나가면 모든 번뇌와 갈애가 완전히 소멸한 열반을 성스러운 도과로 직접 경험하여 보게 됩니다. 그렇게 경험하면 늙음과 죽음 등 모든 괴로움으로부터 벗어난다는 뜻입니다. 법문을 마칩시다.

이 「헤마와따숫따」 법문을
정성스럽게 들은 청법선업 의도의 공덕으로
지금 법문을 듣는 참사람들 여러분이
세상이나 중생으로 불리는 내부 여섯 감각장소와
만나고 결합하는 곳인 외부 여섯 감각장소를
사실대로 바르게 알도록 관찰하여
그 여섯 법에 대해 생겨날 수 있는
좋아함과 애착함이라는 갈애를 제거할 수 있는
위빳사나 통찰지와 성스러운 도 통찰지를 통해
모든 고통이 사라진 열반의 행복을
빠르게 증득하기를.

사두, 사두, 사두.

『헤마와따숫따 법문』 제5강이 끝났다.

제5강 역자 보충설명

본서 pp.270~272에서 헤마와따 천신의 질문에 부처님께서는 감각장소āyatana 법문을 통해 대답해 주셨습니다. 감각장소에 대해 보충설명 하겠습니다.

감각장소의 법체

감각장소에는 모두 열두 가지가 있습니다.

① 눈 감각장소cakkhāyatana(눈 감성물질cakkhupasāda이라는 물질법)

② 귀 감각장소sotāyatana(귀 감성물질sotapasāda이라는 물질법)

③ 코 감각장소ghānāyatana(코 감성물질ghānapasāda이라는 물질법)

④ 혀 감각장소jivhāyatana(혀 감성물질jivhāpasāda이라는 물질법)

⑤ 몸 감각장소kāyāyatana(몸 감성물질kāyapasāda이라는 물질법)

⑥ 맘 감각장소manāyatana(마음 89가지라는[161] 정신법)

이 여섯 가지는 갈애나 사견을 통해 내부에 두고서 거머쥐기 때문에 내부 감각장소ajjhattikāyatana라고 합니다.

① 형색 감각장소rūpāyatana(형색 대상이라는 형색 물질법)

② 소리 감각장소saddāyatana(소리 대상이라는 소리 물질법)

③ 냄새 감각장소gandhāyatana(냄새 대상이라는 냄새 물질법)

---

161 마음 89가지에 대해서는 『아비담마 길라잡이』 제1권, pp.110~199 참조.

④ 맛 감각장소rasāyatana(맛 대상이라는 맛 물질법)

⑤ 감촉 감각장소phoṭṭhabbāyatana(감촉 대상이라는 감촉 물질법)

⑥ 법 감각장소dhammāyatana(법 대상에서 일부를 제외한 물질·정신법)[162]

이 여섯 가지는 내부 감각장소처럼 내부에 두고 심하게 거머쥐지 않기 때문에 외부 감각장소bāhirāyatana라고 합니다.

내부 감각장소ajjhattikāyatana를 안의 감각장소, 외부 감각장소bāhirāyatana를 밖의 감각장소라고도 부릅니다.

감각장소의 의미

이러한 법들을 '감각장소'라고 명칭 붙인 이유는 다음과 같습니다.

Āyatanti attano phaluppattiyā ussāhantā viya hontīti āyatanāni. (Pd.362)

대 역

Attano자신의 phaluppattiyā결과를 생겨나게 하기 위해서 ussāhantā viya분투하는 것처럼 āyatanti애쓴다. iti=tasmā그래서 āyatanāni감각장소이다.

162 마음의 대상으로서 법 대상은 감성물질 5가지, 마음 89가지, 마음부수 52가지, 미세한 물질 16가지, 열반, 개념이다. 이 중 감성물질은 각각 눈 감성물질 등에 해당한다. 마음 89가지는 맘 감각장소에 해당한다. 개념은 실재성품이 아니라 감각장소에서 제외된다. 그래서 법 감각장소는 마음부수 52가지, 미세한 물질 16가지, 열반이다. 자세한 내용은 『아비담마 길라잡이』 제2권, p.154 참조.

'눈 감성물질 등 열두 가지 법은 자신과 관련된 결과법들을 생겨나게 하려고 애쓰는 법이기 때문에 감각장소āyatana라고 한다'라는 뜻입니다.

조금 더 자세하게 설명하자면 감각장소āyatana라는 단어에는 다음과 같은 다섯 가지 의미가 있습니다.

① 매우 강하게 생겨나는 곳sañjāti desa이라는 의미

② 머물고 있는 곳nivāsa이라는 의미

③ 혼합되고 섞이는 곳ākara이라는 의미

④ 함께 만나서 도달하고 모이는 곳samosaraṇa이라는 의미

⑤ 생겨나는 원인kāraṇa이라는 의미

이 중 ① ② ③의 의미는 내부 감각장소와만 관련되고, ④의 의미는 외부 감각장소와만 관련되며, ⑤의 의미는 내부 감각장소와 외부 감각장소 모두와 관련됩니다.

내부 감각장소가 가진 의미는 다음과 같습니다.

① 마음과 마음부수 법들이 한 생에서, 또는 무시윤회에서 거듭 함께 생겨날 때 다른 곳에서는 생겨나지 않습니다. 눈 등의 여섯 문에서만 생겨납니다. 그래서 그 눈 등은 매우 강하게 생겨나는 곳sañjāti이라는 의미를 가지고 있습니다.

② 그러한 마음과 마음부수 법들은 차례대로 끊임없이 이어서 생겨나는 힘을 통해 유지되고 머뭅니다. 그렇게 유지되고 머물 때도 다른 곳에서는 머물지 않고 눈 등의 여섯 문에서만 머뭅니다. 그래서 눈 등은 머물고 있는 곳nivāsa이라는 의미를 가지고 있습니다.

③ 마음과 마음부수 법들은 시작을 알 수 없는 과거로부터 계속 윤회하는 무한한 중생들에게 널리 펼쳐 놓은 것처럼 생겨나더라도 다른 것과 섞여서 생겨나지 않습니다. 눈 등에서만 펼쳐 놓은 것처럼 섞여서 생겨납니다. 그래서 눈 등은 혼합되고 섞이는 곳ākara이라는 의미를 가지고 있습니다.

이어서 외부 감각장소의 의미는 다음과 같습니다.

④ 음식과 둥지를 바라는 새 무리는 각각 여러 곳에서 날아와서 열매, 꽃, 그늘 등이 고루 잘 갖춰진 조용하고 큰 나무에서만 한 무리로 머뭅니다. 그 나무들이 새 무리에게 모이거나 쉬는 장소인 것과 마찬가지로 형색 대상 등의 여섯 장소에 마음과 마음부수 법들이 그 형색 대상 등을 대상으로 하기 위해 끊임없이 와서 머뭅니다. 그래서 형색 대상 등은 마음과 마음부수 법들이 와서 모이는 곳samosaraṇa이라는 의미를 가지고 있습니다.

마지막으로 ⑤ 시작을 알 수 없는 과거로부터 계속 윤회하는 무한한 중생의 상속에 마음과 마음부수 법들이 차례대로 끊임없이 생겨나고 있는 것은 내부 감각장소와 외부 감각장소, 이 두 가지 원인으로만 생겨나고 있습니다. 그 감각장소들이 없다면 마음과 마음부수 법들은 생겨나지 않을 것입니다. 그래서 내부 감각장소와 외부 감각장소 모두 마음과 마음부수 법들이 생겨나는 원인kāraṇa이라는 의미를 가지고 있습니다.

감각장소의 비유

내부 여섯 감각장소는 그곳에 사는 사람이 없는 황폐한 마을과 같고 외부 여섯 감각장소는 그 마을을 약탈하는 도적과 같다고 부처님께서 다음과 같이 설하셨습니다.

Suñño gāmoti kho bhikkhave channetaṁ ajjattikānaṁ āyatanānaṁ adhivacanaṁ. … corā gāmaghātakāti kho bhikkhave channetaṁbahirānaṁ āyatanānaṁ adhivacanaṁ. (S.ii.383)

대 역

Bhikkhave비구들이여, kho실로 suñño gāmoti빈 마을이라는; 사람들이 살지 않아 버려져 황폐한 마을이라는 etaṁ이 단어는 channaṁ여섯 가지 ajjattikānaṁ āyatanānaṁ내부 감각장소의 adhivacanaṁ동의어이다. … corā gāmaghātakāti마을을 약탈하는 도적이라는 etaṁ이 단어는 channaṁ여섯 가지 bahirānaṁāyatanānaṁ외부 감각장소의 adhivacanaṁ동의어이다.

먼저 내부 감각장소는 황폐한 마을과 같다는 것에 대해 설명하겠습니다. 버려져서 황폐한 마을에는 거주하거나 보호하는 이가 없습니다. 그 마을에서 지내는 사람들이 없을 뿐만 아니라 마을을 보호하는 문도 없습니다. 그래서 도적이나 도둑 등의 악한들이 원하는 대로 들어오고 나갑니다. 아귀나 귀신, 야차들이 지내며 즐기는 곳이기도 합니다. 그렇게 버려진 황폐한 마을은 지내기에 매우 두렵고 위험한 곳입니다. 마찬가지로 눈 감각장소 등의 내부 감각장소들은 외부 감각장소라는 도적들이 들어오고 나가고 숨어 지내는 장소, 믿음 등의 참사람의 재산을[163] 훔쳐가는 장소입니다. 번뇌라는 도적들 때문에 악도 윤회에 떨어지게 할 수 있는 무수히 많은 불선업도 행합니다. 그 업의 과보로 사악도에도 떨어집니다. 그래서 눈 감각장소 등의 내부 여섯 감각장소는 매우 두려워할 만한 황폐한 마을, 버려진 마을과 같다고 부처님께서 설하셨습니다.

그리고 외부 감각장소가 그 황폐한 마을을 약탈하는 도적과 같다는 것은 다음과 같습니다. 황폐한 마을이 있다고 합시다. 그곳에는 지내는 사람들도 없고 마을을 보호하는 문도 없습니다. 지혜가 있는 이들은 그곳을 안전하지 않은 곳으로 알고 떠나서 안전한 곳에서 지냅니다. 하지만 지혜가 없는 이들은 그렇게 안전하지 않은, 황폐한 마을을 의지하여 살아갑니다. 그러다가 어느 때 도적들이 와서 그 마을을 약탈하고 파괴하고 불을 질러버립니다. 마을에서 도망쳐 나오는 이들에게서 금과 은 등의 보배를 약탈하고 때리고 죽이기까지 하면서 괴롭힙니다. 마찬가지로 형색 감각장소 등의 도적은 눈 감각장소 등의 황폐한 마을을 탐욕 등의 번뇌라는 불로 둘러싸 파괴하고 불태웁니다. 번뇌라는 무기로 때리고 죽이기까지 합니다. 믿음 등 참사람의 재산을 약탈하고 파괴합니다. 저열하고 나쁜 불선법들을 행하게 합니다. 그렇게 사악도의 생으로 이

163 본서 p.246 참조.

끕니다. 그래서 형색 감각장소 등의 외부 여섯 감각장소는 황폐한 마을을 약탈하는 도적과 같다고 부처님께서 설하셨습니다.

말하자면, 형색 물질 등이 눈 감성물질 등에 부딪히면 위빳사나 지혜라는 눈이 없는 어리석은 범부들의 눈 감성물질에, 그 형색 물질이 좋아할 만한 대상이면 애착의 불이, 좋아할 만하지 않은 대상이면 성냄의 불이 활활 타오른다는 뜻입니다.[164]

이렇게 황폐한 마을을 약탈하는 도적들에게 약탈당하지 않고 죽임을 당하지 않으려면 여섯 대상이 드러날 때마다 내부 감각장소를 잘 보호하고 삼가야 합니다. 감각기능단속계indriyasaṁvarasīla를 통해 여섯 문에서 번뇌가 생기지 않도록 잘 보호해야 합니다. 그리고 몸에 대한 새김kāyagatāsati이나 더러움 수행asubhabhāvanā 등을 열심히 노력해서 거친 번뇌가 들어오지 못하도록 미리 막아두어야 합니다. 그보다 더 나아가서 여섯 문에 대상들이 드러날 때마다 새김확립 위빳사나 수행으로 관찰해서 무상과 괴로움과 무아의 성품을 알도록 노력해야 합니다. 열심히 수행해서 새김과 삼매의 힘이 좋아지면 생겨나고 사라지는 물질과 정신을 무상과 괴로움과 무아의 특성을 통해 알 수 있습니다.

이렇게 볼 때마다, 들을 때마다, 맡을 때마다, 먹을 때마다, 닿을 때마다, 알 때마다 여섯 문에 이르는 모든 대상을 관찰하면, 볼 때마다, 들을 때마다, 맡을 때마다, 먹을 때마다, 닿을 때마다, 알

164 이 대목까지의 내용은 *Ashin Kelāsa*, 『*Ledīmahāsaranagoundogyi myanmar ṭīkā*(레디 마하사라나공도지 미얀마 띠까)』 제1권, pp.72~87 참조.

때마다 그 대상들이 즉시 무너져버리기 때문에 '항상하지 않는 법들일 뿐이구나. 괴로운 법들일 뿐이구나. 어떤 개인이나 중생이 아닌 성품법들일 뿐이구나'라고 알 수 있습니다. 이렇게 계속 알아나가면 그 대상과 관련해서 번뇌가 생겨나지 않습니다. 번뇌가 생겨나지 않으면 나쁜 행위들도 생겨날 기회를 얻지 못합니다. 이렇게 번뇌와 나쁜 행위들이 생겨나지 않는 것이 바로 도적들의 위험으로부터 벗어나는 것입니다. 이러한 위험으로부터 벗어나기 위해 여섯 문에 이르는 대상들을 감각기능단속계로써, 혹은 새김확립 위빳사나 수행을 통해 잘 보호해야 합니다.[165]

165 이 내용은 *U Sodhana Sayadaw*, 『*Āsīvisopamathouk tayato*(뱀독비유경 법문)』 참조.

제6강

1963년 음력 4월 보름날

(1963. 05. 07)

들어가며

1963년 음력 4월 보름 붓다의 날입니다. 오늘은 지난 음력 3월 21일, 띤잔 첫날부터 설했던 「헤마와따숫따」 중 마지막 여섯 번째 법문을 설하겠습니다. 이 경에 포함된 30수의 게송 중 앞서 22수를 설했고, 이제 여덟 게송이 남았습니다. 그 여덟 게송 중 자세하게 설할 게송은 세 수입니다. 그 세 게송 중 첫 번째는 헤마와따 천신의 질문입니다. 헤마와따 천신은 앞서 설했듯이 이미 수다원이 됐지만 가르침을 존중하는 의미로 다음과 같이 다시 여쭈었습니다.

헤마와따 천신의 질문 3

23 Ko sūdha tarati oghaṁ, kodha tarati aṇṇavaṁ;
Appatiṭṭhe anālambe, ko gambhīre na sīdati.

(Sn.175)

해 석

여기 누가 격류를 건넙니까.
여기 누가 대해를 건넙니까.
기댈 곳도 없고 잡을 것도 없는
심연에서 누가 가라앉지 않습니까.

대 역

Bhante거룩하신 부처님, idha여기서; 이 세상에서 kosu

어떠한 이가 oghaṁ격류를; 강물과 같은 번뇌의 거센 물살을 tarati건너갑니까; 건너가고 넘어갈 수 있습니까? idha여기서; 이 세상에서 ko어떠한 이가 aṇṇavaṁ대해를; 넓고 깊은 강이나 바다를 tarati건너갑니까; 건너가고 넘어갈 수 있습니까? appatiṭṭhe기댈 곳도 없고; 아래로는 의지할 것도 없고 anālambe붙잡을 것도 없는; 위로는 잡을 것도 없는 gambhīre심연에서; 깊고 넓은 윤회라는 바다에서 ko어떠한 이가 na sīdati가라앉지 않습니까, 부처님?

먼저 "bhante거룩하신 부처님, idha여기서; 이 세상에서 kosu어떠한 이가 oghaṁ격류를; 강물과 같은 번뇌의 거센 물살을 tarati건너갑니까; 건너가고 넘어갈 수 있습니까?"라고 여쭈었습니다. 강이나 하천에서 세차게 흘러가는 물살을 본 적이 있을 것입니다. 그 세찬 물살에 휩쓸리면 떠내려가기도 합니다. 건너는 데 능숙한 이라야 그렇게 세차게 흘러가는 물살을 가로질러 건너갈 수 있습니다. 마찬가지로 윤회에서도 번뇌라는 거센 물살이 있습니다. 그 번뇌라는 거센 물살을 어떠한 이라야 건너갈 수 있는지 질문한 것입니다.

이어서 "idha여기서; 이 세상에서 ko어떠한 이가 aṇṇavaṁ대해를; 넓고 깊은 강이나 바다를 tarati건너갑니까; 건너가고 넘어갈 수 있습니까?"라고 여쭈었습니다. 여기서 '대해aṇṇavaṁ'라는 빠알리어는 바다를 뜻합니다. 요즘 젊은이들은 바다를 '안나와'라고 쓰고 말하기도 합니다. 여기서는 넓기도 넓고 깊기도 깊은 강이나 호수도 '안나와'라고 합니다. 그래서 대역에서는 "넓고 깊은 강이나 바다를"이라고 번역했습니다. 그것도 비유로 사용한 말입니다. 말하고자 하는 의미는 물질과 정신 무더기가 끊임없이 생겨나고 있는 연속인 윤회를 뜻합니다. 이 윤회라는 바다는 한 부분 정도가 아니라 완전히 넘어서야 하기 때문에 건너가기가 더욱 어렵습니다.

그래서 이어서 "appatiṭṭhe기댈 곳도 없고; 아래로는 의지할 것도 없고 anālambe붙잡을 것도 없는; 위로는 잡을 것도 없는 gambhīre심연에서; 깊고 넓은 윤회라는 바다에서 ko어떠한 이가 na sīdati가라앉지 않습니까, 부처님?"이라고 여쭈었습니다.

그 질문에 대해 부처님께서는 다음과 같이 대답하셨습니다.

부처님의 대답 3-1

24 Sabbadā sīlasampanno, paññavā susamāhito;
Ajjhattacintī satimā, oghaṁ tarati duttaraṁ.

(Sn.176)

해석

언제나 계를 구족하고서
새김을 갖추고 삼매에 잘 들며
내부에 마음 두고 통찰지를 갖춘 이가
건너기 어려운 격류를 건넌다네.[166]

166 이것은 대역에 따른 번역이다. 빠알리어 성전 그대로 번역하면 다음과 같다. 번역의 차례가 다른 이유는 이후의 설명을 참조하라.

대 역

Yakkha헤마와따 천신이여, sabbadā언제나 sīlasampanno계를 구족하고서; 계가 청정하고 satimā새김을 갖추고; 새김이 있고 susamāhito삼매에 잘 들며; 잘 유지되는 삼매가 있으며 ajjhattacintī내부에 마음 두고; 내부법을 관찰하면서 paññavā통찰지를 갖춘 이가; 세간과 출세간의 특별한 지혜와 통찰지를 갖춘 이가 duttaraṁ건너기 어려운 oghaṁ격류를 tarati건넌다네.

세차게 흘러가는 물살인 격류를 빠알리어로 'ogha'라고 합니다. 격류라는 그 거센 물살은 건너가기에 능숙한 사람만 건너갈 수 있습니다. 강을 잘 건너가지 못하는 이는 그 거센 물살에 휩쓸려 떠내려가기도 합니다. 마찬가지로 윤회에서도 '격류ogha'라는 번뇌의 거센 물살이 있습니다. 여기에는 감각욕망격류kāmogha, 존재격류bhavogha, 사견격류diṭṭhogha, 무명격류avijjogha 네 가지가 있습니다.

격류 네 가지

감각욕망격류

원하고 좋아할 만한 감각욕망거리, 감각욕망 대상을 원하고 좋아하고 애착하는 갈애를 감각욕망격류kāmogha라고 합니다. 좋아할 만한 그 감

언제나 계를 구족하고서
통찰지를 갖추고 삼매에 잘 들며
내부에 마음 두고 새김 갖춘 이가
건너기 어려운 격류를 건넌다네.

각욕망 대상을 좋아하고 애착하고 즐기는 이들은 그 감각욕망격류에 휩쓸려 표류합니다. 어떻게 표류하는가 하면, 좋아할 만한 형색, 소리, 냄새, 맛, 감촉, 여성, 남성, 필수품 등의 감각욕망 대상과 물건들을 좋아하고 즐기는 이들은 그 대상과 물건을 얻기 위해 노력해야 합니다. 얻었어도 사라지지 않도록 보호해야 합니다. 지금 현생에 잘 살기 위해 살생이나 도둑질이나 약탈이나 삿된 음행이나 거짓말 등의 악행을 행하고서 구하고 보호하는 경우도 있습니다. 감각욕망 대상을 즐기고 좋아해서 그렇게 악행을 행한다면 그 악행은 사악도 탄생지로 떨어지게 합니다. 이것은 감각욕망이라는 격류에 휩쓸려 악도 탄생지에 떨어지는 것입니다. 악도 탄생지에 잠겨 고통을 당하는 것입니다. 일부는 다음 생에 사람의 행복과 천신의 행복을 얻기 위해 보시와 계 등의 선업을 행합니다. 그렇게 선업을 행한 이를 그 선업은 사람의 생이나 천신의 생에 태어나게 합니다. 그는 사람의 행복과 천신의 행복을 누리면서 어느 기간 동안은 행복하게 지냅니다. 하지만 그것도 감각욕망 격류에 휩쓸려 사람 탄생지나 천상 탄생지에 도달해버리고 마는 것입니다.[167] 하지만 그렇게 태어난 생에서 늙어야 하고 죽어야 하고 걱정하고 슬퍼해야 하는 고통도 상황에 따라 겪어야 합니다. 원하는 것이 구족되지 않는 고통도 겪어야 합니다. 이것도 감각욕망격류에 휩쓸려 윤회에 잠기는 것입니다.

존재격류

존재를 좋아하고 즐기는 것을 존재격류bhavogha라고 합니다. 일부는 색계존재나 무색계존재라는 좋고 거룩한 생을 얻고자 해서 색계선정이

167 사람 탄생지나 천상 탄생지에 태어나는 것도 결국 고통을 가져오기 때문에 '도달해버리고 만다'라고 안타까움이나 아쉬움을 담아 저본에 표현돼 그대로 따랐다.

나 무색계 선정을 얻기 위해 노력합니다. 그렇게 노력해서 색계선정이나 무색계선정을 얻은 이들을 그 색계탄생지나 무색계탄생지로 그 선정 선업이 도달하게 해 줍니다. 거기서 대겁 단위로 긴 수명을 누리며 행복하게 지냅니다. 하지만 수명이 다하면 그 탄생지에서 다시 죽어야 합니다. 죽고 난 뒤에도 인간세상이나 천상세상에 태어나 다른 이들처럼 다시 괴로움을 겪어야 합니다. 이것은 존재격류에 휩쓸려 잠시 동안만 편안한 정도일 뿐입니다.

사견격류

사견micchādiṭṭhi이라는 삿된 견해가 사견격류diṭṭhogha라는 거센 물살입니다. 이 사견 격류는 매우 다양합니다. 저쪽 사람들의 견해가 한 종류, 이쪽 사람들의 견해가 한 종류, 저쪽 지역의 견해가 한 종류, 이쪽 지역의 견해가 한 종류, 각양각색입니다. 하지만 요약해 보면, 중생들은 절대로 무너지지 않고 그대로 유지되고 있다고 견지하는 상견sassatadiṭṭhi과 죽고 나면 아무 것도 존재하지 않고 소멸해버린다고 견지하는 단견ucchedadiṭṭhi, 이 두 가지에 다 포함됩니다. 특히 단견을 가진 이들이라면 불선업을 삼갈 필요가 없다고 생각합니다. 자신이 원하는 것을 다 행합니다. 세상의 허물이나 법에 접촉되는 허물이 없다면 어떠한 것이든 합니다. 선업도 할 필요가 없어집니다. 단견을 가진 이들은 선업과 선행이 없고 불선업만 매우 많습니다. 그래서 죽은 뒤 그 불선업 때문에 지옥이나 축생, 아귀 등의 악도에만 떨어집니다. 사람의 생에 다시 태어나기도 매우 어려울 것입니다. 이것이 사견이라는 격류에 휩쓸려 괴로움을 겪는 것입니다.

요즘 일부 사람들은 부처님의 가르침을 반대로 설하고 있습니다. 그들은 "보시와 계 등의 선업을 하지 마라. 하면 괴롭기만 하다. 사마타와 위빳사나 수행을 노력하지 마라. 노력하면 괴롭기만 하다"라고 설합니다. 이것은 부처님의 가르침과 완전히 반대되는, 가르침을 무너뜨리는 법입니다. 그 법을 좋아하고 받아들이는 이들은 보시와 계 등의 선업을 행하지 않기 때문에 불선업만 늘어날 것입니다. 불선 마음만 늘어날 것입니다. 또한 그러한 견해를 가진 이들을 그들의 불선업이 사악도에만 떨어지게 할 것입니다. 이것도 사견이라는 격류에 휩쓸려 괴로움을 겪는 것입니다.

'중생들은 절대로 무너지지 않는다. 항상 그대로 유지되고 있다'라고 견지하는 이들이라면 다음 생에 행복하도록 그들이 믿는 바에 알맞게 선업을 행합니다. 하지만 생명을 죽여 헌공하는 것은 부처님의 가르침에 따르면 악행일 뿐입니다. 약을 잘못 복용하면 병이 더욱 심해지듯이 잘못된 견해를 가지면 사악도에 떨어져 괴로움만 겪게 될 것입니다. 이것도 사견이라는 격류에 휩쓸려 괴로움을 겪는 것입니다.

일부는 창조주를 믿고 창조주에게 귀의하면 '안심할 수 있다'라고 생각하고서 불선업도 삼가지 않고 선업도 행하지 않습니다. 그러한 이들도 불선업이 기회를 얻어 과보를 줄 때 사악도에만 떨어지게 할 것입니다. 이것도 사견이라는 격류에 휩쓸려 괴로움을 겪는 것입니다.

요약하자면, "사마타와 위빳사나 수행을 노력할 필요가 없다. 노력해도 도과와 열반을 얻지 못한다"라고 견지하는 이들은 윤회에서 벗어날 수 없습니다. 윤회하는 생 속에서만 전전해야 합니다. 이것도 사견이라는 격류에 휩쓸려 괴로움을 겪는 것입니다.

사견 중에서 윤회에서 벗어나게 하는 올바른 실천이 아닌 어떤 실천을 믿고 집착하는 것을 행실의례집착사견sīlabbataparāmāsadiṭṭhi·戒禁取見

이라고 합니다. '해, 달, 숲, 산, 천신, 하느님 등을 믿고 의지하는 것만으로 괴로움이 사라져 행복해진다'라고 믿고 견지하는 것도 있습니다. '단식하는 것, 옷을 입지 않는 것, 햇볕에 몸을 태우는 것, 찬물에 들어가는 것 등을 통해 몸을 힘들게 하는 것만으로 괴로움에서 벗어난다'라고 믿고 견지하는 것도 있습니다. '마음에게 억지로 어떠한 일을 주지 말고 아무 일도 하지 않고 지내는 것만으로 괴로움에서 벗어난다'라고 믿고 견지하는 것도 있습니다. 계와 삼매와 통찰지가 생겨나도록 실천하지 않고 그러한 행위만으로 괴로움에서 벗어나 항상 행복할 것이라고 믿고 견지하는 것은 모두 행실의례집착사견일 뿐입니다. 그러한 견해를 가진 이들도 윤회윤전의 괴로움에서 벗어나지 못합니다. 윤회하는 생 속에서만 업에 따라 거듭거듭 태어나야 합니다. 이것도 사견이라는 격류에 휩쓸리는 것입니다. 이 사견격류도 매우 두려워할 만한 것입니다.

무명격류

무명격류avijjhogha는 네 가지 진리를 사실대로 바르게 알지 못하는 어리석음moha입니다. 말하자면, 괴로움의 진리dukkhasaccā를 괴로움이라고 생각하지 않고 행복하다고 생각하는 것입니다. 사람들이 볼 때마다, 들을 때마다, 맡을 때마다, 먹어 알 때마다, 닿아 알 때마다, 생각하여 알 때마다 분명하게 드러나고 있는 것은 물질과 정신 두 가지, 괴로움의 진리, 진실로 괴로움뿐인 법들입니다. 하지만 많은 사람이 행복하고 좋은 것이라고 생각합니다. 그렇게 생각하지 않습니까? 자신이 보고 싶은 것을 보는 것을 좋다고 생각합니다. 듣고 싶은 것을 듣는 것, 맡고 싶은 것을 맡는 것, 먹고 싶은 것을 먹는 것도 좋다고 생각합니다. 닿고 싶은 것과 닿아도 좋다고 생각합니다. 생각하고 숙고하고 있는 것도 좋다고 생각합니다. 그렇게 잘못 생각하는 것은 어리석음이라는 무명격류일 뿐입니다. 이 무명이 좋다고 생각하면 그것을 좋아하고 원합니다. 갈애가 생겨나는 것입니다. 이것을 집착합니다. 취착이 생겨나는 것입니다. 집착한 대로 가지도록 행하고 노력합니다. 선업과 불선업이 생겨나는 것입니다. 그 업 때문에 좋은 생이나 나쁜 생에 거듭거듭 태어나야 합니다.[168] 31탄생지에[169] 태어나야 하는 것은 바로 이 무명 때문입니다. 특히 다섯 정거천suddhāvāsa을 제외한 나머지 26탄생지에 태어나는 것은 바로 이 무명 때문입니다. 이 무명이라는 격류는 아래로는 무간지옥까지 흐릅니다. 위로는 존재꼭대기 bhavagga라고 불리는 비상비비상처 탄생지까지 흐릅니다. 31탄생지에 있는 모든 중생, 특히 방금 언급한 26탄생지에 있는 모든 중생은 이 무명이라는 격류에 휩쓸려 지냅니다. 부리닷따Bhūridatta 본생담, 짬뻬야Campeyya 본생담에서[170] 보살조차 용왕의 영화를 좋다고 생각해서 그 용왕의 생을 기원하여 뱀에 불과한 용왕으로 태어났습니다. 이것은 무명이라는 거센 물살에 휩쓸려버린 것입니다. 이 무명격류도 매우 두려워할 만한 것입니다.

---

168 이 내용을 요약한 우 자띨라 사야도의 게송은 다음과 같다.

고통이라 고통을 알지못하네
알지못해 고통을 갈망한다네
갈망해서 더욱더 집착한다네
집착해서 얻도록 노력한다네
노력해서 가끔씩 얻게된다네
그렇지만 얻은것 고통이라네

169 31탄생지에 대해서는 『가르침을 배우다』, pp.270~311 참조.

170 『담마짝까 법문』, pp.277~279 참조.

건너가기 위한 역량 세 가지

이 감각욕망격류와 존재격류와 사견격류와 무명격류라는 네 가지 격류, 윤회의 거센 물살을 건너가고 넘어가기란 쉽지 않습니다. 건너갈 수 있을 정도의 역량과 능력이 필요합니다. 그래서 헤마와따 천신이 "그 네 가지 격류를 어떠한 이가 건너갈 수 있습니까?"라고 여쭌 것입니다. 그 질문에 대해 부처님께서는 윤회라는 거센 물살을 건너갈 수 있는 이의 역량과 능력을 다음과 같이 설하셨습니다. 첫 번째는 계입니다.

건너가기 위한 첫 번째 역량 _ 계

먼저 "sabbadā sīlasampanno 언제나 계를 구족해야 한다. 계가 청정해야 한다"라고 했습니다. 이 역량은 진실로 필요하기 때문에 부처님께서 설해 놓으신 것입니다. 부처님의 말씀을 확신하는 이라면 "계가 청정해야 네 가지 격류를 건너갈 수 있다. 도과와 열반을 얻을 수 있다"라는 사실을 확실하게 기억해두어야 합니다. 여기서 "산따띠Santati 장관 등 일부 사람들은 그 이전에 계가 청정하지 않았는데도 도과와 열반을 얻지 않았는가?"라고 질문할 수 있습니다.[171] 그렇게 특별한 바라밀이 있어서 특별한 법을 쉽게 얻는 경우는 부처님 당시에도 그리 많지 않았습니다. 십만 명 중 한 명 정도도 안 됩니다. 그렇게 얻는 것도 부처님께서 그 개인의 습성āsaya과 잠재성향anusaya 등을 알고서 설하셨기 때문입니다. 그것도 모두를 다 얻게 할 수 있는 것이 아닙니다. 「담마짝까숫따」 법문을 설하셨을 때 오비구pañcavaggī 중에서 꼰단냐

171 『마하사띠빳타나숫따』, pp.43~45; 『위빳사나 수행방법론』 제1권, pp.106~109 참조.

Koṇḍañña 존자 한 명만 듣자마자 바로 특별한 법을 얻었습니다.[172] 나머지 네 명은 하루나 이틀, 사흘, 나흘 각각 노력하고 나서야 수다원도과를 얻었습니다. 그것은 단지 짧은 법문을 듣는 것만으로는 특별한 법을 얻지 못하는 이들이었기 때문에 그 네 비구를 수행하게 한 것입니다. 이점을 특히 주의해야 합니다.[173]

따라서 단지 법문을 듣는 것만으로는 특별한 법을 얻을 수 없는 이들이라면 몇 시간이든, 며칠이든, 몇 년이든 길게 수행해야 합니다. 그렇게 길게 수행해야 하는 이라면 먼저 계를 갖출 필요가 있습니다. 계가 청정해야 합니다. 그래서 부처님께서 이 가르침에서 "언제나 계가 청정해야 한다"라는 역량을 제일 먼저 지정해서 설하신 것입니다. 『위숫디막가』에서도 "sīle patiṭṭhāya 계에 기반을 두고"(S.i.23)라는 부처님의 가르침을 바탕으로 해서 계가 청정하도록 실천하는 모습을 「계의 상설 Sīlaniddesa」이라는 이름으로 따로 한 장을 두어 설명했습니다.(Vis.i.1)

"sabbadā sīlasampanno 언제나 계를 구족해야 한다. 계가 청정해야 한다"라는 부처님의 가르침 중에서 '언제나'라는 것은 수행하기 전, 수행을 시작하기 직전부터 밤낮으로 항상 계를 청정하게 해야 한다는 뜻입니다. 그렇게 언제나 계가 청정해야 자신의 계를 숙고했을 때 기쁘고 행복하여 삼매가 생겨날 수 있습니다. 계가 청정하지 않으면 잘못한 것이 자주 떠오릅니다. 그러면 마음이 불편해서 후회kukkucca가 생겨납니다. 그렇게 후회가 생겨나 마음으로 걱정하고 있으면 행복이 생겨나지 않기 때문에 삼매가 생겨나지 못합니다. 삼매가 생겨나지 않으

172 단지 듣는 것만으로 특별한 법을 얻은 것이 아니라 위빳사나 관찰을 통해 수다원도과에 이르렀다고 알아야 한다. 『담마짝까 법문』, pp.455~456 참조.

173 『담마짝까 법문』, pp.473~485 참조.

면 여실지yathābhūtañāṇa, 있는 그대로 아는 위빳사나 지혜도 생겨나지 못합니다. 도과의 지혜가 생겨나는 것과는 더욱 거리가 멉니다. 따라서 수행자라면 최소한 오계를 갖추어야 합니다. 비구라면 더욱 중요합니다. 수행하기 전에 계목단속계를 청정하게 해야 합니다. 그래서 부처님께서는 "sabbadā sīlasampanno 언제나 계를 구족해야 한다. 계가 청정해야 한다"라고 첫 번째 역량을 설하셨습니다.

건너가기 위한 두 번째 역량 _ 삼매

두 번째로 갖추어야 할 역량은 삼매samādhi입니다. 하지만 게송에서는 게송의 시형에 일치하도록 통찰지 덕목을 계에 이어서 바로 설하셨습니다. 여기서는 가르침의 차례에 일치하도록 "satimā새김을 갖추고; 새김이 있고 susamāhito삼매에 잘 들며; 잘 유지되는 삼매가 있으며"라고 삼매 무더기로는 같은 새김과 삼매를 함께 묶어서 의미를 번역했습니다. 할 수만 있다면 계를 청정하게 한 뒤에 선정삼매를 구족하도록 노력해야 합니다. 선정증득 여덟 가지 전부든지 한 가지나 두 가지든지 갖추도록 노력해야 한다는 뜻입니다. 이것은 수준 높은 제자들이 실천하는 차례입니다. 몰입appanā선정을 얻도록 노력할 수 없더라도 근접삼매upacārasamādhi나 근접삼매와 동일한 정도인 찰나적 위빳사나 삼매khaṇikavipassanāsamādhi를[174] 갖추도록 노력해야 합니다. 최소한 이 정도 삼매는 갖추어야 마음청정cittavisuddhi이 구족돼 위빳사나 지혜가 생겨날 수 있습니다. 도과의 지혜도 얻을 수 있습니다. 이 근접삼매나 찰나적 위빳사나 삼매조차 갖추지 못하면 마음청정이 구족되지 못하기 때문에 진짜 위빳사

174 일반적으로는 'khaṇikasamādhi 찰나삼매'라고 표현한다. 여기서는 중간에 'vipassanā'를 포함시켜 표현했기 때문에 '찰나적 위빳사나 삼매'라고 번역했다.

나 지혜가 생겨나지 못합니다. 그래서 부처님께서는 갖추어야 할 두 번째 역량으로 "satimā새김을 갖추고; 새김이 있고 susamāhito삼매에 잘 들며; 잘 유지되는 삼매가 있으며"라고 지정해서 나타내셨습니다.

건너가기 위한 세 번째 역량 _ 통찰지

세 번째로 갖추어야 할 역량은 통찰지paññā입니다. 이 통찰지가 생겨나도록 관찰하는 모습을 나타내시고자 여기서 "ajjhattacintī내부에 마음 두고; 내부법을 관찰하면서"라는 구절도 설하셨습니다. 여기서 '내부ajjhatta'란 'niyakajjhatta'라고 주석서에서 설명했습니다.(SnA. i.209) 'niyakajjhatta'란 위빳사나 관찰자의 자기 내부에 진실로 생멸하고 있는 물질법과 정신법입니다. 자신 내부의 법을 관찰해야 사실대로 바르게 알 수 있습니다. 다른 이의 상속에 있는 법을 유추해서 관찰하면 사실대로 알 수 없습니다. 생각해 보십시오. 자신은 어떤 이가 행복하다고 생각해도 실제로 그는 근심하고 있을 수도 있습니다. 선업이 생겨나고 있다고 생각하더라도 실제로 그에게 불선업이 생겨나고 있을 수도 있습니다. 자신 내부법은 자신의 상속에서 분명하게 생겨나고 있기 때문에 사실대로 알 수 있습니다. 관찰하면 알 수 있는 것이 확실합니다. 그래서 부처님께서 "ajjhattacintī내부에 마음 두고; 내부법을 관찰하면서"라고 관찰해야 할 법을 먼저 설하셨습니다. 여기서 '마음을 두고, 생각하고'라고 말했지만 이리저리 심사숙고하는 것이 아닙니다. 새김과 통찰지로 집중해서 관찰하면서 분명하게 아는 것입니다. '관찰한다'라는 것은 빠알리어 'jhāyati'를 번역한 것입니다.[175]

175 원래 'jhāyati'는 '선정에 들다'라고 직역할 수 있다. 저본에서는 '관찰한다'라고 번역했다는 뜻이다.

여기서 'cintī'라는 단어와 'jhāyati'라는 단어는 같은 의미입니다. 부처님께서 "jhāyatha mā pamādattha 관찰하라, 방일하지 마라"라고 자주 훈계하셨습니다. 그리고 '주시'를 나타내는 "sallakkhaṇā"라는 단어도 위빳사나 관찰하는 것이라고 해석해 놓은 『위숫디막가』에 일치하게[176] '관찰한다'라는 것과 '주시한다'라는 것도 같은 의미입니다. 그래서 "ajjhattacintī내부에 마음 두고; 내부법을 관찰하면서"라고 번역해 놓았습니다.

하나의 법을 마냥 말하고 있다

선정을 얻은 이라면 선정에 입정하여 출정한 뒤 그 선정을 관찰해야 합니다. 그 후 봄이나 들림 등 드러나는 대로 혼합된 법pakiṇṇaka도 관찰해야 합니다. 선정을 얻지 못한 이라면 선정이 없기 때문에 선정을 관찰할 수 없습니다. 봄이나 들림 등 자신에게 계속 드러나는 법들만 따라서 관찰하고 있어야 합니다. 이것도 혼합 형성pakiṇṇaka saṅkhāra이라는 혼합된 물질·정신을 관찰하고 있는 것입니다. 일부는 이렇게 드러나는 대로 따라서 관찰하고 있는 것을 '삼매가 무너진다. 산란하다'라고 허물을 잡아 말하기도 합니다. "'eko dhammo 하나의 법'이 되지 않았다"라고도 말합니다. 그렇게 말하는 것은 위빳사나 관찰법을 이해하지 못했기 때문입니다.

사실 위빳사나란 하나의 법만 관찰해야 하는 것이 아닙니다. 볼 때마다, 들을 때마다, 닿을 때마다, 알 때마다 분명한 것을 관찰해야 합니다. 그렇게 관찰하지 못하면 그 분명한 법을 항상하다고, 행복하다

176 Sallakkhaṇāti vipassanā.(Vis.i.270)

고, 자아라고 생각하고 집착합니다. 그렇게 집착하는 취착 때문에 업이 생겨나 새로운 생에 물질과 정신이라는 괴로움이 생겨납니다. 위빳사나로 관찰한다는 것은 그렇게 잘못 생각해서 집착하는 취착이 사라져 업이나 새로운 생의 괴로움이 생겨나지 않도록 하기 위한 것입니다. 따라서 자신의 상속에 분명하게 드러나는 모든 물질과 정신을 무상하고 괴로움이고 무아인 성품법 그대로 알도록 관찰해야 합니다. 그렇게 드러나는 모든 것을 완전히 관찰하여 알도록 부처님께서 "sabbaṁ abhiññeyya 모든 것을 지향해서 알아야 한다"라고 설하셨습니다.(S.ii.258) "'eko dhammo 하나의 법'만 지향해서 알아야 한다"라는 구절은 성전에도 없습니다. 주석서나 복주서에도 없습니다. 『앙굿따라 니까야』 성전과 「다숫따라숫따Dasuttarasutta(십상경十上經)」 경 등에 "하나의 법을 닦아야 한다"라고 설하신 내용은 있습니다.(D34/D.iii.227) 이것도 몸에 대한 새김kāyagatāsati을 닦도록 설하신 것입니다. 하나인 법만 관찰하도록 설하신 것이 아닙니다. 「다숫따라숫따」 경 등에는 두 가지 법에서부터 열 가지 법까지도 닦아야 할 법들, 알아야 할 법이라고 설해 놓으셨습니다. 따라서 지금 사람들이 'eko dhammo 하나의 법'이라고 말하는 것은 아무 것도 모르고 하는 말일 뿐입니다. 이렇게 아무렇게나 말하지 않도록 주의해야 합니다.

지금 설명한 대로 자신의 내부법을 생겨날 때마다 계속해서 따라 관찰하고 있으면 삼매가 구족됐을 때 물질과 정신 두 가지를 구분하여 아는 통찰지도 생겨납니다. 원인과 결과를 구분하여 아는 통찰지도 생겨납니다. 생성과 소멸, 무상과 괴로움과 무아의 특성을 구분하여 아는 위빳사나도 생겨납니다. 그 위빳사나 통찰지가 무르익어 완전히 구족되면 성스러운 도의 지혜 네 가지가 차례대로 생겨납니다. 그래서 "ajjhattacintī내부에 마음 두고; 내부법을 관찰하면서 paññavā통찰지를 갖춘 이가; 세간과 출세간의 특별한 지혜와 통찰지를 갖춘 이가 duttaraṁ건너기 어려운 oghaṁ격류를 tarati건넌다네"라고 부처님께서 대답하신 것입니다.

이 게송을 "계가청정 내부만을 관찰하고 새김현전 마음집중 지혜지견 격류를 건너간다네"라고[177] 게송으로 표현했습니다. 이 게송을 독송합시다.

부처님의 대답 게송 3-1

계가청정 내부만을 관찰하고 새김현전
마음집중 지혜지견 격류를 건너간다네

여기서 "계가청정"이라는 구절을 통해 '계를 갖추어야 한다, 계가 청정해야 한다'는 사실을 나타내고자 했습니다. "내부만을"은 "관찰하고"와 연결해서 그 의미를 취해야 합니다. 그래서 "내부만을 관찰하고 새김현전"이라는 구절을 통해 '새김이 드러나 자신의 내부를 생각하는 것, 관찰하는 것이 있으면'이라는 의미를 나타냅니다. 그렇게 새김이 드러나 관찰하고 있으면 마음의 집중됨인 삼매가 생겨납니다. 마음이 집중되면 물질법과 정신법을 알고 보는 지혜도 생겨날 것입니다. 열반을 보는 성스러운 지혜도 생겨날 것입니다. 그래서 "마음집중 지혜지

177 계가 깨끗하고 내부에 대해서만 관찰하고 새김이 현전하고 마음이 집중되어 지혜가 밝아 알고 보면 수행자는 격류를 건너간다네.

견"이라고 말했습니다. 그렇게 알고 보면 어떻게 되는가 하면 네 가지 격류를 넘어가고 건너가게 됩니다. 이것을 "격류를 건너간다네"라고 말했습니다.

건너가는 모습은 다음과 같습니다. 수다원도의 지혜로 열반을 보면 사견이라는 거센 물살인 사견격류를 건너버립니다. 그래서 수다원에게는 자아라거나 영혼이 진실로 존재하는 것으로 생각하고 집착함이 더 이상 없습니다. 중생은 무너지지 않고 항상 그대로 유지된다는 상견도 더 이상 없습니다. 죽고 나면 아무 것도 존재하지 않고 끊어져버린다는 단견도 더 이상 없습니다. 계와 삼매와 통찰지가 생겨나도록 실천하지 않고 다른 어떤 행실 하나를 통해 윤회의 괴로움에서 벗어난다고 믿는 행실의례집착사견도 더 이상 없습니다. 그래서 수다원에게는 진정한 부처님, 진정한 가르침, 진정한 승가를 믿고 존경하는 것이 절대로 무너지지 않습니다. 계와 삼매가 생겨나도록 실천해야 하는 수련sikkhā과[178] 관련한 의심도 더 이상 생겨나지 않습니다. 자신의 실천과 수련을 확고하게 믿게 됩니다. 수다원이 아직 되지 못한 이들이라면 저 견해가 맞는 듯, 이 견해가 맞는 듯, 저 스승이 깨달은 듯, 이 스승이 깨달은 듯, 믿음이 확고하지 않습니다. 견해도 확고하지 않습니다. 그래서 사견을 가진 가짜 스승도 진짜라고 생각하고서 따라 실천하기 때문에 윤회하는 내내 여러 가지 많은 괴로움을 겪어야 합니다. 수다원에게는 그러한 괴로움도 없어져 악도 괴로움으로부터 벗어나 일곱 생보다 더 태어나야 할 존재의 고통도 없어져버립니다. 이렇게 사견격류를 건너간

178 'sikkhā'는 실천하고 배우는 것을 뜻하며 '배움', '공부지음' 등으로 번역한다. 일반적으로 계와 삼매와 통찰지라는 세 가지 'sikkhā'가 있고 이를 삼학三學이라고 한다. 본서에서는 닦고 익히는 것을 뜻하는 '수련修練'으로 번역해 보았다.

모습만으로도 아주 덕목이 큽니다.

수다원이 된 뒤 위의 도과를 얻도록 자신의 내부법을 이어서 관찰하면 위빳사나 지혜가 무르익고 완전히 구족됐을 때 사다함도의 지혜로 열반을 경험하고 봅니다. 그때는 나머지 세 가지 격류 중에 감각욕망애착kāmarāga이라는 격류를 힘이 약하게 하는 정도로 넘어갈 수 있습니다. 거칠고 심한 감각욕망격류를 넘어선다는 뜻입니다. 하지만 미세한 감각욕망격류는 남아 있습니다. 이것도 넘어서도록 건너가야 합니다.

사다함이 자신의 내부법을 이어서 관찰해서 아나함도과에 도달하여 아나함이 되면 감각욕망격류를 완전히 넘어섭니다. 감각욕망 대상과 관련하여 좋아하고 즐기는 일이 없습니다. '어떠한 음식을 먹고 싶다. 어떠한 음식을 먹지 않으면 살 수 없다'라는 것이 없습니다. 담배나 씹는담배에 집착하는 일도 없습니다. 감각욕망 대상과 관련하여 생각하고 계획하고 고대하는 일이 없어서 어느 정도 행복해진 상태입니다. 분노byāpāda나 성냄dosa도 사라져 마음의 고통도 더 이상 없습니다. 욕계존재에 태어나는 일이 없기 때문에 욕계탄생지와 관련된 괴로움도 없습니다. 하지만 존재를 집착하는 존재격류는 아직 남아 있습니다.

그래서 존재갈애, 존재격류를 건너가도록 자신의 내부법을 이어서 관찰하면 지혜가 무르익고 성숙됐을 때 아라한도로 열반을 실현합니다. 그때는 존재갈애, 존재격류와 무명격류를 넘어섭니다. 격류ogha라는 거센 물살 네 가지 모두를 건너가고 넘어서는 것입니다. 그렇게 건너가는 모습을 염두에 두고 "계가청정 내부만을 관찰하고 새김현전 마음집중 지혜지견 격류를 건너간다네"라고 말한 것입니다. 이 게송을 통해 아라한도에 도달할 때까지 수련자sekkha·修練者[179] 개인이 노력하는 모습을 보였다고 주석서에서 설명해 놓았습니다.(SnA.i.209) 그렇게 노력하는 모습을 보인 뒤 아라한이 되면 윤회라는 바다를 건너가 그 바다에 더 이상 가라앉지 않는다는 사실을 다음과 같이 대답하시며 분명하게 보이셨습니다.

부처님의 대답 3-2

25 Virato kāmasaññāya, sabbasaṁyojanātigo;
Nandībhavaparikkhīṇo, so gambhīre na sīdati.

(Sn.177)

해석

감각욕망 인식을 완전히 절제했고
모든 족쇄도 다 넘어섰고
즐김과 존재도 완전히 다한 이
그야말로 심연에 가라앉지 않는다네.

대역

Yakkha헤마와따 천신이여, kāmasaññāya감각욕망인식을; 감각욕망 대상에 매달려 생겨나는 감각욕망인식을

179 'sekkha'는 '배우고 닦는 중인 이'라는 뜻으로 보통 유학有學으로 번역한다. 수다원과 사다함과 아나함 성자를 뜻한다. 이 용어는 유학儒學이라는 단어와 헷갈리기도 하고 그 의미도 분명하지 않다. 그래서 본서에서는 앞서 'sikkhā'를 '수련'으로 번역한 것과 일치하게 '수련자修練者'라고 표현했다. 덧붙여 배움을 마친 아라한을 'asekkha'라고 하고 보통 무학無學으로 번역하는데 이 표현도 의미가 분명하지 않다. 본서의 표현을 따르자면 '해당 과정의 수련을 마친 이'라는 뜻으로 '이수자履修者'라고 번역할 수 있다.

virato절제하여; 삼가고 멀리 떠나 sabbasaṁyojanātigo 모든 족쇄도 다 넘어선 so그는; 그러한 성품이 있는 아라한은 nandībhavaparikkhīṇo즐김과 존재도 완전히 다해; 좋아하고 애착하는 즐김과 애착과 다시 태어나야 할 존재 모두가 다해버려 gambhīre 심연에; 집착하고 붙들 곳도 없고 발 디딜 곳도 없는 매우 깊은 윤회라는 바다에 na sīdati가라앉지 않는다네; 가라앉지 않고 항상 위에서 행복하게 지낸다네.

첫 번째 게송에 따라 성스러운 네 가지 도를 얻기 위해 관찰하며 노력한 이는 아라한도과에 도달하여 아라한이 됩니다. 그 아라한 개인에게는 네 가지 도로 각각 제거한 상태이기 때문에 감각욕망에 대해 애착하는 감각욕망애착kāmarāga 족쇄도 더 이상 없습니다. 존재애착 등의 다른 족쇄도 더 이상 없습니다. 그래서 욕계존재와 색계존재와 무색계존재라는 세 가지 존재에 대해 애착하고 즐기면서 노니는 즐김애착nandīrāga도 없습니다. 그 즐김애착이 없기 때문에 새로운 존재도 다시 생겨나지 않습니다. 생겨날 여러 생이 완전히 다해버렸습니다. 그 아라한 개인은 위에도 붙들 만한 것이 없을 뿐만 아니라 아래에도 디딜 만한 것이 없는, 매우 깊고 광활한 윤회라는 바다에 더 이상 빠지지 않습니다. 완전히 벗어나버렸습니다. 아라한만 벗어난 것이 아닙니다. 아나함도 일부는 벗어났습니다. 욕계 윤회에 빠지지 않아 부분적으로는 벗어났다고 말할 수 있습니다. 사다함도 욕계탄생지에서 두 생을 넘어서 태어날 윤회로부터는 벗어났습니다. 수다원도 욕계탄생지에서 일곱 생을 넘어서 태어날 윤회로부터는 벗어났습니다. 악도 윤회로부터는 완전히 벗어났습니다. 악도 윤회에 더 이상 빠지지 않습니다. 하지만 범부라면 어떠한 선업을 갖추고 있더라도 안심할 수 없습니다. 악도의 생에도 떨어질 수 있습니다. 이것은 위에도 붙들 만한 것이 없어서, 또한 아래에도 디딜 만한 바위 등이 없어서 빠져버릴 수 있는 대해처럼, 넓고 깊은 호수나 큰 강처럼 범부들에게는 매우 두려워할 만한 윤회의 대해입니다.

바로 지금 이 시기는 그렇게 두려워할 만한 윤회라는 대해로부터 벗어나도록 노력하기에 매우 적절하고 좋은 때입니다. 그래서 최소한 악도 윤회의 바다에 빠지지 않도록 노력해야 합니다. 할 수만 있다면 세 가지 존재, 31탄생지라는 윤회의 대해 모두에 빠지지 않는, 그것으로부터 완전히 벗어난 아라한도와 아라한과에 도달하도록 노력하고 애써야 합니다. 아라한과에 도달하여 아라한이 되면 감각욕망인식kāmasaññā도 사라집니다. 다른 모든 족쇄도 사라집니다. 즐김애착도 사라집니다. 그래서 어떠한 장소에서도 새로운 존재가 더 이상 생겨나지 않습니다. 더 이상 윤회의 대해에 빠지지 않습니다. 그 의미를 게송으로 "욕망애착 절제했고 모든족쇄 넘어섰네 즐김애착 존재다해 심연에 안빠진다네"라고[180] 표현해 보았습니다.

"욕망애착 절제했고"란 감각욕망인식이라는 감각욕망애착이 없다는 것을 말합니다. "모든족쇄 넘어섰네"란 결박과 같은 족쇄법들이 완전히 사라졌다는 것을 뜻합니다. "즐김애착 존재다해"란 이런저런 대상이나 존재에서 즐기고 노니는 즐김애착도 다하고 사라져 그래서 태어날 생도 다하고 없어졌다는 뜻입니다. "심연에 안빠진다네"란 위에도 붙들 만한

180 감각욕망 대상에 들러붙는 것을 삼가고, 족쇄들에서 벗어났고, 즐김애착과 존재가 다한, 깊은 바다와 강이라는 심연에 빠지지 않는 수행자.

것이 없을 뿐만 아니라 아래에도 디딜 만한 것이 없는, 매우 깊고 광활한 대해나 큰 호수에 비유한 윤회에 더 이상 빠지지 않고 그 윤회라는 대해와 큰 강에서 완전히 벗어났다는 뜻입니다. 이 게송을 독송합시다.

부처님의 대답 게송 3-2

욕망애착 절제했고 모든족쇄 넘어섰네
즐김애착 존재다해 심연에 안빠진다네

이것으로 「헤마와따숫따」에 설해 있는 부처님의 가르침은 다 끝났습니다. 이제 헤마와따 천신의 칭송 및 기뻐 외치는 말만 남았습니다.

부처님의 가르침을 들은 뒤 특별한 법을 얻어 부처님의 덕목과 공덕을 지혜로써 경험하고 본 헤마와따 천신은 매우 기쁘고 행복해서 부처님을 다음과 같이 칭송했습니다.

헤마와따 천신의 칭송과 귀의

26 Gabbhīrapaññaṁ nipuṇatthadassiṁ,
Akiñcanaṁ kāmabhave asattaṁ;
Taṁ passatha sabbadhi vippamuttaṁ,
Dibbe pathe kamamānaṁ mahesiṁ. (Sn.178)

해 석

통찰지가 심오하고 미묘 의미 보는 분
아무 것도 없고 욕망·존재 집착 않는
그분을 친견하라, 모두에서 해탈한
천상의 길 노니는 대선인인 그분을.

대 역

Mārisā천신들이여, gabbhīrapaññaṁ심오한 통찰지를 갖추신, nipuṇatthadassiṁ미묘 의미 보시는; 미묘하고 깊고 알기 어려운 모든 것을 보시는, akiñcanaṁ아무 것도 없으신; 애착 등을 통해 애쓰심이 사라진, kāmabhave욕망과 존재에; 두 가지 감각욕망[181], 세 가지 존재에 asattaṁ집착하지 않으시는; 들러붙지 않으시기 때문에 집착함이 없으신, sabbadhi모두에서; 모든 무더기 등에서 vippamuttaṁ해탈하신; 벗어나신, dibbe pathe 천상의 길에; 여덟 가지 선정증득이라는 천상에 노님이라는 길에; 청정천신이라는 아라한의 적정한 머묾이라는 과 선정증득이라는 길에 kamamānaṁ노니시는; 노닐며 지내시는 taṁ mahesiṁ그 대선인을; 그 거룩한 부처님을 passatha보라; 친견하라.

27 Anomanāmaṁ nipuṇatthadassiṁ,
Paññādadaṁ kāmālaye asattaṁ;

181 번뇌로서의 감각욕망과 번뇌의 대상으로서의 감각욕망.

Taṁ passatha sabbaviduṁ sumedhaṁ,

Ariye pathe kamamānaṁ mahesiṁ. (Sn.179)

해 석

드높다는 이름 가진, 미묘 의미 보는 분
통찰지를 주고 욕망·애착 집착 않는
그분을 친견하라, 모두 알고 현명한
성자의 길 노니는 대선인인 그분을.

대 역

Mārisā천신들이여, anomanāmaṁ드높다는 이름을 가지신; 높고 거룩한 덕목과 관련된 이름을 가지신, nipuṇatthadassiṁ미묘 의미 보시는; 미묘하고 깊고 알기 어려운 모든 것을 보시는, paññādadaṁ통찰지를 주시는; 세간과 출세간의 지혜와 통찰지를 주시는, kāmālaye asattaṁ욕망과 애착에 집착하지 않으시는; 감각욕망들에 들러붙는 갈애와 사견에 집착하지 않고 깨끗하신; 들러붙을 만한 감각욕망 대상에 집착하지 않아 깨끗하신, sabbaviduṁ모든 것을 아시는, sumedhaṁ매우 현명하신; 훌륭한 통찰지를 갖추신 ariye pathe kamamānaṁ 성자의 길에 노니시는 taṁ mahesiṁ그 대선인을; 그 거룩한 부처님을 passatha보라; 친견하라.

28 Sudiṭṭhaṁ vata no ajja, suppabhātaṁ suhuṭṭhitaṁ;
Yaṁ addasāma sambuddhaṁ, oghatiṇṇamanāsavaṁ.
(Sn.180)

해석

실로 오늘 우리는 잘 보았나니
좋은 아침이고 좋은 기상이네.
바르게 깨달은 그분을 보았나니
격류를 건넜고 누출 다한 분이라네.

대역

Oghatiṇṇaṁ격류를 건너가신; 네 가지 격류라는 윤회의 거센 물살을 건너가신, anāsavaṁ누출이 다하신; 네 가지 누출이 다하신, sambuddhaṁ바르게 깨치신 분을; 거룩한 부처님을 yaṁ addasāma보았으니; 친견했으니 ajja오늘 no우리는 sudiṭṭhaṁ vata매우 잘 보았네. suppabhātaṁ좋은 아침이구나. suhuṭṭhitaṁ좋은 기상이구나.

29 Ime dasasatā yakkhā, iddhimanto yasassino;
Sabbe taṁ saraṇaṁ yanti, tvaṁ no satthā anuttaro.
(Sn.181)

해석

여기, 열의 백 배, 일천의 천신이
신통을 갖추고 명성이 자자한
당신을 귀의처라 모두가 귀의하니
당신은 우리의 위없는 스승이네.

대역

Bhante존자시여; 부처님이시여, iddhimanto신통을 갖추신; 업생성 신통을 갖추신, yasassino명성이 자자하신; 많은 대중을 거느리신, sabbe모든 ime dasasatā yakkhā이 일천의 천신야차는 taṁ당신을; 거룩한 부처님을 saraṇaṁ yanti진정한 귀의처라고 가까이하고 의지하니; 귀의하니, tvaṁ당신께서는 no우리의 anuttaro위없는 satthā스승이십니다; 제일 거룩한 스승이십니다.[182]

이 게송에서 '일천의 천신'이란 각각 500의 야차 대중과 두 야차천신 자신들을 대상으로 한 말입니다. 이 야차천신 천 명이 부처님께서 대답하신 세 법구를 듣는 것만으로 빠르게 특별한 법을 얻은 것은 무엇 때문인지 그 연유에 대해 설명하겠습니다.

헤마와따 천신의 과거

깟사빠Kassapa 부처님께서 완전열반에 드신 뒤 사리를 황금탑에 안치한 시기에 "saṁsāra vaṭṭadukkhato mocanatthāya 윤회윤전의 괴로움으로부터 벗어나기 위해"라는 목적으로 두 명의 선남자가 깟사빠 부처님 교단으로 출가하여 비구가 됐습니다. 그렇게 '윤회윤전의 괴로

182 수다원이 된 뒤 수다원도과에 이르면 고유성품성취sabhāvasiddhi를 통해 삼귀의가 무너지지 않는 출세간 삼귀의를 수지하게 된다. 하지만 말로 소리를 내어 수지하리라고 생각해서 이 게송을 읊은 것이다.(SnA.i.211) 이것을 '제자표명sissabhāvūpagamana 방법'이라고 한다. 삼귀의를 수지하는 방법에는 자기헌신attasanniyyātana 방법, 삼보피안tapparāyaṇa 방법, 제자표명 방법, 예경예배paṇipāta 방법 네 가지가 있다. 자세한 설명은 이 장의 역자보충과 『가르침을 배우다』, pp.31~32 참조.

움으로부터 벗어날 것이다'라고 믿고서 교단에 입문한 비구를 '믿음출가자saddhāpabbajika', 믿고서 출가한 비구라고 부릅니다. 왕의 위험이나 도적의 위험, 의식주가 충분하지 않아서 출가한 비구를 '겁약출가자bhayāpabbajika'라고 부릅니다. 그 겁약출가자는 대부분 교법을 오염시키고 무너뜨리는 경우가 많습니다. 하지만 훌륭한 스승의 훈계를 받아 믿음이 생겨나면 자신의 이익과 교법의 이익을 모두 짊어질 수 있습니다. 방금 언급한 믿음출가자의 경우 원래의 믿음이 줄어들거나 무너지지 않으면 자신의 이익과 교법의 이익을 잘 생겨나게, 늘어나게 할 수 있습니다. 그 두 명의 믿음출가자 비구는 자신들의 신심에 따라 교법에서 해야 할 의무를 여러 스승에게 여쭈었습니다. 그때 스승들은 문헌의 의무ganthadhura와 위빳사나의 의무vipassanādhura라는 짊어져야 할 의무 두 가지에 대해 설해 주었습니다. 부처님께서 설해 놓으신 여러 가르침을 배워 다른 이에게 가르치는 것을 '문헌의 의무'라고 합니다. 지금까지 부처님의 가르침이 사라지지 않고 무너지지 않고 잘 유지되고 있는 것은 그 문헌의 의무를 대대로 잘 완수해 왔기 때문입니다. 그래서 이 문헌의 의무는 교법을 길게 유지하는 데 있어 매우 중요합니다.

위빳사나의 의무란 비구가 된 뒤 율장 관련 행실과 의무를 배우고서 사마타와 위빳사나를 노력하는 것입니다. 고따마 부처님 당시에는 이 위빳사나의 의무를 《교법에서 제일 먼저 출가했던》 다섯 비구가 가장 먼저 노력했습니다. 그 뒤 야사Yasa 젊은이와 그의 친구 54명, 모두 55명이 교법에 비구로 입문하여 위빳사나 의무를 다하려 노력했고 모두 아라한이 됐습니다. 그 뒤 밧다왁기Bhaddavaggī 형제 30명, 그 뒤 우루웰라깟사빠Uruvelakassapa를 비롯한 천 명의 선인이 출가하여 위빳사나 의무를 다해 아라한이 됐습니다. 그 뒤 사리뿟따Sāriputta와 마하목갈라나Mahāmoggalāna를 비롯한 250명의 유행자가 위빳사나 의무를 다해 아라한이 됐습니다. 그 뒤로도 출가하여 위빳사나를 통해 아라한이 된 이들이 많습니다. 그중 부호의 아들 소나Soṇa가 제일 특별하다고 말할 수 있습니다.

소나 젊은이의 몸은 매우 부드러워 발바닥에 털이 나 있을 정도였다고 합니다. 그래서 땅 위에 직접 발을 딛지 않았다고 합니다. 그 정도로 매우 부드러운 몸을 가진 소나 젊은이는 비구가 되어 실천해야 윤회윤전의 괴로움에서 벗어날 수 있다고 믿고서 출가하여 매우 열심히 수행했습니다. 경행하면서 발바닥이 짓물러 경행대가 피로 붉게 물들었을 정도로 열심히 수행했다고 합니다. 힘들어도 물러서지 않고 계속 노력했습니다. 그렇게 해도 특별한 법을 얻지 못하자 사기가 저하되어 '나는 법을 얻을 수 없는 자인가?'라고 숙고하고는 재가자로 돌아가려 했습니다. 그때 부처님께서 소나 존자가 있는 곳으로 직접 오셔서 너무 느슨하지도 않고 너무 팽팽하지도 않게, 중간 정도로 노력하라고 지도하셨습니다. 그 가르침에 따라 지나친 정진을 줄이고, 너무 느슨하지도 않고 너무 팽팽하지도 않게, 중간 정도로 노력해서 머지않아 아라한이 됐습니다.(A6:55) 그렇게 위빳사나의 의무를 다해 아라한이 된 이들은 헤아릴 수 없이 많습니다. 아나함 정도가 된 이들도 있습니다. 사다함 정도가 된 이들도 있습니다. 그렇게 위빳사나의 의무를 완수해야만 부처님의 바람을 충족시켜 교법을 온전하게 밝힐 수 있습니다. 그래서 그 헤마와따와 사따기리의 전신인 두 비구는 다음과 같이 숙고했습니다.

'두 가지 의무 중에서 위빳사나의 의무가 더욱 높고 거룩하다. 하지만 우리는 아직 나이가 어리다. 나이가 들었을 때 위빳사나의 의무를 실천하리라. 나이가 어린 지금은 문헌의 의무를 완수하자.'

이렇게 숙고하고 상의한 뒤 교학의 가르침을 배웠습니다. 그렇게 배울 때 지혜가 매우 예리했기 때문에 머지않아 삼장에 모두 통달했습니다. 율장에 특히 능숙했다고 합니다. 그렇게 삼장문헌에 통달한 그 둘은 삼장문헌을 가르치면서 지냈습니다. 그들에게는 제자 비구들이 각각 500명이 있었습니다. 그렇게 매우 유명한 율장수지자로서 많은 대중을 거느린 큰스님으로 지냈습니다.

그 두 비구가 '젊을 때는 문헌과 교학을 배우리라. 나이가 들어서 위빳사나 의무를 노력하리라'라고 생각하는 모습은 어느 정도 일리가 있습니다. 하지만 어릴 때 죽지 않을 것이라고 누가 장담할 수 있겠습니까? 젊은 나이에 입적하는 스님들도 있습니다. 나이 들어 수행하겠다고 미루다가 수행하지 못한 채 입적하는 경우도 많습니다. 부처님께서는 젊을 때 노력하는 것을 더욱 바라셨습니다. 그래서 다음과 같이 설하셨습니다.

Yo have daharo bhikkhu, yuñjati buddhasāsane;
Somaṁ lokaṁ pabhāseti, abbhā muttova candimā.

(M.ii.307/M86)

해 석

참으로 어떤 젊은 비구가
부처님의 교법에 몰두한다면
그는 이 세상을 밝게 비추니
마치 구름에서 벗어난 달처럼.

대 역

Buddhasāsane부처님의 교법에서 yo bhikkhu어떠한 비구가 daharo젊은 나이에 have yuñjati진실로 몰두한다면; 도과를 목표로 진실로 노력한다면 so그가; 어린 나이에 노력하는 그 비구가 imaṁ lokaṁ이 세상을; 자신의 다섯 무더기라는 이 세상을 pabhāseti빛나게 하나니 《kimiva무엇과 같은가 하면》 abbhā구름에서 mutto벗어난 candimā달이 imaṁ lokaṁ이 세상을; 이 우주라는 세상을 pabhāseti iva빛나게 하는 것과 마찬가지로.

구름이 하늘을 덮을 때가 있습니다. 구름이 있을 때는 달빛이 대지를 밝히지 못합니다. 구름 위 하늘에서만 빛납니다. 구름이 중간에 가로막고 있기 때문입니다. 구름이 매우 두꺼울 때는 달이나 해를 볼 수도 없습니다. 그렇게 가로막고 있던 구름에서 벗어났을 때 보름달은 대지 전체를 밝힙니다. 나무나 숲이나 산이나 집이나 길, 모든 것을 밝힙니다. 마찬가지로 젊은 나이에 위빳사나 수행을 하는 이도 자신의 상속에서 다섯 무더기라는 세상을 드러나게 합니다. 분명하게 한다는 뜻입니다. 분명하게 하는 모습은 다음과 같습니다. 〈부푼다, 꺼진다; 앉음; 닿음; 굽힌다; 편다〉 등으로 관찰하고 있는 수행자는 이전에는 알지 못했던 물질과 정신을 알게 됩니다. 관찰하고 새기기 전에는 부푸는 것, 꺼지는 것, 앉는 것 등을 나라는 개체라고만 생각했습니다. 관찰해서 삼매와 지혜가 성숙돼 힘이 좋아지면 부푸는 물질이 따로, 꺼지는 물질이 따로, 앉는 물질이 따로, 가는 물질이 따로, 굽히는 물질이 따로임을 나누어 알게 됩니다. 이것은 제일 처음 물질 무더기를 아는 모습입니다.

〈부푼다, 꺼진다〉 등으로 관찰하다가 몸에서 저린 것, 아픈 것, 가려운 것 등이 생겨나면 그것도 관찰해야 합니다. 실망함이나 마음 불편함 등이 생겨나면 그것도 관찰해야 합니다. 그것은 괴로운 느낌dukkhavedanā입니다. 몸에서 편안함이 생겨나면 그것도 관찰해야 합니다. 마음에서 행복한 것, 기쁜 것이 분명하게 생겨나면 그것도 관찰해야 합니다. 그것은 행복한 느낌sukhavedanā입니다. 그렇게 관찰하고 새기다가 그 느낌에 대해서 이해하게 됩니다. 관찰하고 새기기 전에는 '받아들이기 힘든 것, 괴로운 것도 나다. 받아들이기 좋은 것, 행복한 것도 나다' 라고 생각했습니다. 관찰하고 있을 때는 '받아들이기 힘든 것도 느끼는 성품일 뿐이다. 받아들이기 좋은 것도 느끼는 성품일 뿐이다. 느낄 수 있는 나라고는 존재하지 않는다'라는 것을 이해하게 됩니다. 이것은 느낌 무더기를 아는 모습입니다. 마찬가지로 어느 하나를 잊지 않도록 기억할 때 인식 무더기를 압니다. 어느 하나를 행하려고 하거나 말하려 할 때 그 계획하고 있는 형성 무더기를 압니다. 생각하고 숙고할 때 그 마음을 관찰하여 의식 무더기를 압니다. 이것이 다섯 무더기를 아는 모습에 대한 간략한 설명입니다. 자세한 것은 앞의 여러 법문에서 설명했습니다. 위빳사나 지혜가 특별하게 성숙되면 그 관찰한 물질과 정신이 일순간 생멸해 가는 것을 경험하여 무상과 괴로움과 무아의 성품도 알게 됩니다. 이것은 보름달 빛이 대지를 밝히는 것처럼 다섯 무더기라는 세상을 밝히는 것입니다.

여기에서 "나이가 든 이들도 이렇게 관찰하면 마찬가지로 알 수 있지 않은가?"라고 질문할 수 있습니다. 알 수 있는 것은 맞습니다. 하지만 젊은 나이에 노력하는 것만큼 앎이 빠르지 않고 분명하지도 않습니다. 같은 사람이 20, 30대에 노력하면 한 달 정도에 도달할 수 있는 지혜 단계를 60, 70대에는 두 달이나 석 달 정도 노력해야 도달할 수 있습니다. 앎이 분명한 모습도 서로 다를 수 있습니다. 무엇 때문인가 하면, 젊은이들은 건강도 좋습니다. 새김과 지혜도 예리합니다. 신경 쓰는 것도 적습니다. 노인들은 나이가 들면 들수록 건강도 나쁩니다. 새김과 지혜도 둔해집니다. 해야 할 일이나 의무가 많아서 신경 쓰는 것이나 걱정도 많습니다. 그래서 젊을 때 노력하는 이에게 앎과 지혜가 분명한 모습을 부처님께서 칭송하신 것입니다.

출가자라면 출가하자마자 수행할 수 있으면 더욱 좋습니다. 갓 출가했을 때는 나이가 젊다는 점이 한 가지 이유, 믿음법이 아직 좋을 때라는 점이 한 가지 이유, 계와 관련해 의심할 여지가 없다는 점이 한 가지 이유, 이러한 이유 때문입니다. 그래서 교학의 측면이 아무리 중요해도 갓 출가했을 때 적어도 삼 개월 정도는 수행하는 것이 더욱 좋다고 생각합니다. 어떤 이들은 나이 들어 수행하겠다고 계획하고는 수행하지 못한 채 입적하는 경우도 있습니다. 지금 언급하고 있는 헤마와따와 사따기리의 전생 비구들도 그렇게 수행하지 않고 입적한 듯합니다. 그 내용을 이어서 설명하겠습니다.

앞서 언급한 대로 문헌과 경전을 가르치며 율장수지 스승으로 지내던 두 장로를 다른 출가자와 재가자들이 매우 존경했습니다. 교법도 마치 부처님께서 현존하실 때처럼 찬란했다고 합니다. 그때 한 숲속 정사에 두 젊은 비구가 같이 지냈습니다. 한 비구는 사실을 말하는 여법론자dhammavādī였고 다른 비구는 거짓을 말하는 비법론자adhammavādī였습니다. 비법론자 비구가 율에 적당하지 않은 것을 행했습니다. 여법론자 비구는 그렇게 하지 않도록 제지하면서 말했습니다. 하지만 비법론자 비구는 받아들이지 않았습니다. "스님이 무엇을 보았소? 무엇을 들었소?"라고 회피하면서 말했습니다. 그러자 여법론자 비구는 "율장 수지자인 장로들께서 아실 것이오"라고 말했습니다.

비구들이라면 해제 때 자자pavāraṇā를 행합니다. 자신의 허물을 스스로는 알기 힘듭니다. 그래서 자신에 대해 본 것이나 들은 것이나 의심스러운 것을 말해 달라고 승가에 청해야 합니다. 그렇게 청하는 것을 '자자를 행한다'라고 부릅니다. 해제날에 승가가 모여 자자를 행하는 것을 본 적이 있을 것입니다. 그것을 수행법회라고 부르는 이도 있습니다만 수행법회가 아닙니다. 자자 행사입니다. 그렇게 서로 청하면 적당하지 않은 것을 행한 비구에게 다른 여법한 비구가 말해야 합니다. 말을 들은 비구도 흔쾌히 받아들여 그 행위를 삼가야 합니다. 그렇게 삼가서 교법이 청정하도록 부처님께서 해제 때 자자를 행하도록 수련항목을 제정해 놓으신 것입니다.

자신의 허물을 말하는 이에게 고마워해야 합니다. '그가 말해 주어 내 허물을 알게 됐다'라고 마음 기울여 고마워해야 할 일입니다. 비유하자면, 한 사람이 대중 앞에 가기 전에 자신의 얼굴에 검은 얼룩이 묻은 것을 다른 한 사람이 말해 주었다고 합시다. 그 말을 들은 이는 고마워할 것입니다. 검은 얼룩이 묻은 것을 모른 채 대중에게 간다면 웃음거리가 될 수 있습니다. 부끄러울 것입니다. 다른 이가 말해 주어 검은 얼룩을 닦고 나가면 그럴 일이 없습니다. 검은 얼룩이 묻은 것은 그리 중요한 일이 아닙니다. 하지만 비구들에게 있어서 범계 사실은 실로 중요합니다. 범계한 사실이 있는 줄 모르고 출죄하지 않고 허물을 가진 채 죽어버리면 사악도 탄생지에 떨어질 수도 있습니다. 다른 이가 말해 주어 허물이 있는 줄 알아 출죄하면 허물이 없어져 계가 청정해집니다. 그때 수행하면 특별한 삼매와 지혜까지도 얻을 수 있습니다. 입적하더라도 선처에 도달할 수 있습니다. 이렇듯 자신의 허물을 말해 주는 이에게 고마워해야 하지만 저열한 이들은 고마워하기는커녕 화를 냅니다. 그래서 부처님께서는 다음과 같이 말씀하셨습니다.

Ovadeyyānusāseyya, asabbhā ca nivāraye;

Satañhi so piyo hoti, asataṁ hoti appiyo.[183] (Dhp.77)

해 석

훈계하고 거듭 타일러 주라.

또한 악행에서 보호해 주라.

착한 이들 그런 이를 좋아하지만

나쁜 이들 그런 이를 좋아하지 않네.

대 역

Yo어떤 이가 paresaṁ다른 이에게 ovadeyya허물을 지적하며 적당하게 꾸짖어야 한다. anusāseyya또한 보이지 않는 곳에서도 훈계해야 한다; ovadeyya한 번, 두 번 꾸짖어야 하고, anusāseyya평생 훈계해야 한다. 거듭 훈계해야 하나니, asabbhā ca바르지 않은 악행들로부터도 nivāraye보호해 주어야 한다. hi사실이다. sataṁ착한 이들은 so그렇게 훈계하고 보호해 주는 그를 piyo hoti좋아하고, asataṁ착하지 않은 이들은 그를 appiyo hoti좋아하지 않는다.

"so그렇게 다른 이의 허물을 순수한 마음으로 말해 주는 참사람을 sataṁ piyo hoti착한 이들은 좋아하고 존경하고 asataṁ appiyo hoti착하지 않은 이들은 좋아하지 않는다, 싫어한다"라고 설하셨습니다. 지적을 당한 비법론자 비구도 저열한 자였기 때문에 받아들이지 않고

183 원문에는 마지막 구절의 대역만 있지만 전체 게송을 다 실었다.

반대되는 행위를 했습니다. 여법론자 비구가 율장수지 장로들에게 가서 논의하겠다고 말하자 이리저리 궁리했습니다. '내 행위는 사소한 범계가 아니다. 율장수지 장로들이 사실대로 결정한다면 나는 교단에서 발붙일 자리가 없다'라고 생각하고서 먼저 율장수지 장로들에게 가서 가사와 발우, 필수품, 보시물로 인사를 드렸습니다. 그 장로들을 의지스승으로 삼아 머물렀습니다. 크고 작은 소임을 부족한 것이 없도록 행했습니다. 그리고 어느 날, 장로들에게 의무를 행한 뒤 돌아갈 시간이 되었는데도 돌아가지 않고 공손하게 예경을 올렸습니다. 그러자 장로들이 "무슨 일이라도 있는가?"라고 물었습니다. 그 비구는 "저의 잘못을 연유로 같이 지내는 한 비구와 조금 논쟁을 벌였습니다. 그 문제를 그 비구가 스님들께 가지고 오면 결정하지 말고 그냥 내버려두시면 좋겠습니다, 스님"이라고 청했습니다. 장로들은 "결정하지 않고 그냥 둘 수는 없지"라고 바른길에 따라 말했습니다. 그러자 그 비법론자 비구가 "그렇게 결정하시면 저는 이 교단에서 의지할 곳이 없게 됩니다. 저의 악행과 허물은 저의 허물대로만 두도록 해 주십시오. 다른 결정은 내리지 말아 주십시오"라고 억지를 부려 청했습니다. 장로들로서는 그에게 필수품들도 받았고, 그가 행해 준 크고 작은 의무도 가까이서 받았기 때문에 미안하기도 해서 그 비법론자 비구의 청을 허락했습니다. 그렇게 미안해서, 상황을 봐 주고 해야 할 일을 하는 것을 원함 잘못따름chandāgati라고 합니다. 네 가지 잘못따름agati[184] 중의 하나입니다. 뇌물이나 선물을 받고 잘못 판단하는 것은 모두 이 원함 잘못따름 때문입니다. 매우 두려워할 만한 일입니다.

184 잘못따름에는 원함 잘못따름chandāgati, 성냄 잘못따름dosāgati, 어리석음 잘못따름mohāgati, 두려움 잘못따름bhayāgati이라는 네 가지가 있다. 자세한 설명은 제6강 역자 보충설명 참조.

그렇게 율장수지 장로들에게 보장을 받게 되자 그 비법론자 비구는 안심하고서 자신의 정사로 돌아갔습니다. 그곳에 도착해서는 여법론자 비구를 이전보다 더 경멸하며 거칠게 말했다고 합니다. 그러자 여법론자 비구가 '이 비법론자 비구가 거리낌 없이 함부로 말하고 있다. 가서 조사를 해 보리라'라고 생각하고서 율장수지 장로들의 제자들에게 조사를 부탁했습니다. "보십시오, 스님들. 율장수지 장로들께 쟁사 하나를 결정해 주십사 올렸습니다. 도달한 쟁사라면 법답게 결정해야 하지 않습니까? 그렇지 않더라도 재판에 회부하지 않고 서로 조정할 수 있도록 해 주어야 하지 않습니까? 지금 스님들의 스승이신 두 장로께서 그 두 가지 모두를 하지 않고 있는 것은 무슨 뜻입니까?"라고 조사하는 의미로 캐물어 보았습니다. 제자가 스승을 넘어 어찌 말하겠습니까? 제자들은 '스승들께서 아는 연유가 있으시겠지'라고 숙고하고는 가만히 있었다고 합니다.

그러자 비법론자 비구가 좋은 기회라고 생각해서 여법론자 비구를 제압하며 말했습니다. "당신도 참, 처음에 율장수지 장로들이 알 것이라고 말하지 않았는가? 지금 율장수지 장로들에게 가서 쟁사에 회부했는가?"라고 강압적으로 말하고 나서 "오늘부터 그대는 쟁사에서 졌다. 그러니 이 정사에 돌아오지 마라"라고도 말한 뒤 그 자리를 떠났다고 합니다. 그러자 여법론자 비구가 율장수지 장로들에게 가서 여쭈었습니다.

"스님들은 교법을 고려하지 않습니다. 자신을 모시고 시봉하는 이만 고려합니다. 부처님의 교법을 고려하지 않고 개인만 고려합니다. 깟사빠 부처님께서 완전열반에 드신 뒤 장로들이 나오셔서 출가자와 재가자들이 마치 한 분의 부처님께서 다시 출현하신 듯 의지하고 있었는데,

이제 스님들은 율에 따라 결정하기에 적당하지 않습니다. 바로 오늘에야 깟사빠 부처님께서 완전열반에 드셔서 교법도 무너져버렸다고 기억할 것입니다, 스님."

이렇게 큰 목소리로 울고 통곡하면서 아뢰었습니다. 그렇게 아뢴 뒤 그 비구는 울면서 돌아갔다고 합니다. 교법의 관점으로 보면 매우 슬픈 일입니다.

그제야 율장수지 장로 두 분은 정신을 차리고 후회했습니다. 사실 두 장로 스승은 본래 성품으로는 마음가짐이 매우 훌륭하고 거룩한 스승이었습니다. 저열한 한 비구를 안쓰럽게 생각하다가 잘못 결정한 것입니다. 그래서 그 두 스승은 '우리가 저열한 제자를 안쓰럽게 생각하다가 아주 잘못 행했구나. 부처님의 교법을 깊은 계곡에 던져버리듯이 행했구나'라고 숙고하고서 마음이 매우 불편했습니다. '거룩하신 부처님의 훈계와 교법이란 4아승기 10만 대겁 동안 바라밀을 성취하고 나서야 확립할 수 있는 가르침이다. 이 정도로 얻기 힘든 거룩한 가르침을 우리는 아무런 가치가 없는 가사나 발우, 필수품 정도로 의무를 행한 애송이를 신경 쓰다가 무너뜨리고 쇠퇴하게 만들었구나'라고 숙고하고서 매우 걱정하고 근심했다고 합니다. 이것을 빠알리어로는 후회 kukkucca라고 합니다.

Akataṁ vata me kalyāṇaṁ kataṁ pāpaṁ. (DhsA.413)

대 역

Me나는 kalyāṇaṁ좋은 행위를 akataṁ vata하지 않았구나. pāpaṁ 악행을 kataṁ vata행했구나.

후회란 위의 주석서 내용처럼 마음 기울이며 걱정하고 근심하는 성품입니다. 그 율장수지 두 스승에게는 율장에 일치하게 결정해야 하는 일이 좋은 행위입니다. 그 좋은 행위를 해야 함에도 불구하고 그들은 하지 않았습니다. 결정하지 않고 그대로 내버려두고 저열한 비구가 바라는 대로 한 것은 악행입니다. 그 악행을 그들은 행했습니다. 당시 평균수명은 2만 년이었습니다. 그중 비구로 갓 출가한 천 년이나 2천 년은 제외하고 거의 2만 년 동안이나 그 율장수지 두 장로는 비구의 계를 정성스럽게 실천해 왔습니다. 성전이나 여러 문헌도 가르쳤습니다. 사마타와 위빳사나 수행을 노력했다는 사실은 주석서에서 언급해 놓지 않아서 정확하게는 알지 못합니다. 조금은 있을 것입니다. 하지만 그들에게 아주 심한 근심과 후회가 생겨났다는 사실을 고려한다면 삼매가 생겨나기 어려울 것입니다. 그 정도로 중요하지 않은, 사소한 말의 실수나 행위의 실수가 있어도 수행할 때 그것과 관련된 근심이 계속 생겨납니다. 그러한 마음의 걱정이나 후회가 생겨나면 그것을 관찰하고 새겨서 제거해야 합니다. 제거할 수 없으면 그의 노예가 되는 것처럼 삼매와 통찰지라는 이익과 번영이 생겨나도록 할 수 없습니다. 그래서 그러한 의미를 부처님의 가르침에 일치하게 "산란후회 노예되 빨리제거해"라고[185] 표현했습니다. 이 게송을 같이 독송합시다.

산란후회 노예되 빨리제거해

마음이 '여기 갔다가, 저기 갔다가'하며 산란한 것은 들뜸uddhacca입니다. '잘못 말했다. 잘못 행했다'라고 거듭 생각하고 걱정하고 근심하

185 마음이 산란하고 마음으로 근심하면서 후회하는 것은 노예가 되는 것과 같다. 그것을 관찰을 통해 빨리 제거해야 한다.

는 것은 후회kukkucca입니다. 그 산란과 후회는 다른 이의 노예가 되는 것과 같습니다. 옛날에는 노예제도가 있었습니다. 일부는 40냥이나 50냥 정도의 빚을 못 갚아도 노예가 됐습니다. 노예가 낳은 자식도 모두 노예가 돼야 했습니다. 그 노예는 주인이 시키는 것을 행해야 합니다. 지정한 곳에서 지내야 합니다. 주인이 준 음식과 옷 등의 필수품만 먹고 입고 사용해야 합니다. 자신이 가고 싶은 곳에 갈 수 없습니다. 자신을 위해서는 어떠한 사업이나 일도 할 수 없습니다. 주인에게 맞아서 죽더라도 주인에게는 전혀 죄가 되지 않습니다. 주인이 자신의 노예를 팔고 싶으면 팔 수 있습니다. 요즘 시대로 치면 소나 물소와 같습니다. 매우 두려워할 만한 제도입니다. 그 노예제도를 유럽의 현자들이 법률을 제정해 폐지하여 요즘은 드러나게는 없습니다. 그렇게 바꾼 현자들은 매우 칭송할 만합니다. 하지만 지금 시대에도 일부 지역이나 나라에서는 지배하는 이들이 주인처럼 행세하며 많은 대중을 노예처럼 부리는 곳도 있다고 들었습니다. 사실이라면 매우 두려워할 일입니다. 노예에게는 자신의 이익이 생겨나도록, 번영과 행복이 생겨나도록 행할 수 있는 기회가 없습니다. 그렇듯 마음이 산란하고 마음으로 후회하면서 걱정하고 있으면 삼매와 통찰지라는 이익과 번영이 생겨나도록, 늘어나도록 할 수 없습니다. 그래서 마음이 산란하고 마음으로 후회하면서 걱정하고 있으면 노예가 된다고 숙고하고서 그 마음의 산란함과 마음의 걱정함을 제거해야 합니다. 어떻게 제거해야 하는가 하면, 그 산란한 마음과 걱정하는 마음을 관찰해서 제거하기만 하면 됩니다.

지금 언급하고 있는 헤마와따와 사따기리 천신의 전신이었던 율장수지 두 장로는 그러한 마음의 걱정과 후회가 완전히 사라지도록 제거하지 못했습니다. 그래서 입적할 즈음에 그것이 떠올랐습니다. 그들에게는 거의 2만 년 내내 실천했던, 비구계를 지킨 선업도 있었습니다. 문헌과 경전을 가르친 선업도 있었습니다. 그 선업들은 사대왕천, 도리천, 야마천 등 여섯 욕계천상 세상에 도달하게 할 수 있는 위력이 있었습니다. 하지만 마음의 걱정 때문에 높은 천상세상에 도달하지 못했습니다. 입적했을 때 한 장로는 히마완따Himavantā 산에 야차yakkha로 태어났습니다. 그래서 헤마와따Hemavata 천신이라고 불렸습니다. 한 장로는 잠부디빠라고 불리는 인도 중부지역, 라자가하의 남쪽에 있는 사따Sāta라는 산에 야차로 태어났습니다. 해변 근처에 있는 우다야기리Udayagiri, 단따기리Dantagiri라는 산 중의 하나인 듯합니다. 사따 산에 태어났기 때문에 그는 사따기리Sātāgiri 천신이라고 불렸습니다. 그들 두 천신은 꾸웨라Kuvera 천왕의 야차장군yakkhasenāpati 28명에 포함되는 야차왕yakkharājā이었습니다. 사대왕천 천신에 포함됩니다. 하지만 야차천신들은 그보다 높은 천신들처럼 용모나 형색이 준수하지 않은 듯합니다. 조금 거친 듯합니다. 각각 500명의 제자도 그들과 같이 야차천신들로 태어나야 했습니다.

어느 날, 천신들의 회의에서 헤마와따 천왕과 사따기리 천왕이 만났습니다. 두 천왕은 침울한 모습으로 "우리는 거의 2만 년 내내 사문의 법을 실천했음에도 불구하고 저열한 한 제자 때문에 많이 잃었네. 높은 천상에 태어날 수 있을 정도로 선업이 있는데도 그곳에 태어나지 못하고 낮은 천신인 야차로 태어났네. 참으로 안타까운 일이네. 윤회윤전의 고통에서 벗어나는 것은 더욱 거리가 멀다네. 우리에게 귀의하고 보시한 신도들은 천상에 태어났는데 지금 우리는 그들보다 아래에 태어났네. 참으로 많이 잃었네"라고 대화를 나누었습니다. 그렇게 대화하고 나서 두 천왕은 히마완따 산에 특별한 현상이 생겨나면 헤마와따 천신이 그 소식을 전해 주고 부처님 등의 특별한 이들이 출현하는 곳인 중부지방에서 특별한 현상이 생겨나면 사따기리 천신이 소식을 전해 주기로 서로 약속했습니다.

그 뒤 깟사빠 부처님의 교법이 사라졌습니다. 사람들의 수명도 2만 년에서 10세까지 줄었습니다. 그때는 큰 재앙이 닥쳐 거의 모든 사람이 죽었습니다. 그래서 나머지 사람들에게 경각심이 생겨나 자애 등의 선법을 닦았습니다. 그 뒤 사람들의 수명이 차츰 늘어나 아승기에 이르렀습니다. 다시 사람들의 계법이 무너져 수명이 줄어들었습니다. 그렇게 해서 수명이 100년이 됐을 때, 2552년 정도 전[186], 바로 이 음력 4월 보름날 우리들의 진정한 귀의처이신 고따마 부처님께서 출현하셨습니다. 부처님께서 출현하시고 두 달 정도 지난 음력 6월 보름날 부처님께서 「담마짝깝빠왓따나숫따Dhammacakkapavattanasutta」를 최초로 설하셨습니다.

그 법문을 듣고 사람 중에서는 꼰단냐 존자가 수다원도과라는 특별한 법을 얻었습니다. 범천들로는 1억 8천, 천신들로는 헤아릴 수 없을 정도로 많은 이가 특별한 법을 얻었습니다.(Mil331) 하지만 사따기리 천신은 그때 특별한 법을 얻지 못했습니다. 자신의 도반인 헤마와따 천신이 생각나서 이리저리 둘러보았지만 보이지 않자 '무엇 때문에 안 왔지?'라는 등으로 마음이 산란했기 때문입니다. 이전에 설명한 대로 헤마와따 천신을 초청해서 두 번째로 부처님께 왔을 때 부처님께서 대답하신 법문을 듣고 다른 야차천신 대중 천 명과 헤마와따 천신과 함께

186 2020년도는 5월 6일 이후부터 불기 2564년이다. 따라서 2020년 후반부를 기준으로는 2609년 전이다.

수다원도과라는 특별한 법을 얻었습니다. 그렇게 특별한 법을 얻은 뒤 헤마와따 천신이 하나의 게송으로 다시 질문했습니다. 그렇게 질문했을 때 매우 존경하고 기뻐하며 부처님을 칭송하고 헌공했습니다. 제일 마지막에는 다음과 같이 기뻐하며 권창勸唱했습니다.[187]

헤마와따 천신의 권창

30 Te mayaṁ vicarissāma, gāmā gāmaṁ nagā nagaṁ;
Namassamānā sambuddhaṁ, dhammassa ca sudhammataṁ. (Sn.182)

해 석

저희는 여기저기 다니겠습니다,
마을에서 마을로, 산에서 산으로.
바르게 깨달은 분에게 예경하면서
훌륭한 가르침인 법에도 예경하면서.

대 역

Te mayaṁ그 우리들은; 부처님에게서 법문을 듣고 특별한 법을 깨달은 그 우리들은 sambuddhaṁ정등각자께; 거룩하신 부처님께 namassamānā예경하면서; 정성스럽게 예경 올리면서 dhammassa법의; 가르침의 sudham-

187 권장하고 권유하며 게송을 독송한다는 의미로 '권창勸唱'이라고 표현했다.

mataṁ ca훌륭한 가르침이라는 사실도 namassamānā헌공하면서; 헌공하고 말하면서[188] gāmā gāmaṁ마을에서 마을로, nagā nagaṁ산에서 산으로 vicarissāma다니겠습니다; 다니면서 권창하겠습니다.

이 게송은 특별한 법을 깨달은 헤마와따 천신에게 부처님과 가르침을 매우 존경하는 믿음이 생겨나 부처님의 덕목과 가르침의 덕목을 마을에서 마을로, 숲에서 숲으로, 산에서 산으로 널리 알리면서 다니겠다는 말입니다. 당시에는 아직 승가가 분명하지 않아 승가에 대해서는 드러내지 않았다고 파악해야 합니다. 진짜 법과 바른 법을 깨달은 이는 부처님과 가르침과 승가의 덕목을 바르게 알기 때문에 이렇게 기뻐하며 말하곤 합니다. 자신처럼 다른 이들에게도 바른 법을 알게 하려고 권유하면서 말하려고 합니다. 이것은 법 성품입니다. 헤마와따 천신이 칭송하는 내용을 "불법덕목 칭송하며 마을마다 도시마다 숲과산을 옮겨가며 우리들 유행하리라"라고 게송으로 표현했습니다. 이 게송을 독송합시다.

불법덕목 칭송하며 마을마다 도시마다
숲과산을 옮겨가며 우리들 유행하리라

『헤마와따숫따 법문』이 모두 끝났습니다. 다음에 이어서 설할 경은 「아낫딸락카나숫따Anattalakkhaṇasutta(무아특성경)」 법문입니다.

---

188 Buddhasubodhitañca dhammasudhammatañca. (SnA.i.211)
대역
Buddhasubodhitañca부처님은 바른 부처님임을 dhammasudhammatañca가르침은 바른 가르침임을.

끝으로 부처님의 대답 게송 네 수를 요약한 게송을 독송하며 헌공하는 것으로 『헤마와따숫따 법문』을 마칩니다.

여섯있어 세상생겨 여섯에만 결합하네
여섯두고 사람칭해 여섯에 애써시달려

다섯욕망 제육마음 나나의것 집착생각
그곳생겨 원함제거 괴로움 해탈한다네

계가청정 내부에만 관찰하고 새김현전
마음집중 지혜지견 격류를 건너간다네

욕망애착 절제했고 모든족쇄 넘어섰네
즐김애착 존재다해 심연에 안빠진다네

헤마와따 천신의 권창 게송도 같이 독송합시다.

불법덕목 칭송하며 마을마다 도시마다
숲과산을 옮겨가며 우리들 유행하리라

이 「헤마와따숫따」 법문을
정성스럽게 들은 청법선업 의도의 공덕으로
지금 법문을 듣는 참사람들 여러분이
네 가지 격류를 건너고 넘어서서
윤회라는 깊고 광활한 심연과 대해에 빠지지 않도록
여섯 문에 이르는 여섯 대상을 바르게 알고 관찰해서

여섯 대상에 생겨날 수 있는 즐김애착을 제거하여
위빳사나 지혜와 성스러운 도의 지혜를 통해
모든 고통이 사라진 열반의 행복을
빠르게 증득하기를.

사두, 사두, 사두.

『헤마와따숫따 법문』 제6강이 끝났다.
『헤마와따숫따 법문』이 끝났다.

제6강 역자 보충설명

잘못따름

본서 p.370에 깟사빠 부처님께서 갓 열반에 드셨을 무렵 부처님의 법과 율에 해박한 두 장로가 자신들에게 필수품도 많이 보시했고 의무도 잘 행했다는 이유로 여법하지 않게 행동하는 비구의 편을 들어 그 제자의 허물을 모른 척 한 것을 원함 잘못따름chandāgati이라고 했습니다. 이와 관련해서 잘못따름agati에 대해 보충설명하겠습니다.[189]

> Agatīti chandadosamohabhayehi akattabbakaraṇassa, kattabbākaraṇassa ca adhivacanaṁ. Tañhi ariyehi agantabbattā agatīti vuccati. (Vis.ii.324)

해 석

잘못따름이란 원함, 성냄, 어리석음, 두려움으로 하지 말아야 할 것을 하는 것과 해야 할 것을 하지 않는 것의 동의어이다. 성자들은 절대로 따라가지 않기 때문에 잘못따름이라고 한다.

189 『가르침을 배우다』, pp.232~233 일부 인용.

이러한 『위숫디막가』의 설명에 따라 잘못따름이란 여법하지 않은데도 그것에 따라가서 하지 말아야 할 것을 하거나 해야 할 것을 하지 않게 하는 법을 말합니다. 이러한 잘못따름에는 네 가지가 있습니다.

① 원함 잘못따름chandāgati: 원함chanda에 잘못 따라가는 것agati, 자신이 좋아한다고 잘못 행하고 결정하는 것입니다. 자신과 가까운 이나 자신에게 이익을 준 이에게 잘못이 있다고 알면서도 옳다고 결정하거나 다른 이들보다 더 많이 나누어 주는 것입니다.

② 성냄 잘못따름dosāgati: 성냄dosa에 잘못 따라가는 것agati, 자신이 싫어하는 이라고 그에 대해 잘못된 결정을 하는 것입니다.

③ 어리석음 잘못따름mohāgati: 어리석음moha에 잘못 따라가는 것agati, 시시비비를 가릴 수 있는 지혜나 통찰지가 없어서 잘못을 옳다고, 옳은 것을 잘못이라고 결정하는 것입니다.

④ 두려움 잘못따름bhayāgati: 두려움bhaya에 잘못 따라가는 것agati, 후환이 두려워서 자신에게 원한을 가질 수 있는 이에게 유리하게 결정하는 것입니다.

부처님께서는 「싱갈로와다숫따Siṅgālovādasutta(싱갈라교계경)」에서 재가자들이 행해야 할 율, 즉 '재가자의 율gihivinaya'을 설하실 때 이러한 네 가지 잘못따름에 따라 나쁜 행위를 하지 말라고 설하셨습니다.(D31)

또한 잘못따름에 따라 행동하면 이지러지는 달처럼 명성을 잃는다고 다음과 같이 설하셨습니다.

Chandā dosā bhayā mohā, yo dhammaṁ ativattati;
Nihīyati tassa yaso, kāḷapakkheva candimā.

(A4:19)

해석

원함, 성냄, 두려움과 어리석음,
이것 따라 법과 어긋나는 자
그의 명성은 줄어드나니
마치 하현의 달과도 같이.

과거 생에 부패한 판사가 뇌물을 받고 사실과 반대로 판결한 과보로 항아리만한 고환을 가진 아귀로 태어났다고 합니다. 고환이 매우 커서 어깨에 걸치고 다녀야 했고, 그것을 독수리나 매가 뜯어먹어 매우 심한 고통을 당했다고 합니다.(S19:10) 이 「헤마와따 숫따」에서도 깟사빠 부처님 당시 법과 율에 해박한 두 장로가 계나 많이 배움 등의 덕목으로 더 높은 천상에 태어날 수 있었지만 잘못 따름에 대한 후회로 사대왕천의 야차천신으로만 태어난 것입니다.

한편 잘못따름에 따르지 않고 법답게 행동하면 차오르는 달처럼 명성이 늘어난다고 다음과 같이 설하셨습니다.

Chandā dosā bhayā mohā, yo dhammaṁ nātivattati;
Āpūrati tassa yaso, sukkapakkheva candimā.

(A4:19)

해 석

원함, 성냄, 두려움과 어리석음,
이것 따라 법과 어긋나지 않는 자
그의 명성은 가득차나니
마치 상현의 달과도 같이.

부처님 당시 꼬살라 대왕이 잘못따름에 따라 잘못 판결할 소지가 있는, 매우 해결하기 어려운 문제를 법답게 잘 판결한 뒤 부처님께 찾아갔습니다. 부처님께서는 잘못따름에 따르지 않고 법답게 잘 결정하는 것은 '천상으로 가는 길saggamagga'이라고 칭송하셨습니다.(J151)

삼귀의를 수지하는 방법 네 가지

본서 pp.360~361에 부처님과의 문답을 통해 수다원이 된 헤마와따 야차천신이 "부처님은 우리들의 위없는 스승이십니다"라는 등의 게송을 읊는 장면이 나옵니다. 이것은 삼귀의를 수지하는 방법 네 가지 중 '제자표명sissabhāvūpagamana' 방법이라고 합니다.

일반적으로는 다음과 같이 부처님과 가르침과 승가에 귀의한다는 사실을 세 번 소리 내어 밝히는 것으로 삼귀의를 수지합니다.[190]

190 독송과 관련된 내용을 비롯한 자세한 내용은『가르침을 배우다』, pp.27~30 참조.

붓당 사라낭 갓차미.

Buddhaṁ saraṇaṁ gacchāmi.

담망 사라낭 갓차미.

Dhammaṁ saraṇaṁ gacchāmi.

상강 사라낭 갓차미.

Saṅghaṁ saraṇaṁ gacchāmi.

두띠얌삐 붓당 사라낭 갓차미.

Dutiyampi buddhaṁ saraṇaṁ gacchāmi.

두띠얌삐 담망 사라낭 갓차미.

Dutiyampi dhammaṁ saraṇaṁ gacchāmi.

두띠얌삐 상강 사라낭 갓차미.

Dutiyampi saṅghaṁ saraṇaṁ gacchāmi.

따띠얌삐 붓당 사라낭 갓차미.

Tatiyampi buddhaṁ saraṇaṁ gacchāmi.

따띠얌삐 담망 사라낭 갓차미.

Tatiyampi dhammaṁ saraṇaṁ gacchāmi.

따띠얌삐 상강 사라낭 갓차미.

Tatiyampi saṅghaṁ saraṇaṁ gacchāmi.

의미를 한글 게송으로 표현하면 다음과 같습니다.

거룩한 부처님을 진정한 귀의처라 믿고 새겨 귀의합니다.
거룩한 가르침을 진정한 귀의처라 믿고 새겨 귀의합니다.
거룩한 승가를 진정한 귀의처라 믿고 새겨 귀의합니다.

두 번째도 거룩한 부처님을 진정한 귀의처라 믿고 새겨 귀의합니다.
두 번째도 거룩한 가르침을 진정한 귀의처라 믿고 새겨 귀의합니다.
두 번째도 거룩한 승가를 진정한 귀의처라 믿고 새겨 귀의합니다.

세 번째도 거룩한 부처님을 진정한 귀의처라 믿고 새겨 귀의합니다.
세 번째도 거룩한 가르침을 진정한 귀의처라 믿고 새겨 귀의합니다.
세 번째도 거룩한 승가를 진정한 귀의처라 믿고 새겨 귀의합니다.

이러한 기본적인 방법 외에도 삼귀의를 수지하는 데는 다음과 같은 네 가지 방법이 있습니다.

① 자기헌신attasanniyyātana 방법
② 삼보피안tapparāyaṇa 방법
③ 제자표명sissabhāvūpagamana 방법
④ 예경예배paṇipāta 방법

먼저 자기헌신 방법이란 "오늘부터 저는 제 자신을 부처님께, 가르침에, 승가에 헌신합니다"라는 등으로 말하면서 삼보를 믿는 마음으로 자신을 삼보에 헌신하고 맡기면서 귀의하는 것입니다. 예를 들어, "저는 제 자신과 제 목숨을 부처님께, 가르침에, 승가에 완전히 맡겼습니다. 목숨이 다할 때까지 부처님께, 가르침에, 승가에 귀의하겠습니다"라는 등으로 수지하는 것입니다.

두 번째로 삼보피안 방법은 "오늘부터 저는 부처님과 가르침과 승가를 피난처로 삼겠습니다. 삼보 외에 다른 피난처란 저에게 없습니다"라고 말하면서 귀의하는 것입니다. 예를 들어, 알라와까 Āḷavaka 야차는 부처님의 가르침을 통해 수다원이 되어 삼보에 대해 확고한 믿음을 가지게 됐고, 그 귀의하는 마음과 믿음을 마음에 담아둘 수 없어 "이제 저는 마을에서 마을로, 천상에서 천상으로 부처님과 가르침과 승가의[191] 공덕을 칭송하면서 다닐 것입니다"라는 등으로 말했습니다.(Sn.194게) 이것도 삼보피안 방법에 해당합니다.[192]

세 번째로 제자표명 방법은 "오늘부터 저를 부처님과 가르침과 승가의 제자라고 기억해 주십시오"라는 등으로 귀의하는 것입니

191 「알라와까숫따Āḷavakasutta(알라와까 경)」 원문에는 "namassamāno sambuddhaṁ, dhammassa ca sudhammataṁ 바르게 깨달은 분 예경하면서, 훌륭한 법인 가르침에도"라고(Sn.194) 부처님과 가르침에 예경하는 것만 언급됐다. 하지만 『숫따니빠따』 주석에서 "dhammassa ca sudhammataṁ"이라는 구절에 포함된 'ca'라는 단어는 포함 samuccaya의 의미를 나타내는 접미사이며 그래서 '가르침이 훌륭한 가르침이라는 사실도'라고 언급하는 것을 통해 'buddha subuddhataṁ ca 부처님이 훌륭한 부처님이라는 사실'과 'saṅgha suppaṭipannataṁ ca 승가가 훌륭한 승가라는 사실'이라는 두 가지 구절도 포함한다고 설명했다.(SnA.i.211) 우 소다나 사야도 법문, 비구 일창 담마간다 옮김, 『알라와까숫따』, p.146 주5 참조.

192 『알라와까숫따』, pp.145~147 참조.

다. 이 「헤마와따숫따」에서 헤마와따 야차천신이 "부처님은 우리들의 위없는 스승이십니다"라는 등의 게송을 읊으면서 귀의하는 것도 여기에 해당합니다.

마지막 네 번째로 예경예배 방법이란 부처님의 발에 머리를 대고 손으로 쓰다듬으며 정성스럽게 예배 올리면서 자신의 이름을 밝히는 등으로 귀의하는 것입니다. 예를 들어, 브라흐마유 Brahmāyu 바라문이 부처님의 발에 머리를 조아리면서 자신의 이름을 아뢴 경우도 이에 해당합니다.(M91/M.ii.345)

요약하자면, 이러한 네 가지 방법 중 어느 하나를 통해 삼귀의를 수지하면 "붓당 사라낭 갓차미"라는 등으로 소리 내어 독송하지 않아도 삼귀의를 수지한 것에 해당합니다. 하지만 요즘은 이 네 가지 경우보다 "붓당 사라낭 갓차미"라는 등으로 삼귀의를 수지하는 경우가 대부분입니다.

삼보만을 귀의처라 믿고새겨 다가가는
일반적인 방법함께 자기헌신 삼보피안
제자표명 예경예배 네가지로 수지하네[193]

193 『가르침을 배우다』, pp.27~32 일부 인용.

부록

부록 1

「헤마와따숫따」 해석

1 오늘은 보름의 포살날
신성한 밤이 눈앞에 드러났소.
드높다는 이름 가진 고따마,
천인사를 이제 뵈러 가세나. (Sn.153)

2 어떤가, 여여한 덕목을 갖추고서
모든 존재에 마음을 잘 향하는가.
어떤가, 좋거나 싫은 대상에
그는 생각을 제어할 수 있는가. (Sn.154)

3 모든 존재에 여여함 갖추고서
그분은 마음도 잘 둔다네.
그리고 좋거나 싫은 대상에
그분은 생각을 잘 제어하네. (Sn.155)

4 어떤가, 주지않은 것 가지지 않는가.
어떤가, 생명에 대해 잘 단속하는가.
어떤가, 방일에서 멀리 떠났는가.
어떤가, 선정을 버리지 않았는가. (Sn.156)

5 그분은 주지않은 것 가지지 않네.
그리고 생명을 잘 단속하네.
그리고 방일에서 멀리 떠났네.
붓다는 선정을 버리지 않는다네. (Sn.157)

6 어떤가, 거짓말을 하지 않는가.
어떤가, 거친 욕설을 하지 않는가.
어떤가, 이간하는 말을 하지 않는가.
어떤가, 쓸데없는 말을 하지 않는가. (Sn.158)

7 그분은 거짓말을 하지 않네.
그분은 거친 욕설을 하지 않네.
또한 이간하는 말을 하지 않네.
숙고하여 의미 있는 말을 하네. (Sn.159)

8 어떤가, 그는 욕망에 애착하지 않는가.
어떤가, 그의 마음은 혼탁하지 않은가.
어떤가, 그는 어리석음을 넘어섰는가.
어떤가, 그는 법의 눈을 갖추었는가. (Sn.160)

9 그분은 욕망에 애착하지 않네.
그분의 마음은 혼탁하지 않네.
모든 어리석음 넘어섰다네.
붓다는 법의 눈을 갖추었다네. (Sn.161)

10 어떤가, 그는 명지를 구족했는가.
어떤가, 그는 실천행이 청정한가.
어떤가, 그의 누출은 다했는가.
어떤가, 재생은 더 이상 없는가. (Sn.162)

11 그분은 명지를 구족했다네.
그분은 실천행도 청정하다네.
그분의 모든 누출은 다했다네.
그분에게 재생은 더 이상 없다네. (Sn.163)

12 성자의 마음은 행위를 통해서도
말의 길로도 청정을 갖추었네.
명지와 실천행을 모두 구족한
그분을 그대는 법답게 칭송하네. (Sn.164)

13 성자의 마음은 행위를 통해서도
말의 길로도 청정을 갖추었네.
명지와 실천행을 모두 구족한
그분을 그대는 법답게 기뻐하네. (Sn.165)

14 성자의 마음은 행위를 통해서도
말의 길로도 청정을 갖추었네.
명지와 실천행을 모두 구족한
고따마 성자를 이제 뵈러 가세나. (Sn.166)

15 사슴 정강이에 여위어도 용맹하고
욕심이 없어 적게 드시는
숲에서 입정하는 고따마 성자를
오게나, 그분을 뵈러 가세나. (Sn.167)

16 사자나 코끼리처럼 홀로 가며
욕망을 전혀 돌아보지 않는 분께
찾아가서 우리, 질문하세나
죽음의 올가미에서 벗어나는 길을. (Sn.168)

17 보이기도 보이고 펼치기도 펼치며
모든 법의 피안에 도달한
원한과 위험을 뛰어넘은 붓다,
고따마 성자에게 저희는 질문합니다. (Sn.169)

18 무엇에서 세상은 생겨납니까.
무엇에서 세상은 교제합니까.
무엇을 집착하여 세상입니까.
무엇에 세상은 시달립니까. (Sn.170)

19 여섯에서 세상은 생겨난다네.
여섯에서 세상은 교제한다네.
바로 그 여섯만을 집착한다네.
여섯에서 세상은 시달린다네. (Sn.171)

20 집착되는 그것은 무엇입니까,
세상이 그것에 시달린다는.
벗어남을 묻노니 답해주소서,
어떻게 고통에서 해탈합니까. (Sn.172)

21 세상에 다섯의 욕망대상들
마음이 여섯째인 그것 천명하나니
여기에 원함을 제거하고서
이와 같이 고통에서 해탈한다네. (Sn.173)

22 세상의 벗어남이란 바로 이것을
그대들에게 사실대로 설하였나니
그대들에게 이것만을 나는 설하네,
이와 같이 고통에서 해탈한다네. (Sn.174)

23 여기 누가 격류를 건넙니까.
여기 누가 대해를 건넙니까.
기댈 곳도 없고 잡을 것도 없는
심연에서 누가 가라앉지 않습니까. (Sn.175)

24 언제나 계를 구족하고서
새김을 갖추고 삼매에 잘 들며
내부에 마음 두고 통찰지를 갖춘 이가
건너기 어려운 격류를 건넌다네. (Sn.176)

25 감각욕망 인식을 완전히 절제했고
모든 족쇄도 다 넘어섰고
즐김과 존재도 완전히 다한 이
그야말로 심연에 가라앉지 않는다네. (Sn.177)

26 통찰지가 심오하고 미묘 의미 보는 분
아무 것도 없고 욕망·존재 집착 않는
그분을 친견하라, 모두에서 해탈한
천상의 길 노니는 대선인인 그분을. (Sn.178)

27 드높다는 이름 가진, 미묘 의미 보는 분
통찰지를 주고 욕망·애착 집착 않는
그분을 친견하라, 모두 알고 현명한
성자의 길 노니는 대선인인 그분을. (Sn.179)

28 실로 오늘 우리는 잘 보았나니
좋은 아침이고 좋은 기상이네.
바르게 깨달은 그분을 보았나니
격류를 건넜고 누출 다한 분이라네. (Sn.180)

29 여기, 열의 백 배, 일천의 천신이
신통을 갖추고 명성이 자자한
당신을 귀의처라 모두가 귀의하니
당신은 우리의 위없는 스승이네. (Sn.181)

30 저희는 여기저기 다니겠습니다,
마을에서 마을로, 산에서 산으로.
바르게 깨달은 분에게 예경하면서
훌륭한 가르침인 법에도 예경하면서. (Sn.182)

「헤마와따숫따」가 끝났다.

부록 2

칠청정과 위빳사나 지혜들

1. 계청정(sīla visuddhi, 戒淸淨)

2. 마음청정(citta visuddhi, 心淸淨)

3. 견해청정(diṭṭhi visuddhi, 見淸淨)
   (1) 정신·물질 구별의 지혜(nāmarūpa pariccheda ñāṇa, 名色區別智)

4. 의심극복청정(kaṅkhāvitaraṇa visuddhi, 度疑淸淨)
   (2) 조건파악의 지혜(paccaya pariggaha ñāṇa, 緣把握智)

5. 도·비도 지견청정(maggāmagga ñāṇadassana visuddhi, 道非道智見淸淨)
   (3) 명상의 지혜(sammasana ñāṇa, 思惟智)
   (4-1) 생멸 거듭관찰의 지혜(udayabbayānupassanā ñāṇa, 生滅隨觀智)
   (약한 단계)

6. 실천 지견청정(paṭipadā ñāṇadassana visuddhi, 行道智見淸淨)
   (4-2) 생멸 거듭관찰의 지혜(udayabbayānupassanā ñāṇa, 生滅隨觀智)
   (성숙된 단계)
   (5) 무너짐 거듭관찰의 지혜(bhaṅgānupassanā ñāṇa, 壞隨觀智)
   (6) 두려움 드러남의 지혜(bhayatupaṭṭhāna ñāṇa, 怖畏現起智)
   (7) 허물 거듭관찰의 지혜(ādīnavānupassanā ñāṇa, 過患隨觀智)
   (8) 염오 거듭관찰의 지혜(nibbidānupassanā ñāṇa, 厭離隨觀智)

(9) 벗어나려는 지혜(muñcitukamyatā ñāṇa, 脫欲智)

(10) 재성찰 거듭관찰의 지혜(paṭisaṅkhānupassanā ñāṇa, 省察隨觀智)

(11) 형성평온의 지혜(saṅkhārupekkhā ñāṇa, 行捨智)

(12) 수순의 지혜(anuloma ñāṇa, 隨順智)

(13) 종성의 지혜(gotrabhū ñāṇa, 種姓智) *청정에는 포함 안 됨

7. 지견청정(ñāṇadassana visuddhi, 智見淸淨)

(14) 도의 지혜(magga ñāṇa, 道智)

(15) 과의 지혜(phala ñāṇa, 果智) *청정에는 포함 안 됨

(16) 반조의 지혜(paccavekkhaṇa ñāṇa, 觀察智) *청정에는 포함 안 됨

역자후기

마하시 사야도의 『헤마와따숫따 법문』은 마치 종합선물세트와 같습니다. 부처님의 여러 덕목이 상세하게 설명돼 있고, 아라한도까지 증득하게 하는 위빳사나 수행법도 분명히 제시돼 있습니다. 마하시 사야도께서는 경의 내용을 중시하신 듯, 헤마와따 천신과 사따기리 천신의 일화를 뒷부분에 적당하게만 설하셨지만 『숫타니빠따』 주석을 통해 조금 더 자세히 살펴보면 여러 극적인 요소가 담겨 있어 그 일화 또한 매우 흥미진진합니다. 좋은 길로 서로를 이끌어주는 두 천신 간의 도반애도 느낄 수 있습니다. 그리고 마하시 사야도의 법문을 통해 수행은 되도록 일찍 시작하는 것이 좋다는 사실과 잘못따름에 주의해야 한다는 사실 등도 알 수 있습니다.

전반부 헤마와따 천신과 사따기리 천신의 문답에서는 부처님의 여러 덕목을 확인할 수 있습니다. 몸과 말과 마음의 악행이 없는 여러 덕목을 접하며 부처님 거듭새김으로 희열이 생겨날 수 있습니다. 또한 그 희열을 관찰함으로써 깨달음을 얻을 수 있다는 사실을 마하시 사야도께서는 여러 번 강조하셨습니다. 두 천신이 부처님의 덕목을 묻고 답하는 것을 듣는 것만으로 깨달음을 얻은 깔리라는 여인의 일화를 무려 일곱 번이나 언급하셨을 정도입니다.

후반부 헤마와따 천신과 부처님의 문답은 감각장소를 주제로 위빳사나 수행을 제시합니다. 하지만 성전의 게송만으로는 그 의미가 분명하지 않아 마하시 사야도께서 실제 수행과 관련해 그 의미를 자세하게 설해 주셨습니다.

마하시 사야도의 법문에 이어 우 소다나 사야도께서 2018년 호두마을 집중수행 기간에 내용을 보충해서 다시 설해 주셨습니다. 종합선물세트에 보너스까지 받은 셈입니다. 이를 계기로 많은 사람이 법의 선물을 받을 수 있도록 아직 한국에 번역본이 없었던 마하시 사야도의 『헤마와따숫따 법문』을 출간하게 됐습니다. 그리고 우 소다나 사야도의 법문도 이어서 출간될 예정입니다.

마하시 사야도의 다른 법문집과 마찬가지로 매일 조금씩 번역하면서 기쁨이 샘솟았습니다. 다시 거듭 읽으면서도 희열이 넘쳤고, 기억할 만한 내용들로 가슴이 벅찼습니다. 저의 이러한 경험이 이 법문집을 읽는 여러분에게도 전해지기를 기원합니다. 특히 아직 부처님과 부처님의 가르침에 대한 믿음이 굳건하지 않은 이들이라면 두 야차천신의 문답을 통해 확고한 믿음이 생겨나기를 기원합니다.

이 책도 한국마하시 우 소다나 사야도의 도움이 컸습니다. '질문에 대답해 주실 수 있는 분이 계신다'라는 사실에 얼마나 안심이 되는지 모릅니다. 언제나 바르게 이끌어주시는 스승님께 다시 한 번 감사의 예경을 올립니다. 그리고 언제나 묵묵히 지원해 주셨던 은사스님께 특별히 이 공덕을 회향합니다. 미얀마와 위빳사나를 처음 접하게 해 주신 법산스님, 마음껏 법담을 나눌 수 있는 범라스님과 현암스님, 언제나 앞서 이끌어주시는 일묵스님과 여러 도반스님, 또한 빠알리 성전들을 훌륭하게 번역해 놓으신 각묵스님과 대림스님, 전재성 박사님을 비롯한 많은 분께 감사드립니다.

그리고 한국마하시선원과 호두마을, 진주녹원정사 회원들을 비롯해 필수품과 법으로 불법을 뒷받침하면서 도움을 주

신 여러 재가불자 여러분과 가족들, 특히 이 책을 출판하는 데 모든 비용을 법보시해 주신 담마짜라 님과 실라짜리 님 가족의 신심에도 사두를 외칩니다. 끝으로 거친 문장을 잘 다듬어 주신 홍수연 작가 님, 꼼꼼히 원고를 교정해 주신 까루나 님, 향원 님, 오항해 님, 좋은 책을 만들어 주신 나눔커뮤니케이션 관계자 여러분의 정성에도 사두를 외칩니다.

이 모든 분에게,
또한 바른 법을 찾는 모든 수행자에게 이 공덕몫을 회향합니다.
마하시 사야도의 『헤마와따 법문』을 통해
부처님의 덕목을 거듭 떠올리며
기쁨과 희열이 늘어나기를.
그 희열을 관찰해서 깨달음을 얻기를.
분명하게 드러나는 감각장소 관련법들을
바르게 관찰하며 실천을 이어가기를.
부처님의 진짜 아들, 진짜 딸이 되기를.
그리고 이곳저곳 권창하기를.
부처님의 바른 법이 오랫동안 유지되기를.

불기 2563년 서기 2020년 4월
안양의 한국마하시선원과 천안의 호두마을을 오가며
비구 일창 담마간다Dhammagandha 삼가 씀

참고문헌

번역 저본

Mahāsi Sayadaw, 『Hemavatasutta tayato』,
Yangon, Buddhasāsanānuggaha aphwe, 2019(제7쇄).

저본의 영역본

Translated by U Ko Lay, 『The wheel of dhamma』, Yangon,
Buddhasāsānuggaha aphwe, 2000(2nd ed.).

빠알리 삼장 및 번역본

The Chaṭṭha Saṅghāyana Tipitaka Version 4.0 (CST4), VRI.

각묵스님 옮김, 『상윳따 니까야』 전6권, 초기불전연구원, 2009.
대림스님 옮김, 『청정도론』 전3권, 초기불전연구원, 2004.
__________, 『맛지마 니까야』 전4권, 초기불전연구원, 2012.
__________, 『앙굿따라 니까야』 전6권, 초기불전연구원, 2006~2007.
비구 일창 담마간다 옮김, 『마하시 사야도의 마하사띠빳타나숫따 대역』,
불방일, 2016.

사전류

전재성, 『빠알리-한글사전』, 한국빠알리성전협회, 2005.

기타 참고도서

Ashin Kelāsa, 『Ledīmahāsaranagoundogyi myanmar ṭīkā』 part I, monyuwa, Mikhineravati saouktaik, 2004(2nd ed.).

Ashin Sīlānandabhivaṁsa, translated by U Min Swe, 『Biography of The most venerable Mahāsi Sayādaw』, part I, Yangon, Buddhasāsanānuggaha aphwe, 2017.

Bhaddanta Sajjanābhivaṁsa, 『Suttanipātapāḷito nissaya thik』, Yangon, Sītagūgabābuddha takkathou, 2007.

Byidounsu Myanmarnaingan Asouya Sāsanāwangyiṭhāna, 『Buddhabhatha leswekyan』, Yangon, Sāsanāyeiwangyiṭhāna Sāsanāyeiujyiṭhāna pounheiktaik, 2008.

Ledi Sayadaw, 『Bodhipakkhiyadīpanī』, Yangon, Mikhineravati saouktaik, 2000.

__________, 『Sāsanasampattidīpanī』, Yangon, Haṁsāvatī pītaka pounheiktaik, 1953.

Mahāsi Sayadaw, 『Cittānupassanā tayatogyi hnin Dhammānupassanā tayatogyi』, Yangon, Buddhasāsanānuggaha aphwe, 2018.

__________, 『Paṭiccasamuppāda tayatogyi』, 1995.

__________, 『Sallekha thouk tayatogyi』 2vols, 2009.

__________, 『Takkathou Vipassanā』, 1993.

Mingun Sayadaw, 『Mahābuddhawin』, Yangon,
Sāsanāyeiwangyiṭhāna Sāsanāyeiujyiṭhāna pounheiktaik, 1994.
U Sodhana Sayadaw, 『Āsīvisopamathouk tayato』, 2008 법문.(미출간)

대림스님/각묵스님, 『아비담마 길라잡이』 전2권, 초기불전연구원, 2002, 전정판 2017.
마하시 사야도 법문, 비구 일창 담마간다 옮김, 『담마짝까 법문』, 불방일, 2019.
마하시 사야도 지음, 비구 일창 담마간다 옮김, 『마하사띠빳타나숫따 대역』, 불방일, 2016.
마하시 사야도 지음, 비구 일창 담마간다 옮김, 『위빳사나 수행방법론』 전2권, 불방일, 2016.
비구 일창 담마간다 지음, 『부처님을 만나다』, 불방일, 2018(개정판 1쇄).
________________, 『가르침을 배우다』, 불방일, 2017.
비구 일창 담마간다 편역, 『빳타나』, 불방일, 2018.
________________, 『통나무 비유경』, 한국마하시선원·녹원정사, 2015
________________, 『알라와까숫따』, 불방일, 2019.

찾아보기

저자

마하시 사야도 우 소바나 U Sobhana

1904년 7월 29일 미얀마 세익쿤에서 출생. 1916년 사미계, 1923년 비구계를 수지했다. 1930년부터 따운와인갈레이 강원에서 강사로 지내다가 1932년 밍군 제따완 사야도의 가르침을 받아 위빳사나 수행을 직접 실천했다. 1942년 사사나다자 시리빠와라 담마짜리야(국가인증우수법사) 칭호를 받았다. 1949년부터 양곤의 마하시 수행센터에서 위빳사나 수행을 지도하며 국내는 물론 국외로도 바른 위빳사나 수행법을 널리 선양했다. 1954년 악가마하빤디따(최승대현자) 칭호를 받았고, 같은 해부터 2년간 열린 제6차 경전결집 때 질문자와 최종결정자의 역할을 맡았다. 1982년 8월 14일, 세랍 78세, 법랍 58세로 마하시 수행센터에서 입적했다. 『Vipassanā Shunikyan 위빳사나 수행방법론』, 『Visuddhimagga Mahāṭīkā Nissaya 위숫디막가 대복주서 대역』을 비롯해 100권이 넘는 저서와 법문집이 있다.

감수자

우 소다나 U Sodhana 사야도

1957년 미얀마 머그웨이 주에서 출생. 1972년 사미계, 1978년 비구계를 각각 수지했다. 1992년 담마짜리야 법사 시험에 합격했고 잠시 마다웅 강원에서 강사로 재직했다. 1995년 마하시 수행센터에서 수행한 뒤 외국인 법사학교에서 5년간 수학했다. 그 뒤 마하시 수행센터에서 수행지도법사로 수행자를 지도하다 2002년 처음 한국에 왔다. 2007년 8월부터 한국마하시선원 선원장으로 지내며 경전과 아비담마를 강의하면서 강릉 인월사와 호두마을 등지에서 위빳사나 수행을 지도하고 있다. 2013년 양곤 마하시 수행센터 국외 나야까 사야도로 임명됐고, 2017년 12월 공식적으로 칭호를 받았다. 2019년 3월 미얀마 정부에서 수여하는 마하깜맛타나짜리야 칭호를 받았다.

역자

비구 일창 담마간다 Dhammagandha

1972년 경북 김천에서 출생. 1996년 해인사 백련암에서 원융 스님을 은사로 출가했다. 범어사 강원을 졸업했고 2000년과 2005년 두 차례 미얀마에 머물면서 비구계를 수지한 뒤 미얀마어와 빠알리어, 율장 등을 공부했으며 찬매 센터, 파옥 센터, 마하시 센터 등에서 수행했다. 현재 진주 녹원정사에서 정기적으로 초기불교 강의를 하고 있으며, 한국마하시선원과 호두마을을 오가며 우 소다나 사야도의 법문을 통역하면서 위빳사나 수행의 기초를 지도하고 있다. 2019년 12월 양곤 마하시 수행센터에서 깜맛타나짜리야 칭호를 받았다. 저서로 『부처님을 만나다』와 『가르침을 배우다』, 역서로 『위빳사나 수행방법론』(전2권), 『위빳사나 백문백답』, 『통나무 비유경』, 『마하사띠빳타나숫따 대역』, 『어려운 것 네 가지』, 『담마짝까 법문』, 『알라와까숫따』 등이 있다.

법보시 명단

감 수 | 우 소다나 사야도
번 역 | 비구 일창 담마간다
교 정 | 까루나, 홍수연, 향원, 오항해
보 시 | 담마짜라, 실라짜리, 김지수, Joshua Andrew, 김문지
"태어나는 생마다 부처님의 가르침 만나기를."

삽바다̄낭 담̄마다̄낭 지나̄띠.
Sabbadānaṁ dhammadānaṁ jināti.
모든 보시 중에서 법보시가 으뜸이니라.

이당 노 뿐̄냥 닙바̄낫사 빳짜요 호뚜.
Idaṁ no puññaṁ nibbānassa paccayo hotu.
이러한 우리들의 공덕으로 열반에 이르기를.

이망 노 뿐̄냐바̄강 삽바삿따̄낭 바̄제마.
Imaṁ no puññabhāgaṁ sabbasattānaṁ bhājema.
이러한 우리들의 공덕몫을 모든 존재에게 회향합니다.

사̄두, 사̄두, 사̄두.
Sādhu, Sādhu, Sādhu.
훌륭합니다, 훌륭합니다, 훌륭합니다.

• 이 책에서 교정할 내용을 아래 메일주소로 보내주시면 다음에 책을 펴낼 때 큰 도움이 될 것입니다. 많은 관심 부탁드립니다.(nibbaana@hanmail.net)

• 한국마하시선원에서 운영하는 도서출판 불방일에서는 마하시 사야도의 법문은 「큰북」 시리즈로, 우 소다나 사야도의 법문은 「불방일」 시리즈로, 비구 일창 담마간다의 법문은 「법의 향기」 시리즈로, 독송집이나 법요집은 「큰북소리」로 출간하고 있습니다. 여러분의 많은 법보시를 기원합니다.(농협 355-0041-5473-53 한국마하시선원)

마하시 사야도의

헤마와따숫따 법문

초판 1쇄 발행일 | 2020년 4월 25일

지 은 이 | 마하시 사야도
번 역 | 비구 일창 담마간다
감 수 | 우 소다나 사야도

펴 낸 이 | 사단법인 한국마하시선원
편집진행 | 홍수연 김이하
디 자 인 | (주)나눔커뮤니케이션 02)333-7136

펴 낸 곳 | 도서출판 불방일
등 록 | 691-82-00082
주 소 | 경기도 안양시 만안구 경수대로 1201번길 10
(석수동 178-19) 2층
전 화 | 031)474-2841
팩 스 | 031)474-2841
홈페이지 | http://koreamahasi.org
카 페 | https://cafe.naver.com/koreamahasi
이 메 일 | nibbaana@hanmail.net

* 이 도서의 국립중앙도서관 출판예정도서목록(CIP)은 서지정보유통지원시스템 홈페이지(http://seoji.nl.go.kr)와 국가자료종합목록 구축시스템(http://kolis-net.nl.go.kr)에서 이용하실 수 있습니다.
(CIP제어번호 : CIP2020011872)

* 잘못된 책은 구입하신 서점에서 바꿔드립니다.

값 25,000원
ISBN 979-11-97002-10-6